August Neumaier · Bewegungsbeobachtung
und Bewegungsbeurteilung im Sport

Schriften der Deutschen Sporthochschule Köln
Band 21

August Neumaier

Bewegungsbeobachtung und Bewegungsbeurteilung im Sport

Academia Verlag Richarz · Sankt Augustin

Gedruckt mit Unterstützung der Gesellschaft der Freunde und Förderer der Deutschen Sporthochschule Köln

CIP-Titelaufnahme der Deutschen Bibliothek

Neumaier, August:
Bewegungsbeobachtung und Bewegungsbeurteilung im Sport / August Neumaier. – 1. Aufl. – Sankt Augustin : Academia-Verl. Richarz, 1988
  (Schriften der Deutschen Sporthochschule Köln; Bd. 21)
  ISBN 3-88345-320-X

NE: Deutsche Sporthochschule <Köln>: Schriften der Deutschen . . .

1. Auflage 1988
© Verlag Hans Richarz, Postf. 1165, D-5205 Sankt Augustin 1, 1988, Printed in Germany. Alle Rechte, auch die des Nachdrucks, von Auszügen, der photomechanischen Wiedergabe und der Übersetzung vorbehalten.

Herstellung: Hans Richarz Publikations-Service, 5205 Sankt Augustin 1.

INHALTSVERZEICHNIS

	Seite
Verzeichnis der Abbildungen	9
Verzeichnis der Tabellen	15
0. Einführung	17
1. Begriffsbestimmungen und Eingrenzungen	25
1.1. Bewegungsbeobachtung und Bewegungsbeurteilung	25
1.2. Wahrnehmung, Informationsaufnahme und -verarbeitung	30
2. Sinnesphysiologische Bedingungen der visuellen Informationsaufnahme	37
2.1. Foveales und peripheres Sehen	37
2.1.1. Retinale Reizaufnahme und -verarbeitung	37
2.1.2. Statische Sehschärfe	40
2.1.3. Gesichtsfeld und peripheres Sehen	47
2.2. Visuelle Informationsaufnahme bewegter Reize	60
2.2.1. Zeitliche Differenzierungsfähigkeit des visuellen Systems	61
2.2.2. Bewegungswahrnehmung	67
2.3. Anpassungs- und Einstellvorgänge des optischen Systems	76
2.3.1. Hell-Dunkel-Adaptation	76
2.3.2. Akkommodationsvorgänge	80
2.3.3. Vergenzen	83
2.3.4. Augenbewegungen	85
2.3.4.1. Sakkaden	86
2.3.4.2. Augenfolgebewegungen	109
2.3.4.3. Vergleich der Blickversionen	117
2.4. Räumliches Sehen und Tiefenwahrnehmung	121
2.5. Dynamische Sehschärfe	137
2.6. Zusammenfassung	147

	Seite

3. Psychologische Bedingungen der visuellen Wahrnehmung — 153

   3.1. Extraktion von Information als Bedeutungswahrnehmung — 153

      3.1.1. Informationsselektion durch Aufmerksamkeit — 155

      3.1.2. Schemata und Wahrnehmungszyklus — 158

   3.2. Gedächtnispsychologische Aspekte — 165

      3.2.1. Speichersysteme — 166

         3.2.1.1. Sensorischer (ikonischer) Speicher — 167

         3.2.1.2. (Visueller) Kurzzeitspeicher — 169

         3.2.1.3. (Visueller) Langzeitspeicher — 176

         3.2.1.4. Heterarchische Informationsverarbeitung — 177

      3.2.2. Kodierung visueller Information — 181

      3.2.3. Besondere Aspekte und Störgrößen — 183

         3.2.3.1. Visuelle Maskierung — 183

         3.2.3.2. Positionseffekte — 189

         3.2.3.3. Wiedererkennen vs. Reproduzieren — 192

   3.3. Wahrnehmung komplexer Fremdbewegung — 195

   3.4. Konsequenzen — 201

4. Grundlagen der Bewegungsbeurteilung im Sport — 203

   4.1. Vorbemerkungen — 203

   4.2. Beurteilungszweck — 203

      4.2.1. Leistungsermittlung im Wettkampf — 204

      4.2.2. Rückmeldung im motorischen Lernprozeß und Techniktraining — 207

   4.3. Inhalt und Bezugssystem der Beurteilung — 208

      4.3.1. Beurteilungsgegenstand und Beobachtungseinheiten — 209

         4.3.1.1. Differenzierung und Klassifizierung des Beurteilungsgegenstandes — 209

	Seite

- 4.3.1.2. Bewegungsmerkmale als Beobachtungseinheiten — 212
- 4.3.1.3. Aktionen und Positionen als Beobachtungseinheiten — 218
- 4.3.2. Beurteilungsmaßstab — 222
- 4.4. Beurteilungsgüte — 225
  - 4.4.1. Allgemeine Einflußgrößen auf die Beurteilungsobjektivität — 225
  - 4.4.2. Psychologisch bedingte Beurteilungsfehler — 230
- 4.5. Bewegungsbeurteilung als Handlung — 236
- 4.6. Zusammenfassung und Auswirkungen auf die Praxis — 239
- 5. Untersuchungen zu ausgewählten Einflußgrößen auf die Bewegungsbeurteilung im Sport — 243
  - 5.1. Blickverhalten als Zugang zur visuellen Wahrnehmung im Sport — 243
    - 5.1.1. Grundlegendes zum Blickverhalten — 243
      - 5.1.1.1. Zur Kennzeichnung des Blickverhaltens — 243
      - 5.1.1.2. Zur Interpretation verschiedener Merkmale des Blickverhaltens — 245
    - 5.1.2. Registrierung des Blickverhaltens — 252
      - 5.1.2.1. Allgemeine Übersicht zu Registrierverfahren — 252
      - 5.1.2.2. Blickverhaltensregistrierung bei der Bewegungsbeurteilung im Sport — 252
      - 5.1.2.3. Verwendete Methode: NAC Eye-Mark-Recorder — 256
    - 5.1.3. Beispiele zur Auswirkung ausgewählter Parameter auf das Blickverhalten — 268
    - 5.1.4. Zusammenfassung — 276
  - 5.2. Untersuchung ausgewählter Einflußgrößen auf die Bewegungsbeurteilung — 277
    - 5.2.1. Vorbemerkungen — 277
    - 5.2.2. Vorinformation und Erfahrung — 283

		Seite
	5.2.2.1. Bewegungserfahrung und Eigenrealisationsniveau	283
	5.2.2.2. Lehr- und Beurteilungserfahrung	302
	5.2.2.3. Spezifische Vororientierung	325
5.2.3.	Aufgabenstellung und Beurteilungsgegenstand	329
	5.2.3.1. Ganzheitliche vs. detaillierte Beurteilung	331
	5.2.3.2. Aktionen vs. Positionen	335
	5.2.3.3. Qualitative vs. quantitative Bewegungsmerkmale	339
5.2.4.	Beurteilungsumfang und Informationsdichte	348
	5.2.4.1. Azyklische vs. zyklische Bewegungsabläufe	349
	5.2.4.2. Simultane vs. sukzessive Beobachtungseinheiten	353
	5.2.4.3. Beobachtung in der Realsituation vs. mediengestützte Beobachtung	367

6. **Zusammenfassung und Empfehlungen**   385

6.1. Einflußgrößen auf die Bewegungsbeurteilung   385
     6.1.1. Sehobjektabhängige Einflußgrößen   386
     6.1.2. Aufgabenabhängige Einflußgrößen   391
     6.1.3. Beurteilerabhängige Einflußgrößen   394

6.2. Beispiele zur Analyse sportartspezifischer Beurteilungsanforderungen   400
     6.2.1. Detailbeurteilung einer Bewegungsposition im Techniktraining   401
     6.2.2. Bewertung einer komplexen Wettkampfleistung   406

6.3. Forschungsperspektiven   414

Literaturverzeichnis   415

VERZEICHNIS DER ABBILDUNGEN   Seite

Abb. 1: Übersicht zu Vorgehensweisen bei der Bewegungsbeurteilung im Sport — 17

Abb. 2: Übersicht zu Zielen der wahrnehmungsbezogenen Beurteilung von Eigen- und Fremdbewegung — 18

Abb. 3: Abgrenzung von visueller Wahrnehmung, Bewegungssehen/Bewegungswahrnehmung, Bewegungsbeobachtung und Bewegungsbeurteilung — 30

Abb. 4: Abbildungsverhältnisse in der Sinnesphysiologie — 34

Abb. 5: Schema des Aufbaus der Netzhaut — 39

Abb. 6: Veränderung der Sehschärfe auf der Netzhaut — 42

Abb. 7: Abhängigkeit des Visus von der Beleuchtungsstärke — 47

Abb. 8: Ausdehnung des binokularen Gesichtsfeldes bei unterschiedlicher Leuchtdichte — 49

Abb. 9: Versuchsanordnung zur Detektion zentral und peripher dargebotener, bewegter Reize — 52

Abb. 10: Abhängigkeit der absoluten Sehschwelle von der Reizdauer und der Beleuchtungsstärke des Reizes — 62

Abb. 11: Auswirkung der Darbietungszeit auf die Reproduktionsleistung — 64

Abb. 12: Verhalten der Flimmerverschmelzungsfrequenz bei einem Schnelligkeits-Ausdauertest — 66

Abb. 13: Systeme der Bewegungswahrnehmung — 68

Abb. 14: Verrechnung afferenter und efferenter Signale bei der visuellen Bewegungswahrnehmung — 70

Abb. 15: Zeitlicher Verlauf der Dunkeladaptation der Netzhaut — 79

Abb. 16: Abhängigkeit der Akkommodationsbreite und Nahpunktentfernung vom Lebensalter — 81

Abb. 17: Erforderliche Akkommodationszeiten in Abhängigkeit von der Ballgeschwindigkeit im Tennis — 83

Seite

Abb. 18: Abhängigkeit der Winkelgeschwindigkeit von der Amplitude sakkadischer Augenbewegungen — 87

Abb. 19: Zusammenhang von Latenzzeit und retinaler Exzentrizität des Fixationsziels — 89

Abb. 20: Versuchsandordnung zur Untersuchung der der Treffgenauigkeit von Sakkaden — 91

Abb. 21: Zusammenhang von Exzentrizität des Fixationsziels und Amplitude der 1. Korrektursakkade — 92

Abb. 22: Relative Häufigkeit von korrigierenden Sakkaden unterschiedlicher Amplitude bei verschiedener Exzentrizität der Fixationsziele — 93

Abb. 23: Auswirkung der Sakkadenungenauigkeit auf die Lage des schärfsten Sehbereichs bei der Fixation der Schlaghand eines Tennisspielers — 95

Abb. 24: Beispiele zum Sakkadenverlauf bei falsch ausgewähltem Fixationsziel — 99

Abb. 25: Zusammenhang von Latenzzeit und Amplitude der 1. Korrektursakkade — 102

Abb. 26: Zeitlicher Verlauf der sakkadischen Suppression — 105

Abb. 27: Hypothetischer Zeitverlauf der sakkadischen Suppression beim Auftreten einer Korrektursakkade — 107

Abb. 28: Verringerung der Sensitivität der Netzhaut beim Lidschlag — 108

Abb. 29: Abhängigkeit der Gleitgeschwindigkeit des Auges von der retinalen Helligkeit des Reizes für verschiedene Differenzwinkel — 111

Abb. 30: Verschiedene Arten von Augenbewegungen beim Verfolgen eines sich fortbewegenden Fixationsziels — 112

Abb. 31: Schema des Binokularsehens und zur Entstehung der Querdisparation — 122

Abb. 32: Schemazeichnung des Drei-Stäbchen-Testgeräts von STIEBER/TANGE — 127

		Seite
Abb. 33:	Fehler in der Schätzung unterschiedlicher Entfernungen	135
Abb. 34:	Zusammenhang von Darbietungsdauer und dynamischer Sehschärfe	139
Abb. 35:	Schema zur individuellen Resistenz der dynamischen Sehschärfe gegenüber zunehmender Winkelgeschwindigkeit des Sehobjekts	142
Abb. 36:	Der Wahrnehmungszyklus	161
Abb. 37:	Modell des Informationsflusses im Gedächtnis	166
Abb. 38:	Einfluß der Kontrastverhältnisse auf die Zeitdauer der sensorischen Speicherung	168
Abb. 39:	Vergessenskurve von sinnlosen Trigrammen	173
Abb. 40:	Zusammenhang von Wiedererkennensleistung für Zufallsmuster und Komplexität des Musters nach verschieden langen Dunkelphasen	174
Abb. 41:	Zusammenhang zwischen Adresse und Attributen eines Begriffs	182
Abb. 42:	Beispiel für eine "U-Funktion" der retroaktiven Maskierung	185
Abb. 43:	Stärke des Metakontrasts in Abhängigkeit vom Zeitintervall zwischen Test- und Maskierungsreiz bei unterschiedlichen Leuchtdichten von Ziel und Maske	186
Abb. 44:	Seriale Positionseffekte zur Reproduktion von Wortlisten mit und ohne Zeitverzögerung	190
Abb. 45:	Bildkartenauswahltest zur Überprüfung der Bewegungsvorstellung vom Flick-Flack	194
Abb. 46:	Arten verschiedener Bewegungen in einer visuellen Szene und zugehörige Wahrnehmungsinhalte	196
Abb. 47:	Weg-Zeit-Diagramm für verschiedene Körperpunkte bei der Vorwärtsbewegung	199
Abb. 48:	Punktmuster zur Bewegungswahrnehmung einer gehenden und laufenden Person	200

  Seite

Abb. 49: Funktionen der Bewegungsbeurteilung im Sport   205

Abb. 50: Aufgliederung des Bewegungsablaufs in quali-   214
          tative und quantitative Bewegungsmerkmale

Abb. 51: Modell zum Zusammenhang visuell wahrnehm-   217
          barer Bewegungsmerkmale

Abb. 52: Vereinfachtes Modell zur Beurteilungs-   238
          handlung

Abb. 53: Technikleitbild und Bewertungsraster zum   244
          Kugelstoß

Abb. 54: Wirkungsweise des Cornea-Reflex-Verfahrens   257

Abb. 55: Trageweise des verwendeten NAC Eye-Mark-   257
          Recorders

Abb. 56: Ansicht und Funktionsweise des verwendeten   258
          NAC Eye-Mark-Recorders

Abb. 57: Karte für die Meßfehleranalyse mit ermittel-   261
          tem Meßfehler für einen exemplarischen Punkt

Abb. 58: Aufzeichnungsfehler für verschiedene Punkte   262
          auf den Meridianen bei 45°, 180° und 270°

Abb. 59: Karte zur Einjustierung und Meßfehlerbe-   263
          stimmung des NAC Eye-Mark-Recorders

Abb. 60: Einschränkung des Gesichtsfeldes durch den   264
          NAC Eye-Mark-Recorder (Modell IV)

Abb. 61: Verteilung der Fixationsorte bei der Be-   270
          obachtung von Tennisaufschlägen mit unter-
          schiedlicher Aufgabenstellung

Abb. 62: Verteilung der Fixationsorte bei gleicher   271
          Aufgabenstellung, aber unterschiedlichen
          Bewegungstechniken

Abb. 63: Verteilung der Fixationsorte bei der Antizi-   272
          pation der Bewegungsrichtung eines Sportlers
          und eines Balles

Abb. 64: Verteilung der Fixationsorte bei einem   275
          Volleyballangriff durch einen Linkshänder

Abb. 65: Bewertungsraster zum Basketball-Sprungwurf   281

Seite

Abb. 66: Bewertungsraster zum Flick-Flack 281

Abb. 67: Zusammenhang von Bewegungswissen und Eigen- 287
realisationsniveau

Abb. 68: Typische Verteilung der Fixationsorte bei 292
der Beurteilung von Basketball-Sprungwürfen
durch Leistungsspieler und Nicht-Basketballer

Abb. 69: Typische Verteilung der Fixationsorte bei 293
der Beurteilung von Flick-Flacks durch
Anfänger

Abb. 70: Verteilung der Fixationsorte bei der Beur- 301
teilung eines fehlerhaften Basketball-
Sprungwurfs

Abb. 71: "Vierfach-Antwort-Dia" aus dem Wieder- 306
erkennungs-Test von IMWOLD/HOFFMAN (1983)

Abb. 72: Unterschiede in den Fixationszeiten auf ver- 307
schiedenen Körperregionen bei der Beurteilung
von Schwimmtechniken

Abb. 73: Durchschnittliche Fixationszeiten auf 309
verschiedenen Körperregionen bei der
Beurteilung von Schwimmtechniken

Abb. 74: Typische Verteilungen der Fixationsorte bei 311
der Beurteilung von Weitsprüngen und Kugelstößen

Abb. 75: Typische Verteilungen der Fixationsorte bei 313
der wettkampfmäßigen Bewertung von Judo-
Würfen

Abb. 76: Typische Verteilung der Fixationsorte bei 316
der Beurteilung von Basketball-Sprungwürfen

Abb. 77: Untersuchungsergebnisse zur Beurteilung quan- 345
titativer Bewegungsmerkmale bei Weitsprüngen

Abb. 78: Relative Häufigkeiten zur Fehleridentifika- 355
tion in verschiedenen Bewegungsphasen bei
der Beurteilung von Flick-Flacks

Abb. 79: Relative Häufigkeiten zur Fehleridentifika- 356
tion in verschiedenen Bewegungsphasen bei
der Beurteilung von Weitsprüngen

Seite

Abb. 80: Relative Häufigkeiten zur Fehleridentifika- 357
tion in verschiedenen Bewegungsphasen bei
der Beurteilung von Stabhochsprüngen

Abb. 81: Relative Häufigkeiten zur Fehleridentifika- 358
tion in verschiedenen Bewegungsphasen bei
der Beurteilung von Kugelstößen

Abb. 82: Relative Häufigkeiten zur Fehleridentifika- 360
tion in verschiedenen Bewegungsphasen bei
der Beurteilung von Basketball-Sprungwürfen

Abb. 83: Lage der Fixationsorte bei der Beurteilung 376
von Flick-Flacks in Abhängigkeit von der
Darbietungsgeschwindigkeit

Abb. 84: Beispiele für individuelle Blickverläufe bei 377
der Beurteilung von Flick-Flacks mit verschiedenen Darbietungsgeschwindigkeiten

Abb. 85: Typische Verteilungen der Fixationsorte bei 380
der wettkampfmäßigen Beurteilung von Judo-
Würfen bei Zeitlupendarbietung

Abb. 86: Fallbeispiele zum Blickverhalten bei der Be- 383
obachtung eines Badminton-Schlags bei Normal-
geschwindigkeits- und Zeitlupendarbietung

Abb. 87: Modell zu Einflußgrößen auf die Bewegungs- 387
beurteilung

Abb. 88: Sehobjekt- und aufgabenabhängige Anforderun- 402
gen bei einer Beurteilung der Haltung des
Schwungbeinfußes beim Weitsprung-Absprung

Abb. 89: Erfassen eines Bewegungsdetails beim Weit- 404
sprung-Absprung mittels einer antizipatorischen Sakkade

Abb. 90: Sehobjekt- und aufgabenabhängige Anforderun- 407
gen bei der Beurteilung einer Bodenturnübung
im Wettkampf

Abb. 91: Beispiel für eine antizipatorische Sakkade 412
bei hoher Winkelgeschwindigkeit und
schneller Richtungsänderung des Sehobjekts
im Bodenturnen

VERZEICHNIS DER TABELLEN   Seite

Tab. 1: Untersuchungen zur statischen Sehschärfe   44
         von Sportlern

Tab. 2: Untersuchungen zum Einfluß von physischer   46
         Belastung und Ermüdung auf die statische
         Sehschärfe von Sportlern

Tab. 3: Sportbezogene Untersuchungen zum peripheren   54
         Sehen

Tab. 4: Systematik objektiver und subjektiv-   72
         visueller Bewegungsformen

Tab. 5: Literaturangaben zur Winkelgeschwindigkeit   88
         von Sakkaden

Tab. 6: Literaturangaben zur Latenzzeit bei   101
         "statischen" Über- oder Unterschußsakkaden

Tab. 7: Geschwindigkeiten von Augenfolgebewegungen   114

Tab. 8: Maximale Winkelgeschwindigkeiten bei der   117
         Beobachtung von Kugelstößen

Tab. 9: Merkmale von Sakkaden und Augenfolge-   119
         bewegungen

Tab. 10: Beispiele für mögliche Anforderungen an das   130
         räumliche Sehen im Sport

Tab. 11: Sportbezogene Untersuchungen zur   131
         Tiefenwahrnehmung

Tab. 12: Dynamische Sehanforderungen im Sport   140

Tab. 13: Sportbezogene Untersuchungen zur   146
         dynamischen Sehschärfe

Tab. 14: Kennzeichen der verschiedenen (visuellen)   178
         Informations-Speichersysteme

Tab. 15: Funktion der sportlichen Technik in   221
         verschiedenen Sportarten

Tab. 16: Gegenüberstellung der wichtigsten Methoden   253
         zur Blickbewegungsregistrierung

Tab. 17: Antworten zur Frage: Findest Du, daß Dich   265
         die Blickbewegungskamera beim Sehen
         behindert?

Seite

Tab. 18:	Antworten zur Frage: Was hat Dich beim Tragen der Blickbewegungskamera gestört?	266
Tab. 19:	Übersicht zu wesentlichen Einflußgrößen auf die Bewegungsbeurteilung	279
Tab. 20:	Beispiel zur Variationsbreite in der wettkampfmäßigen Bewertung von Judo-Wurftechniken durch Kampfrichter und Wettkämpfer	312
Tab. 21:	Untersuchungsergebnisse zur globalen Entscheidung "Bewegung war fehlerfrei" bzw. "fehlerhaft"	333
Tab. 22:	Untersuchungsergebnisse zur Beurteilungsqualität von Aktionen und Positionen	337
Tab. 23:	Untersuchungsergebnisse zur Einschätzung von quantitativen Bewegungsmerkmalen	347
Tab. 24:	Durchschnittliche Sakkadenanzahl bei der Beurteilung von Schwimmtechniken	352
Tab. 25:	Sakkadenanzahl bei der Beobachtung turnerischer Übungsteile unter verschiedenen Wahrnehmungsbedingungen	369
Tab. 26:	Anzahl antizipatorischer Sakkaden bei der Beobachtung turnerischer Übungsteile unter verschiedenen Wahrnehmungsbedingungen	370
Tab. 27:	Auswirkung von Darbietungsgeschwindigkeit und Reihenfolge der Darbietung auf die mittlere Anzahl der Fehleridentifikationen bei der Beurteilung von Flick-Flacks	373

0. EINFÜHRUNG

Sportliche Bewegungsabläufe werden überall beurteilt, wo sie gelehrt, gelernt und trainiert werden. Die Qualität einer Bewegungsausführung ist jedoch nicht nur Ausdruck des individuellen Lernfortschritts bzw. Könnensstandes, sondern in vielen Sportarten unmittelbares Leistungskriterium im Wettkampf.

Eine Bewegungsbeurteilung kann mittels verschiedener Vorgehensweisen erfolgen. Hierbei lassen sich zwei Gruppen voneinander abheben:

- Methoden, die sich auf **technische Hilfsmittel** stützen, und
- Formen, die direkt auf der **Wahrnehmung** des Beurteilers beruhen (vgl. Abb. 1).

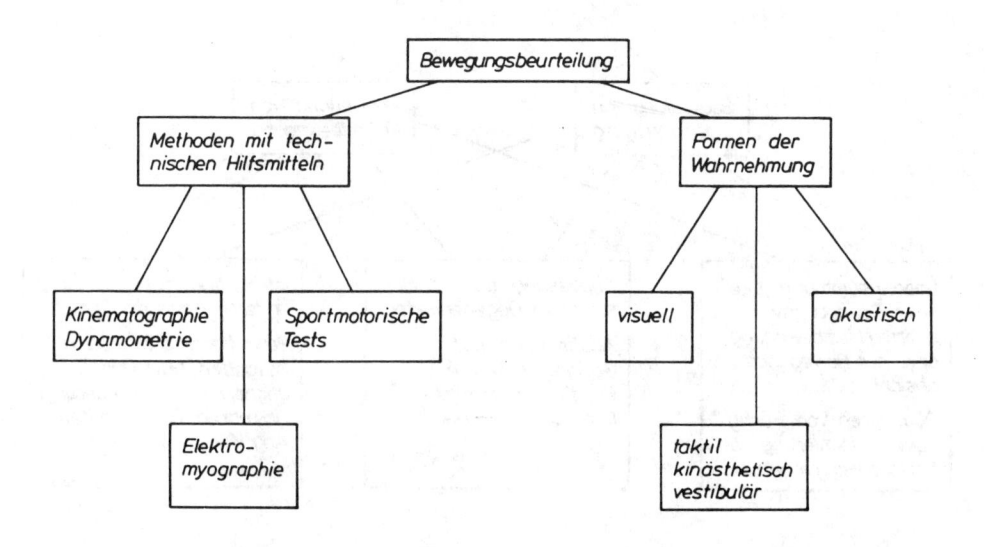

Abb. 1: Übersicht zu Vorgehensweisen der Bewegungsbeurteilung im Sport.

Da sich die Wahrnehmung einer beurteilenden Person (Beurteiler) nicht nur auf andere Personen, sondern auch auf selbst ausgeführte Bewegungen richten kann, ist in diesem Zusammenhang eine weitere Unterscheidung sinnvoll:

- die Beurteilung von **Fremdbewegung** und

- die Beurteilung von **Eigenbewegung**.

In beiden Fällen sind in idealtypischer Form verschiedene Beurteilungsziele abgrenzbar, die sich aus den Bewegungszielen ergeben (BAUMANN 1986, 17f), die in der Realität aber häufig Überschneidungen aufweisen. Abb. 2 gibt hierzu eine Übersicht.

```
                Auf Wahrnehmung
                  gestützte
              Bewegungsbeurteilung
               /              \
      Beurteilung von      Beurteilung von
      Eigenbewegung        Fremdbewegung
```

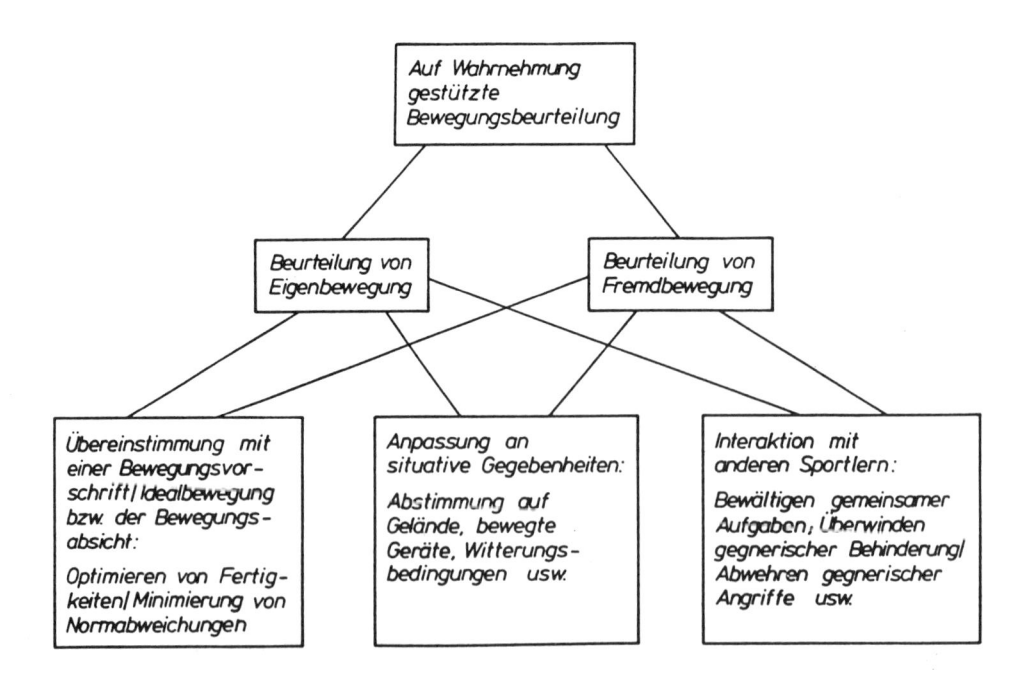

| Übereinstimmung mit einer Bewegungsvorschrift/Idealbewegung bzw. der Bewegungsabsicht: Optimieren von Fertigkeiten/Minimierung von Normabweichungen | Anpassung an situative Gegebenheiten: Abstimmung auf Gelände, bewegte Geräte, Witterungsbedingungen usw. | Interaktion mit anderen Sportlern: Bewältigen gemeinsamer Aufgaben; Überwinden gegnerischer Behinderung/ Abwehren gegnerischer Angriffe usw. |

Abb. 2: Übersicht zu Zielen der wahrnehmungsbezogenen Beurteilung von Eigen- und Fremdbewegung.

Die Bewegungsbeurteilung im Sport erweist sich demnach bereits bei einer ersten, oberflächlichen Strukturierung als ein sehr komplexes Problemfeld, für dessen Bearbeitung eine Eingrenzung vorgenommen werden muß.

Thema der vorliegenden Arbeit ist nicht die Bewegungsbeurteilung im allgemeinen Sinne, sondern nur die auf der **visuellen Wahrnehmung** beruhende Beurteilung von **Fremdbewegung**. Gleichzeitig erfolgt eine Beschränkung auf die Analyse von Beurteilungsprozessen, die auf **qualitative Aspekte** von Bewegungsabläufen von **Individuen** gerichtet sind, d.h., die überwiegend der Feststellung von Übereinstimmungen mit vorgegebenen Ausführungsvorschriften bzw. deren Abweichung von einer als ideal angesehenen Realisierung (Fehleridentifikation) beim einzelnen Sportler dienen. Eine Anpassung des Sportlers an situative Bedingungen ist hier eingeschlossen, eine Interaktion mit anderen Sportlern jedoch nur dann, wenn es um die Aufrechterhaltung der Qualität einer Bewegung oder deren Annäherung an eine Idealbewegung auch unter gegnerischer Behinderung z.B. im Kampfsport oder im Sportspiel geht.

Diese Eingrenzung des Themas bedeutet nicht, daß die Beurteilung von Eigenbewegung durch den Sportler oder die übrigen Ziele und Möglichkeiten zur Beurteilung von Fremdbewegung geringer eingeschätzt würden. Eine gute Eigenwahrnehmung z.B. ist Grundlage für die Selbstkorrektur und fördert den Lernfortschritt. In manchen Sportarten ist auch die Beurteilung fremder Bewegungsabläufe mit Hilfe anderer Formen der Wahrnehmung als der visuellen von Bedeutung. Beispiele hierzu sind das Hören des "Wasserfassens" im Rudern oder das Fühlen des Ausmaßes an (noch) notwendiger Unterstützung bei der Hilfestellung im Gerätturnen, aus denen der Trainer oder Sportlehrer den Beherrschungsgrad einer Bewegung ebenfalls ableiten kann. Schließlich sind objektive Informationen zu solchen Bewegungsmerkmalen, die mit der Wahrnehmung nicht ausreichend genau erfaßt werden können, auf höherem

Leistungsniveau von großem Wert, z.B. zu Kraft-Zeit-Verläufen oder zur Koordination der Muskelaktivität zwischen Agonisten und Antagonisten, die insbesondere mit biomechanischen Methoden gewonnen werden.

Die Beurteilung von Fremdbewegung mittels der visuellen Wahrnehmung besitzt jedoch zweifellos eine Basisfunktion in der Tätigkeit des Trainers und Sportlehrers. Auch die Leistungsbewertung im Wettkampf durch Kampfrichter beruht fast ausschließlich auf visuellen Wahrnehmungsprozessen. Die herausragende Stellung dieser Form der Bewegungsbeurteilung rechtfertigt deren gesonderte, detaillierte Betrachtung in dieser Arbeit, zumal der spezifische Wissensstand im Verhältnis zu deren Bedeutung für die Sportpraxis als relativ gering einzustufen ist.

Wenn also im folgenden ohne weitere Zusätze von "**Bewegungsbeurteilung**" gesprochen wird, ist die Beurteilung der Ausführungsqualität von Fremdbewegungen einzelner Sportler auf der Grundlage der visuellen Wahrnehmung gemeint.

Schon vor mehr als 25 Jahren hat MEINEL in seiner "Bewegungslehre" (1960) die Schritte "Bewegungssehen - Bewegungsbeurteilung - Bewegungsanweisung" als "Kernstück" der methodischen Arbeit des Sportpädagogen bezeichnet. Auch heute enthalten fast alle gängigen methodisch-didaktischen Lehrbücher im Sport Aussagen zur Bedeutung der Bewegungsbeurteilung und zu ihrer Schulung. Diese beschränken sich allerdings nach wie vor auf wenige allgemeine Hinweise z.B. zur Bedeutung der Bewegungsvorstellung und zu deren Entwicklung als Grundlage für die Beurteilungsfähigkeit und enthalten gelegentlich einige globale methodische Empfehlungen, wie z.B., daß eine Schulung vom Leichten zum Schweren unter Benutzung verschiedener Darbietungsformen (Reihenbilder, Zeitlupenaufnahmen etc.) u.ä.m. aufzubauen sei.

In vielen Sportarten, die bei der Leistungsermittlung im Wettkampf auf das "Meßinstrument Mensch" (HAASE 1972) angewiesen sind, treten nicht selten Unzulänglichkeiten in der Beurteilung bis hin zu schwerwiegenden Beurteilungsfehlern auf. Dies zeugt von hohen Anforderungen an die Kampf- bzw. Wertungsrichter, die von diesen offensichtlich häufig nicht vollständig zu bewältigen sind. Die Bemühungen in vielen Sportarten, dieses Problem zu überwinden, haben in den vergangenen Jahren zwar vereinzelt Fortschritte gebracht, sind insgesamt gesehen aber wenig erfolgreich geblieben. Die Beurteilungsprobleme können in keiner Sportart oder -disziplin als gelöst betrachtet werden.

Voraussetzung für erfolgversprechende Bemühungen zur Verbesserung der Beurteilungsqualität in der Sportpraxis ist das Wissen um die verschiedenen Einflußgrößen auf den Beurteilungsprozeß. Einerseits sind dabei die Anforderungen zu analysieren, die von der jeweiligen Beurteilungsaufgabe sowie vom jeweils zu beurteilenden Bewegungsablauf, dem Sehobjekt, und den damit in der Wahrnehmungssituation verbundenen Sehbedingungen ausgehen. Andererseits müssen die im Beurteiler selbst wirksamen individuellen Einflüsse auf den Wahrnehmungsprozeß diagnostiziert werden.

LEIST (1982, 88) spricht angesichts des Forschungs- und Kenntnisstandes zur visuellen Wahrnehmung von Fremdbewegung von einem "Gebot der Stunde" zur Füllung des diesbezüglichen "Wahrnehmungslochs". Es existiert zwischenzeitlich zwar eine Reihe von Einzeluntersuchungen zu verschiedenen Aspekten der Bewegungsbeurteilung im Sport, eine umfassende theoretische und empirische Aufarbeitung des äußerst komplexen Problemfeldes mit seinen zahlreichen Einflußgrößen liegt aber bisher noch nicht vor. Wesentliche Beiträge mit größeren empirischen Anteilen haben erst in jüngerer Zeit TIDOW (1983), MESTER (1985) und BAUMANN (1986) vorgelegt.

Ein Ziel der vorliegenden Arbeit besteht in der theoriegeleiteten Aufdeckung und Strukturierung der Einflußgrößen auf die Bewegungsbeurteilung. Die Vielfalt der Variablen im

Beurteilungsprozeß macht allerdings eine komplette empirische Bearbeitung in diesem Arbeitsvorhaben unmöglich.

Es sollen daher eigene Befunde zu folgenden ausgewählten, praxisrelevanten Einflußgrößen vorgelegt werden:
- Vorinformation und Erfahrung im praktischen Umgang mit der zu beurteilenden Bewegung,
- spezifische Aufgabenstellung an den Beurteiler und Beurteilungsgegenstand,
- Anzahl der zu beurteilenden Merkmale in einer Bewegungsausführung und deren Verteilung über den Bewegungsablauf.

Außerdem wird versucht, über die Registrierung des Blickverhaltens als objektivierbare Größe des visuellen Wahrnehmungsprozesses Hinweise auf Fixationspräferenzen und die dabei eingesetzten Blickstrategien unterschiedlich qualifizierter Beurteiler zu gewinnen.

Angesichts der Komplexität des Problemfeldes "Bewegungsbeurteilung" ist eine interdisziplinäre Vorgehensweise notwendig, wobei die Schwerpunkte auf sinnesphysiologischen sowie wahrnehmungs- und gedächtnispsychologischen Aspekten des Themas liegen. Darüberhinaus ist eine grundsätzliche Auseinandersetzung mit der Bewegungsbeurteilung unter vorwiegend bewegungstheoretischen Gesichtspunkten erforderlich.

Dieser Ansatz bringt neben dem Umfangsproblem die Schwierigkeit der in den Wissenschaftsdisziplinen unterschiedlichen Terminologien mit sich. Aus diesem Grund werden jene Begriffe, die in den verschiedenen Disziplinen unterschiedlich terminologisch gefaßt sind, für den Aussagebereich dieser Arbeit neu definiert. Auf eine völlige terminologische "Gleichschaltung" wird aber verzichtet, da sonst für mehrere **innerhalb** der verschiedenen Disziplinen fest etablierte

Begriffe weitere Begriffsdefinitionen hinzugefügt werden müßten.

Bereits während der Voruntersuchungen zur vorliegenden Arbeit deutete sich eine Abhängigkeit des Blickverhaltens sowie der Beurteilungsleistungen von der Struktur der dargebotenen Bewegungsabläufe an. Aus diesem Grund erschien es sinnvoll, sich bei der Untersuchung der verschiedenen Einflußgrößen nicht ausschließlich auf einen exemplarisch ausgewählten Bewegungsablauf zu stützen, sondern eine breitere Basis durch das Einbeziehen unterschiedlich strukturierter Bewegungen herzustellen.

Die Untersuchungen schließen insgesamt folgende Sportarten bzw. -disziplinen ein:

- Leichathletik: Kugelstoßen, Weitsprung, Stabhochsprung;
- Schwimmen: Rücken, Delphin;
- Gerätturnen: Flick-Flack, Handstütz-Überschlag u.a.m.;
- Judo: Ippon Seoi Nage, Kouchi Gari;
- Sportspiele: Volleyball-Angriffe und -Zuspiele, Fußball-Torschüsse und -Dribblings, Basketball-Sprungwürfe und -Dribblings, Badminton-Clears und -Drops, Tennis-Aufschläge.

Vorrangige Berücksichtigung finden der Flick-Flack und der Basketball-Sprungwurf als sehr unterschiedliche Bewegungsabläufe sowohl hinsichtlich der räumlichen und zeitlichen Struktur als auch der Benutzung eines Sportgeräts. Sie werden in mehrere, z.T. parallel angelegte, d.h. ansonsten die gleiche Fragestellung verfolgende Untersuchungen einbezogen. Dies macht allerdings eine größere Zahl von Einzeluntersuchungen mit zahlreichen Versuchspersonen (Vpn) erforderlich.

Im Rahmen des siebenjährigen Forschungsprojekts wurden mehr als 30 vom Verfasser initiierte und betreute Diplom- und Staatsexamensarbeiten an der DSHS Köln mit insgesamt mehr als 1400 Vpn angefertigt. Diese Befunde fließen in die vorliegende Arbeit ein.

1. BEGRIFFSBESTIMMUNGEN UND EINGRENZUNGEN

Mit den nachfolgenden Anmerkungen und Begriffsbestimmungen wird versucht, die Ausgangsposition für die Behandlung des Themas der Arbeit weiter einzugrenzen und zu konkretisieren. Die Komplexität und Heterogenität des Problemfeldes "Visuelle Wahrnehmung und Bewegungsbeurteilung" machen sowohl eine starke themenorientierte Auswahl von Grundlagenaspekten als auch eine Zusammenfassung und Verkürzung der teilweise sehr uneinheitlichen theoretischen Ansätze notwendig. Das gilt insbesondere für die erste Begriffsbestimmung von Wahrnehmung (in Kap. 1.2.) und später bei deren näheren Beschreibung (in Kap. 3.), wo keine nochmalige detaillierte Aufarbeitung der verschiedenen Wahrnehmungstheorien erfolgt, sondern eine integrative Darstellung und Begründung der selbst vertretenen Auffassung des visuellen Wahrnehmungsprozesses angestrebt wird.

1.1. BEWEGUNGSBEOBACHTUNG UND BEWEGUNGSBEURTEILUNG

Wer sich mit Fragen der Bewegungsbeobachtung und Bewegungsbeurteilung befaßt, so wie sie in dieser Arbeit verstanden werden, muß sich zwangsläufig mit der Struktur und den Bedingungen der **visuellen Wahrnehmung** auseinandersetzen. Die Begründungen hierfür sind die folgenden:

1. Die Bewegungsbeurteilung unter dem Aspekt der vorliegenden Fragestellung ist notwendigerweise mit einer Bewegungs**beobachtung** verbunden, wobei der Prozeß der Beobachtung seinerseits vom nachfolgenden Beurteilungsvorgang antizipatorisch beeinflußt wird (THOMAS 1976a, 191). Unter Beobachtung wiederum versteht man nach allgemeinem (psychologischem) Verständnis nichts anderes als "gerichtete, suchende Wahrnehmung" (EBERSPÄCHER 1982, 235).

2. Wahrnehmen und Beurteilen sind nur theoretisch voneinander zu trennen,

> "weil jede weitergegebene Wahrnehmung bereits ein Wahrnehmungsurteil enthält sowie auf Grund vorangegangener Wahrnehmungen abgegebene Urteile in den Kontext folgender Wahrnehmungen eingehen und sie somit wieder im Sinne der Selektivität beeinflussen" (KLEBER 1976, 44).

Beide Punkte betonen eine gegenseitige Abhängigkeit von Wahrnehmen und Beurteilen. Allerdings entsteht der Eindruck, als würde angenommen, daß zwei Prozesse zeitlich aufeinander folgend ablaufen, d.h., zuerst wird beobachtet und dann beurteilt usw. Eine solche zeitliche Trennung von Wahrnehmung und Beurteilung ist aber nur dann möglich, wenn man mit Beurteilung den "kognitiven Vergleichsprozeß" meint, in dem der Bewerter z.B. "das beobachtete Bewegungsgeschehen mit den in den Bewertungsrichtlinien vorgesehenen Bewertungskriterien vergleicht" (THOMAS 1978, 266).

Es wird eine Begriffsverwendung bevorzugt, in der von einer starken **Verflechtung** von visueller Wahrnehmung und Bewegungsbeurteilung ausgegangen wird, d.h. nicht von zwei hierarchisch (und zeitlich) aufeinanderfolgenden Prozessen, sondern von e i n e m heterarchischen Prozeß (vgl. hierzu die Ausführungen in Kap. 3.2.1.4.). Das schließt nicht aus, daß das Wahrgenommene zusätzlich einer Punktwertung, qualitativen Aussage o.ä. zugeordnet werden kann, bevor es als Urteil registriert und/oder mitgeteilt wird.

Die vorläufige grobe Begriffsbestimmung im ersten o.a. Punkt deutet bereits an, daß Beobachtung und (visuelle) Wahrnehmung nicht generell gleichzusetzen sind.

Beobachtung ist nach GRAUMANN (1973, 15) die

> "absichtliche, aufmerksam-selektive Art des Wahrnehmens, die ganz bestimmte Aspekte auf Kosten der Bestimmtheit von anderen beachtet ... Gegenüber dem üblichen Wahrnehmen ist das beobachtende Verhalten planvoller, selektiver, von einer Suchhaltung bestimmt und von vornherein

auf die Möglichkeit der Auswertung des Beobachteten im Sinne der übergreifenden Absicht gerichtet".

Der entscheidende Unterschied zwischen der "normalen" oder alltäglichen visuellen Wahrnehmung und einer Beobachtung besteht demnach in der Absichtlichkeit und Zweckgerichtetheit.

Die Beobachtung, die mit dem Ziel einer Bewegungsbeurteilung durchgeführt wird, ist zwischen den beiden Extremen einer "zureichenden" und einer "fehlenden Kontrolle" (GRAUMANN 1973, 24) anzusiedeln. Sie kann wissenschaftlichen Charakter besitzen und sich dem einen Extrem annähern, wie z.B. in den Untersuchungen von TIDOW (1983). Sie kann nichtwissenschaftlich, aber dennoch weder naiv noch unsystematisch sein, was bei der Leistungsbeurteilung im Wettkampf angenommen werden sollte. Sie kann aber auch durch einen ungeschulten Beobachter wenig planvoll und sehr subjektiv erfolgen, wenn z.B. ein Sportler die Leistungsfähigkeit seiner "Konkurrenten" einschätzen will.

Die Beobachtung ist grundsätzlich als ein "Verfahren zur Gewinnung von Daten" aufzufassen (KAMINSKI 1975, 43). Dies gilt zwar zunächst für die Beobachtung als empirische Forschungsmethode, ist aber im weiteren Sinne auch auf die Beobachtung mit dem Ziel einer Bewegungsbeurteilung übertragbar. Das Besondere im Vergleich zu anderen Verfahren zur Datengewinnung ist bei der Beobachtung, daß "die Daten in **beobachtenden Personen** zustande kommen" (KAMINSKI 1975, 44). Dementsprechend charakterisiert BAUMANN (1974) den Beobachter als "Signalwandler".

Nach den bisherigen Ausführungen könnte man Bewegungsbeobachtung und Bewegungsbeurteilung inhaltlich gleichsetzen und als Synonyme betrachten. Dies legt zunächst auch eine entsprechende Literaturanalyse nahe.

So bevorzugen z.B. KAMINSKI (1975), THIESS u.a. (1980), BAUMANN (1986) und THIESS/SCHNABEL (1986) den Begriff "Beobachtung", HAASE (1972; 1976) und THOMAS (1976a; 1978) benutzen "Bewertung" bzw. "Beurteilung" als Oberbegriff, TIDOW (1983) läßt keine Präferenz in der Begrifflichkeit erkennen, erwähnt aber an einer Stelle, daß die Beobachtung der Beurteilung zeitlich vorgeordnet sei. Eine ausdrückliche Begründung der Begriffswahl findet sich in den o.a. Quellen nicht.

Die völlige Gleichstellung von "Bewegungsbeobachtung" und "Bewegungsbeurteilung" ist aber aus folgendem Grund nicht zu empfehlen: Eine Bewegungsbeobachtung kann auch rein **explorativen** Charakter besitzen. Der Bewegungsablauf wird ohne das Ziel einer Bewertung im Sinne von "gut" oder "schlecht", in Form einer Punktzahl usw. beobachtet. Der Zweck der Beobachtung liegt in einem deskriptiven Erfassen der Bewegung oder einzelner Bewegungsmerkmale. Das geschieht z.B. dann, wenn ein Sportler auf Bitten seines Trainingspartners gezielt hinschaut, wie dieser beim Tennisaufschlag die "Schleife" hinter seinem Rücken ausführt, um ihm dies anschließend zu beschreiben. Auch in Verbindung mit einer sog. "Inhaltsanalyse" (GÖHNER 1979) sind solche Bewegungsbeobachtungen möglich, wenn es ausschließlich darum geht, eine sportliche Übung oder künstlerische Darbietung zu dokumentieren.

Obwohl aus der Sicht wahrnehmungspsychologischer Ansätze hierbei innerhalb des Wahrnehmungsvorgangs ohne Zweifel Einordnungs- und Bewertungsprozesse der aufgenommenen visuellen Information stattfinden (vgl. Kap. 3.1.), handelt es sich in den beiden geschilderten Beispielen - unter Berücksichtigung des allgemeinen Sprachgebrauchs - nicht um Fälle von Bewegungs**beurteilung**. Deshalb wird für diese Arbeit folgende Festlegung vorgenommen (vgl. THIESS u.a. 1980, 44; SINGER/UNGERER-RÖHRICH 1983, 54; THIESS/SCHNABEL 1986, 36):

Bewegungsbeobachtung ist das absichtliche, aufmerksam-selektive visuelle Wahrnehmen von fremden Bewegungsabläufen mit dem Ziel, Ausführungsmerkmale in ihrer Ausprägung zu erfassen.[1]

Von Bewegungsbeurteilung soll spezifizierend dann gesprochen werden, wenn die Beobachtung durchgeführt wird, um eine Bewertung des Bewegungsablaufs vornehmen zu können. Es wird daher bestimmt (vgl. HAASE 1972; 1978; THOMAS 1976a; 1978; BALLREICH 1981):

Bewegungsbeurteilung ist Bewegungsbeobachtung mit dem Zweck, die Ausprägung einzelner Ausführungsmerkmale oder des gesamten Bewegungsablaufs verbalen oder numerischen Kategorien (auf Ordinalskalenniveau) zuordnen zu können.[2]

An dieser Stelle muß noch ein weiterer Begriff angeführt werden, der in der Literatur sinngleich mit "Bewegungsbeobachtung" benutzt wird bzw. wurde: das **Bewegungssehen** (vgl. MEINEL 1960; THIESS u.a. 1980; BALLREICH 1981; GROSSER/ NEUMAIER 1982; TIDOW 1983). Es wird vorgeschlagen, seine Bedeutung auf das Entdecken (oder Gewahrwerden) von Bewegung einzuengen. Das Bewegungssehen ist demnach eine grundlegende Funktion der visuellen Wahrnehmung zur Differenzierung zwischen statischen und dynamischen visuellen Reizen
und somit Gegenstand der Sinnesphysiologie (s. Kap. 2.2.2.) sowie der Wahrnehmungspsychologie. In letzterer spricht man häufig auch bedeutungsgleich von "Bewegungswahrnehmung" (s. z.B. RITTER 1978; 1983; vgl. Kap. 3.3.). Im folgenden soll damit gelten (vgl. BÄUMLER 1972, 153):

Bewegungssehen bzw. **Bewegungswahrnehmung** bezeichnet den Prozeß der Entstehung eines (visuellen) Eindrucks einer Veränderung der Raumposition von Objekten relativ zum Wahrnehmenden.

---

[1] Als synonyme Begriffe sind in Anlehnung an THIESS/ SCHNABEL (1986) "Technikbeobachtung", "sportmotorische" und "sporttechnische Beobachtung" anzusehen.

[2] Vgl. hierzu die weiteren Ausführungen in Kap. 4.

Die vorgeschlagenen Festlegungen erlauben eine begriffliche Abgrenzung von visueller Wahrnehmung im weitesten Sinne (statische und dynamische Aspekte), visueller Wahrnehmung von Bewegung (Eingrenzung auf dynamische Aspekte: Bewegungssehen/Bewegungswahrnehmung), Bewegungsbeobachtung als absichtliche und zielgeleitete Bewegungswahrnehmung sowie Bewegungsbeurteilung als Spezialfall der Bewegungsbeobachtung mit Bewertungsabsicht (s. auch Abb. 3).

1.2. WAHRNEHMUNG, INFORMATIONSAUFNAHME UND -VERARBEITUNG

Es ist bis hierher deutlich geworden, daß Bewegungsbeobachtung zwar begrifflich von der visuellen Wahrnehmung abgehoben werden kann, eine völlige inhaltliche Entflechtung aber nicht möglich ist. So beruht die Bewegungsbeobachtung stets auf Wahrnehmungsprozessen.

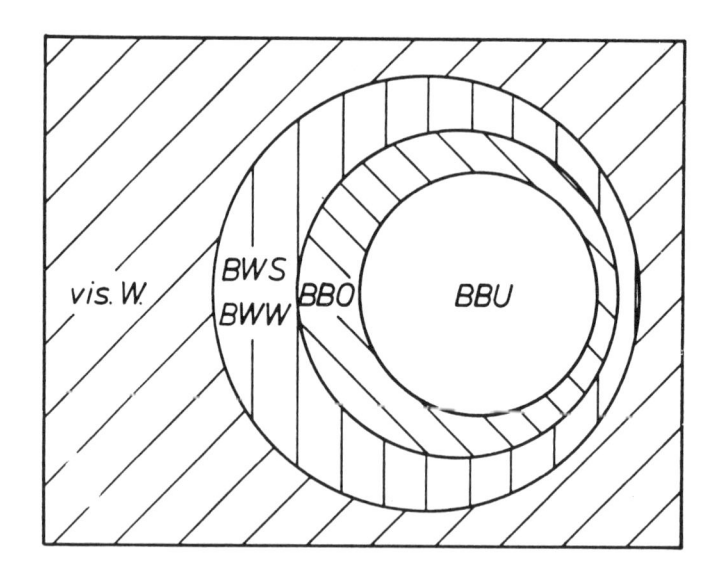

Abb. 3: Abgrenzung von visueller Wahrnehmung (vis.W.), Bewegungssehen/Bewegungswahrnehmung (BWS/BWW), Bewegungsbeobachtung (BBO) und Bewegungsbeurteilung (BBU).

Der Versuch einer inhaltlichen und begrifflichen Bestimmung von "Wahrnehmung" erweist sich als noch schwieriger als der von Bewegungsbeobachtung und Bewegungsbeurteilung. Obwohl sich die Psychologie seit ihren Anfängen mit der Wahrnehmung beschäftigt, existiert bis heute keine umfassende, allgemein anerkannte Begriffsbestimmung für "Wahrnehmung". Die zahllosen Ansätze und Definitionsversuche weisen je nach dem theoretischen Standort ihrer Verfasser verschieden gelagerte Schwerpunkte auf.[1]

Es besteht aber weitgehend Übereinstimmung darüber, daß Wahrnehmung ein "dynamischer Prozeß" ist, in dem "einem Gegenstand, einem Ereignis oder einer Situation in räumlicher und zeitlicher Nähe des Individuums" Bedeutung gegeben wird (CRATTY 1975, 43). Wahrnehmen kommt durch ein "Zusammenspiel von Reizen aus der Umwelt und gespeicherten Umwelterfahrungen" zustande (MURCH/WOODWORTH 1978, 11). Dabei wird allgemein betont, daß es sich hierbei nicht um einen einfachen passiven Prozeß handelt, sondern um eine aktive Auseinandersetzung mit dem Reizangebot und um einen äußerst komplexen Prozeß der Reizverarbeitung in höheren zentralnervösen Strukturen (ALTHERR 1978, 2), der eine hohe Subjektivität aufweist. Die starke Abhängigkeit des Wahrnehmungsprozesses von subjektiven Einflußgrößen hebt z.B. EBERSPÄCHER (1982, 29) hervor:

"Die Wahrnehmung ist durch aktuelle Prozesse in der Person geprägt, zum Beispiel durch ihre Gefühle, Hoffnungen, Bewertungen, Erwartungen, Hypothesen, Vermutungen, Pläne, ihre Motivation genauso wie durch überdauernde Bedingungen, wie ihr Wissen und Können oder ihre Einstellungen und Selbstkonzepte."

---

[1] Vgl. hierzu die Übersichtsdarstellungen z.B. bei HABER (1968), BARTLEY (1969), CRATTY (1975), STADLER u.a. (1977), MURCH/WOODWORTH (1978), PRINZ (1983).

Nachdem der Begriff "Reiz" schon mehrfach zur Beschreibung von "Wahrnehmung" herangezogen wurde, soll kurz darauf eingegangen werden, wie er hier verstanden wird.

Ein Gegenstand besitzt, objektiv gesehen, Eigenschaften (Masse, Farbe, Oberflächenbeschaffenheit usw.). Für den Wahrnehmenden sind diese absoluten (physikalischen) Eigenschaften jedoch nicht erfaßbar, sondern nur die Wirkungen, die der distale Gegenstand am Sinnesorgan ausübt. Nur dasjenige vom Gegenstand, "was den Organismus durch Vermittlung von Trägern wie elektromagnetischen Schwingungen, Luftdruckschwingungen usw. physikalisch erreicht", kann vom geeigneten Sinnesorgan als proximale Grundlage für den Wahrnehmungsprozeß aufgenommen werden (PRINZ 1983, 15). Es sind also nicht die Eigenschaften des Gegenstandes entscheidend, sondern vielmehr die Eigenschaften der von ihm verursachten "Reize" (PRINZ 1983, 15).

Nun sehen aber die (anschaulichen Eigenschaften der) Dinge für den Wahrnehmenden weder so aus wie die Gegenstände noch wie die von ihnen ausgehenden Reize. Die Reizverarbeitung ist "weit entfernt von einer einfachen Punkt-zu-Punkt-Abbildung" (PRINZ 1983, 16). Durch die Einwirkung des Reizes am Sinnesorgan wird innerhalb des Organismus ein Prozeß ausgelöst, den man physiologisch zwar als "Erregung nervöser Substrate" umschreiben kann, der aber "strukturell als Übertragung und Verarbeitung von Information" anzusehen ist (PRINZ 1983, 117). Hierbei handelt es sich um wesentlich mehr als um eine einfache Reizfortpflanzung im Organismus. Es wird daher folgende Auffassung des Reizbegriffs vertreten:

Reize enthalten Informationen über Gegenstände, zu deren Verwertung der Organismus fähig ist.

Mit anderen Worten, Reize sind "Informationsangebote an ein System" (LEIST 1984, 18), das zur **Extraktion** der im Reiz enthaltenen Informationen in der Lage ist.[1]

Diese Begriffsbestimmung steht nicht zwangsläufig im Widerspruch zur Auffassung der Sinnesphysiologie. Wahrnehmungen basieren auf **Sinneseindrücken,** die man in der Sinnesphysiologie innerhalb der verschiedenen "Modalitäten" (Sehen, Hören usw.) durch die vier Grunddimensionen

- Qualität (z.B. Grauwert, Rot usw.)
- Quantität (Reizintensität)
- Räumlichkeit
- Zeitlichkeit

quantitativ zu erfassen versucht (DUDEL 1985, 2ff). Eine Summe von solchen Sinneseindrücken nennt man dann (Sinnes-) **Empfindung** (DUDEL 1985, 6). Es wird aber auch in der Sinnesphysiologie hervorgehoben, daß Empfindungen erst durch ihre Weiterverarbeitung in Verbindung mit subjektiven Aspekten (z.B. Erfahrungen) zu Wahrnehmungen werden (vgl. hierzu Abb. 4). "Abbildung" meint das fortlaufende Entstehen von Korrelaten im Organismus bei der Aufnahme und Verarbeitung der Reize, die von den "Phänomenen der Umwelt" ausgehen (DUDEL 1985, 6ff). Die "objektive Sinnesphysiologie" versucht diese Abbildung als physikalische und chemische Vorgänge an den Strukturen des Organismus zu beschreiben. Der Bereich der bewußten Empfindungen und Wahrnehmungen, der nicht mehr durch physikalisch-chemische Vorgänge erklärbar ist, wird als "subjektive Sinnesphysiologie" bezeichnet (DUDEL 1985, 8).

Es ist deshalb zu fragen, ob die Wahrnehmung quasi die "höhere" Weiterverarbeitung der vorliegenden Empfindungen

---

[1] Vgl. hierzu die weiteren Ausführungen in Kap. 3.

ist oder ob man das Aufnehmen der Reize nicht auch schon zum Wahrnehmungsprozeß rechnen muß. Eine Unterscheidung von Sinneseindruck, Empfindung und Wahrnehmung kann für ein bestimmtes (v.a. sinnesphysiologisch orientiertes) Erkenntnisinteresse zweckmäßig und sinnvoll sein, ebenso eine Aufgliederung in verschiedene "Stufen" oder "Ebenen".[1] Nach EBERSPÄCHER (1982, 30) läßt sich z.B. die Wahrnehmung in

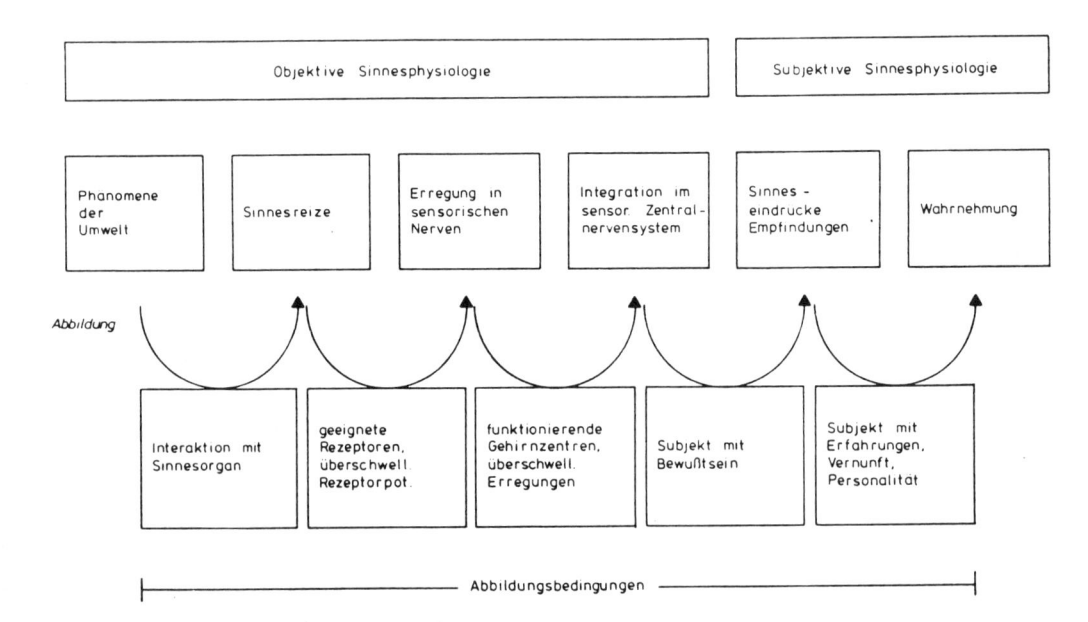

Abb. 4: Abbildungsverhältnisse in der Sinnesphysiologie (nach DUDEL 1985, 7).
(Erläuterung im Text)

---

[1] Eine Differenzierung des Wahrnehmungsprozesses in Erregung/Sinneseindruck, Sinneserlebnis/Empfindung und Wahrnehmung und/oder in Stufen, Ebenen usw. wird an vielen Stellen diskutiert (siehe u.a. BARTLEY 1969, 4ff; GIBSON 1973a, 30ff; 1973b, 18ff; 1982, insbes: 256ff; CRATTY 1975, 30f, 60ff; STADLER u.a. 1977, 22ff; MURCH/ WOODWORTH 1978, 12ff; HAJOS 1980, 13ff). Auf eine Wiederholung dieser Diskussion im Detail wird hier verzichtet.

zwei Ebenen beschreiben, die in gegenseitiger Beeinflussung stehen:

> "Auf der **physiologischen** Ebene werden über Rezeptoren, die in Sinnesorganen liegen, Informationen aufgenommen und so umgeformt (kodiert), daß sie von der Person zu einem Sinneserlebnis weiterverarbeitet werden können. Im Vordergrund stehen hier Prozesse im Rezeptor, Neuron und Nervensystem. Diese gelten als Voraussetzung für die Prozesse in der **psychologischen** Ebene, wo physikalische und physiologische Reize in ein Sinneserlebnis transformiert werden, das als subjektives Modell, als Bild der gegebenen Situation gilt."

Eine Aufgliederung in Empfindung und Wahrnehmung ist für die vorliegende Arbeit wenig sinnvoll. Wahrnehmung wird vielmehr als "einteiliger Prozeß" betrachtet, bei dem "die Fähigkeit der Wahrnehmungssysteme, Informationen aus der Umwelt zu gewinnen, betont wird" (MURCH/WOODWORTH 1978, 14ff).

Bei einer Bewegungsbeobachtung erfolgt die Informationsaufnahme nicht zufällig, sondern richtet sich nach dem konkreten Ziel der Beobachtung, also nach den damit verbundenen Erwartungen, die dann genauso in der Informationsverarbeitung wirksam sind. Die laufende Informationsverarbeitung wiederum wirkt sich auf die weitere Informationsaufnahme aus.[1] Damit kann hier folgende grobe Begriffsbestimmung vorgenommen werden:

Wahrnehmung ist die aktive Auseinandersetzung des Individuums mit dem Informationsangebot aus der Umwelt. Extraktion und Verarbeitung von Information werden wesentlich von subjektiven Einflüssen bestimmt.

Obwohl eine strenge Trennung von verschiedenen Ebenen der Wahrnehmung nicht möglich ist, wird aus Gründen der Systematisierung der nachfolgenden Ausführungen und wegen der

---

[1] Vgl. hierzu in Kap. 3 die Ausführungen zum "Wahrnehmungszyklus".

allgemeinen Verständlichkeit dann der Begriff der **Informationsaufnahme** verwendet, wenn die Funktion des peripheren Rezeptors (Auge) hervorgehoben werden soll. Von **Wahrnehmung** wird dann gesprochen, wenn die Informationsaufnahme durch den peripheren Rezeptor bzw. die Gesamtleistung der Sinnesorgane von den cerebralen, subjektiv geprägten Verarbeitungsprozessen nicht zu trennen ist (Bewegungsbeobachtung, Bewegungsbeurteilung) (vgl. hierzu auch MESTER 1985, 4).[1]

---

[1] DAUGS u.a. (1982a) benutzen als Oberbegriff für die (visuelle) Informationsaufnahme und -verarbeitung den Terminus (visueller) "Informationsumsatz".
DAUGS/BLISCHKE (1984, 386ff) erweitern den "Informationsumsatz" in Verbindung mit Betrachtungen zum "sensomotorischen Lernen" um die "Informationsabgabe (Bewegungsausführung)". Aus diesem Grund wird auf seine Verwendung in der vorliegenden Arbeit als Synonym für "Informationsaufnahme und -verarbeitung" verzichtet.

2. SINNESPHYSIOLOGISCHE BEDINGUNGEN DER VISUELLEN INFORMATIONSAUFNAHME

Als Unterstützung zentralnervöser Bearbeitung findet bereits auf der Ebene der peripheren Rezeptoren nicht nur eine reine Informationsaufnahme sondern bereits eine Auswahl, Reduktion und Vorverarbeitung von Information statt (HERRMANN u.a. 1977, 537). Die Grundlage aller visuellen Wahrnehmungsprozesse ist nicht nur die Funktionstüchtigkeit des Auges als "Antransport- und Transformationsorgan" (KEIDEL 1971, 104), sondern gleichermaßen die Funktionstüchtigkeit der Projektionszentren im Gehirn.

Schon mit der Ausrichtung der Augen auf einen bestimmten Umweltausschnitt ist eine starke Vorauswahl, eine sehr große Verringerung der gesamten potentiell aufnehmbaren Information aus der Umwelt getroffen, die das Individuum umgibt. Im folgenden Teil wird übersichtsartig dargestellt, unter welchen sinnesphysiologischen Gegebenheiten und sportbezogenen Anforderungen das visuelle System aus der unstrukturierten Vielfalt physikalischer Reize für den Sportler bzw. den Beobachter sportlicher Bewegungsabläufe verwertbare Information herstellt.

2.1. FOVEALES UND PERIPHERES SEHEN

2.1.1. Retinale Reizaufnahme und -verarbeitung

Die Netzhaut (Retina) ist weit mehr als nur eine Anhäufung von Photorezeptoren, die Lichtreize in Nervenimpulse umwandeln. Stammesgeschichtlich ist sie als ein vorgelagerter Teil des Gehirns anzusehen. Sie ist gleichsam ein "Vorposten" des Zentralnervensystems (MASLAND 1987, 66). In der Netzhaut findet bereits eine erste funktionelle Verarbeitung der hereinkommenden Information statt. In einer Art Bildanalyse werden bestimmte Merkmale des Informationseingangs hervorgehoben, andere dagegen abgeschwächt.

An diesem Vorgang sind fünf Hauptklassen von Nervenzellen beteiligt, die über Synapsen schaltkreisartig miteinander vernetzt sind. Während die Photozellen (die Stäbchen und die Zapfen) über die Bipolarzellen und Ganglienzellen eher eine vertikale Verschaltungsstruktur zwischen Netzhaut und Gehirn aufweisen, bilden die beiden übrigen Klassen von retinalen Nervenzellen (die Horizontal- und die Amakrinezellen) seitwärts gerichtete Verbindungen (vgl. Abb. 5), die modifizierend auf die direkt gesandten Informationen wirken (vgl. BAILEY/GOURAS 1985).

Spezifische Verknüpfungen im retinalen Neuronennetz bilden die Grundlage für sogenannte **"rezeptive Felder"**, d.h. für Areale auf der Netzhaut, die durch geeignete visuelle Reizmuster zur Hemmung oder Erregung eines Ganglions führen (vgl. GRÜSSER 1985, 265ff). Diese rezeptiven Felder besitzen ganz spezifische Funktionen, so z.B. die Verstärkung von Kontrasten, die Hervorhebung von Kanten oder die Identifikation ganz bestimmter Richtungen eines bewegten Reizes (vgl. hierzu HUBEL/WIESEL 1970; KANDEL 1985a; MASLAND 1987, TREISMAN 1987). WURTZ u.a. (1982) konnten auch zeigen, daß die (künstliche) Aktivierung der Nervenzellen im visuellen Cortex, die einem rezeptiven Feld zugeordnet sind, automatisch einen Blicksprung zu den Koordinaten dieses rezeptiven Feldes im Gesichtsfeld hervorruft.

Die Weiterentwicklung der Forschungsmethoden hat vor kurzem dazu geführt, daß man eine Vielzahl von sehr unterschiedlichen Untertypen der fünf Zellklassen nachweisen konnte. Dabei handelt es sich vor allem um Untertypen der Amakrinezellen, also jener Zellklasse, die durch ihre seitliche Vernetzung das Verhalten bestimmter Ganglienzellen wesentlich beeinflußt. So kann nach POGGIO/KOCH (1987) beispielsweise davon ausgegangen werden, daß ein bewegtes retinales Reizmuster in einem komplizierten **Mechanismus** synaptischer Hemmungs- und Erregungsvorgänge in einem speziellen Typus von Amakrinezelle (starburst; vgl. MASLAND 1987) schon sehr stark vorverarbeitet ist, bevor eine entsprechende Information zur Aktivierung des richtungsspezifischen Ganglions weitergegeben wird oder nicht.

Offensichtlich sind die besonderen Funktionen der rezeptiven Felder nicht (nur) über die spezifischen Verbindungen und Wechselwirkungen der fünf Hauptklassen zu erklären, sondern (auch) durch die Existenz von möglicherweise 50 (!) un-

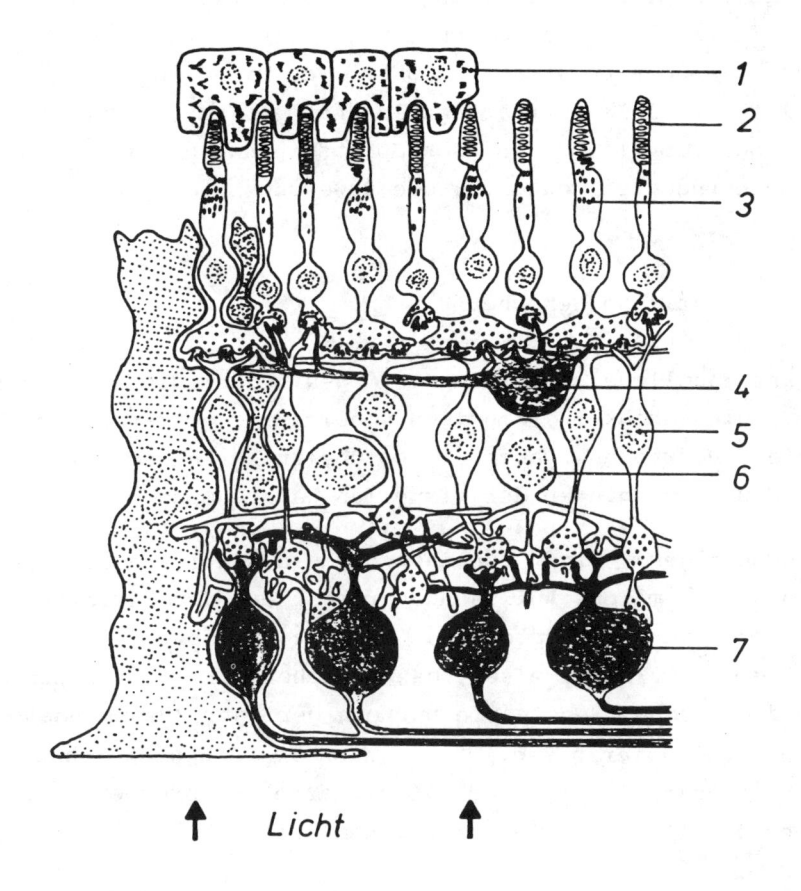

Abb. 5: Schema des Aufbaus der Netzhaut (nach GRÜSSER 1985, 266).

1 = Pigmentzellen, 2 = Stäbchen, 3 = Zapfen, 4 = Horizontalzelle, 5 = Bipolarzelle, 6 = Amakrine, 7 = Ganglienzellen.

terschiedlichen funktionellen Elementen (Zelltypen) in der Netzhaut (MASLAND 1987).

Der geschilderte Sachverhalt macht deutlich, welche Komplexität die Informationsverarbeitung bereits in diesem frühen Stadium der visuellen Wahrnehmung aufweist. Die komplexen Mechanismen der Netzhaut können die Lichtreize in vorverarbeitete Folgen von Nervenimpulsen umwandeln, was die zentrale Weiterverarbeitung der Information erleichtert und damit vermutlich auch beschleunigt. Dies erklärt zu einem Teil die hohe Leistungsfähigkeit des visuellen Systems. Sie stellt für viele Sportarten eine notwendige Leistungsvoraussetzung dar (z.B. in den Sportspielen) und ist auch eine grundlegende Bedingung für die Bewegungsbeobachtung.

2.1.2. Statische Sehschärfe

Das räumliche Auflösungsvermögen oder die **Sehschärfe**, d.h. die Fähigkeit, räumlich voneinander getrennte Objekte, Linien, Punkte usw. auch als solche zu erkennen, zählt zu den Grundbedingungen der visuellen Wahrnehmung.

Nachfolgend wird zunächst nur die statische Sehschärfe, also das räumliche Auflösungsvermögen bei der Fixierung ruhender Objekte besprochen. Es ist aber bereits an dieser Stelle darauf hinzuweisen, daß zwischen der statischen und der dynamischen Sehschärfe nur ein geringer Zusammenhang besteht (vgl. hierzu Kap. 2.5.). Wenn im folgenden ohne weitere Spezifizierung von "Sehschärfe" gesprochen wird, ist stets die statische Sehschärfe gemeint.

Die **Prüfung der Sehschärfe** erfolgt im allgemeinen durch die Verwendung von Sehzeichen, meist mit Hilfe von Landolt-Ringen (s. Abb. 6). Bei diesem Verfahren muß der Beobachter erkennen, an welcher Stelle sich die Öffnung des Rings jeweils befindet. Die Größe der gerade noch identifizierten

Öffnung (d) bei definierter Entfernung und Beleuchtungsstärke bildet die Grundlage für die Berechnung der angulären Sehschärfe (α), aus der der **Visus** (V) berechnet wird:

$$V = \frac{1}{\alpha} \; [\text{Winkelminuten}^{-1}]$$

d.h. die Sehschärfe an der Stelle des schärfsten Sehens (vgl. GRÜSSER 1985, 289f). Sie ist unter den Beleuchtungsbedingungen des Tageslichts (beim photopischen Sehen) im Bereich der Fovea centralis am größten und nimmt zur Netzhautperipherie sehr schnell ab (vgl. Abb. 6).

Dies hat mehrere Gründe (vgl GRÜSSER 1985, 280; GRÜSSER/GRÜSSER-CORNEHLS 1985, 216ff):

a) Im Bereich der Fovea ist die Abbildungsgüte des dioptrischen Apparates besser als in der Netzhautperipherie.

b) Mit ca. 150.000 Zapfen/mm² ist die Zapfendichte in der Fovea am größten.

c) Der Durchmesser der rezeptiven Feldzentren ist in der Fovea am geringsten.

Diese Faktoren ermöglichen eine sehr feine "Rasterung" des zentralen (fovealen) Sehbereichs. Der Bereich des schärfsten Sehens hat eine Ausdehnung von ca. 2°.

Zum Zusammenhang zwischen der Sehschärfe und der sportlichen Leistungsfähigkeit sind nur wenige Untersuchungen bekannt.

Einen signifikanten, wenn auch relativ geringen Einfluß der Sehschärfe auf die "Zielschlagkoordination" im Tennis (hier: Plazierung aus der Hand geschlagener Bälle in einen Bereich möglichst nahe der gegnerischen Grundlinie) konnten MESTER u.a. (1983, 134) bei Teilnehmern an einem universitären Tenniskurs nachweisen. Bei Turnierspielern stellte MESTER (1985, 339f) einen hochsignifikanten Zusammenhang (r = -.79) zwischen der Sehschärfe und einem "Trefftest" fest (hier: Situation Netzvolley, Maß: Abweichung des Balltreffpunkts vom "Sweet-Spot" des Schlägers). Tennisanfänger wiesen diesen Zusammenhang nicht auf. Vermutlich werden die möglichen sinnesphysiologischen Einflüsse auf diesem Könnensniveau noch von der geringen motorischen Fertigkeit überdeckt.

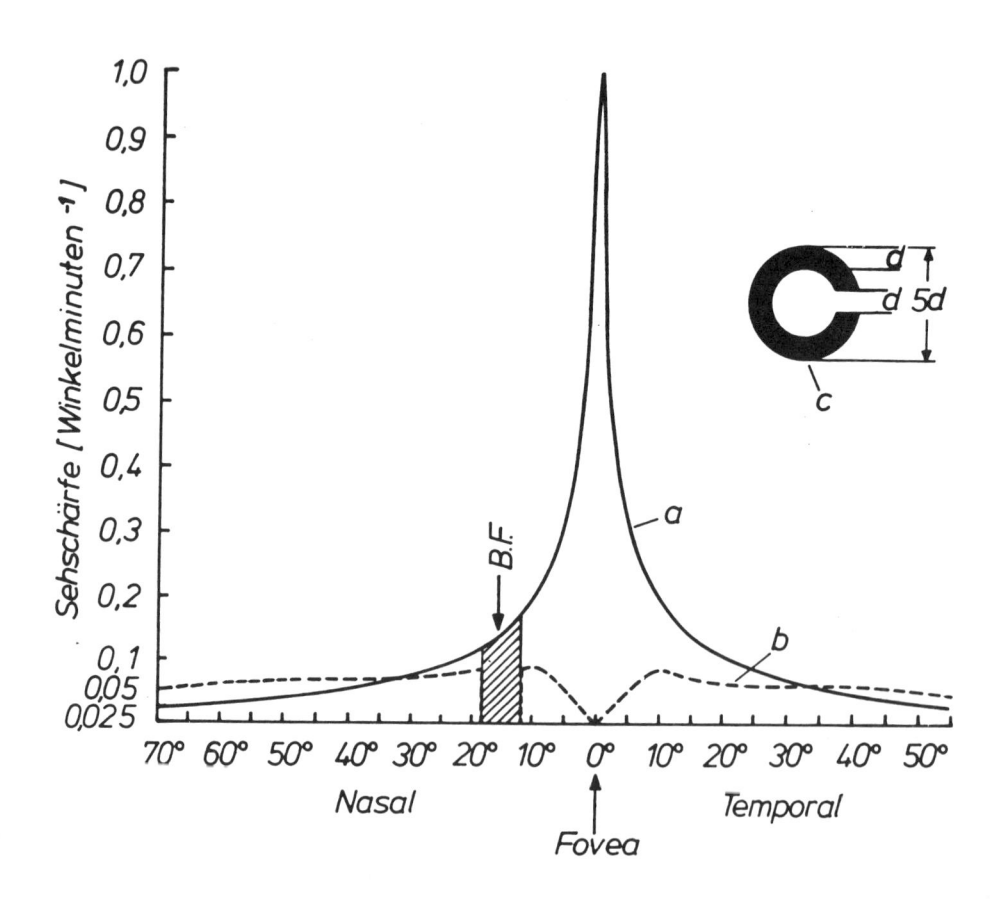

Abb. 6: Veränderung der Sehschärfe auf der Netzhaut (nach GRÜSSER 1985, 280).
a: photopisches Sehen, b: skotopisches Sehen,
c: Landolt-Ring zur Sehschärfenbestimmung,
B.F.: Blinder Fleck.

BEALS u.a. (1971) fanden ebenfalls eine hochsignifikante Korrelation zwischen der Sehschärfe und der Wurfleistung im Basketball (Trefferleistung aus allen Heimspielen einer Saison und Freiwurfleistung in einem Praxistest).

TATEM (1973) verglich u.a. die Sehschärfe von Sportlern verschiedener Disziplinen (Baseball-, Basketball-, und Tennisspieler, Ringer, Schwimmer, Turner) und Sportstudenten sowie Nicht-Sportlern miteinander. Aus den Meßergebnissen geht hervor, daß einerseits die Sportler über eine höhere Sehschärfe verfügen als die Nicht-Sportler und daß andererseits die Mannschaftsspieler den Individualsportlern diesbezüglich überlegen sind ($p \leq .05$).

Nach den geschilderten Befunden könnte die Sehschärfe ein Kriterium für die Eignung zu bestimmten Sportarten darstellen, in denen die visuelle Leistungsfähigkeit von besonderer Bedeutung ist. Allerdings dürfen diese wenigen Einzelergebnisse mit meist geringen Stichprobenumfängen (vgl. Tab. 1) nicht überinterpretiert werden.

Es ist davon auszugehen, daß für viele Sportarten eine Mindestsehschärfe erforderlich ist, um nicht von voneherein Leistungseinbußen hinnehmen zu müssen. SCHNELL (1984) hat eine Übersicht zu den "Sehanforderungen an Hochleistungssportler der Olympia-Kader" vorgelegt, in der zu 133 Disziplinen der Olympischen Sommerspiele und 38 der Olympischen Winterspiele konkrete Angaben zur erforderlichen Mindestsehschärfe gemacht werden (s. auch Tab. 1).

Eine Beeinflussung der Leistungsfähigkeit durch die Sehschärfe ist überall dort zu erwarten, wo die Identifikation räumlich eng umgrenzter "kritischer Details" aus z.T. größeren Entfernungen notwendig ist, um relevante Informationen zu erhalten, z.B. wenn im Schießsport noch Abweichungen zwischen Korn und Scheibenzentrum oder im Tennis die Griffhaltung und der Kippwinkel des Schlägers erkannt werden sol-

Autor	Untersuchungsgegenstand	Vpn	Ergebnisse
BEALS/MAYYASI/ TEMPLETON/JOHNSTON (1971)	Verhältnis zwischen der Wurfleistung im Basketball und statischer Sehschärfe	9 Basketballspieler einer Universitätsmannschaft	Hochsignifikante Korrelation zwischen der statischen Sehschärfe und den Feldkorbwürfen sowie Freiwürfen
TATEM (1973)	Vergleich der Sehschärfe zwischen Sportlern verschiedener Disziplinen, Sportstudenten und Nicht-Sportlern	96 Studenten; jeweils 12 Basketball-, Baseball-, Tennisspieler, Ringer, Turner, Schwimmer, Sportstudenten und Nichtsportler	Mannschaftssportler besaßen größere Sehschärfe (p<.05) als Individualsportler und Tennisspieler; Ringer erreichten niedrigste Werte für Sehschärfe; Baseball-, Tennis- und Basketballspieler unterschieden sich (p<.05/.01) von Ringern
MESTER/FRANKE/ DE MAREES (1983)	Zusammenhang zwischen Zielschlagkoordination (Schlagen des Tennisballs aus der Hand möglichst nahe an gegenüberliegende Grundlinie) und Sehschärfe	21 Sportstudenten	Signifikanter, wenngleich geringer Anteil gemeinsamer Varianz
SCHNELL (1984)	Feststellung der Mindestsehschärfe für Sportler verschiedener Disziplinen	Sportler der Olympiakader zu 133 Disziplinen	Leistungsverschlechterung bei Unterschreitung eines "kritischen" Wertes des Visus
MESTER (1985)	Vergleich der Sehschärfe zwischen Tennisanfängern und Turnierspielern	40 Sportstudenten / 17 Turnierspieler	Kein Unterschied
	Zusammenhang zwischen Treffgenauigkeit in einem Trefftest (Netzvolley: Abstand Ballkontakt - "Sweet-Spot" auf dem Tennisschläger) und der Sehschärfe		Kein Zusammenhang bei den Tennisanfängern; bei Turnierspielern hochsignifikanter Zusammenhang (r=-.79)

Tab. 1: Untersuchungen zur statischen Sehschärfe von Sportlern.

len. Dies gilt analog für die Fähigkeit zur Bewegungsbeobachtung und Bewegungsbeurteilung.

Ergänzend sei angemerkt, daß sich die Sehschärfe unter physischer Belastung sowie aufgrund von Ermüdung verändern kann. Durch ein Aufwärmen bzw. durch körperliche Aktivität kommt es zu einer Verbesserung der Sehschärfe (vgl. hierzu KRESTOWNIKOW 1953, WHITING u.a. 1968; WHITING/SANDERSON 1972; VLAHOV 1977), mit fortschreitender Ermüdung aber wieder zu einer Abnahme der Sehschärfe. Letzteres geht allerdings aus den von KRESTOWNIKOW (1953) angeführten Untersuchungen nicht eindeutig hervor (vgl. Tab. 2).

Abschließend ist auf einen weiteren Faktor hinzuweisen, der die Sehschärfe wesentlich mitbestimmt und für den Sport von Wichtigkeit ist. Unter den Beleuchtungsbedingungen einer sternenklaren Nacht (beim skotopischen Sehen) sind die Stäbchen als Rezeptorsystem dominant. Bei Zwielicht (mesopisches Sehen) herrscht keines der beiden Rezeptorsysteme vor. Folglich verhält sich in diesen Fällen die Abhängigkeit der Sehschärfe vom Abbildungsort auf der Netzhaut anders als beim rein photopischen Sehen. In Abb. 6 (S. 42) ist die Veränderung der Sehschärfe auf der Netzhaut beim skotopischen im Vergleich zum photopischen Sehen dargestellt. Abb. 7 zeigt die Abhängigkeit des Visus von der Beleuchtungsstärke.

Die starke Abnahme der Sehschärfe mit Verschlechterung der Beleuchtungsverhältnisse (vgl. hierzu auch COHEN 1986, 29f und 50ff) geht mit einer Verlangsamung der Prozesse des Sehens und damit der visuellen Reaktionszeiten einher (vgl. GRÜSSER/GRÜSSER-CORNEHLS 1985, 194; SCHNAPF/BAYLOR 1987, 122). Dies macht deutlich, wie wichtig eine ausreichende Beleuchtungsstärke zur Bewältigung der teilweise sehr hohen Anforderungen an die visuelle Leistungsfähigkeit im Sport ist.

Autor	Untersuchungsgegenstand	Vpn	Ergebnisse
n. KRESTOWNIKOW: (1953)			
KRAWKOW (1936)	Messung der Sehschärfe nach 1500- bzw. 2000m-Läufen	Studenten	Verminderung der Sehschärfe nach dem Lauf hielt einige Minuten an
KASCHUK (1948)	Messung der Sehschärfe nach 1000m-Läufen	100 Vpn	Bei 73% der Vpn eine verbesserte Sehschärfe nach dem Lauf, die im Durchschnitt bei 47% lag
WHITING/CORMACK/ HIRST (1968)	Auswirkungen einer zehnminütigen Aufwärmung auf die Sehschärfe von Squashspielern		Aufwärmung der Squashspieler führte zur Beibehaltung bzw. Verbesserung der Sehschärfe
WHITING/SANDERSON (1972)	Bestimmung des Verhältnisses zwischen Sehschärfe und körperlicher Belastung bei Tischtennisspielern	39 Tischtennisspieler mit unterschiedlicher Leistungsstärke, 18-40 Jahre alt	Tischtennisspieler, die körperlich belastet wurden, zeigten im Vergleich zu einer passiven Kontrollgruppe Verbesserungen ($p<.05$) der Sehschärfe
VLAHOV (1977)	Bestimmung des Zusammenhangs zwischen Sehschärfe und körperlicher Belastung (Harvard-Step-Test)	5 weibliche Vpn	Alle Vpn zeigten nach körperlicher Belastung eine erhöhte Sehschärfe, die 30 Minuten nach Belastungsende noch nicht auf den Ausgangswert zurückgegangen war

Tab. 2: Untersuchungen zum Einfluß von physischer Belastung und Ermüdung auf die statische Sehschärfe von Sportlern.

2.1.3. Gesichtsfeld und peripheres Sehen

Jener Teil des visuellen Umfeldes, den man - im Unterschied zum Blickfeld - mit unbewegtem Auge wahrnehmen kann, wird als Gesichtsfeld bezeichnet (vgl. z.B. SCHUBERT 1977, 750; STADLER u.a. 1977, 88; GRÜSSER 1985, 280). Der Bereich des schärfsten Sehens innerhalb der Fovea gilt als die Zone des **zentralen Sehens**, während der übrige Bereich der Netzhaut im Sport gewöhnlich als Zone des **peripheren Sehens** bezeichnet wird (vgl. z.B. KRESTOWNIKOW 1953; CRATTY 1975).

Die **Bestimmung des Gesichtsfeldes** erfolgt durch die Perimetrie. Hierbei führt man Leuchtmarken mit definierter Größe, Lichtstärke und spektraler Zusammensetzung auf verschiedenen Meridianen von außen her langsam und mit konstanter Geschwindigkeit (z.B. 2°/s) in Richtung Gesichtsfeldmitte

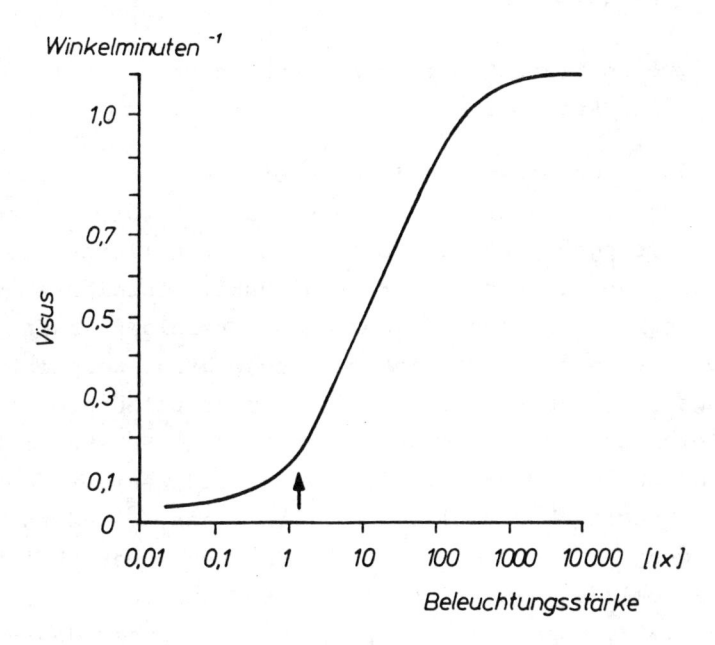

Abb. 7: Abhängigkeit des Visus von der Beleuchtungsstärke (mod. nach GRÜSSER/GRÜSSER-CORNEHLS 1985, 193). Der Pfeil (↑) kennzeichnet den Übergang vom skotopischen zum photopischen Sehen.

(vgl. AULHORN/HARMS 1972; GRÜSSER 1985, 280f). Sobald die untersuchte Person die Lichtquelle an der Peripherie wahrnimmt, gibt sie dies zu erkennen. Diese Vorgehensweise gründet sich auf die Tatsache, daß die Lichtempfindlichkeit der Netzhaut in der Fovea am höchsten ist und sich nach außen hin verringert.

Das Gesichtsfeld besitzt eine größere horizontale als vertikale Ausdehnung (binokular durchschnittlich ca. 180° vs. 150°). Seine exakten Ausmaße lassen sich nicht allgemein festlegen, da aufgrund individueller Gegebenheiten starke interindividuelle Unterschiede vorkommen (vgl. hierzu G.J.SCHMIDT 1985). OXENDINE (1968, 268f) z.B. nennt für den horizontalen Bereich als untere Grenze 155° und als obere 205°.

Die tatsächliche individuelle Größe des peripheren Sehbereichs bei einer Messung hängt von mehreren Faktoren ab.

Einen großen Einfluß übt die **Leuchtdichte** (Helligkeit) des peripheren Reizes aus.

Abb. 8 zeigt diesbezügliche Untersuchungsergebnisse von MESTER (1985, 327ff) zu zwei verschiedenen "Prüfpunktleuchtdichten", bezogen auf die Situation "Grundlinienspiel" im Tennis. Die Verringerung der Prüfpunktleuchtdichte zieht eine massive Einengung des Gesichtsfeldes nach sich (p = .001). Dies bedeutet, daß bei schlechten Beleuchtungsbedingungen, genauer gesagt bei schlecht beleuchteten oder reflektierenden peripheren Reizen (z.B. beim Spielen mit einem verschmutzten Tennisball), das Umfeld weniger über das periphere Sehen kontrolliert werden kann, sondern mehr Blickbewegungen eingesetzt werden müssen. Berücksichtigt man die akkommodativen und sakkadischen Latenzen (vgl. hierzu Kap. 2.3.2. und 2.3.4.1.), so muß dies unter den Bedingungen des meist schnell ablaufenden Geschehens im Sport zu massiven Leistungsverschlechterungen in der visuellen Informationsaufnahme führen.

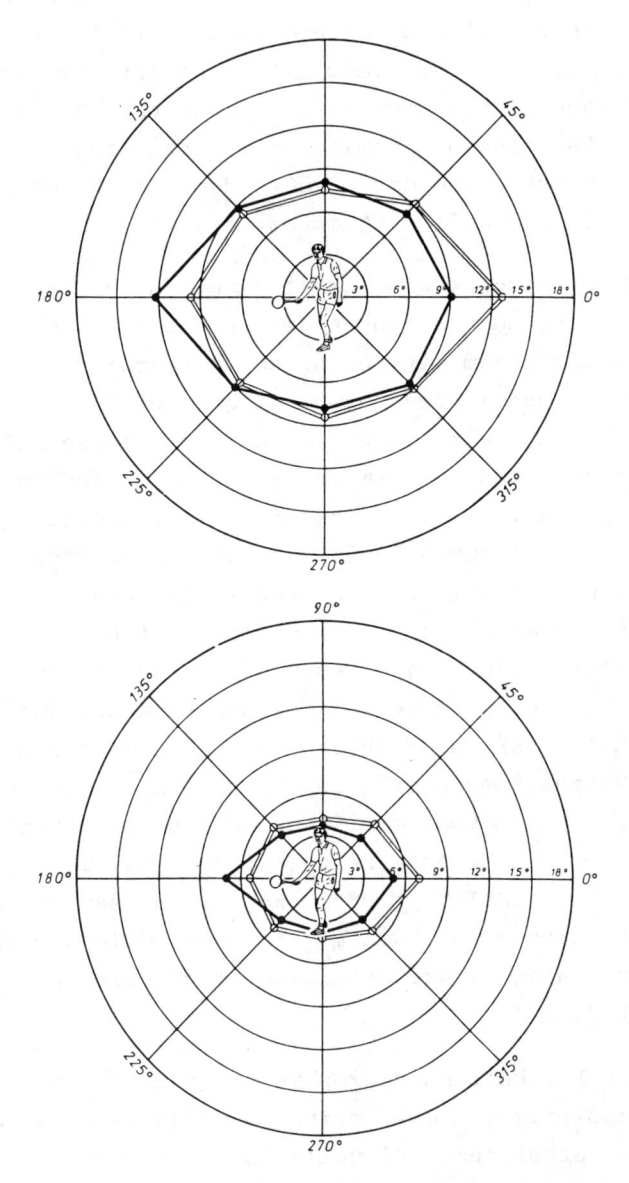

Abb. 8: Ausdehnung des binokularen Gesichtsfeldes bei unterschiedlicher Leuchtdichte des peripheren Reizes (nach MESTER 1985, 329f).

Umfeldleuchtdichte 300 cd/m²; Prüfleuchtdichte: oben 50.5 cd/m², unten 31.9 cd/m².

MESTER (1985, 300) weist außerdem darauf hin, daß es zweifelhaft ist, ob das übliche klinische Verfahren, das Gesichtsfeld in dunkeladaptiertem Zustand (vgl. Kap. 2.3.1.) zu bestimmen, auch für die sportartspezifischen Anforderungen unter Tageslichtbedingungen grundsätzlich aussagekräftig ist. Es bestehen nämlich z.T. erhebliche intraindividuelle Unterschiede in der Größe des Gesichtsfeldes zwischen dunkel- und helladaptiertem Zustand.

Die **Bewegungsgeschwindigkeit** eines in der Peripherie befindlichen oder neu auftauchenden Reizes ist in Verbindung mit der **Bewegungsamplitude** für seine Wahrnehmung von großer Wichtigkeit. Schnell und großräumig bewegte Reize werden früher entdeckt als langsame und/oder solche mit geringer räumlicher Ausdehnung. Stammesgeschichtlich gesehen ist die Netzhautperipherie als wirksames "Weitwinkel-Frühwarnsystem" anzusehen (THOMAS 1968, 91), das durch eine hohe zeitliche Auflösungsfähigkeit und kurze Latenzzeit bei geringer Raumauflösungsfähigkeit gekennzeichnet ist. Im Vergleich hierzu weist das zentrale Sehen mit seiner hohen Raumauflösungsfähigkeit eine lange Latenz- und Verarbeitungszeit auf (vgl. BREITMEYER/GANZ 1976). Die hohe Bewegungsempfindlichkeit der Netzhautperipherie äußert sich nach JENSEN (1977; vgl. Tab. 3b) meßbar darin, daß Reaktionszeiten auf peripher dargebotene, bewegte Reize kürzer sind als auf zentral gezeigte. G.J.SCHMIDT (1985) konnte diesen Effekt allerdings nicht nachweisen, was möglicherweise in der gewählten Versuchsanordnung begründet liegt (vgl. hierzu die Ausführungen auf S. 53).

Nach den Ergebnissen neurophysiologischer Untersuchungen sind das zentrale und das periphere Sehen parallel und halbunabhängig arbeitende visuelle Systeme. Die Peripherie scheint gegenüber dem Netzhautzentrum bei der Verarbeitung bevorzugt zu sein. Für den Fall, daß in der visuellen Peripherie plötzlich ein neues Objekt auftaucht oder Bewegung entsteht, werden die gerade ablaufenden Übertragungs- und

Verarbeitungsprozesse zu Informationen aus dem zentralen Sehbereich gehemmt und reflektorisch eine Neuorientierung von Kopf und Augen eingeleitet, damit das neue Objekt fixiert werden kann (vgl. BREITMEYER/GANZ 1976, 31).

Diese Aufgabenteilung von zentraler und peripherer Informationsaufnahme mit Bevorzugung der Peripherie heben alle bekannten Forschungsergebnisse der letzten Jahre hervor. Sie lassen den Schluß zu, daß der Wahrnehmende keine "schematische Karte" der Umwelt durch sukzessive Aufnahme fovealer Information aufbaut, sondern sich ständig der peripher aufgenommenen Information bedient, um sich zu orientieren und um Fixationsorte auszuwählen (vgl. ANTES 1974, 69; s. auch MACKWORTH/MORANDI 1967, 550f; MACKWORTH/BRUNER 1970, 165; HABER/HERSHENSON 1973, 226f). Werden Beobachtungsaufgaben gestellt, bei denen gleichzeitig zentral und peripher gelegene Reize zu beachten sind, so scheint das zentrale Sehen zugunsten des peripheren Sehens vernachlässigt zu werden. Diese Vermutung legen Befunde nahe, die von PUTZ/ROTHE (1974), SCHILLERWEIN (1983) und G.J.SCHMIDT (1985) vorgelegt wurden. Bei PUTZ/ROTHE (1974) verschlechterte sich die Genauigkeit einer zentralen Blickverfolgungsaufgabe bei Hinzunahme einer simultanen Beobachtungsaufgabe in der visuellen Peripherie. SCHILLERWEIN (1983) und G.J.SCHMIDT (1985) stellten eine erstaunlich hohe Fehlerrate bei der Detektion von sich bewegenden Punkten auf dem zentral plazierten Monitor fest, der fixiert werden mußte, während gleichzeitig auf zwei seitlich aufgestellten Monitoren Bewegung entdeckt werden sollte (zur Versuchsanordnung vgl. Abb. 9).

Der dargestellte Sachverhalt ist bei der Gestaltung einer Beobachtungssituation im sportmotorischen Lernprozeß äußerst wichtig. Sich am Gesichtsfeldrand bewegende Sportler, Bälle usw. ziehen sofort die visuelle Aufmerksamkeit auf sich und lenken dadurch genauso von der Beobachtungsaufgabe ab, wie auch der Trainer, der seine Pfeife "schwingt" oder mit dem Ball spielt, während er an einem Vorbild etwas erklärt.

Die Frage, ob sich Sportler und Nicht-Sportler in ihrer Wahrnehmungsfähigkeit im peripheren Sehbereich voneinander unterscheiden, kann auf der Basis der vorliegenden Untersuchungsergebnisse nicht beantwortet werden. SANDERSON (1972, 156) führt zwei Untersuchungen an (JOHNSON 1952; BUCKFELLOW 1957), die eine Überlegenheit der Sportler nennen. Gleichge-

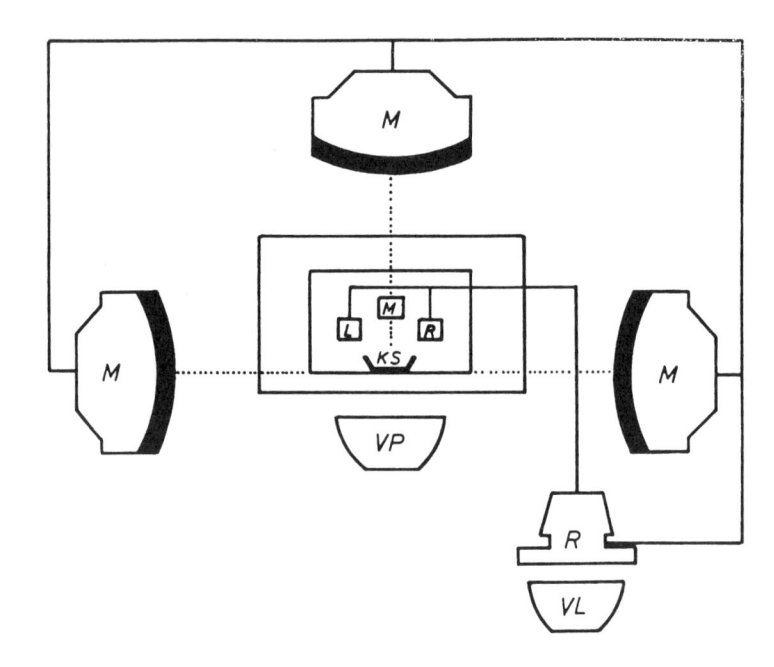

Abb. 9: Versuchsanordnung bei SCHILLERWEIN (1983) und G.J.SCHMIDT (1985) zur Detektion zentral und peripher dargebotener, bewegter Reize (nach G.J.SCHMIDT 1985).

VP = Sitz der Versuchsperson,
KS = Kopfstütze zur Fixierung des Kopfes,
L = Reaktionstaste für Bewegungen auf dem linken Monitor,
M = Reaktionstaste für Bewegungen auf dem mittleren Monitor,
R = Reaktionstaste für Bewegungen auf dem rechten Monitor,
M = Monitore, R = Rechenanlage,
VL = Versuchsleiter.

richtete Ergebnisse fanden auch STROUP (1957) und WILLIAMS/THIRER (1975). Im Gegensatz hierzu stehen die Befunde von JENSEN (1977) und COCKERILL (1981a). Auch CRATTY (1975) erwähnt zwei Untersuchungen (MC'CAIN 1950; GILL 1955), deren Aussagen sich widersprechen (vgl. hierzu die Zusammenstellung in Tab. 3).

Die Befunde zur Frage, ob Sportler mit hohem Leistungsniveau in einer Disziplin über ein besseres peripheres Sehen verfügen als leistungsschwächere Sportler, ergeben ein ebenso uneinheitliches Bild. Während DESHAIES/PARGMAN (1976) und MESTER (1985) keine diesbezüglichen Abhängigkeiten nachweisen konnten, berichten STROUP (1957) und G.J.SCHMIDT (1985) von einer höheren visuellen Wahrnehmungsfähigkeit in der Netzhautperipherie bei leistungsstärkeren bzw. erfahrenen Sportlern (vgl. Tab. 3).

Die große Problematik der Untersuchungen zum peripheren Sehen im Sport deutet sich in den Ergebnissen von SCHILLERWEIN (1983) und G.J.SCHMIDT (1985) an. In beiden Fällen ergaben sich zwischen Sportlern verschiedener Disziplinen bzw. Leistungsniveaus zwar keine Zusammenhänge mit den Reaktionszeiten bei der Detektion von zentral und peripher dargebotenen Bewegungen von Lichtpunkten (zur Versuchsanordnung vgl. Abb. 9). Es wurden aber Gruppenunterschiede in der Zahl der Richtiglösungen bezüglich der Bewegungsdetektion festgestellt. Schon diese Tatsache zeigt, daß die bislang angeführten Befunde zum peripheren Sehen im Sport mit Vorbehalten betrachtet werden müssen, da offensichtlich eine Abhängigkeit der zu treffenden Aussage von der Art des Bezugskriteriums besteht.

Außerdem ist davon auszugehen, daß die Größe des perimetrisch ermittelten Gesichtfeldes nicht gleichzusetzen ist mit der Fähigkeit zur Detektion bewegter Reize oder aufleuchtender Lampen **innerhalb** des Gesichtfeldes. Die Tab. 3 gibt eine Übersicht darüber, wie unterschiedlich in der sportbezogenen Forschung in diesem Punkt vorgegangen wird.

Autor	Untersuchungsgegenstand	Vpn	Ergebnisse
STROUP (1957)	Zusammenhang zwischen den Fähigkeiten, Bewegung im peripheren Sehbereich wahrzunehmen und erfolgreich Basketball zu spielen; Messung des binokularen peripheren Sehens; Basketballkönnen wurde mit einer Testbatterie (diagonaler Wandpaß, Sprungkraft, Werfen, Passen, Dribbeln) abgeprüft	101 Studenten 20 Anwärter für die Basketballuniversitätsmannschaft 20 Individualsportler	Unterschiede zwischen den Basketballern und Nicht-Basketballern bezüglich der peripheren Wahrnehmungsfähigkeit von Bewegung (p<.01); Retest zeigte, daß Nicht-Basketballer ihre Wahrnehmungsfähigkeit durch Übung verbessert hatten; beim Retest kein Unterschied mehr zwischen Basketballern und Nicht-Basketballern
TESTA (1972)	Auswirkungen ansteigender Arbeitsbelastung (Fahrradergometer) auf die Reaktionen im funktionellen peripheren Sehfeld von trainierten und untrainierten Studentinnen; Belastungsabstufungen: 25, 50, 100, 150W; letzte Stufe nur Trainierte	20 Studentinnen; jeweils 10 trainierte und untrainierte Vpn	Anstieg der Reaktionszeit im peripheren Sehfeld mit wachsender Belastung der Vpn bei beiden Gruppen; Anstieg und Veränderungen der Reaktionszeit traten bei untrainierten Vpn bei niedrigeren Belastungen auf (keine Signifikanz nachgewiesen)
PURVIS (1973) n. SANDERSON: (1972)	Auswirkungen unterschiedlicher Belastungsintensität und -dauer (Fahrradergometer)	180 Frauen, 18-35 Jahre alt	Körperliche Belastung verbesserte das periphere Sehen (p<.01)
JOHNSON (1952)	Vergleich des peripheren Sehens zwischen Sportlern und Nicht-Sportlern	26 Basketball- und Footballspieler 26 Nicht-Sportler	Besseres peripheres Sehen bei Sportlern
BUCKFELLOW (1957) n. CRATTY: (1975)	Vergleich der Reaktionszeit auf periphere Reize zwischen Sportlern und Nicht-Sportlern		Schnellere visuelle Reaktionszeiten bei Sportlern
MC'CAIN (1950)	Vergleich des peripheren Sehens zwischen Hochschulsportlern und Nicht-Sportlern		Nur geringe Unterschiede im peripheren Sehen zwischen beiden Untersuchungsgruppen
GILL (1955)	Vergleich des peripheren Sehens zwischen Sportlern und Nicht-Sportlern		Signifikanter Unterschied im peripheren Sehen zwischen Sportlern und Nicht-Sportlern; Unterschiede blieben auch nach längerer Übungsphase zwischen beiden Gruppen bestehen

Tab. 3a: Sportbezogene Untersuchungen zum peripheren Sehen.

Autor	Untersuchungsgegenstand	Vpn	Ergebnisse
WILLIAMS/THIRER (1975)	Unterschiede in der horizontalen und vertikalen Sehkraft zwischen Sportlern und Nicht-Sportlern in Abhängigkeit vom Geschlecht	132 Studenten; 53 Sportler (Football, Fechten), 29 Sportlerinnen (Sportspiele, Rückschlagspiele, Fechten), jeweils 25 männliche und weibliche Nicht-Sportler	Unterschiede ($p<.01$) im horizontalen und vertikalen Sehfeld von Sportlern und Nicht-Sportlern; keine Geschlechtsunterschiede innerhalb der Sportler- bzw. Nicht-Sportlergruppe ($p>.05$)
DESHAIES/PARGMAN (1976)	Verhältnis zwischen horizontalem und vertikalem Sehfeld und der Spielfähigkeit im Football unter Berücksichtigung des Leistungsniveaus und der Spielposition	40 Footballspieler, davon 20 Spieler einer Universitätsmannschaft und 20 Spieler einer "Junior-Varsity"-Mannschaft; jeweils 10 Angriffs- und Verteidigungsspieler	Keine Unterschiede zwischen den Spielern unterschiedlicher Leistungsstärke bzw. Angriffs- und Verteidigungsspielern
REYNOLDS (1976)	Auswirkung körperlicher Belastung (Fahrradergometer) auf die Reaktionszeit im peripheren Sehfeld und die Größe des funktionellen Sehfeldes; Belastung: 4x3min mit ca. 160 Pulsschlägen/min	23 Studentinnen; davon 12 trainierte und 11 untrainierte Vpn	Keine Korrelation zwischen der Reaktionszeit und der erhöhten körperlichen Beanspruchung; keine Verschmälerung des Sehfeldes
JENSEN (1977)	Vergleich der Reaktionszeiten im zentralen und peripheren Sehfeld auf einen bewegten visuellen Reiz zwischen Sportlerinnen und Nicht-Sportlerinnen	18 Studentinnen; jeweils 9 Sportlerinnen und Nicht-Sportlerinnen	Keine Unterschiede zwischen Sportlern und Nicht-Sportlern; schnellere Reaktionszeiten im peripheren Sehfeld ($p<.05$)
MAC'GILLIVARY (1978)	Verhältnis des peripheren Sehens (Gesichtsfeldgröße) zur Leistung im Eishockey unter Berücksichtigung zweier Leistungsniveaus	28 Eishockeyspieler einer Universitätsmannschaft	Keine Unterschiede im peripheren Sehen zwischen den beiden Leistungsgruppen; keine Korrelation zwischen der Expertenbeurteilung und dem peripheren Sehen

Tab. 3b: Sportbezogene Untersuchungen zum peripheren Sehen (Forts.).

Autor	Untersuchungsgegenstand	Vpn	Ergebnisse
COCKERILL (1981a)	Vergleich der Gesichtsfeldgröße zwischen Hockeyspielern und Nicht-Sportlern	15 Hockeyspieler, 15 Nicht-Sportler	Kein Unterschied in der Größe des Gesichtsfeldes
SCHILLERWEIN (1983)	Vergleich von Reaktionszeiten und Detektionsleistungen auf zentral und peripher dargebotene bewegte Reize bei Individualsportlern verschiedener Disziplinen	60 Sportstudenten: jeweils 20 Turner, Schwimmer und Leichtathleten	Keine Unterschiede in den Reaktionszeiten zwischen den verschiedenen Disziplinen; mehr richtige Lösungen der Leichtathleten gegenüber den Schwimmern ($p<.05$); geringste Fehlerquote rechts ($p<.05$); rechts mehr richtige Lösungen als links ($p<.001$)
MESTER (1985)	Vergleich der Größe des Gesichtsfeldes zwischen Tennisanfängern und Turnierspielern, bei 2 versch. Prüfpunktleuchtdichten sowie bei 2 versch. Adaptationszuständen	40 Sportstudenten 17 Turnierspieler	Kein Unterschied in der Größe des Gesichtsfeldes zwischen den Leistungsgruppen; hochsignifikante Abhängigkeit von der Reizhelligkeit ($p<.001$) sowie z.T. starke intraindividuelle Unterschiede zwischen Hell- und Dunkeladaptation
G.J.SCHMIDT (1985)	Vergleich von Reaktionszeiten und Detektionsleistungen auf zentral und peripher dargebotene bewegte Reize bei Basketballspielern unterschiedlicher Leistungsniveaus	135 Basketballspieler: 35 Bundesliga 30 Kreisklasse 39 Jugendspitzenspieler 31 jugendl. Anfänger	Überlegenheit der Bundesligaspieler in allen Leistungskategorien ($p<.05$) außer in den Reaktionszeiten; Kreisklassespieler links mehr Richtiglösungen als rechts ($p<.05$)
DOIL/BINDIG (1986)	Größe des Gesichtsfeldes in horizontaler Ebene bei Sportlern unterschiedlicher Disziplinen; Veränderung des Gesichtsfeldes bei 5 Testdurchführungen	44 Sportspieler 55 Individualsportler 7 Sportler	Größeres horiz. Gesichtsfeld der Sportspieler ($p<.01$); Vergrößerung des Gesichtsfeldes durch Testwiederholungen von $\bar{x}_1=156.4°$ auf $\bar{x}_5=184.3°$ (ohne Signifikanzangabe)

Tab. 3c: Sportbezogene Untersuchungen zum peripheren Sehen (Forts.).

Daß die erzielten Befunde in Verbindung mit Reaktionsmessungen nicht unabhängig sind von der gewählten Geschwindigkeit des bewegten Reizes in Verbindung mit der Bewegungsamplitude sowie vom Ort seiner Darbietung (mehr oder weniger weit entfernt vom Rand des individuellen Gesichtsfeldes), ist genauso unzweifelhaft. Hinzu kommt, daß die unter - häufig kaum untereinander vergleichbaren - Laborbedingungen durchgeführten Messungen meist in keiner Weise den komplexen visuellen Anforderungen der sportlichen Praxis entsprechen.

OXENDINE (1968, 268f) betont, daß die Größe des Gesichtsfeldes nicht erweitert werden könne, sondern nur die Fähigkeit zu seiner Nutzung. Das Sporttreiben an sich kann wohl kaum ein Grund für die Verbesserung des peripheren Sehens sein. Entscheidend ist die Art der Anforderungen, die das Bewältigen der sportlichen Aufgabe an das periphere Sehen stellt. In Sportarten, die sich durch diese besonderen Anforderungen auszeichnen, z.B. die Mannschaftsspiele, sind Verbindungen zwischen dem sportlichen Leistungsniveau und der Wahrnehmungsfähigkeit in der visuellen Peripherie durchaus denkbar. Allerdings sind auch hierzu die vorliegenden Untersuchungsergebnisse widersprüchlich (vgl. STROUP 1957; DESHAIES/PARGMAN 1976; MAC'GILLIVARY 1978; G.J.SCHMIDT 1985; DOIL/BINDIG 1986).

Falls ein höheres sportartspezifisches Leistungsniveau mit einer besseren Wahrnehmungsfähigkeit im peripheren Sehbereich einhergeht, ist daraus aber nicht unmittelbar abzuleiten, daß das periphere Sehen geschult werden kann. Gleiches gilt für den Fall, daß sich die von STROUP (1957) und DOIL/BINDIG (1986) gefundenen Unterschiede zwischen Mannschaftsspielern und Individualsportlern weiter bestätigen lassen. Die Frage nach Ursache und Wirkung, d.h., ob das bessere periphere Sehen Ergebnis sportartspezifischer Beanspruchung oder aber ein Selektionskriterium für das Erreichen eines höheren Leistungsniveaus bzw. die Auswahl und das Verbleiben bei einer Sportart mit hohen Anforderungen an das periphere Sehen ist, läßt sich nur durch Längsschnittuntersuchungen klären.

Auf die grundsätzliche Möglichkeit, durch gezielte Schulungsmaßnahmen die Leistungsfähigkeit der Netzhautperipherie steigern zu können, läßt jedoch die Arbeit von STROUP (1957) schließen (vgl. Tab. 3a). Für einen Zusammenhang der Fähigkeit zur **Bewegungswahrnehmung** im peripheren Sehbereich mit dem **Grad seiner Benutzung** sprechen auch die Befunde von SCHILLERWEIN (1983), nach denen der rechte Monitor die geringste Fehlerquote aufweist und zudem rechts mehr richtige Lösungen als links auftreten (vgl. Abb. 9 und Tab. 3c). Berücksichtigt man die Aussage von OXENDINE (1968, 268) - nach der das binokulare Gesichtsfeld nach rechts eine etwas größere Ausdehnung als nach links aufweist -, so ist nicht auszuschließen, daß die Händigkeit einen Einfluß auf das periphere Sehen besitzt. In zufällig zusammengestellten Stichproben kann ein starkes Überwiegen von Rechtshändern angenommen werden.

Die Tatsache, daß bei G.J.SCHMIDT (1985) eine Untersuchungsgruppe (Kreisklassespieler) zum linken Monitor mehr Richtiglösungen aufweist als zum rechten, muß dem nicht unbedingt widersprechen. G.J.SCHMIDT sieht den Grund hierfür in der Qualität der Spiel- und vor allem Trainingserfahrung (S. 305):

"Da die meisten Spieler dieser Gruppe Rechtshänder waren, liegt der Verdacht nahe, daß sie - weil systematische Schulung und Korrekturen in dieser Spielklasse meist fehlen - die Stellung auf dem Feld so wählen, daß die bevorzugte rechte Hand ins Spiel kommt, wodurch auch die Wahrnehmung nach links geöffnet und geschult wird."

DOIL/BINDIG (1986) versuchten ebenfalls - über die fünfmalige Anwendung ihres Testverfahrens, bei dem alle 3 Sekunden zentral aufleuchtende Lämpchen schnellstmöglich zum Erlöschen zu bringen waren, während die Grenzen des horizontalen Gesichtsfeldes bestimmt wurden - Aussagen über die "Entwicklung des peripheren Sehens" zu gewinnen. Sie ermittelten tatsächlich eine starke Verbesserung (mit n=7), geben aber keinen Signifikanzwert an (vgl. Tab. 3c). Offen bleibt, ob die Steigerung aufgrund der besseren Bewältigung der zentral gestellten Aufgabe (Testeffekt) oder tatsächlich durch eine trainingsbedingte Erweiterung des Gesichtsfeldes zustande kam, wie DOIL/BINDIG (1986) meinen.

Die Befunde zum Einfluß von **physischer Belastung** bzw. von **Ermüdung** auf das periphere Sehen sind genauso widersprüchlich wie die vorigen: TESTA (1972) berichtet von einer Verschlechterung der Reaktionszeit auf periphere Lichtreize mit wachsender Belastung, nach PURVIS (1973) vergrößert sich das Gesichtsfeld unter Belastung, und REYNOLDS (1976) findet keine Abhängigkeit der Reaktionszeit auf periphere Lichtreize (wie bei TESTA aufleuchtende Lampen) von der Belastung (vgl. Tab. 3a und 3b). Schon die unterschiedlich gewählten Belastungsstufen und Aufgabenstellungen lassen keine verallgemeinernde Schlußfolgerung zu.

Insgesamt gesehen ist der sportbezogene Forschungsstand zum peripheren Sehen - trotz relativ vieler Arbeiten - als unbefriedigend zu bezeichnen. Hierfür verantwortlich sind vor allem methodische Probleme (geringe Standardisierung der Testverfahren) in Verbindung mit der Nichtbeachtung der spezifischen Bedingungen der Sportpraxis. Die Größe des Gesichtsfeldes allein gibt noch keinen brauchbaren Hinweis auf die sportartbezogene visuelle Leistungsfähigkeit. Erst die Fähigkeit zur Nutzung des individuellen Gesichtsfeldes für die Lösung sportartspezifischer Aufgabenstellungen gibt Auskunft über entsprechende Stärken oder Schwächen des Sportlers. Die Aufarbeitung solch praxisnaher Fragestellungen stößt aber derzeit noch auf erhebliche methodische Schwierigkeiten.

Die Einschätzung von Untersuchungsergebnissen zur Leistungsfähigkeit im peripheren Sehbereich muß einen weiteren, grundsätzlichen Einflußfaktor berücksichtigen: die **Komplexität** des wahrzunehmenden Reizes und die damit verbundenen, zu extrahierenden Informationen. WITTLING (1976, 71) schränkt die Bedeutung der extremen Sehwinkelbereiche auf eine "Grundfunktion der Wahrnehmung" ein, nämlich auf das Bemerken der "Anwesenheit eines Reizobjekts".

> "Höhere Wahrnehmungsleistungen, wie z.B. die Diskrimination, Rekognition und Identifikation von Reizen, sind hingegen nur in weitaus engeren räumlichen Grenzen möglich, und man darf wohl als Grundregel davon ausgehen, daß eine Wahrnehmungsleistung auf einen umso engeren Bereich des Gesichtsfeldes beschränkt ist, je komplexer sie ist" (WITTLING 1976, 71).

Höhere Wahrnehmungsleistungen verlangen also eine ausreichend scharfe Abbildung des Reizobjektes auf der Netzhaut. Da einerseits die Sehschärfe von der Fovea zur Peripherie hin sehr schnell abnimmt (vgl. S. 42) andererseits aber Identifikationsleistungen detailliert nur in einem Winkel von 2-3° um die Fovea herum möglich sind (vgl. hierzu EDWARDS/GOOLKASIAN 1974), kann das periphere Sehen im wesentlichen "nur" die Orientierungs- oder Rahmeninformation für sportliche Aktivitäten liefern. Für das Extrahieren von Detailinformationen ist in erster Linie das zentrale Sehen zuständig.

Im Rahmen der Bewegungsbeurteilung kommt dem peripheren Sehen vor allem beim Erfassen großräumiger Bewegungen und von Interaktionen zwischen verschiedenen Sportlern besondere Bedeutung zu.

2.2. VISUELLE INFORMATIONSAUFNAHME BEWEGTER REIZE

Im Sport werden an das visuelle System in vielen Situationen besonders hohe Anforderungen gestellt, weil sich die Informationsaufnahme auf bewegte Reize richtet, wobei es sich häufig um sehr schnelle und zudem ungleichförmige Bewegungen mit einer Kombination von rotatorischen und translatorischen Komponenten handelt. Ein Teil der sich hieraus ergebenden Anforderungen und möglicherweise entstehenden Leistungseinbußen in der Informationsaufnahme wrrd - aus systematischen Gründen - im Zusammenhang mit den gleitenden Augenfolgebewegungen besprochen, die dazu dienen, den bewegten Reiz möglichst genau und ständig foveal abbilden zu können.

In den folgenden Abschnitten soll näher betrachtet werden, unter welchen Bedingungen es zu einer Bewegungswahrnehmung kommt und welchen Einflußgrößen hierbei die Qualität der aufgenommenen Information bezüglich der Detailerkennung in dynamischen Situationen unterliegt.

2.2.1. Zeitliche Differenzierungsfähigkeit des visuellen Systems

Zunächst ist von Interesse, wie lange ein Lichtreiz auf die Netzhaut einwirken muß, damit er überhaupt wahrgenommen wird. Ein fester Grenzwert für die **Reizdauer** existiert jedoch nicht, da die **absolute Sehschwelle** außer von der Reizdauer von der **Beleuchtungsstärke** des Reizes bestimmt wird (vgl. Abb. 10). Verkürzt sich die Reizdauer auf weniger als 100 ms, muß sich die Lichtstärke des Reizes umgekehrt proportional erhöhen, damit er noch erkannt werden kann. Andererseits kommt es bei abnehmender Lichtstärke ab einer Reizdauer von ca. 1 s zu keiner weiteren **Summation** der Reizeinwirkung mehr, d.h., die Schwellenlichtstärke bleibt bei Reizdarbietung von mehr als 1 s unabhängig von der Dauer (DUDEL 1985, 31). Dem genannten Sachverhalt entspricht die Tatsache, daß man sehr schnelle Bewegungen nur bei heller Beleuchtung sehen kann.

Die erforderliche Dauer der Reizeinwirkung für die Entstehung einer visuellen Wahrnehmung darf aber nicht nur in

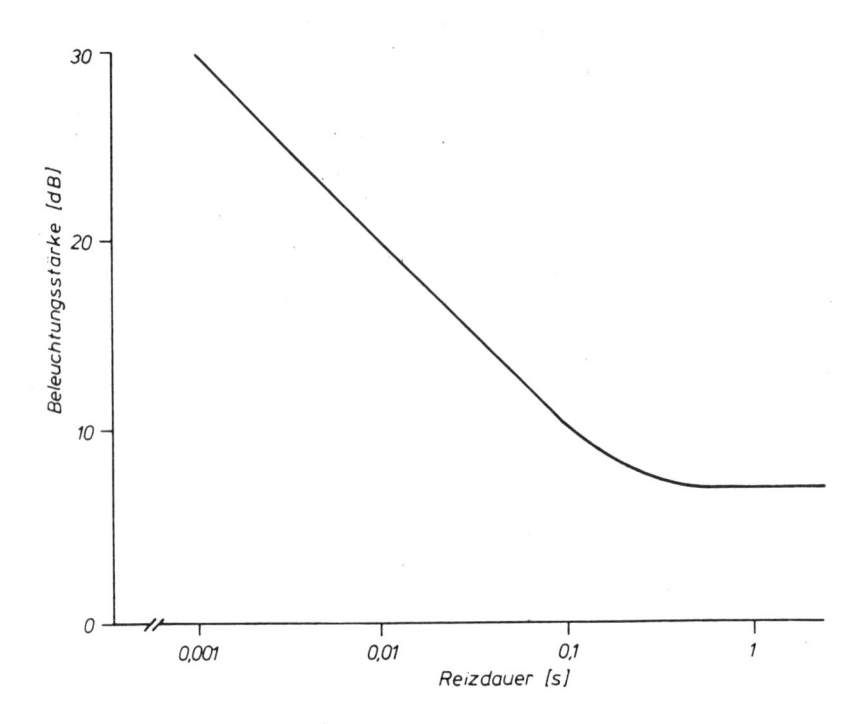

Abb. 10: Abhängigkeit der absoluten Sehschwelle von der Reizdauer und der Beleuchtungsstärke des Reizes (mod. nach DUDEL 1985, 32) (doppelt-logarithmische Darstellung).

Abhängigkeit von der Beleuchtungsstärke betrachtet werden. Das Entstehen des Eindrucks, daß "da Licht war" (oder Bewegung), ist nicht gleichzusetzen mit der Wahrnehmung von Details komplexer Reize. Mit anderen Worten, die minimale Abbildungszeit, die das visuelle System benötigt, um Informationen extrahieren zu können, wird stark von der Komplexität des Reizes in Verbindung mit der konkreten Zielstellung des Wahrnehmungsvorgangs bestimmt. Hier ist weniger die retinale Reizaufnahme und -verarbeitung als vielmehr die zentrale Weiterverarbeitung der retinal aufgenommenen Information die entscheidende Einflußgröße.

Einfache Lichtblitze sind schon bei einer Reizdauer von 1 ms wahrnehmbar, wenn sie nur hell genug sind (vgl.

Abb. 10). Aus tachistoskopischen Untersuchungen ist bekannt, daß schon eine Darbietungszeit von 50 ms ausreicht, um aus einer Buchstaben- oder Ziffernreihe 4 bis 5 Elemente reproduzieren zu können und daß danach eine Reizverlängerung nur noch geringfügige Leistungsverbesserungen ergibt (NORMAN 1973, 90; NEISSER 1974, 36; s. Abb. 11).

Die bis jetzt besprochenen Sachverhalte gelten aber nur für die einmalige und isolierte Darbietung eines Reizes. Folgen mehrere Reize aufeinander oder werden verschiedene Merkmale einer Reizpräsentation erst sukzessiv sichtbar - wie dies bei einer sportlichen Bewegung der Fall ist -, so ist ein wichtiges Phänomen zu beobachten. Beträgt der Zeitabstand weniger als ca. 100 ms, so stört der nachfolgende Reiz die zentrale Verarbeitung des ersten. Dies wird in der Wahrnehmungspsychologie als "retroaktive Maskierung" bezeichnet (NEISSER 1974, 38ff; vgl. hierzu Kap. 3.2.3.1.). In der Fachliteratur besteht weitgehend Übereinstimmung in der Annahme, daß für eine störungsfreie Aufnahme und Verarbeitung sukzessiv zu extrahierender Information ein minimaler Zeitraum von 100 ms, meist sogar erheblich mehr erforderlich ist.

SCHUBERT/ZEHL (1984, 244) sind beispielsweise der Auffassung, daß für das Erkennen von Details sportlicher Bewegungsabläufe die Wahrnehmungszeit 250 ms je Merkmal überschreiten muß, "wenn ein 'nutzbares' Abbild (bewußte kognitive Repräsentation) von diesem Merkmal entstehen soll. Anderenfalls ist die Wahrnehmungszeit (die in der Regel nicht bewußt wird!) für den Prozeß der Abbildentstehung und -stabilisierung zu kurz".

Diese Aspekte sind nicht zu verwechseln mit dem **zeitlichen Auflösungsvermögen der Netzhaut**, das sich physiologisch durch die **Flimmerverschmelzungsfrequenz** beschreiben läßt. Die Fähigkeit, einfache, kurz hintereinander eintreffende Lichtreize gerade noch als zeitlich getrennt wahr-

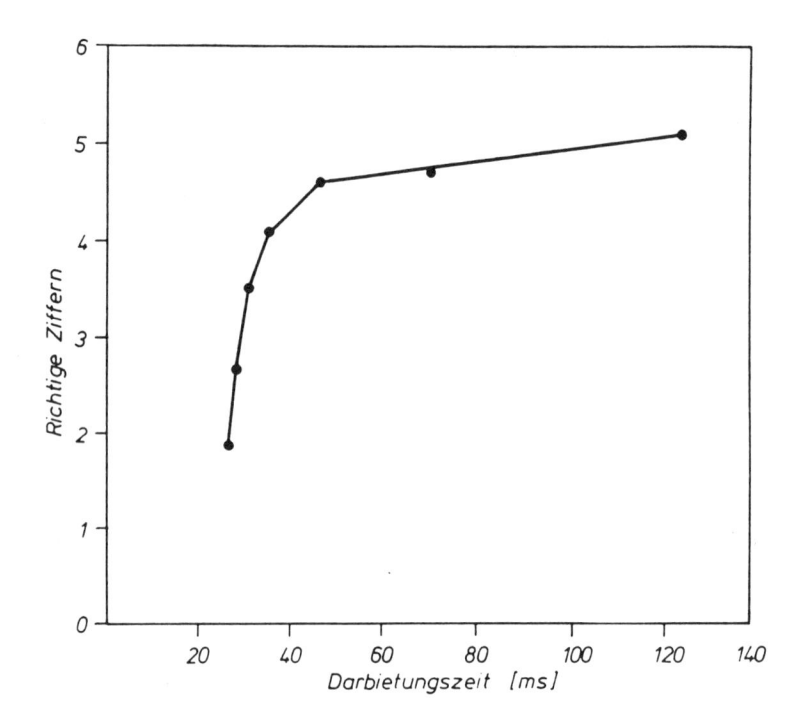

Abb. 11: Auswirkung der Darbietungszeit auf die Reproduktionsleistung im tachistoskopischen Experiment von MACKWORTH (1963; nach NEISSER 1974, 37).

zunehmen, schwankt je nach Beleuchtungsbedingungen sowie dem Ort und der Fläche der retinalen Reizeinwirkung (BORNSCHEIN/HANITZSCH 1978; BARLOW 1979; BROOKS/IMPELMAN 1981). Bei hoher Leuchtdichte des Reizes und helladaptiertem Auge können Flimmerverschmelzungsfrequenzen bis zu 50-70 Hz erreicht werden. Die Fovea ist dabei für kleine Reizflächen, die Netzhautperipherie dagegen für größere Reize empfindlicher. Die höchsten Frequenzen werden in der Netzhautperipherie bei großflächigen Reizen noch als Flimmern differenziert. Im Zustand der Dunkeladaptation ist Flimmerlicht höchstens bis ca. 22 Hz als intermittierend wahrnehmbar (GRÜSSER/GRÜSSER-CORNEHLS 1985). Hieraus kann man schließen, daß das Zapfensystem der Netzhaut wesentlich schneller arbeitet als das Stäbchensystem.

Werden jedoch alternierende Lichtreize statt auf dieselbe auf **verschiedene** Netzhautstellen gegeben, gelten offensichtlich wiederum andere Gesetzmäßigkeiten. In diesem Fall wird nämlich neben der zeitlichen auch die räumliche Auflösungsfähigkeit des visuellen Systems beansprucht. Unterschreitet bei der Verlagerung (nicht Bewegung!) des Projektionsorts eines Lichtreizes auf der Netzhaut die Unterbrechung des Lichtreizes 200 ms (GRÜSSER 1985, 297; nach GRÜSSER/GRÜSSER-CORNEHLS 1985, 197 liegt die Grenze bei ca. 120 ms), so kann bei dieser alternierenden Beleuchtung die Unterbrechung nicht mehr erkannt werden. Es entsteht der Eindruck, daß sich der Lichtreiz zwischen den beiden Netzhautorten hin und her **bewegt**. Diese **Scheinbewegung** kann von einer wirklichen Bewegung nicht unterschieden werden, denn die bewegungsspezifischen Neurone im visuellen Cortex reagieren unter den genannten zeitlichen Bedingungen auf scheinbewegte Reize ähnlich wie auf tatsächliche Bewegung eines Reizes (GRÜSSER 1985, 297).

Die räumlich-zeitliche Auflösungsfähigkeit des visuellen Systems zu sukzessiv an verschiedenen Orten auftretenden Reizen ist daher als relativ gering einzustufen. Diese Tatsache wird z.B. bei der Filmprojektion ausgenutzt.

Sportbezogene Untersuchungen zur zeitlichen Differenzierungsfähigkeit intermittierender Reize sind selten. SCHOBER/BEYER (1984) berichten von sowjetischen Untersuchungen, nach denen sich "gut trainierte" Sportler durch höhere Flimmerfusionsfrequenzen um bis zu 10 Hz auszeichnen. Sie schließen hieraus, "daß die Verbesserung des Trainingszustandes mit der Erhöhung der funktionellen Beweglichkeit der Rindenneurone des optischen Analysators einhergeht, mit der Schlußfolgerung, daß die obere Grenze der Rhythmusaneignung (des dargebotenen Flimmerlichts, d. Verf.) als wichtiger Indikator für den Funktionszustand, d.h. das Aktivierungsniveau der Hirnrinde, dient" (S. 246). SCHOBER/BEYER (1984) konnten in eigenen Untersuchungen mit sportspezifischen Belastungen bestätigen, daß die Flimmerverschmelzungsfrequenz gegenüber Änderungen im "psychophysischen Zustand" des Individuums äußerst empfindlich ist. Sie kann das Ausmaß des "Aktivitätsniveaus im ZNS" sowohl als Folge von Erwärmung bzw. physischer Belastung als auch von motivationalen Faktoren zum Ausdruck bringen (vgl. auch REINHOLD 1984; GÜNZ 1987). Voraussetzung ist die Kenntnis des individuellen Ruhewertes, auf den dann die Veränderung bezogen werden muß.

Abb. 12 veranschaulicht drei typische Befunde zur Veränderung der Flimmerverschmelzungsfrequenz (FVF) bei einem "Schnelligkeits-Ausdauertest" mit vorangegangenem Aufwärmen und vier Testläufen.

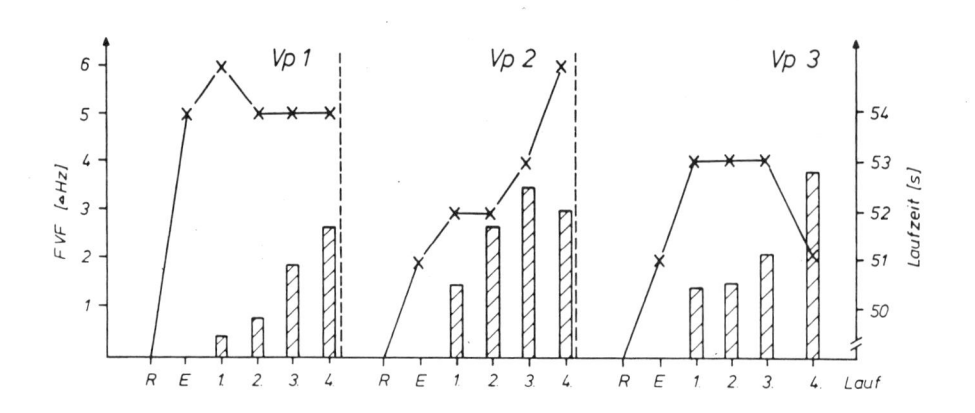

Abb. 12: Verhalten der Flimmerverschmelzungsfrequenz (FVF) bei einem Schnelligkeits-Ausdauertest (mod. nach SCHOBER/BEYER 1984, 249).

R : individueller Ruhewert (Ausgangswert) der FVF;
E : FVF nach Erwärmung;
x-x : Differenz der FVF zum Ausgangswert.

"Die Sportlerin Nr. 1 befindet sich in einem guten psychophysischen Zustand. Während sie den Test auf einem stabilen FVF-Niveau (=zentrales Aktivierungsniveau) bei guten Laufzeiten realisiert, kommt es bei der Sportlerin Nr. 3 zu einem deutlichen Abfall der FVF im letzten Lauf, was von einer deutlichen Laufzeitverlängerung begleitet ist. Bei Sportlerin Nr. 3 muß davon ausgegangen werden, daß sie sich in einem ungünstigen psychophysischen Bereich bewegt.

Das Verhalten der FVF bei Sportlerin 2 weist darauf hin, daß hierfür offensichtlich motivationale Faktoren verantwortlich sind. Der stetige Anstieg der FVF, der sogar mit einer Laufzeitverbesserung im 4. Lauf einhergeht, spricht dafür, daß sich die Sportlerin nicht über alle 4 Läufe voll gefordert hat. Das belegen auch die für die Aktive insgesamt schlechten Laufzeiten" (SCHOBER/BEYER 1984, 249).

Bei langandauernder starker physischer und/oder psychischer Belastung sinkt die Flimmerverschmelzungsfrequenz unter den Ausgangswert ab. Aufgrund der genannten Zusammenhänge halten REINHOLD (1984) und SCHOBER/BEYER (1984) die Flimmerverschmelzungsfrequenz für einen aussagekräftigen Indikator des zentralnervösen Aktivierungsgrades, der zur Kontrolle der Effektivität von sportspezifischer Aufwärmarbeit und der Wirkung von Trainingsbelastungen sowie Regenerationsmaßnahmen herangezogen werden kann.

2.2.2. Bewegungswahrnehmung

BAUMGARTNER (1978) weist darauf hin, daß Bewegung genauso wie Form und Farbe als eigene Sehqualität einzuordnen ist (s. auch RITTER 1978). Die Wahrnehmung von Bewegung erfolgt unabhängig von anderen Sehqualitäten mittels "bewegungsspezifischer" Neuronensysteme im visuellen Cortex (vgl. z.B. MINAS 1977; BAUMGARTNER 1978; GRÜSSER 1985).

Eine Bewegungswahrnehmung kann grundsätzlich auf zwei verschiedene Arten entstehen (GREGORY 1966; DICHGANS u.a. 1969; JUNG 1978; vgl. Abb. 13).

Der chronologisch erste Prozeß der Wahrnehmung von Umweltbewegung basiert auf visuell **afferenten** Meldungen zu einer retinalen Bildverschiebung. Diese Meldungen werden jedoch nicht erst im visuellen Cortex zu einem Bewegungseindruck verrechnet. Die Retina selbst verfügt über spezifische bewegungsempfindliche rezeptive Felder, in denen eine Verschiebung des Netzhautbildes entsprechend der Bewegungsrichtung und -geschwindigkeit codiert wird, und die mit selektiv empfindlichen Neuronenverbänden im visuellen Cortex in Verbindung stehen (HUBEL/WIESEL 1962; GREGORY 1966; WURTZ 1969; BAUMGARTNER 1978; KANDEL 1985a). Für das **Entde-**

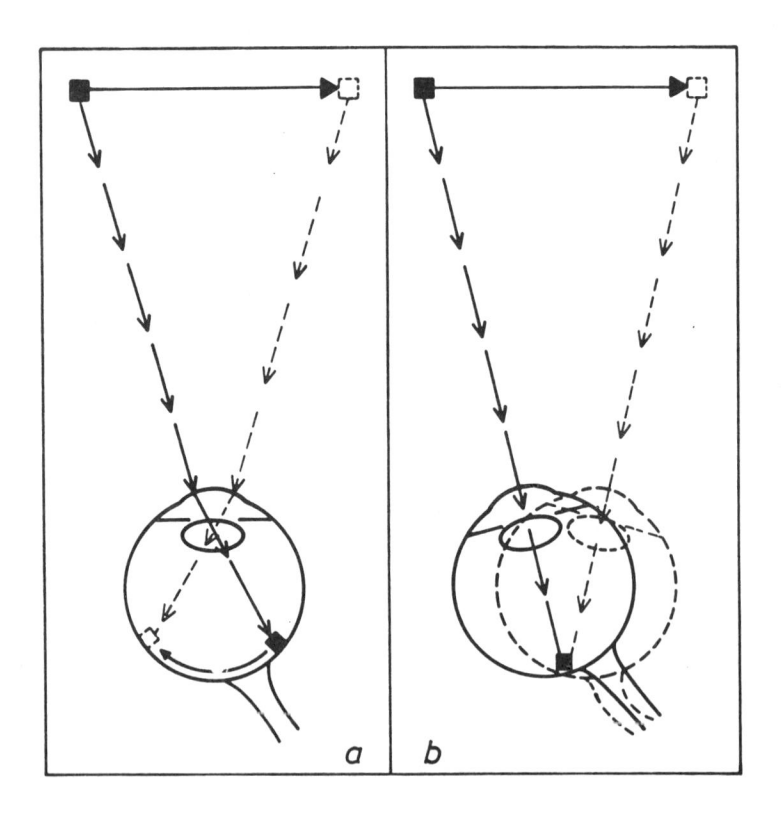

Abb. 13: Systeme der Bewegungswahrnehmung (nach GREGORY 1966, 93).
       a: Bild-Netzhaut-System (afferente Bewegungswahrnehmung);
       b: Auge-Kopf-Bewegungssystem (efferente Bewegungswahrnehmung).

cken von Bewegung im Gesichtsfeld kommen Meldungen aus der Netzhautperipherie die größte Bedeutung zu (vgl. Kap. 2.1.3.). Die geschilderte Art der Entstehung eines Bewegungseindrucks auf der Basis der Auswertung der raum-zeitlichen Reizveränderungen auf der Netzhaut wird auch als **afferente Bewegungswahrnehmung** bezeichnet.

Beruht der Bewegungseindruck dagegen auf der Verrechnung von Augen-, Kopf- und/oder Körperbewegungen, während das Sehobjekt mit einer Augenfolgebewegung fixiert wird (vgl. Kap. 2.3.4.2.), spricht man von efferent-kontrollierter oder vereinfacht von **efferenter Bewegungswahrnehmung** (JUNG 1978; RITTER 1978).

Im Sport findet man häufig eine Kombination beider Arten von Bewegungswahrnehmung, insbesondere dann, wenn dem bewegten Objekt bei höheren Winkelgeschwindigkeiten mit einer gleitenden Augenbewegung nicht mehr präzise gefolgt werden kann. In diesem Fall handelt es sich um eine **afferent-efferent-gemischte Bewegungswahrnehmung** (RITTER 1978).

Die Verrechnung der efferenten motorischen Kommandos für Augen- und Kopfbewegungen mit den afferenten retinalen Meldungen vermutete schon v. HELMHOLTZ (1864). Im Modell des **Reafferenzprinzips** beschreiben v. HOLST/MITTELSTAEDT (1950) diese Verrechnung genauer (vgl. auch Abb. 14). Die Interaktion zwischen der "Efferenzkopie" zu den blickmotorischen Kommandos und der Reafferenz findet vermutlich auf einer cerebralen Ebene statt, die den extrapersonalen Raum (die Umwelt) abbildet und nicht die retinotope Organisation (die räumliche Repräsentation der Netzhaut). Die Bewegungswahrnehmung resultiert aus der Zusammenfassung der Afferenzen zur retinalen Bildverschiebung und der diesen entgegengesetzten Signale aus der Efferenzkopie (GRÜSSER 1985).

Für die resultierende Bewegungswahrnehmung ist außerdem entscheidend, ob sich nur ein Ausschnitt des Netzhautbildes oder das Abbild des gesamten Gesichtsfeldes verschiebt. Aufgrund der differenzierenden Verrechnung aller dem visuellen Cortex zufließenden Afferenzen und Efferenzkopien kann das visuelle System sowohl die retinale Bildverschiebung durch eine Sakkade (vgl. Kap. 2.3.4.1.) von einer durch Objektbewegung verursachten Bildverschiebung als auch Fremd- von Eigenbewegung unterscheiden. Alle Bewegungen des "Ganzfeldes", d.h. des gesamten Netzhautbildes, werden als **Eigenbe-**

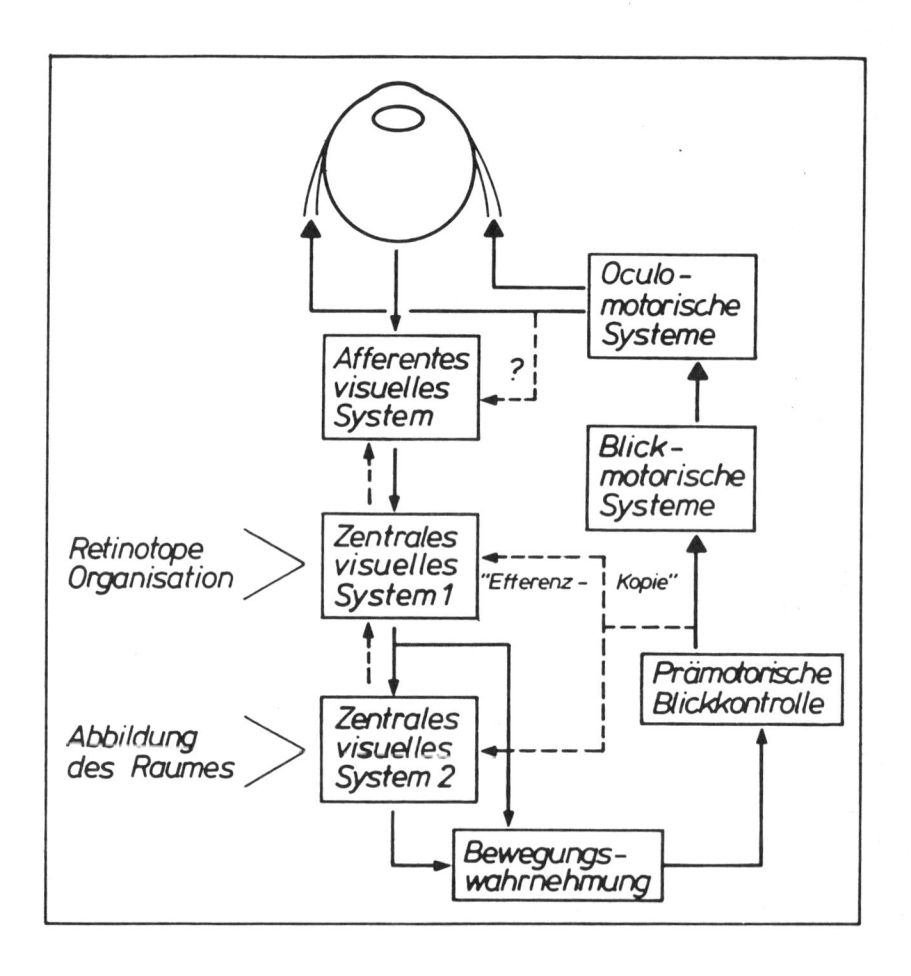

Abb. 14: Verrechnung afferenter und efferenter Signale bei der visuellen Bewegungswahrnehmung (mod. nach GRÜSSER 1985, 298).

wegung interpretiert. Eine Wahrnehmung von **Objektbewegung** entsteht nur, wenn sich Ausschnitte des Ganzfeldes verschieben oder wenn im sich verschiebenden Ganzfeld ein Ausschnitt auf der Netzhaut stationär bleibt (STADLER u.a. 1977, 159; vgl. Tab. 4).

Im Sport findet häufig eine Vermischung der verschiedenen Formen retinaler Bildverschiebung statt, z.B. beim Anblicken des heranfliegenden Balles während der Eigenbewegung in Richtung des antizipierten Treffortes oder beim Beobachten der Mit- oder Gegenspieler in der eigenen Vorwärts- oder Rückwärtsbewegung in den Sportspielen. Bei der Bewegungsbeurteilung kommt es meist "nur" zu einer Vermischung und Verrechnung der in Tab. 4 zuletzt genannten drei Formen retinaler Bildbewegung. Am Beispiel der Bewegungswahrnehmung wird die Verflechtung sensorischer und motorischer Komponenten in der Wahrnehmung besonders deutlich.

Die Wahrnehmung von Objektbewegung und von Eigenbewegung erfolgt vermutlich über zwei getrennte Informationsverbreitungssysteme (RITTER 1978). Für die Wahrnehmung von Eigenbewegung wird vorwiegend Information aus der Netzhautperipherie verwendet, wie insbesondere die Untersuchungen von BRANDT u.a. (1973) und HELD u.a. (1975) nachweisen. Dadurch wird das zentrale Gesichtsfeld entlastet und bleibt für die Detailerkennung frei. Diese Unterscheidung in ein "fokales" und ein "Umgebungssystem" (INGLE, SCHNEIDER und TREVARTHEN 1967/68; nach RITTER 1978) ist durch neurophysiologische Untersuchungen gut abgesichert, nach denen das "Umgebungssystem" wahrscheinlich vorrangig der Kontrolle durch das Mittelhirn unterliegt, wohingegen das "fokale" System stärker cortikal überwacht wird.

Die Wahrnehmung realer Bewegung ist nur innerhalb eines gewissen Geschwindigkeitsbereichs möglich. Die **Schwellen** für die Bewegungswahrnehmung gegen einen unbewegten Hintergrund sind von der Objektgröße, den Beleuchtungsbedingungen

Art der retinalen Bewegung	Physikalische Situation	Bewegungswahrnehmung
Starre translatorische Bewegung des Ganzfeldes	Rotationsbewegung von Augen (Sakkade), Kopf oder Körper um Hochachse	Keine Bewegungswahrnehmung bei Sakkade; sonst: Kopf- oder Körperdrehung
Starre rotatorische Bewegung des Ganzfeldes	Rotationsbewegungen von Kopf oder Körper um die Blickachse	Laterale Kipp- oder Überschlagsbewegung
Perspektivische Transformationsbewegung des Ganzfeldes	Laterale geradlinige Eigenbewegung	Laterale Translationsbewegung des eigenen Körpers (Blick aus dem Zugfenster)
Größentransformationsbewegung des Ganzfeldes	Sagittale geradlinige Eigenbewegung	Vorwärtsbewegung des eigenen Körpers (Blick nach vorn beim Laufen, Radfahren etc.)
(Gleichförmige) Bewegung eines umgrenzten Ausschnitts des Ganzfeldes	Frontparallele Objektbewegung bei ruhenden Augen	Sich frontalbewegendes Objekt (Vorbeifliegen eines Balles; Bewegung eines nicht-fixierten Körperteils eines Sportlers etc.)
(Gleichförmige) translatorische Bewegung des Ganzfeldes außer einem umgrenzten Ausschnitt	Gleitende Augenfolgebewegung (evtl. mit Kopf- und Körperdrehung) auf ein sich frontal bewegendes Objekt	Sich frontal bewegendes Objekt (Fixieren eines vorbeifliegenden Balles, sich bewegenden Körperteils, Sportlers)
Deformation eines umgrenzten Ganzfeldausschnitts: Veränderung der scheinbaren Gegenstandsgröße eines Objekts	Objektbewegung in der Tiefendimension	Tiefenbewegung eines Objekts (Heran- bzw. Wegfliegen eines Balles etc.)

Tab. 4: **Systematik objektiver und subjektiv-visueller Bewegungsformen** (mod. nach BISCHOF 1966; GIBSON 1973a; STADLER u.a. 1977).

und der Strukturierung des Hintergrundes abhängig. Beim photopischen Sehen und gut strukturiertem Hintergrund liegt die "absolute Bewegungsschwelle" (BÄUMLER 1972) bei ca. 0.2-0.8 Bogenmin./s (GRÜSSER 1985) oder 1-2 Bogenmin./s (BÄUMLER 1972; JUNG 1978). Bei Objektbewegung vor einem homogenen Sehfeld verschlechtert sich die Bewegungsempfindlichkeit auf 10-20 Bogenmin./s. Die **Bewegungsrichtung** kann bis zu Winkelgeschwindigkeiten von 300-400°/s erkannt werden. Danach entsteht bis zu 600°/s zwar noch ein Bewegungseindruck, allerdings ohne Richtungswahrnehmung. Bei noch höheren Winkelgeschwindigkeiten eines Sehobjekts kommt es nur noch zu einem Hell-Dunkel-Eindruck ohne Bewegungsempfindung (GRÜSSER 1985).

Die "Geschwindigkeitsunterschiedsschwelle" bezieht sich auf die Wahrnehmung einer Geschwindigkeitsdifferenz von zwei bewegten Reizen (BÄUMLER 1972). In einem Geschwindigkeitsbereich von 0.1-20°/s muß der Geschwindigkeitsunterschied mindestens ca. 10% betragen, damit die beiden Objekte als verschieden schnell bewegt wahrgenommen werden.

Die **Unterschiedsschwelle für konstante Beschleunigungen** ist demgegenüber erheblich höher (BÄUMLER 1972). Eine Abweichung in der Beschleunigung von zwei Sehobjekten wird erst bei einem Unterschied von ca. 50% wahrgenommen.

Die **Genauigkeit einer Geschwindigkeitsschätzung** wird von zahlreichen Einflußgrößen bestimmt (ALDERSON 1972; BÄUMLER 1972). Diese sind neben früheren Erfahrungen u.a.

- die Strukturierung des Hintergrundes (je homogener der Hintergrund ist, desto langsamer wird eine Bewegung eingeschätzt),
- das Verhältnis zwischen Objektgröße und Größe des Feldes, in dem die Objektbewegung stattfindet (je größer die relative Objektausdehnung im Sehfeld ist, desto schneller erscheint die Objektbewegung),
- die Objektgeschwindigkeit (bei niedriger Geschwindigkeit besteht eine Tendenz zur Unterschätzung, bei hoher zur Überschätzung),

- der Ort der Abbildung des bewegten Reizes (foveal vs. extra-foveal) und damit verbunden die Art der Bewegungswahrnehmung (afferent vs. efferent).

Nach DICHGANS u.a. (1969) führt das "Festhalten" des Sehobjekts mittels einer gleitenden Augenfolgebewegung, also die efferent-kontrollierte Bewegungswahrnehmung, bis zu einer Winkelgeschwindigkeit von ca. 60°/s zu genaueren Geschwindigkeitsschätzungen. Beruht der Geschwindigkeitseindruck dagegen auf rein visuell afferenten Meldungen kommt es zu einer starken Überschätzung der Objektgeschwindigkeit. Dieser Sachverhalt unterstreicht erneut die sportspezifische Bedeutung der Fähigkeit, einem sich schnell bewegenden Objekt möglichst genau mit den Augen gleitend nachfolgen zu können. Mit einer hohen dynamischen Sehschärfe geht möglicherweise auch eine gut ausgeprägte Fähigkeit zur Geschwindigkeitseinschätzung einher, die z.B. bei der Ballbeobachtung in den Sportspielen leistungsbeeinflussend wirkt. Vergleichende Untersuchungen hierzu sind nicht bekannt.

Bewegungen bilden in großen Bereichen des Sports das generierende Element der sportlichen Leistung. Die visuelle Bewegungswahrnehmung besitzt damit zweifellos eine zentrale Bedeutung

- im Rahmen der Leistungsentwicklung, wenn im Training die Kontrolle bzw. Verbesserung der Bewegungsqualität im Vordergrund steht,

- bei der Realisierung der sportmotorischen Leistung, wenn diese von der Fähigkeit zur Anpassung der eigenen Bewegung an Fremdbewegung (Ball, Partner, Gegner) abhängt, sowie

- bei der Leistungsfeststellung im Wettkampf, wenn die Bewegungsqualität ein unmittelbares Leistungsmerkmal darstellt.

Die **sportbezogenen Anforderungen** an die visuelle Bewegungswahrnehmung lassen sich unter Berücksichtigung des Bezugssystems, in dessen Rahmen die Ortsveränderungen des beobachteten Objekts stattfinden, weiter untergliedern (vgl. MESTER 1985, 214).

Zunächst ist unter sinnesphysiologischen Gesichtspunkten zwischen den Anforderungen beim Beobachten von Bewegungen mit **zweidimensionaler Ausdehnung** und solchen mit einer **Tiefenverlagerung** zu unterscheiden. Bei letzteren sind die Entstehung eines Bewegungseindrucks sowie das Abschätzen von Bewegungsrichtung und -geschwindigkeit mit den Anforderungen an die Tiefenwahrnehmung und an die dynamische Tiefensehschärfe verflochten (vgl die Kap. 2.4. und 2.5.).

Außerdem können **Ganzkörperbewegungen** und **Teilkörperbewegungen** voneinander abgehoben werden. Das Bezugssystem, in dem z.B. die "Ortsveränderung" eines Radfahrers oder Läufers stattfindet, kann die Fahr- bzw. Laufbahn sein oder auch der jeweilige Straßen- bzw. Stadionhintergrund, vor dem die Gesamtbewegung wahrgenommen wird. Auf der anderen Seite sind vom Beobachter auch die Teilkörperverlagerungen von Beinen und Armen eindeutig als "Bewegung" zu erkennen, wobei dann der Gesamtkörper das Bezugssystem bildet.

Die Anforderungen an die Bewegungswahrnehmung, die aus der **Bewegungsgeschwindigkeit** resultieren, sind nur in Verbindung mit dem jeweiligen Beobachtungszweck einzustufen. Geht es lediglich um das "Entdecken" von Bewegung, sind auch bei höheren translatorischen Objektgeschwindigkeiten (z.B. Tennisball, Skifahrer, Speer, Diskus) bei ausreichender Beobachtungsentfernung keine Überforderungssituationen für das visuelle System zu erwarten.

Die Grenzen der visuellen Leistungsfähigkeit werden aber häufig bereits dann erreicht, wenn bei schnell bewegten Teilkörperbewegungen Detailinformationen extrahiert werden sollen, z.B. zum Handgelenkseinsatz beim Kugelstoßen, beim

Tennisaufschlag etc. Dies geschieht insbesondere dann, wenn sich das Bezugssystem (im obigen Beispiel der Sportler oder, genauer gesagt, der Arm des Sportlers) selbst bewegt. In diesem Fall muß die Bewegung des interessierenden Objekts mit derjenigen des Bezugssystems "verrechnet" werden, um detaillierte Angaben zur Objektbewegung machen zu können. Das visuelle System ist sehr leicht überfordert, wenn Aussagen zu Geschwindigkeits- oder gar Beschleunigungsunterschieden von Teilkörperbewegungen gemacht werden sollen, z.B. bei der Beurteilung des Geschwindigkeitsverlaufs der Schlagbewegung einer Tennis-Vorhand oder -Rückhand oder gar bei der Beurteilung der "Koordination von Teilimpulsen" (HOCHMUTH 1981) oder bei "Bewegungskopplungen" (MEINEL/ SCHNABEL 1977), wie sie beispielsweise beim Verbinden von Bein-, Rumpf- und Armeinsatz im Speerwerfen vorkommen.

2.3. ANPASSUNGS- UND EINSTELLVORGÄNGE DES OPTISCHEN SYSTEMS

Um einen Gegenstand detailliert wahrnehmen zu können, muß er möglichst scharf auf der Retina abgebildet werden. Das optische System verfügt diesbezüglich über mehrere Anpassungsmöglichkeiten an die jeweiligen Wahrnehmungsbedingungen. Im wesentlichen sind dies Vorgänge zur Anpassung an die Lichtverhältnisse (Hell-Dunkel-Adaptation) und an die Entfernung zu einem Gegenstand (Akkommodation und Vergenzen) sowie das Aufsuchen bzw. "Festhalten" eines Fixationsobjekts im schärfsten Sehbereich (Blickversionen).

2.3.1. Hell-Dunkel-Adaptation

Eine erste Anpassung an die Umfeldleuchtdichte erfolgt über die **Lichtreaktion der Pupille**. Die Latenzzeit bis zum Beginn der Pupillenveränderung beträgt ca. 0.22 s, die Anpassungsgeschwindigkeit beim Öffnen ca. 1-2 mm/s und beim Schließen ca. 5 mm/s (RENTSCHLER/SCHOBER 1978). Die deutlich höhere Schließgeschwindigkeit ist ein Indiz dafür, daß eine wichtige Funktion der Pupillenanpassung offensichtlich in einem schnell wirksamen Schutz der Rezeptoren vor einer zu starken Ausbleichung besteht.

Durch Variation ihres Durchmessers zwischen ca. 2 mm und 8 mm kann die Pupille die Beleuchtungsstärke auf der Netzhaut um etwa eine Zehnerpotenz verändern (vgl. BARLOW 1972, 3). Bedenkt man die erheblich größere Schwankungsbreite in der Umfeldleuchtdichte, die bei mehreren Zehnerpotenzen liegen kann, so wird klar, daß die Pupilleneinstellung nur ein ergänzendes Regelsystem für die Beleuchtungsanpassung der Netzhaut ist. Ihre Hauptfunktion ist in erster Linie darin zu sehen, durch Veränderung ihres Durchmessers - einhergehend mit der Akkommodation der Linse - die Voraussetzungen für eine optimale Abbildungsqualität auf der Netzhaut zu schaffen (CAMPBELL/GREGORY 1960; BARLOW 1972), z.B. eine Verbesserung der Tiefenschärfe durch Verengung (GRÜSSER 1985, 260).

Die **Anpassungsmöglichkeiten der Netzhaut** selbst an wechselnde Beleuchtungsbedingungen der Umwelt sind erheblich besser als die der Pupille. Allerdings benötigt sie dafür deutlich mehr Zeit.

Bei der **Dunkeladaptation** nimmt die absolute Empfindlichkeit des visuellen Systems für Lichtreize allmählich zu. Es kommt zu einer "Umschaltung" des Sehens von den Zapfen auf die Stäbchen, die beispielsweise beim Übergang vom photopischen zum skotopischen Sehen gegenüber den Zapfen nur ein Viertel der Lichtintensität benötigen, um ihren Schwellenwert zu erreichen (BARLOW 1972, 5). Dieser Umschaltvorgang geht mit einer Flächenzunahme der rezeptiven Feldzentren retinaler Ganglienzellen einher, d.h., es werden mehr Rezeptoren mit ihrer Ganglienzelle zu einer funktionellen Einheit zusammengefaßt. Hierbei wird die antagonistische Organisation von Feldzentrum und Feldperipherie durch laterale Inhibitionsprozesse unter Beteiligung der Horizontalzellen und Amakrine aufgehoben (vgl. GRÜSSER 1985, 273). Die größere räumliche und zeitliche Summation der eintreffenden Photonen macht die Netzhaut empfindlicher für Lichtreize.

Auf der anderen Seite verschlechtert sich im Zustand der Dunkeladaptation die **visuelle Reaktionszeit** drastisch. Ein Stäbchen kann erst nach 300 ms signalisieren, daß ein Photon absorbiert ist. Ein Zapfen reagiert im Vergleich dazu ungefähr in einem Viertel der Zeit auf ein Photon wie ein Stäbchen (SCHNAPF/BAYLOR 1987, 122).

Durch den Übergang vom Zapfen- zum Stäbchensehen und die Vergrößerung der rezeptiven Felder verringert sich das räumliche Auflösungsvermögen der Netzhaut stark. Die drastische Reduzierung der (fovealen) Sehschärfe bei abnehmender Leuchtdichte wurde bereits angesprochen (vgl. hierzu auch Abb. 7, S. 47).

Die Empfindlichkeitssteigerung des visuellen Systems erreicht bei normaler Dunkeladaptation eine Größenordnung von etwa 4 Zehnerpotenzen, erfordert aber bis zur Annäherung an ihr Maximum etwa 20 min und erreicht ihren Höchstwert noch wesentlich später (GANONG 1979, 125; GRÜSSER 1985, 273). Ihr zeitlicher Verlauf ist in Abb. 15 veranschaulicht.

Ein entscheidender Grund für die lange Dauer der Dunkeladaptation ist der zeitraubende Prozeß des Wiederaufbaus der Photopigmente in den Rezeptoren, die durch vorausgegangene Belichtung ausgebleicht wurden (GANONG 1979, 125).

Die **Helladaptation** ist der entgegengesetzte Prozeß zur Dunkeladaptation. Er läuft sehr viel schneller ab und dauert nur einige Sekunden. Treten aufgrund größerer Differenzen in den Umfeldleuchtdichten **Blendeffekte** auf, so paßt sich das visuelle System danach in ca. 15 s bis 60 s an die neuen Beleuchtungsbedingungen an (GRÜSSER/GRÜSSER-CORNEHLS 1985, 196).

Die Anforderungen der Sportpraxis an die Adaptationsfähigkeit des visuellen Systems sind dann besonders hoch, wenn starke Beleuchtungsunterschiede auftreten, wie z.B. wenn ein Teil des Fußballplatzes im Schatten liegt und der andere von der Sonne beschienen wird oder wenn der Skiläufer eine Piste herunterfährt, in der sich schattige und sonnige Teile abwechseln. In solchen Fällen reicht die Pupillenreaktion für eine ausreichende Anpassung an die wechselnden Lichtverhältnisse nicht aus, so daß es zu einer Leistungsbeeinflussung kommen kann. Massivere Störungen der visuellen Informationsaufnahme werden durch Blendeffekte hervorgerufen, wenn z.B. der Torhüter beim Abwehren eines Torschusses in die Sonne schauen muß oder wenn der Volleyballspieler bei der Beobachtung eines hoch zugespielten Balles gegen die Deckenbeleuchtung blickt. Bleibt dem Sportler oder Kampfrichter durch frühzeitiges Betreten des Sportplatzes oder der Sporthalle genügend Zeit zur Anpassung an die Lichtverhältnisse, so sind bei Tageslichtbedingungen oder

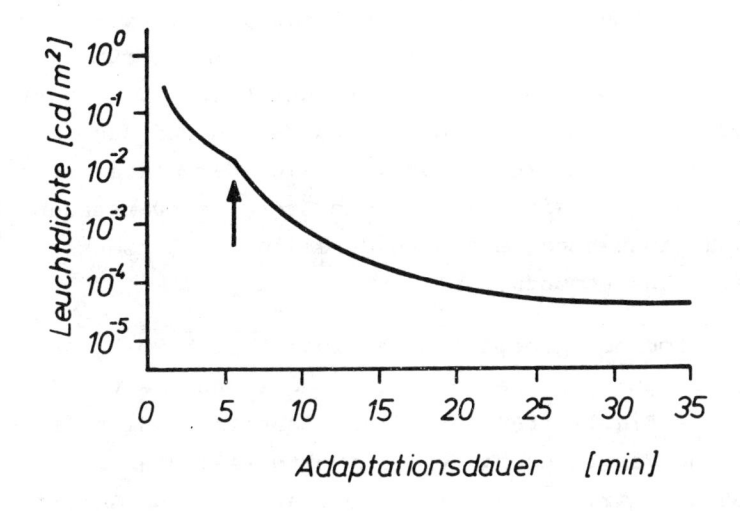

Abb. 15: Zeitlicher Verlauf der Dunkeladaptation der Netzhaut (mod. nach GANONG 1979, 125).
↑ : Zeitpunkt der erreichten Zapfenadaptation.

ausreichender Hallenbeleuchtung keine Leistungseinbußen des visuellen Systems zu erwarten. Sinkt die Umfeldleuchtdichte jedoch unter ca. 65 cd/m² (Beleuchtungsstärke ca. 200 Lux), fällt die Sehschärfe rasch ab (vgl. Abb. 7, S. 47). Dieser Wert wird in schlecht beleuchteten Sporthallen oder auch bereits bei stark wolkenverhangenem Himmel und in der Dämmerung unterschritten.

2.3.2. Akkommodationsvorgänge

Das scharfe Abbilden von Gegenständen in unterschiedlichen Entfernungen gelingt im menschlichen Auge durch die Veränderung der Brechkraft der Linse (Akkommodation). Mit nachlassender Kontraktion des Ciliarmuskels werden die elastischen Kräfte des Ciliarapparates, der Chorioidea und der Sclera von den Zonulafasern stärker auf die Linsenkapsel übertragen. Die steigende Zugwirkung der Zonulafasern bewirkt eine zunehmende Abflachung der Linse (**Fernakkommodation**) und führt, beginnend bei ca. 6 m Entfernung vom fixierten Gegenstand, schließlich zum größten Krümmungsradius mit der geringsten Brechkraft der Linse. Verringert sich der Abstand zwischen fixiertem Gegenstand und Auge auf weniger als ca. 6 m, so kontrahiert sich der Ciliarmuskel. Dadurch reduzieren sich die auf die Linse einwirkenden Kräfte, und insbesondere die Vorderseite der Linse krümmt sich stärker (**Nahakkommodation**).

Die **Akkommodationsbreite** verringert sich mit steigendem Alter, da durch Wasserverlust und die Zunahme von "starren" Fasern die Elastizität der Linse abnimmt. Hieraus ergibt sich eine Vergrößerung der **Nahpunktentfernung**, d.h. der minimalen Distanz, in der ein Gegenstand durch Akkommodation noch scharf gesehen werden kann. Beim Grundschulkind beträgt sie durchschnittlich noch weniger als 10 cm, beim 45-jährigen schon ca. 25 cm und im höheren Alter bis zu 1 m (vgl. Abb. 16).

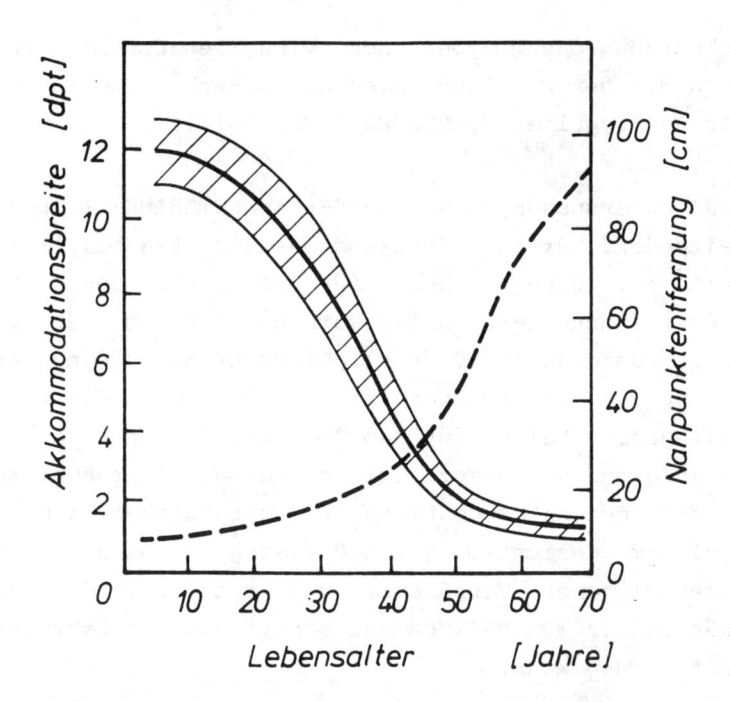

Abb. 16: Abhängigkeit von Akkommodationsbreite und Nahpunktentfernung vom Lebensalter (mod. nach GANONG 1979, 120 und GRÜSSER 1985, 262).

Ähnlich wie bei der Retinaanpassung an unterschiedliche Beleuchtungsverhältnisse stellt der Sport unter normalen Bedingungen keine zu hohen Anforderungen an die Regelbreite der Akkommodationsvorgänge, die sich leistungsreduzierend auswirken könnten. In der Sportpraxis werden selten Situationen auftreten, die eine maximale Nahakkommodation verlangen, d.h., die Nahpunktentfernung erreichen oder gar unterschreiten (vgl. Abb. 16). Beispielsweise beträgt die Entfernung zum Treffpunkt Ball-Schläger im Tennis je nach Armlänge und Schläger zwischen ca. 80 cm und 120 cm.

Ganz anders sind die Anforderungen an die **Akkommodationszeit** zu beurteilen. Der auslösende Reiz für eine Akkommodation ist eine unscharfe foveale Abbildung. Dieses Merkmal des retinalen Reizmusters wird vermutlich von den fovea-spezifischen Neuronengruppen des visuellen Cortex (Area 18), die auch mit der Pupillenanpassung in Verbindung stehen, ermittelt und reguliert (GRÜSSER 1985, 261f).

Nach Untersuchungen von CAMPBELL/WESTHEIMER (1960) liegt der Zeitbedarf für eine Nahakkommodation etwa bei 1 s (Latenzzeit ca. 0.36 s, Zeit für Kontraktion des Ciliarmuskels, Entspannung der Zonulafasern und Zunahme der Linsenkrümmung zusammen ca. 0.64 s). Diese Größenordnung verdeutlicht, daß v.a. in den Sportspielen bei der Fixation des heranfliegenden Balles für den Sportler leicht eine Überforderung aufgrund des physiologisch bedingten, großen Zeitbedarfs für den Akkommodationsvorgang entstehen kann. Es ist unter diesem Gesichtspunkt z.B. ausgeschlossen, daß ein hart geschlagener Tennisball vom returnierenden Spieler durchgängig bis zum Ballkontakt scharf auf der Netzhaut abgebildet werden kann.

Für die Standardsituationen Netzvolley, Grundlinienspiel und Aufschlag-Return im Tennis hat MESTER (1985, 430ff) basierend auf den o.a. Werten die "kritische Grenze" für die Ballgeschwindigkeit ermittelt, bei der ein Verfolgen des Balles mit scharfer fovealer Abbildung noch möglich ist (vgl. Abb. 17). Diese Grenze ist sehr schnell erreicht.

Beim Netzvolley (Beobachtungsentfernung ca. 12-14 m) wird sie bereits bei einer Ballgeschwindigkeit von ca. 50 km/h, beim Grundlinienspiel und Aufschlag-Return (Beobachtungsentfernung ca. 24 m) bei ca. 85 km/h überschritten. Die starke Überforderung der akkommodativen Leistungsfähigkeit des visuellen Systems zeigt sich besonders beim Tennisaufschlag, wo von Spitzenspielern durchschnittliche Ballgeschwindigkeiten von mehr als 150 km/h (41.7 m/s) erzielt werden, so daß dem Returnspieler höchstens 0.5 s bis 0.6 s für eine Anpassung an den Ball zur Verfügung stehen (vgl. hierzu NEUMAIER 1985).

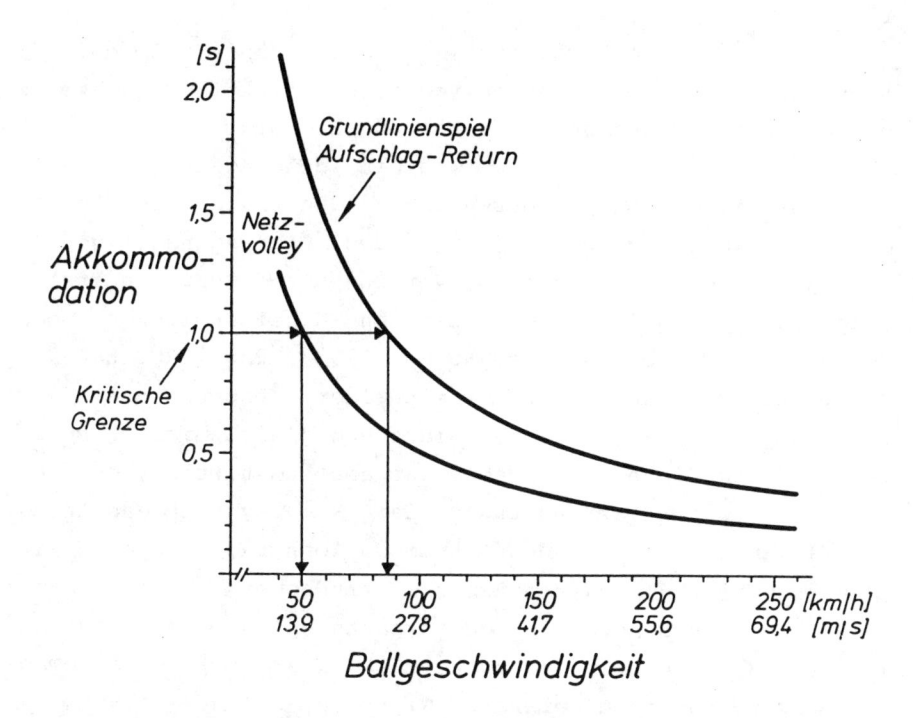

Abb. 17: Erforderliche Akkommodationszeiten in Abhängigkeit von der Ballgeschwindigkeit im Tennis (nach MESTER 1985, 431).
(Erläuterung im Text)

Die akkommodative Leistungsfähigkeit von Sportlern ist weitestgehend unerforscht. Deshalb müssen sich die diesbezüglichen Ausführungen auf die o.a. Überlegungen beschränken. Es ist abschließend noch darauf zu verweisen, daß eine ausreichende Sehschärfe Mindestvoraussetzung für das Auslösen von Akkommodationsvorgängen zu sein scheint (RÖMHILD 1978; PFEIFER/FLEISCHER 1979; SCHNELL 1982; 1984).

2.3.3. Vergenzen

Die Ausrichtung der beiden optischen Achsen (Sehachsen) auf Fixationspunkte in verschiedenen Entfernungen verlangt im Vergleich zu den bisher besprochenen Anpassungsprozessen verhältnismäßig großräumige Einstellvorgänge. Obwohl die **Konvergenzen** und **Divergenzen** von ihrer Struktur her eher zu den Augenbewegungen gehören, können sie aufgrund ihrer Funktion und neuronalen Verflechtung mit den Adaptations- und v.a. Akkommodationsprozessen auch den Regelvorgängen für die Bildeinstellung zugeordnet werden. Die gegenseitige Abhängigkeit von Akkommodation, Vergenzen und Pupilleneinstellung drückt sich in der sogenannten Naheinstellungs- oder Konvergenzreaktion aus (GANONG 1979, 122; GRÜSSER 1985, 260), bei der eine Konvergenz mit einer entsprechenden Vergrößerung der Brechkraft der Linse und gleichzeitiger Pupillenverengung einhergeht. Dabei ist aber umstritten, ob über die neuronale "Verschaltung" der Regelsysteme das Ausmaß der Vergenzbewegung an den Akkommodationsgrad angepaßt wird oder ob primär die quergestreifte, mit hoher präzisionsbezogener Leistungsfähigkeit ausgestattete Augenmuskulatur auf die glatte, vegetativ versorgte Muskulatur für die Akkommodationsvorgänge regulierend einwirkt.

An der Auslösung von Vergenzbewegungen sind neben den schon angesprochenen Mechanismen zur Sicherung einer hohen (monokularen) Bildschärfe auch Mechanismen des räumlichen Sehens beteiligt. Wird ein Objekt in den beiden Augen auf Stellen abgebildet, die nicht den gleichen "Raumwert" aufweisen, gehen von den "korrespondierenden Netzhautstellen" divergierende nervöse Impulse aus. Damit keine "Doppelbilder" entstehen, zieht dies eine entsprechende Korrektur der Stellung der beiden Sehachsen zueinander nach sich (vgl. BAUMGARTNER 1978).

Es ist daher nicht verwunderlich, daß der Zeitbedarf für Vergenzen eine ähnliche Größenordnung aufweist wie der für Pupilleneinstellung und Akkommodation. Nach RASHBASS/ WESTHEIMER (1961, 343) dauert es ca. 1 s, bis nach plötzlicher Verlagerung eines Objekts um 2° bezüglich der Sehachsen die neue Vergenzstellung erreicht ist (Reaktionszeit ca. 0.16 s, Bewegungszeit ca. 0.80 s). BAHILL/STARK (1979) nennen geringere Werte für die Dauer der Bewegung. Sie geben einen Zeitaufwand von ca. 0.50 s für eine Konvergenz um 10° an.

Sportbezogene Untersuchungen zu akkommodativen Vergenzen sind nicht bekannt. Es ist aber davon auszugehen, daß die sportspezifischen Anforderungen an das Ausmaß maximaler Konvergenzen im allgemeinen keine Überforderung des visuellen Systems mit sich bringen. Im Gegensatz dazu sind - wie bei der Adaptation und Akkommodation - wegen des relativ hohen Zeitbedarfs für Vergenzen beispielsweise in den Sportspielen Beeinträchtigungen bei der visuellen Informationsaufnahme durchaus denkbar.

2.3.4. Augenbewegungen

Das Erkennen von Einzelheiten ist aufgrund der schnell abfallenden Sehschärfe zur Netzhautperipherie hin nur in einem sehr eng umgrenzten, zentralen retinalen Bereich möglich: in der Fovea (vgl. hierzu die Abschnitte 2.1.1. und 2.1.2.). Es ist die Hauptfunktion der elementaren gleichsinnigen Augenbewegungen, der **Sakkaden** und der **Augenfolgebewegungen**, das Bild eines Objekts in Verbindung mit Kopf- und Körperbewegungen in diesen schärfsten Sehbereich zu rücken bzw. dort zu halten. Auf die gegensinnig ablaufenden **Vergenzen** wurde bereits im vorigen Abschnitt im Zusammenhang mit der Regulation der Bildeinstellung eingegangen.

Während einer Fixationsphase treten die seit langer Zeit bekannten **Mikrobewegungen** des Auges auf Sie wirken der Entstehung eines exakt stationären Bildes auf der Netzhaut entgegen und verhindern dadurch das Absinken und Erlöschen der Sehfähigkeit des Auges (DITCHBURN/GINSBORG 1952; 1953; RIGGS u.a. 1953; 1954; YARBUS 1967, 59ff).

Bei der Besprechung der auch als "Blickversionen" bezeichneten beiden gleichsinnigen Augenbewegungen (TRINCKER

1977) stehen v.a. die Leistungsfähigkeit der Blickmotorik hinsichtlich der Genauigkeit der Einstellvorgänge und deren Zeitbedarf sowie die mit den Augenbewegungen möglicherweise verbundenen Einschränkungen der Informationsaufnahme im Vordergrund.[1]

2.3.4.1. Sakkaden

Die **Sakkaden** sind schnelle, ruckartige Augensprünge, mit denen der Blick von einem Fixationsort zum anderen verlagert wird. Sie sind die einzigen objektunabhängigen willkürlich auslösbaren Augenbewegungen zur Fovealisierung eines Objekts. Unter natürlichen Umständen beträgt die Amplitude von Sakkaden nicht mehr als 15° bis 20°. Größere Verlagerungen des Fixationsortes setzen sich fast immer aus zwei oder mehr Sakkaden zusammen (PRABLANC u.a. 1978) und werden oft von einer entsprechenden Kopfbewegung begleitet (YARBUS 1967, 130). Als untere Grenze für die Sakkadenamplitude werden 2' bis 5' angegeben (DITCHBURN/FOLEY-FISHER 1967; ANDREJEVA u.a. 1974).

Die **Winkelgeschwindigkeit** einer Sakkade ist abhängig von der Sakkadenamplitude (vgl. Abb. 18). Sie kann bei großem Abstand des Fixationsziels von der Fovea (großer retinaler Exzentrizität) Maximalwerte von mehr als 600°/s erreichen. Allerdings schwanken die diesbezüglichen Angaben in der Literatur beträchtlich, was z.T. auf unterschiedliche Sakkadenamplituden in den zugrundeliegenden Untersuchungen zurückzuführen ist (vgl. die Anmerkungen in Tab. 5.).

---

[1] Umfassende Zusammenstellungen zu Mechanismus und Kontrolle der Augenbewegungen finden sich in zahlreichen Monographien und Sammelwerken, z.B. bei YARBUS (1967), HABER (1968), BACH-Y-RITA u.a. (1971), DITCHBURN (1973), MONTY/SENDERS (1976), GAUER u.a. (1978), O'REGAN/LEVY-SCHOEN (1987). Vgl. auch die jüngeren, sportbezogenen Übersichtsdarstellungen bei TIDOW (1983), MESTER (1985).

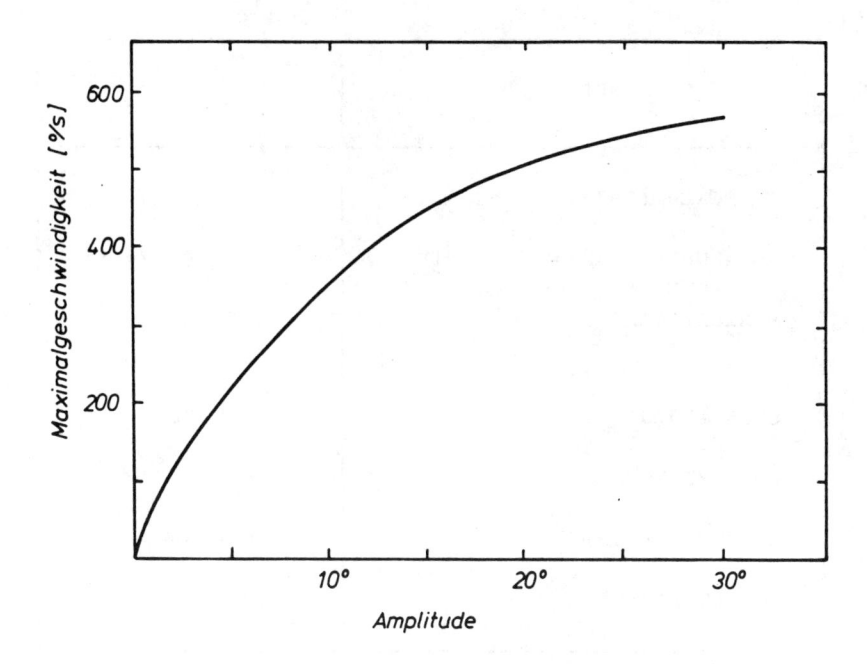

Abb. 18: Abhängigkeit der Winkelgeschwindigkeit von der Amplitude sakkadischer Augenbewegungen (nach MOSES 1970, 210).

In den erreichten Sakkadengeschwindigkeiten treten erhebliche interindividuelle Unterschiede auf (vgl. hierzu WÜRTEMBERGER/GEBERT 1980). Diese Tatsache interpretiert TIDOW (1983, 126) dahingehend, daß es tatsächlich das 'schnelle' bzw. das 'langsame' Auge gibt", wobei aber bisher ungeklärt ist, ob diese Leistungsunterschiede in erster Linie durch genetische Faktoren oder als "Trainingseffekte" zu erklären sind.

Nach der gängigen Lehrmeinung sind die **Dauer** einer Sakkade (je nach Amplitude zwischen 0.01 s und 0.08 s) und ihr **Verlauf** nicht willentlich beeinflußbar (vgl. YARBUS 1967, 130ff). Dies steht nicht im Widerspruch zu den Ergebnissen von WILLIAMS/HELFRICH (1977), nach denen die "sakkadische Augenbewegungsgeschwindigkeit" trainierbar ist. Die Aufgabenstellung bei WILLIAMS/HELFRICH bestand darin, möglichst schnell zwischen zwei Punkten (10.16 cm Abstand voneinan-

Autor	V_{max}
TRINCKER (1977)	450°/s
KORNHUBER (1978)	600°/s
BAHILL/STARK (1979)	420-520°/s [1]
	222-263°/s [2]
SYKA (1979)	800°/s
WÜRTEMBERGER/GEBERT (1980)	400-550°/s [3]
GRÜSSER (1985)	200-600°/s [4]
GOURAS (1985)	600-700°/s

Tab. 5: Literaturangaben zur Winkelgeschwindigkeit von Sakkaden (mod. nach TIDOW 1983, 125).
1) Höchstgeschwindigkeit bei 10°-Amplitude,
2) mittlere Geschwindigkeit bei 10°-Amplitude,
3) mittlere Geschwindigkeit bei 40°-Amplitude,
4) mittlere Geschwindigkeit je nach Amplitude.

der, Abstand zu den Augen 30.48 cm) hin- und herzublicken. Vermutlich wurde hierbei weniger die Bewegungsgeschwindigkeit der Augen während der Sakkaden gesteigert als vielmehr die Auslösegeschwindigkeit durch Verkürzung der Latenzzeit zwischen den Sakkaden.

Die **Latenzzeit** vom Auftauchen eines visuellen Reizes bis zum Beginn der Sakkade beträgt mindestens 200-250 ms (vgl. BECKER/FUCHS 1969; YOUNG/SHEENA 1975a; FUCHS 1976; KORNHUBER 1978). Dies gilt aber uneingeschränkt nur, wenn die Lage des Reizes im Gesichtsfeld vorher unbekannt ist und folglich vor der Programmierung der Sakkade über einen Wahrnehmungsprozeß der Zielort erst noch "gesucht" und lokalisiert werden muß. In diesem Fall besteht möglicherweise eine (nichtlineare) Abhängigkeit der Latenzzeit von der retinalen Exzentrizität des Fixationsziels, die sich ab einer Zielentfernung von ca. 10° latenzverlängernd auswirkt (VIVIANI/SWENSSON 1982; vgl. Abb. 19; s. auch BARTZ 1962).

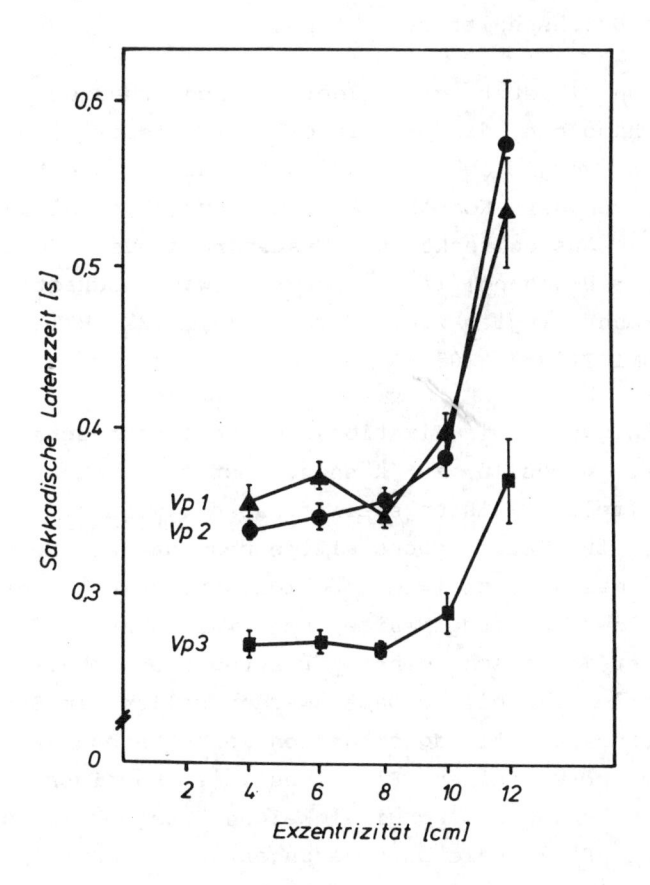

Abb. 19: Zusammenhang von sakkadischer Latenzzeit und retinaler Exzentrizität des Fixationsziels (mod. nach VIVIANI/SWENSSON 1982, 117).

1 cm entspricht ca. 1.1° Sehwinkel der Vpn (n=3).

Eine höhere Anzahl möglicher Fixationsziele führt ebenfalls zu einer Erhöhung der Latenzzeit (BARTZ 1962; HEYWOOD/CHURCHER 1980; VIVIANI/SWENSSON 1982; s. auch

Abb. 20). Ist jedoch die Lage des Fixationsziels bekannt und sein Auftauchen kann antizipiert werden, so sind die erzielten sakkadischen Latenzzeiten deutlich niedriger: bei DRISCHEL (1965) zwischen 130 ms und 210 ms, bei BECKER (1972) reduziert bis auf ca. 80 ms, bei WÜRTEMBERGER/GEBERT (1980) im Durchschnitt ca. 140 ms.

Bei den zuletzt geschilderten Sachverhalten handelt es sich um Phänomene, die prinzipiell mit (sport-)motorischen Reaktionen vergleichbar sind. Die Abhängigkeit der Reaktionszeit von der Komplexität der Aufgabenstellung (Einfach- vs. Auswahlreaktion, Tastendruck vs. Reaktion mit sportlicher Bewegung) ist in der Sportwissenschaft hinlänglich bekannt (vgl. z.B. FETZ 1980, 227; RITZDORF 1982, 65ff; SCHMIDT 1982, 105ff).

Die Fähigkeit, ein Fixationsziel möglichst schnell aufsuchen bzw. wechseln zu können, ist für viele Bereiche im Sport zweifellos leistungsbeeinflussend, wenn z.B. die Information für eine rechtzeitige und adäquate Reaktion des Sportspielers so früh wie möglich extrahiert werden muß oder bei der Bewegungsbeurteilung zwei kurz aufeinanderfolgende, aber in verschiedenen Körperregionen lokalisierte Bewegungsteile visuell erfaßt werden sollen. Im Sport kommt im Vergleich zur Alltagssituation erschwerend hinzu, daß sich die potentiellen Fixationsziele häufig sehr schnell und mit wechselnden Geschwindigkeiten bewegen. Dies erhöht in vielen Fällen die Anforderungen an die Antizipation der voraussichtlichen Lage des Fixationsziels zum Zeitpunkt der Sakkade, läßt aber gleichzeitig eine stärkere Erfahrungsabhängigkeit und damit Trainierbarkeit der Fähigkeit eines "schnellen Blicks" erwarten.

Für die Trainierbarkeit der sakkadischen Augenbewegungen in Form einer Verbesserung der Latenzzeit sprechen die Befunde von WILLIAMS/HELFRICH (1977) und HEYWOOD/CHURCHER (1980).

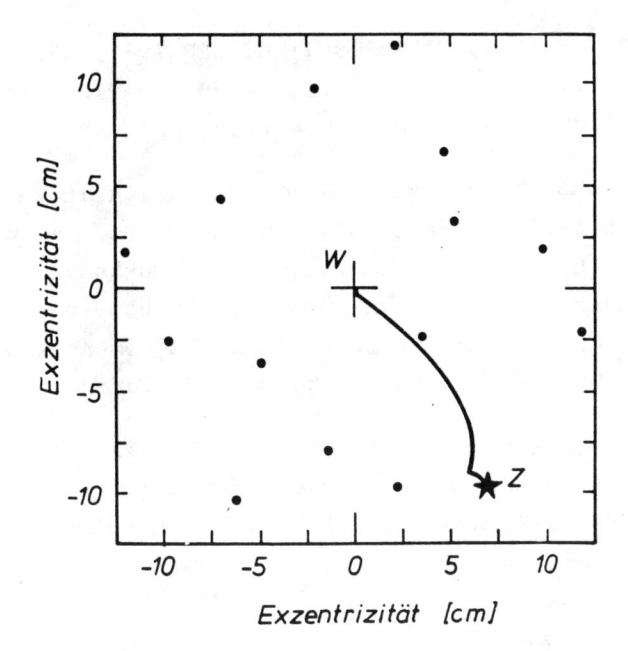

Abb. 20: Versuchsanordnung von VIVIANI/SWENSSON (1982) zur Untersuchung der Treffgenauigkeit von Sakkaden. Ein als Stern hervorgehobener Zielpunkt (Z) war nach seinem Auftauchen von der zentralen Warteposition (W) aus schnellstmöglich mit einem Blicksprung zu treffen. Die Abb. zeigt eine Initialsakkade mit anschließender Korrektursakkade.

1 cm entspricht ca. 1.1° Sehwinkel der Vpn.

Zur **Genauigkeit**, mit der sakkadische Augenbewegungen ein Fixationsziel treffen, gibt es widersprüchliche Aussagen. Bereits YARBUS (1967, 143) vermerkt nur unwesentliche Ungenauigkeiten beim Sprungverhalten des Auges, und DITCHBURN (1973, 81f) führt das beobachtete "overshooting" von Sakkaden vorwiegend auf methodische Unzulänglichkeiten der Registrierverfahren zurück, v.a. auf Trägheitsmomente. Von der Tendenz, daß Sakkaden periphere Ziele im allgemeinen nicht auf Anhieb treffen, sondern erst nach einem oder mehreren korrigierenden Blicksprüngen, wird allerdings an vielen Stellen in der Literatur berichtet (vgl. z.B. SÜNDERHAUF

1960; VOSSIUS 1960; BARTZ 1967; BECKER 1972; TRINCKER 1977; KORNHUBER 1978; PRABLANC u.a. 1978; BAHILL/STARK 1979; REMINGTON 1980; VIVIANI/SWENSSON 1982; vgl. Abb. 20).

Es ist anzunehmen, daß die Treffgenauigkeit der Sakkaden tatsächlich nicht perfekt ist, denn zum einen wurden nicht bei jedem Blicksprung korrigierende Sakkaden registriert und zum anderen stellte man sowohl überschießende als auch unterschießende Sakkaden fest. Diese Phänomene sind mit methodischen Unzulänglichkeiten kaum zu erklären.

Während bei kleineren Amplituden (bis ca. 10°) eher zu weite Sakkaden auftreten, geraten größere Sakkaden meist zu kurz (BECKER 1972; KORNHUBER 1978). Zur **Fehlergröße** von Sak-

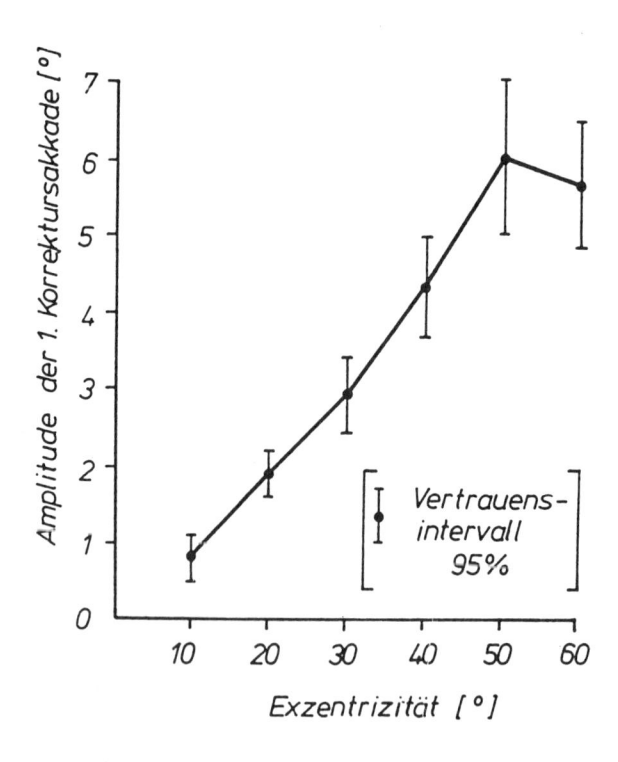

Abb. 21: Zusammenhang von Exzentrizität des Fixationsziels und Amplitude der 1. Korrektursakkade (nach BECKER 1972, 236).

kaden, die in diesem Zusammenhang von besonderem Interesse ist, gibt es vergleichsweise wenige konkrete Zahlenangaben.

Dies hängt damit zusammen, daß die Zielabweichung eines Blicksprungs von seiner Amplitude abhängig ist (vgl. Abb. 21) und daß außerdem die Fehlergröße von Sakkaden starken intra- und interindividuellen Schwankungen unterliegt.

Abb. 22 zeigt die von VIVIANI/SWENSSON (1982) gefundenen relativen Häufigkeiten für unterschiedlich große Korrektursakkaden bei zwei Gruppen von Fixationszielen mit kleinerer bzw. größerer Exzentrizität (vgl. hierzu auch Abb. 20).

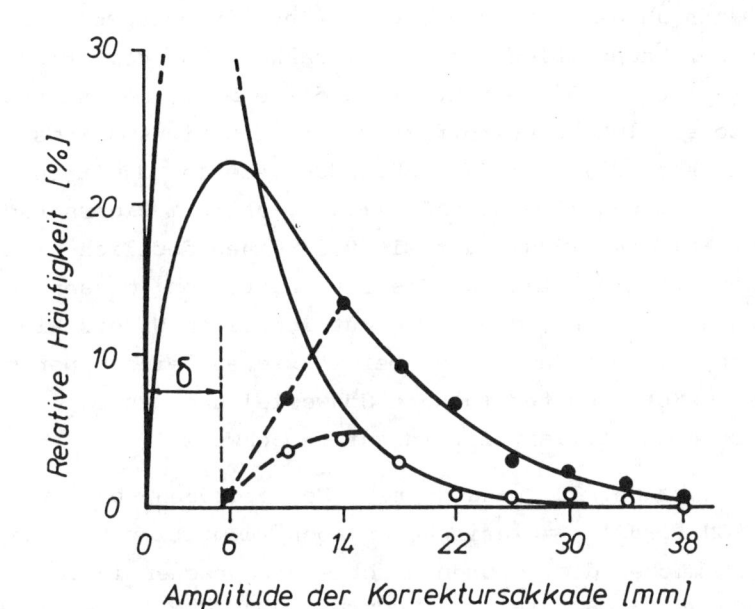

Abb. 22: Relative Häufigkeit von korrigierenden Sakkaden unterschiedlicher Amplitude bei verschiedener Exzentrizität der Fixationsziele (mod. nach VIVIANI/ SWENSSON 1982, 120).

  o : innere Ziele (3.8 cm, 5.9 cm, 7.75 cm),
  ● : äußere Ziele (9.8 cm, 11.7 cm) (vgl. Abb. 20),
  δ : minimaler Zielfehler, ab dem eine Korrektursakkade ausgelöst wird.
1 cm entspricht ca. 1.1° Sehwinkel der Vpn.

Die Häufigkeit einer Zielverfehlung mit der Initialsakkade steigt mit größerer Exzentrizität des Fixationsziels. Gleichzeitig nimmt das Ausmaß der Zielverfehlung zu (s. auch Abb. 21).

Den Grund für diesen Sachverhalt vermuten PRABLANC u.a. (1978) primär im Aufbau der Netzhaut mit der Struktur der retinalen Felder. In Foveanähe reicht das räumliche Auflösungsvermögen für eine hinreichend genaue Ermittlung des Fixationsziels noch eher aus, als dies mit abnehmender Sehschärfe zur Netzhautperipherie hin der Fall ist.

VIVIANI/SWENSSON (1982) betonen, daß Korrektursakkaden nur dann ausgelöst werden, wenn eine Mindestabweichung zwischen der Endposition der Initialsakkade und dem Fixationsziel von ca. 0.5° besteht. Wird diese Schwelle unterschritten, so erfolgt keine Korrektur des Fixationspunktes (vgl. hierzu Abb. 22). VIVIANI/SWENSSON stehen damit in grober Übereinstimmung mit RASHBASS (1961), aber im Widerspruch zu WYMAN/STEINMAN (1973), die mit 0.3° einen deutlich niedrigeren Schwellenwert fanden. Sie interpretieren diesen Widerspruch dahingehend, daß es vermutlich einen Unterschied darin gibt, was ein Individuum beim Fixieren eines peripheren Ziels **gewöhnlich tut** (höhere Schwelle) und was es **tun kann**, wenn es hochmotiviert ist (niedrige Schwelle).

Die aus Abb. 22 schätzbaren Fehlergrößen bei VIVIANI/ SWENSSON (1982) - numerische Angaben zu mittleren Zielabweichungen machen die Autoren nicht - entsprechen in ihrer Größenordnung grob dem von BECKER (1972) mit 10% angegebenen "Sakkadenfehler" (vgl. Abb. 21) sowie den von KORNHUDER (1978) genannten 5-15% der Amplitude der Initialsakkade. BAHILL/STARK (1979) nennen einen mittleren Fehler von 0.25° (2.5%) bei einer Sakkadenamplitude von 10°. Da unter natürlichen Bedingungen selten einzelne Sakkaden mit einer Amplitude von mehr als 15° bis 20° vorkommen, kann nach den obigen Angaben im allgemeinen von einem Fehler in der Sakkadengenauigkeit von maximal 1° bis 2° ausgegangen werden.

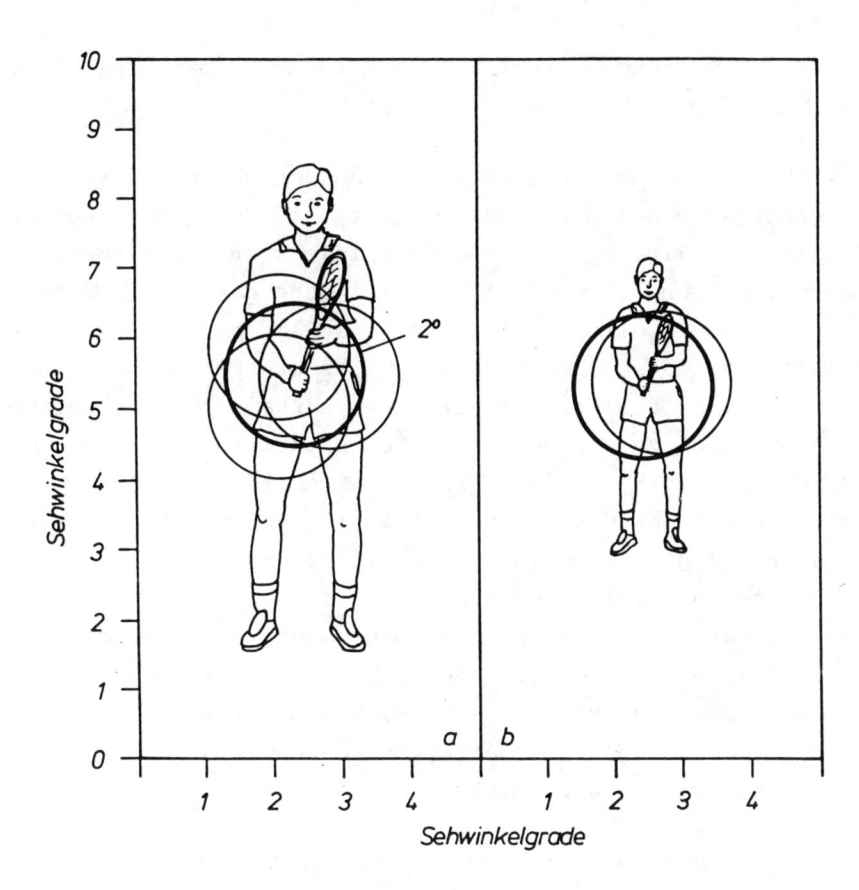

Abb. 23: Auswirkung der Sakkadenungenauigkeit auf die Lage des schärfsten Sehbereichs bei der Fixation der Schlaghand eines Tennisspielers.

    a: Situation "Netzvolley"; Entfernung: ca. 14 m; angenommener Sakkadenfehler: 0.5°;
    b: Situation "Grundlinienspiel"; Entfernung: ca. 24 m; angenommener Sakkadenfehler: 0.3°.

Überträgt man diesen geschätzten Sakkadenfehler auf die Sportpraxis, ergeben sich beispielsweise folgende Situationen:

Die verwendete Griffhaltung bei einem Vorhandschlag im Tennis erlaubt - in Verbindung mit der Aushol- und Vorschwungbewegung - Rückschlüsse auf die vermutliche Schlagart. Die Information zur Griffhaltung kann über die Fixation der Schlaghand gewonnen werden.

Abb. 23 veranschaulicht die Ausdehnung der Fovea (ca. 2°) übertragen auf die Größenverhältnisse bei der Beobachtung eines 1.80 m großen Gegenspielers in den Situationen "Netzvolley" und "Grundlinienspiel". Geht man beim Netzvolley z.B. bei einer Verlagerung des Blicks vom Gesicht des Spielers auf dessen Schlaghand von einer Sakkadenamplitude von 3° bis 4° aus, so ist mit einem sakkadischen Fehler von höchstens 0.5° zu rechnen. Auch bei diesem Fehler würde die Schlaghand stets in der Fovea abgebildet (s. Abb. 23a). Nimmt man für das Grundlinienspiel eine entsprechende Sakkade an und legt einen Fehler von 0.3° zugrunde, so liegt bei den gegebenen Abbildungsverhältnissen die Schlaghand mit noch größerer Sicherheit im Bereich des schärfsten Sehens (Abb. 23b). Allerdings erhöhen sich andererseits die Anforderungen an den Visus des beobachtenden Spielers. Er wird die Griffhaltung nur dann erkennen können, wenn sein Visus mindestens 0.6 bis 0.8 beträgt.

Die mögliche Ungenauigkeit einer Sakkade stellt im obigen Beispiel also keinen leistungsbeeinflussenden Faktor dar. Es ist allerdings schon jetzt darauf hinzuweisen, daß sich das Beispiel auf die Annahme statischer Bedingungen stützt. Befindet sich dagegen der Schlagarm bereits in der Aushol- oder gar in der Schlagphase, dürfte die Schlaghand sehr viel schwieriger und nur unter Beteiligung von Antizipationsprozessen präzise mit einer Sakkade zu treffen sein (vgl. auch S. 90).

Ein weiteres Beispiel zu den Anforderungen an die Treffgenauigkeit von Blicksprüngen gibt TIDOW (1983, 120f). Es bezieht sich auf die Beurteilung von Kugelstößen aus einer Entfernung von ca. 10 m und legt den von BAHILL/STARK (1979) angegebenen mittleren Sakkadenfehler von 2.5% zugrunde (vgl. S. 94). Bei einer theoretisch maximalen Sakkadenamplitude von 12° bei einer Blickverlagerung vom Fuß auf die Stoßhand beim Ausstoß würde ein hypothetischer Sakkadenfehler von ca. 0.3° auftreten. TIDOW (1983, 120) folgert hieraus:

> "Wird einmal unterstellt, daß die Kugel selbst beim Verlassen der Stoßhand fixiert werden soll, so weist diese bei einem Durchmesser von 11 cm ... einen Sehwinkel von ca. 0.6° auf. Die in vertikaler Richtung verlaufende Überschuß- oder Unterschußsakkade würde demzufolge noch 50% des Kugeldurchmessers 'zentral' erfassen. Auch der verbleibende Flächenanteil des Geräts verbliebe im fovealen Bereich.
>
> Somit hätte die unterstellte Fehlergröße keinen Einfluß auf die geforderte Wahrnehmungsleistung, die ja nicht darin besteht, etwa eine Farbmarkierung oder einen Prägestempel auf der Kugel zu erkennen."

Auch unter der Voraussetzung, daß der von BAHILL/STARK (1979) genannte durchschnittliche Fehlerwert bei einzelnen Sakkaden erheblich größer sein kann, wäre deren Treffgenauigkeit vermutlich ausreichend, um die Stoßhand für eine Bewegungsbeurteilung noch genügend scharf zu sehen. Aber auch bei diesem Beispiel ist hervorzuheben, daß es auf der Annahme statischer Bedingungen beruht. Bei der realen Bewegungsausführung erreicht die Hand beim Ausstoß eine relativ hohe Winkelgeschwindigkeit (bei einem 8.50 m-Stoß, seitlicher Beobachterposition und 10 m Beobachtungsentfernung immerhin ca. 47.7°/s; vgl. TIDOW 1983, 128). Außerdem befindet sich die Hand zum Zeitpunkt der Sakkadenprogrammierung an einer anderen Stelle im Gesichtsfeld als dann, wenn die Sakkade "ankommt", um die Hand zu erfassen. Ohne eine Antizipation der Handbewegung wäre hier vermutlich kein genaues "Treffen" der Hand möglich.

In diesem Zusammenhang bekommt der **Zeitaufwand** für korrigierende Sakkaden erhebliche Bedeutung. Zunächst ist in diesem Kontext auf eine Unklarheit aufmerksam zu machen, die in der Literatur erkennbar ist.

Einerseits geht man davon aus, daß Sakkaden einen "ballistischen Charakter" besitzen und nach der Impulsgebung Richtung und Amplitude nicht mehr beeinflußbar sind (TRINCKER 1977). Dabei gibt es offenbar für jede Sakkade eine "Zweischrittstrategie" (KORNHUBER 1978), bei der zuerst die Bewegungsrichtung und danach erst die notwendige Amplitude programmiert wird.

Andererseits gibt es aber Anhaltspunkte dafür, daß Sakkaden kurzzeitig abgebremst und sogar gestoppt werden können, bevor sie das anvisierte Ziel schließlich erreichen (BECKER/FUCHS 1969; KELLER 1977; VIVIANI/BERTHOZ 1977; VIVIANI/SWENSSON 1982).

Aus ihren Untersuchungen schließen BAHILL/STARK (1979), daß die sakkadische Augenbewegung selbst ebenfalls über zwei getrennte Programmierungs- bzw. Innervierungsvorgänge zustande kommt. Die Sakkade beginnt durch die hochfrequente Entladung der für den Agonisten zuständigen Motoneurone (nach GOURAS 1985 100-600 Hertz; nach FUCHS 1976 bis zu 800 Hertz). Für den Zeitraum dieser Entladung bekommt der Antagonist vorübergehend überhaupt keine Signale. Nach Absinken der Impulsfrequenz im Agonisten auf einem gegenüber dem Ausgangszustand leicht erhöhten Wert wird der Antagonist (niedrigerfrequent) innerviert, um das Auge auf der neuen Position festzuhalten. Diese Aussage über die Aktivierung des Antagonisten steht nicht in Übereinstimmung mit anderen Angaben in der Literatur, nach denen dieser keine Aktivität aufweist, bis das Auge "gelandet" ist (FUCHS 1976, 45).

Eine Beteiligung des Antagonisten am Abbremsen der Augenbewegung über einen Anschlußimpuls an die Agonistenaktivierung würde die o.a. Befunde zur Beeinflußbarkeit des Sakkadenverlaufs verständlicher machen. Möglicherweise kann die zeitlich nachfolgende Neuronentätigkeit für die Kontraktion des Antagonisten noch kurzfristig umprogrammiert werden, während der Agonist seine neuronalen Impulse schon erhält oder erhalten hat.

Der zeitliche Abstand zwischen der Initialsakkade und der Korrektursakkade ist vermutlich abhängig von der Ursache des Sakkadenfehlers sowie von seinem Ausmaß und dem Zeitpunkt, wann er festgestellt wird.

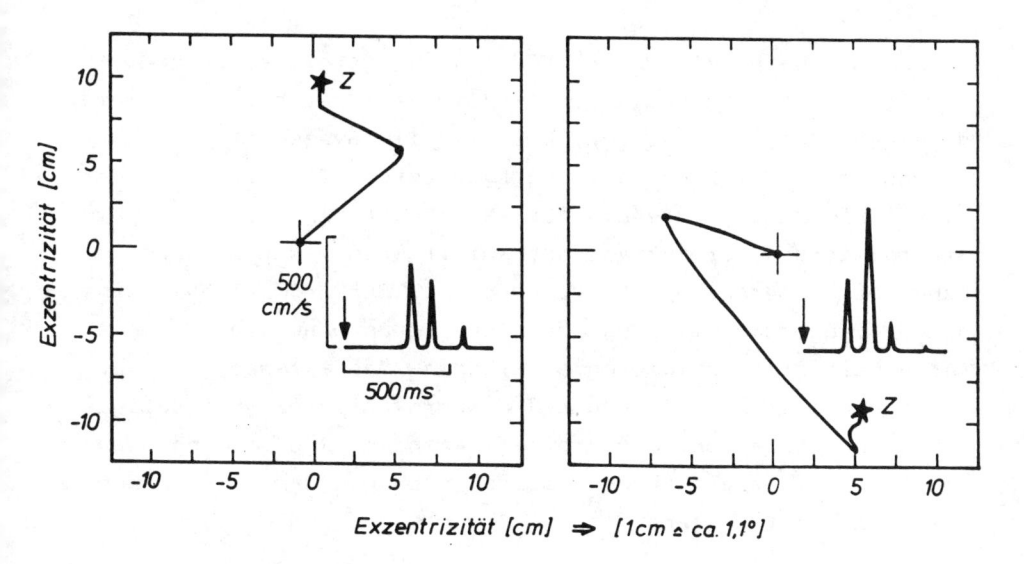

Abb. 24: Beispiele zum Sakkadenverlauf bei falsch ausgewähltem Fixationsziel (mod. nach VIVIANI/SWENSSON 1982, 122).

Die eingezeichneten Graphen veranschaulichen die Winkelgeschwindigkeit der Augenbewegungen bezogen auf den Zeitpunkt der Darbietung (↓) des Zielorts (Z) und lassen so auch die Latenzzeiten zwischen den Augenbewegungen erkennen.

Ähnlich wie bei zweiteiligen Blickzielbewegungen, die bei großen Amplituden vorkommen (KORNHUBER 1978, 348f), gibt es offensichtlich auch überlappende Programmierungen von Initial- und Korrektursakkaden (BAHILL/STARK 1979; BECKER/JÜRGENS 1979; VIVIANI/SWENSSON 1982). Das geschieht wahrscheinlich immer dann, wenn die Initialsakkade bereits während ihrer Ausführung als fehlerhaft programmiert erkannt werden kann. In diesem Fall kann sich die nachfolgende Sakkade, die den Blick ins Ziel bringt, bereits nach einer sehr kurzen Zeitspanne anschließen. VIVIANI/SWENSSON (1982) nennen für falsch ausgewählte, d.h. irrtümlich diskriminierte Fixationsziele (vgl. Abb. 24) einen Zeitraum von 5 ms (!) bis 80 ms bis zur Korrektur, BAHILL/STARK (1979) geben 20 ms an.

Damit scheint die von BECKER (1979) gestellte Frage, ob korrigierende Sakkaden ausschließlich auf retinaler Rückmeldung basieren, beantwortet. Das visuelle System kann wahrscheinlich aufgrund der fortgesetzten Verarbeitung der (Vor-)Information, die aus der Netzhautperipherie für die Programmierung der Sakkade extrahiert wurde, unter Einbeziehung der "Efferenzkopie" (v. HOLST/MITTELSTAEDT 1950) eine grobe Fehlprogrammierung "erkennen" und ohne die "normale" Latenzzeit die korrigierende Sakkade "veranlassen". D.h., im geschilderten Fall beruht die Korrektur nicht auf retinaler Rückinformation. Gegen eine retinale Rückmeldung **während** der Initialsakkade spricht auch die sakkadische Suppression (s. S. 104ff).

BAHILL/STARK (1979) unterscheiden in diesem Zusammenhang zwei Arten von Korrekturmechanismen für Überschußsakkaden: "dynamische" und "gleitende". Die "dynamischen" Korrekturen zeichnen sich dadurch aus, daß das Auge schon nach 20 ms - mit einer Winkelgeschwindigkeit bis zu 60°/s - in seine eigentlich beabsichtigte Position gebracht wird. Bei "gleitenden" Korrekturen beginnt die anschließende Sakkade ("Glissade") zwar auch sehr früh nach Beendigung der Initialsakkade, sie verläuft aber langsam - mit höchstens 5°/s - und kann bis zu 200 ms dauern.

Die Ursache für diese Unterschiede im Korrekturverhalten vermuten BAHILL/STARK (1979) darin, daß entweder die neuronalen Impulse für das Auslösen der Sakkade oder aber auch die Anschlußimpulse für das Festhalten des Auges auf der Zielposition fehlerhaft sein können, evtl. auch beides.

Eine andere Art von Korrektursakkade tritt auf, wenn der Fehler erst nach Abschluß der einleitenden Sakkade "entdeckt" wird und/oder genauer bestimmt werden kann. In der Terminologie von BAHILL/STARK (1979) ausgedrückt, handelt es sich hierbei um eine "statische" Überschußsakkade. Bei dieser Korrektur eines sakkadischen Fehlers ist eine erneute Bestimmung der Lage des Fixationsziels über retinale Informationsaufnahme erforderlich. Dies führt zu deutlich längeren Latenzen. Die entsprechenden Zeitangaben in der Literatur schwanken zwischen 130 ms und 250 ms (vgl. Tab. 6).

Es ist anzunehmen, daß die Latenzzeit für "statische" Korrektursakkaden von der Größe des Sakkadenfehlers mit bestimmt wird (BECKER/FUCHS 1969; BECKER 1972). Da es sich bei der Korrektur von Sakkadenfehlern nur um verhältnismä-

Autor	Latenzzeit	Exzentrizität
BECKER/FUCHS (1969)	ca. 130ms bei Fehler <10%; sonst ca. 250ms	40°
BECKER (1972)	130-200ms	10-40°
TRINCKER (1977)	80-250ms[1]	-
BAHILL/STARK (1979)	150-200ms	10°
VIVIANI/SWENSSON (1982)	130-150ms	≤ ca. 13°
GOURAS (1985)	ca. 200ms[1]	-

Tab. 6: Literaturangaben zur Latenzzeit bei "statischen" Über- oder Unterschußsakkaden.
    1) Ohne Unterscheidung verschiedener Formen des Sakkadenfehlers.

ßig geringe Abweichungen vom Fixationsziel handelt, besteht hier offenbar ein anderer Zusammenhang zwischen Latenzzeit und Exzentrizität als bei der (größeren) Initialsakkade. Nach BECKER (1972, 238) scheint das visuelle System bei einem Fehler der Initialsakkade von weniger als $2°$ eine Korrektur als nicht so dringend zu erachten, weil das Fixationsziel auf der Netzhaut eine Lage hat, in der die Sehschärfe schon 50% des Maximalwerts erreicht hat. Deshalb "erarbeitet" es die Korrektur mit einer längeren Latenz als bei größeren Fehlern. Ab ca. $3°$ Abweichung vom Fixationsziel erreicht die mittlere Latenzzeit für eine Korrektursakkade dann einen konstanten Wert von ca. 130 ms (vgl. hierzu Abb. 25).

Als Grund für die im Vergleich zur Initialsakkade verringerte Latenzzeit der Korrektursakkade(n) nehmen BECKER /

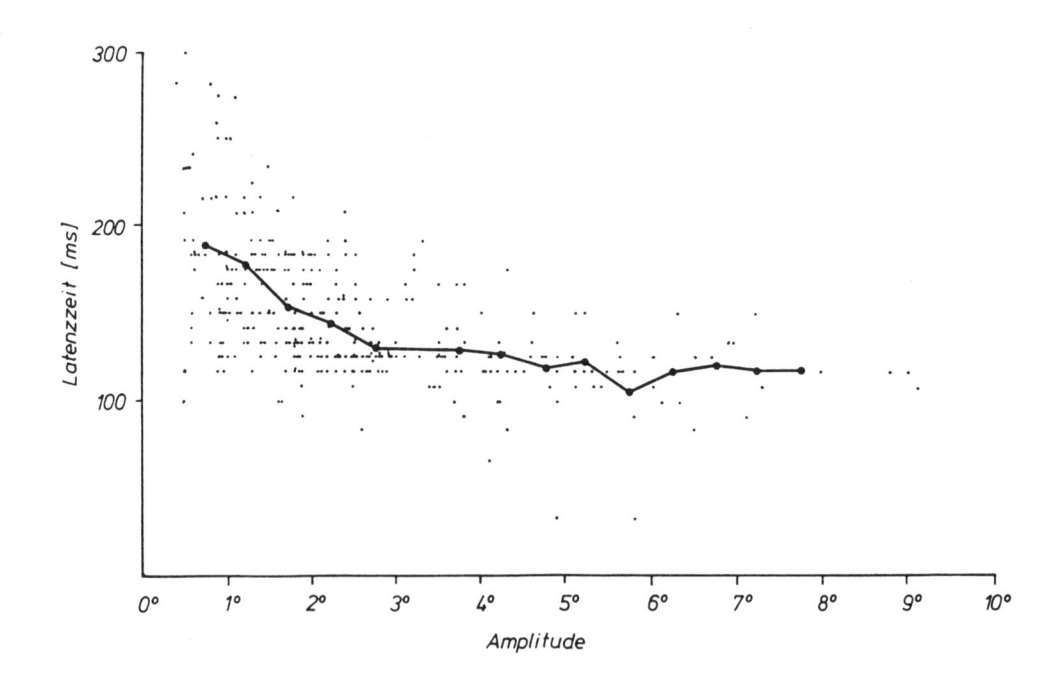

Abb. 25: Zusammenhang von Latenzzeit und Amplitude der 1. Korrektursakkade (mod. nach BECKER 1972, 236).

FUCHS (1969) eine Vorbereitung der Korrektur schon bei der Programmierung der Initialsakkade im Sinne eines Bereitmachens oder Vorwarnens der zuständigen neuronalen Zentren an. Sie bezeichnen diesen Prozeß auch als Bildung eines groben Vorprogramms (preprogram) im Verbund mit der Initialsakkade (vgl. auch BECKER 1972). Wenngleich die verschiedenen Formen von Sakkadenfehlern z.T. beträchtliche Unterschiede im benötigten Zeitaufwand für ihre Korrektur aufweisen, so bedeuten sie - unabhängig von der im Einzelfall benötigten Zeit - doch immer eine Verzögerung, bis der Blick das anvisierte Ziel erreicht. Bei "gleitenden" und "statischen" Überschuß- oder Unterschußsakkaden (BAHILL/STARK 1979) kann dieser Zeitverlust 150-250 ms betragen. Dies ist bei statischen Wahrnehmungsgegenständen - die allen o.a. Untersuchungsergebnissen zugrunde liegen - kein gravierender Nachteil. Bei der Beobachtung sportlicher Bewegungsabläufe kann die Zeitverzögerung jedoch zu einer starken Beeinträchtigung der visuellen Informationsaufnahme führen. Das Problem liegt hierbei aber nicht grundsätzlich in der möglicherweise (kurzzeitig) reduzierten Sehschärfe bezüglich des Fixationsziels (s. hierzu Abb. 23, S. 95). Auch bei einem Sakkadenfehler von 2-3° würde die Sehschärfe für viele sportliche Aufgabenstellungen ausreichen, z.B. für das Erkennen der Weite einer Ausholbewegung oder der Bewegungsrichtung.

Die Beeinträchtigung der Informationsaufnahme ergibt sich beim Auslösen einer Korrektursakkade durch die zeitliche Verzögerung, bis der Blick die anvisierten Raumkoordinaten erreicht. Sie bedeutet nämlich, daß z.B. ein Körperteil (Wurfhand, Fuß etc.) nicht zum vorgesehenen Zeitpunkt am geplanten Ort mit dem Blick erfaßt werden kann, um ihm eventuell dann mit einer gleitenden Augenbewegung (vgl. S.109ff) zu folgen. Es ist denkbar, daß in einem solchen Fall zusätzlich eine oder mehrere korrigierende Sakkaden auftreten, um das ursprüngliche Ziel zu erfassen. Ein solches Fixationsverhalten würde wegen der sakkadischen Suppression eine weitere massive Verschlechterung der Informationsaufnahme nach sich ziehen, wie die nachfolgenden Ausführungen verdeutlichen. Sportbezogene Untersuchungen zu dieser speziellen Fragestellung sind nicht bekannt.

Wegen der genannten Latenzen können durchschnittlich nur 2 bis 4, maximal 5 Sakkaden pro Sekunde ausgelöst werden (vgl. YARBUS 1967, 196; HUZINKER 1970, 165; GAARDER 1975, 46; WILLIAMS/HELFRICH 1977, 602). Es ist denkbar, daß es für die Bewegungsbeobachtung günstig wäre, die Informationsaufnahme durch möglichst viele Sakkaden zu optimieren.

Ein solches Bestreben ist jedoch nicht sinnvoll, denn an dieser Stelle erweist sich die **Informationsaufnahme während einer Sakkade** als eine gravierende "Schwäche" des visuellen Systems. Man muß genauer sagen: die Reduktion der Informationsaufnahme **durch** eine Sakkade, nicht nur **während** einer Sakkade. Bereits ca. 35-85 ms **vor** der sakkadischen Augenbewegung selbst beginnt die visuelle Wahrnehmungsfähigkeit stark abzufallen. Während des Blicksprungs ist sie fast auf den Wert "Null" reduziert. Nach Ende der Sakkade steigt die Wahrnehmungsfähigkeit, bezogen auf die präsakkadische Verminderung, langsamer an und erreicht erst nach 150-200 ms wieder den Ausgangswert (VOLKMANN 1976; vgl. Abb. 26).

Trotz einiger Schwankungen in den Literaturangaben zu den Suppressionszeiten - insbesondere die postsakkadische Suppression wird an verschiedenen Stellen kürzer eingeschätzt (vgl. z.B. REMINGTON 1980; s. auch die diesbezügliche Übersicht bei VOLKMANN 1976, 77) - ist zu vermuten, daß mit jeder Sakkade eine "**Totzeit**" von mindestens 150 ms einhergeht, in der die visuelle Informationsaufnahme stark reduziert und kurzzeitig ganz unterbrochen ist.

Die Suppressionszeiten wurden aus der mittleren Häufigkeit des Erkennens von Lichtblitzen abgeleitet, die vor, während und nach einer Sakkade dargeboten wurden (LATOUR 1962; ALPERN 1969; VOLKMANN u.a. 1968; 1978; VOLKMANN 1976;

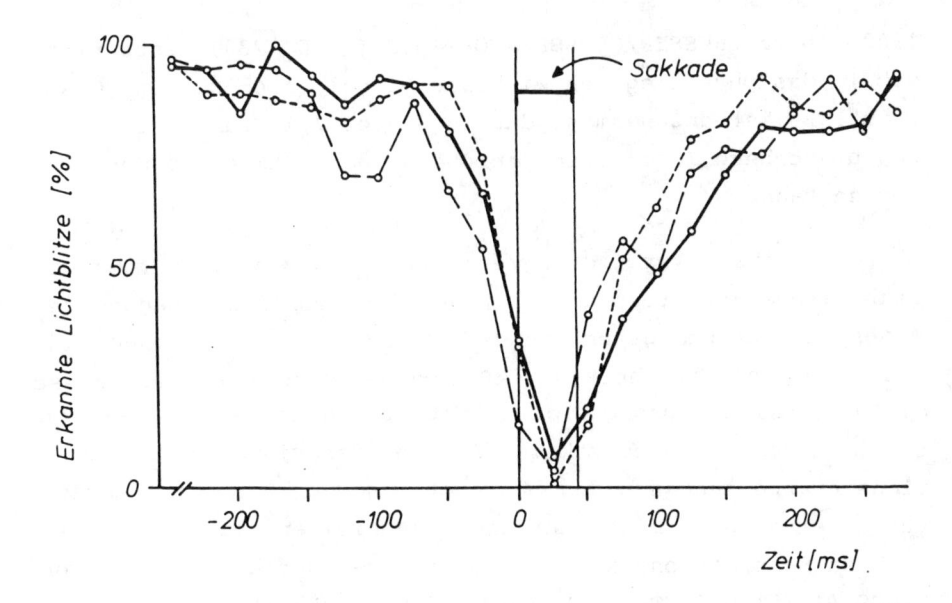

Abb. 26: Zeitlicher Verlauf der sakkadischen Suppression (mod. nach VOLKMANN 1976, 76).
Die Vpn mußten Lichtblitze erkennen, die zu verschiedenen Zeitpunkten dargeboten wurden (n=3).

vgl. Abb. 26). Geht man davon aus, daß bei sportbezogenen Beobachtungsaufgaben im Vergleich sehr viel höhere Anforderungen an die visuelle Wahrnehmungsfähigkeit gestellt werden, so ist es wahrscheinlich, daß es hier früher und länger zu nennenswerten Leistungsbeeinträchtigungen kommt als beim Erkennen von Lichtblitzen.

Als Ursache für diese Unterbrechung der Informationsaufnahme bei Sakkaden sind möglicherweise mehrere Mechanismen verantwortlich.

Aufgrund der hohen Winkelgeschwindigkeit von Sakkaden verschiebt sich das Abbild eines Objekts so schnell auf der Netzhaut, daß die zeitliche Reizfrequenz auf den Photorezeptoren normalerweise weit über der Flimmerfusionsfrequenz (vgl. Kap. 2.2.1.) liegt. D.h., es entsteht eine starke **retinale Verwischung** ("retinal smear") des visuellen Reizmusters während der Sakkade (vgl. VOLKMANN 1976; BROOKS u.a.

1980). Nach GRÜSSER/GRÜSSER-CORNEHLS (1985, 239) entspricht dabei das physiologisch wirksame Signal einem kurzen "Graureiz". Es ist anzunehmen, daß in dieser Zeit zumindest keine brauchbare Information zur Detailwahrnehmung aufgenommen werden kann.

Die retinale Verwischung erklärt aber nicht, warum die sakkadische Suppression schon deutlich **vor** der Bewegung des Auges beginnt und warum sie **danach** noch relativ lange anhält. Man nimmt daher an, daß **cortikale Inhibitionsprozesse** die wesentliche Ursache für die sakkadische Suppression sind, indem die cortikalen Zentren der visuellen Informationsverarbeitung aus den okulomotorischen Zentren Hemmimpulse erhalten. Diese Auffassung von einer neuronal verursachten Suppression wird insbesondere durch Befunde von RIGGS (1976) und VOLKMANN u.a. (1978) gestützt.

Neben den beiden genannten Erklärungsansätzen existieren zwei weitere (vgl. VOLKMANN 1976, 79ff). Während der schnellen Rotationsbewegung des Augapfels entstehen wegen der unterschiedlichen Beschleunigungen der verschiedenen intraokularen Massen (mechanische) **Scherkräfte**, die eine neuronale Signalbildung in der Retina stören. Zusätzlich können **Maskierungseffekte** an der sakkadischen Suppression beteiligt sein, die quasi als Schutz vor einer Überbelastung die Aufnahme von zuviel, v.a. von zeitlich zu eng beieinanderliegender Information verhindern. Hierbei kommt es nach ALPERN (1969, 98) durch die sakkadische Augenbewegung im Sinne des "Metakontrasts" (vgl. Kap. 3.2.3.1.) auch zu einer retroaktiven Löschung retinaler Erregungsmuster.

Von besonderer Bedeutung ist die Tatsache, daß die geschilderte Beeinträchtigung der visuellen Informationsaufnahme nicht nur bei "normalen" Blicksprüngen, sondern auch bei korrigierenden Sakkaden auftritt (vgl. BARTZ 1979).

In Abb. 27 ist in Anlehnung an die Befunde von VOLKMANN (1976) zur sakkadischen Suppression in hypothetischer Form der Zeitraum für die Reduzierung der visuellen Informationsaufnahme dargestellt, wenn nach einer Initialsakkade von 40 ms eine Korrektursakkade von ca. 15 ms mit einer relativ kurzen Latenzzeit von ca. 50 ms folgt. Nimmt man als Beispiel 75% der visuellen Informationsaufnahme, so ergibt sich ein Zeitraum von ca. 300 ms, in dem dieser Wert unterschritten wird. Bereits dieses vorsichtig gewählte Beispiel - sehr häufig treten größere Latenzen auf (vgl. Abb. 25, S.102) - verdeutlicht die denkbaren, massiven negativen Folgen der sakkadischen Ungenauigkeit bei sich anschließender Korrektursakkade auf die Bewegungsbeobachtung im Sport. Versucht z.B. ein Trainer mit einer Sakkade den Absprungfuß eines Hoch- oder Weitspringers zu treffen, um dessen "aktives Aufsetzen" zu beurteilen, löst aber (unbewußt) zusätzlich eine korrigierende Sakkade aus, so wird er vermutlich das

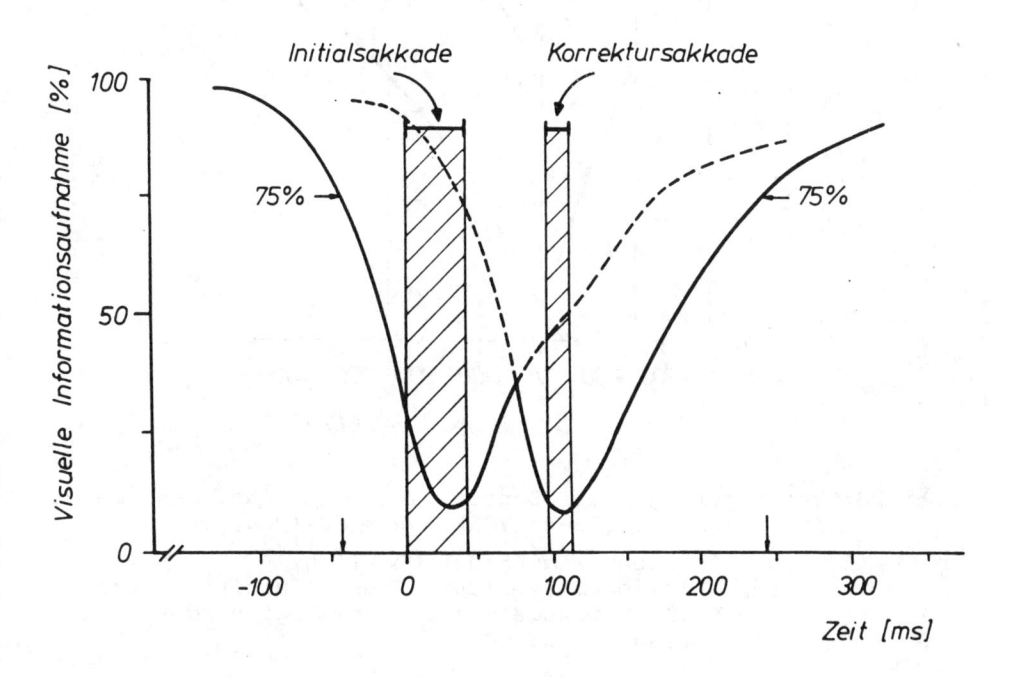

Abb. 27: Hypothetischer Zeitverlauf der sakkadischen Suppression beim Auftreten einer Korrektursakkade. (Erläuterungen im Text)

Aufsetzen des Fußes nicht sehen. Die Kontaktzeit bei leichtathletischen (Ab-)Sprüngen dauert nämlich kaum mehr als 200-250 ms, bei Spitzenathleten deutlich weniger (unter 150 ms).

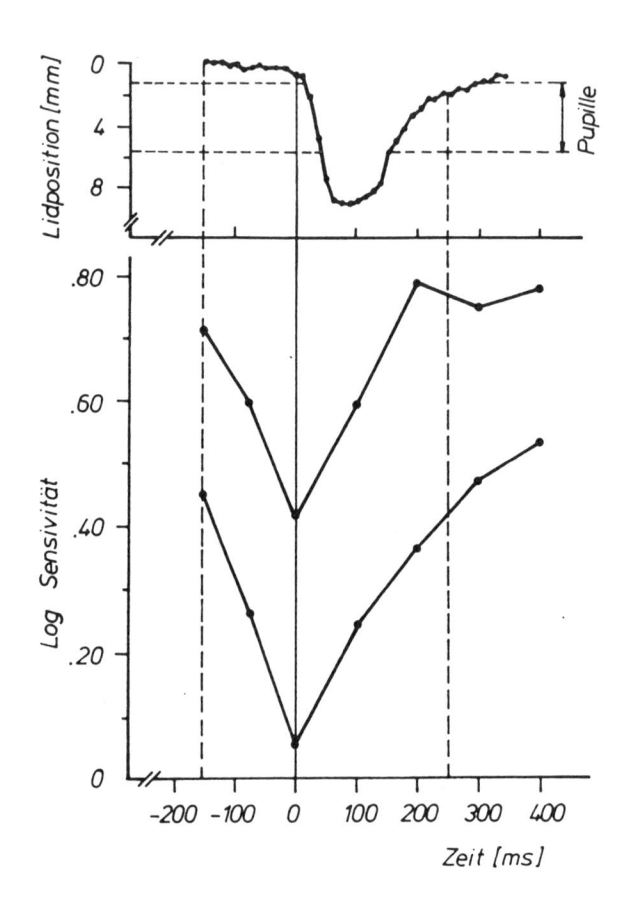

Abb. 28: Verringerung der Sensitivität der Netzhaut beim Lidschlag (mod. nach VOLKMANN u.a. 1980, 901);

    oben: Schließbewegung des Oberlids,
    unten: zeitlicher Verlauf des Sensitivitätsabfalls, bezogen auf den Beginn des Lidschlags (n=2).

Noch länger andauernde Unterbrechungen der visuellen Informationsaufnahme als bei Auslösung einer Sakkade entstehen beim **Lidschlag** (Lidschluß). Dies gilt nicht nur für den Zeitraum von ca. 110 ms, in dem die Pupille völlig bedeckt ist. Die Verminderung der Sensitivität der Netzhaut erreicht ihr höchstes Ausmaß bereits, **bevor** das (obere) Lid die Pupille bedeckt und ist erst ca. 200 ms nach Beginn des Lidschlusses wieder völlig aufgehoben (vgl. Abb. 28). VOLKMANN u.a. (1980) erklären dieses Phänomen - ähnlich wie die sakkadische Suppression - mit neuronalen Hemmprozessen, die auf diese Weise zum subjektiven Eindruck einer kontinuierlichen Wahrnehmung beitragen.

Geht man von den Anforderungen der Bewegungsbeurteilung im Sport an die visuelle Wahrnehmungsfähigkeit aus, so ist beim Lidschluß mit einer Leistungsbeeinträchtigung für einen Zeitraum von ca. 300 ms zu rechnen.

Diese "Totzeit" in der Informationsaufnahme läßt vergleichbar negative Folgen für die Bewegungsbeurteilung wie beim Auftreten von korrigierenden Sakkaden erwarten. Es ist mit "Auslassungen" ganzer Phasen schnell ablaufender Bewegungen zu rechnen, wenn während ihrer Beobachtung Lidschläge erfolgen.

2.3.4.2. Augenfolgebewegungen

Kontinuierliche Gleitbewegungen des Auges (smooth pursuit, tracking eye movements) dienen dazu, einem sich bewegenden Objekt mit dem Blick so zu folgen, daß sein Abbild in der Fovea verbleibt. Diese **Augenfolgebewegungen** werden ebenfalls bei bewegtem Bezugssystem (Kopf/Körper) eingesetzt, wenn ein ruhendes Objekt weiter fixiert werden soll. D.h., daß Voraussetzung für das Auslösen von Augenfolgebewegungen eine kontinuierliche Verschiebung des visuellen Reizes auf der Netzhaut ist. Wenn ein Objekt groß genug ist, kann seine Bewegung im Gesichtsfeld das gleitende Nachfolgen des Auges automatisch in Gang setzen. Beginn und Abbruch des Verfolgens eines Objekts mit den Augen sind willentlich beeinflußbar. Es ist seit langem bekannt, daß es nicht möglich ist, die Winkelgeschwindigkeit der Augenfolgebewegung willentlich so zu verändern, daß sie größer oder kleiner ist als die des fixierten Objekts (vgl. YARBUS 1967, 159ff).

Die **Latenzzeit** beträgt bei den Augenfolgebewegungen ca. 125-150 ms (vgl. ROBINSON 1965; 1976; YOUNG 1971; GOURAS 1985b). Das Auge kann innerhalb von 130 ms von 0 auf Winkelgeschwindigkeiten von 5°/s bis 20°/s beschleunigen (ROBINSON 1965). Die Geschwindigkeit, mit der das Auge an das Fixationsziel herangleitet, hängt sowohl von der Entfernung des momentanen Fixationsortes vom Fixationsziel (Differenzwinkel) als auch vom Kontrast zwischen Fixationsziel und Hintergrund (relative Helligkeit) ab.

In Abb. 29 sind die diesbezüglichen Untersuchungsergebnisse von ANDREJEVA u.a. (1974) zu 5 Helligkeitsabstufungen und 5 Differenzwinkeln dargestellt. Eine Vergrößerung der Gleitgeschwindigkeit wurde nur bei Differenzwinkeln von 1° bis 6° festgestellt. Bei größeren Abweichungen ergab sich kein weiteres Anwachsen der Geschwindigkeit mehr. Außerdem gingen die gleitenden Augenbewegungen bei verhältnismäßig hohen relativen Helligkeiten des Reizes in Sakkaden über. Je größer die Zielabweichung war, desto geringer mußte der Kontrast sein, um diesen Übergang zu bewirken (vgl. die gestrichelten Linien in Abb. 29). ANDREJEVA u.a. (1974, 26f) schließen hieraus, "daß der Differenzwinkel (als wahrnehmbarer Abstand zwischen zentralem Fixationspunkt und Reizpunkt) und die relative Helligkeit des Reizes die Hauptdeterminanten der elementaren Augenbewegungen sind", die - ähnlich wie bei unbedingt-reflektorischen Mechanismen - Reflexe zur Regulierung der Augenposition auslösen können.

Beginnt sich das Sehobjekt **plötzlich** relativ schnell zu bewegen, werden ebenfalls zusätzlich Sakkaden mit eingesetzt, um es einzuholen. Abb. 30 gibt verschiedene Typen von Augenbewegungen beim Verfolgen eines solchen Fixationsziels wieder. Der größte Teil der Annäherung an das Fixationsziel wird hierbei durch eine Sakkade geleistet, die sich an eine initiale Augenfolgebewegung in Reizrichtung anschließt. Je nach Genauigkeit des ersten Blicksprungs können weitere Sakkaden und/oder gleitende Augenbewegungen folgen, um das Sehobjekt einzuholen. Mit steigender Objektgeschwindigkeit werden mehr Sakkaden für die Annäherung an das Fixationsziel benötigt (ROBINSON 1965). Die sich an eine Sakkade anschließende Folgebewegung des Auges beginnt ohne weitere Zeitverzögerung.

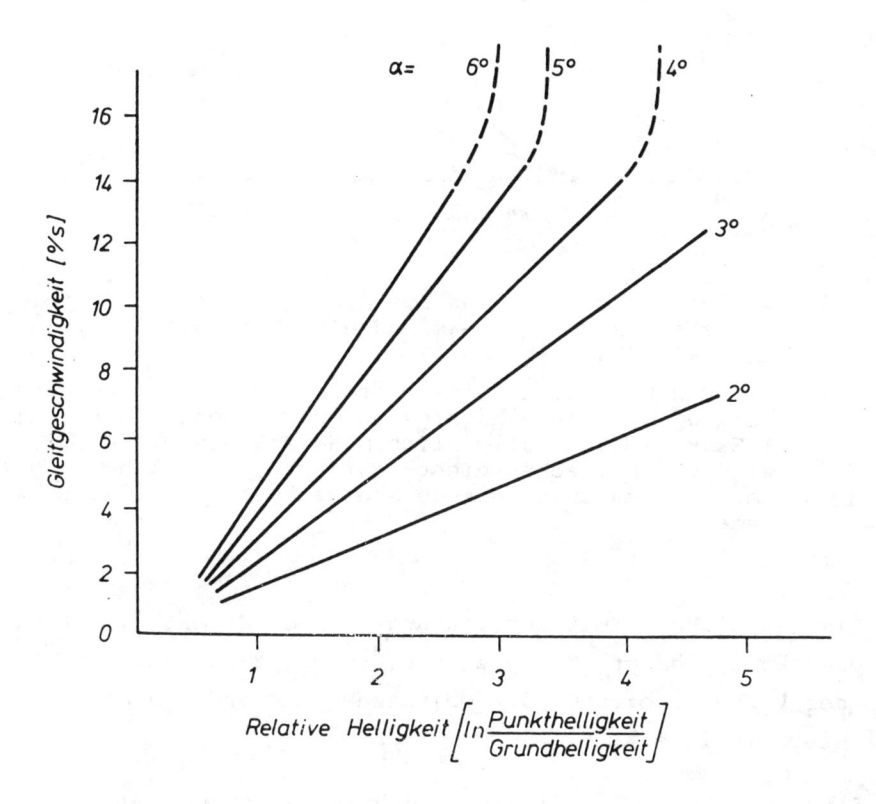

Abb. 29: Abhängigkeit der Gleitgeschwindigkeit des Auges von der relativen Helligkeit des Reizes für verschiedene Differenzwinkel (α) (nach ANDREJEVA u.a. 1974, 26).

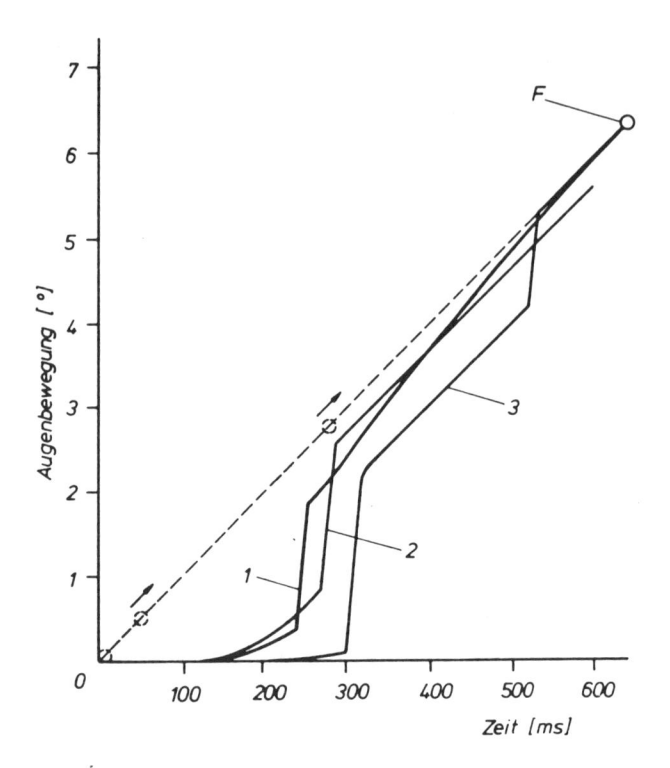

Abb. 30: Verschiedene Arten von Augenbewegungen beim Verfolgen eines sich fortbewegenden Fixationsziels (mod. nach ROBINSON 1965, 571).

F : Fixationsziel mit plötzlicher Beschleunigung auf 10°/s; 1 : am häufigsten vorkommende Art mit 1 Sakkade und allmählichem Herangleiten; 2 : Ziel wird vor Erlöschen nicht erreicht; 3 : lange Latenz, kaum initiierende Augenfolgebewegung, 2 Sakkaden.

Die **Genauigkeit**, mit der das Auge einem Objekt gleitend folgen kann, hängt in erster Linie von zwei Faktoren ab: von der Vorhersehbarkeit der Objektbewegung und von der Objektgeschwindigkeit.

Sind Richtungs- und/oder Geschwindigkeitsveränderungen der Objektbewegung für den Wahrnehmenden vorhersehbar, so kann er die notwendigen Anpassungen in der Augenfolgebewegung antizipierend programmieren. Der Fixationsfehler ist dadurch wesentlich geringer als bei unerwarteten Bewegungsänderungen des Objekts. Größere Differenzwinkel ziehen meist (unbewußt ausgelöste) korrigierende Sakkaden nach sich, was dann wiederum zu den angesprochenen "Totzeiten" in der Informationsaufnahme aufgrund der sakkadischen Suppression führt. Dieser Sachverhalt ist für die Bewegungsbeurteilung im Sport von außerordentlicher Wichtigkeit. Ist der Bewegungsablauf dem Beobachter im Detail bekannt, wird er einem Körperteil (z.B. dem Fuß des Schwungbeins beim Weitsprung) wesentlich präziser folgen können als ein laienhafter Beobachter und damit vermutlich auch weniger korrigierende Sakkaden auslösen. Es ist davon auszugehen, daß deshalb die in der Bewegungsbeurteilung extrahierbare Information bei einer geschulten Person auch aus diesen Gründen effizienter ist.

Die Übereinstimmung zwischen der Winkelgeschwindigkeit des verfolgten Objekts und derjenigen der Bulbusrotation wird mit zunehmender Winkelgeschwindigkeit immer geringer. Bis zu welcher Geschwindigkeit die Augen einem Objekt noch folgen können, wird in der Literatur sehr unterschiedlich eingeschätzt (vgl. Tab. 7). Während z.B. schon ROBINSON (1965, 577) davon spricht, daß sich das Auge bei 20°/s bereits einer "Geschwindigkeitssättigung" (velocity saturation) nähere, und dabei auch auf WESTHEIMERs (1954) Angaben von 25-30°/s verweist, berichtet auch YARBUS (1967, 163) von sehr viel höheren Geschwindigkeiten von Augenfolgebewegungen. Er fand "befriedigende Wahrnehmungsbedingungen" bei Objektgeschwindigkeiten bis zu 200°/s, wenn das Objekt kontinuierlich verfolgt werden konnte, und bis zu 100-150°/s bei unerwartet auftauchenden Objekten. Sehr kurze Momente von gleitenden Nachfolgebewegungen des Auges stellte YARBUS (1967, 163) sogar bei Objektgeschwindigkeiten bis zu 350-400°/s fest. Diese enormen Abweichungen sind vermutlich größtenteils auf methodische Unterschiede in den o.a. Untersuchungen zurückzuführen.

Autor	Max.Geschw.	Krit. Zone
WESTHEIMER (1954)	-	25-30°/s
JOHNSON (1963)	-	28-57°/s
ROBINSON (1965)	-	20°/s
YARBUS (1967)	350-400°/s [1]	100-150°/s bzw. 200°/s [1]
SHICKMAN (1970)	90°/s	30-40°/s
KOLERS (1972)	50°/s	50°/s
BAUMGARTNER (1978)	100°/s	-
KORNHUBER (1978)	100°/s	-
SYKA (1979)	80°/s	50-80°/s
GOURAS (1985)	100°/s	-
GRÜSSER (1985)	80°/s	60-80°/s

Tab. 7: Geschwindigkeiten von Augenfolgebewegungen (mod. nach MESTER 1985, 245). Als kritische Zone gilt der Geschwindigkeitsbereich, in dem ein präzises Verfolgen nur noch unvollkommen gelingt bzw. in dem die dynamische Sehschärfe deutlich abnimmt.
1) Erläuterungen s. Text.

Eine wichtige Einflußgröße auf die diesbezüglichen Befunde ist mit Sicherheit die, wie lang das Objekt mit den Augen zu verfolgen war, d.h., wie man zielgenaues Verfolgen definierte. Je kürzer der Zeitraum gesetzt wird, desto höher sind die maximalen Geschwindigkeiten, bei denen ein "Festhalten" des Sehobjekts noch gelingt. Außerdem ist es - wie schon erwähnt - von entscheidender Bedeutung für die Genauigkeit der Augenfolgebewegung, ob die Objektbewegung antizipierbar ist oder nicht.

Geht man von der allgemeinen Tendenz der Literaturangaben aus, so ist anzunehmen, daß die Winkelgeschwindigkeit der Bulbusrotation unter normalen Wahrnehmungsbedingungen 80-100°/s nicht übersteigt. Dies ist zunächst erstaunlich, da die Augen bei gleitenden Nachfolgebewegungen von den gleichen Muskeln bewegt werden wie bei Blicksprüngen. Allerdings sind bei ihnen sowohl der Agonist als auch der Antagonist gleichzeitig aktiv, und die Regelung der gleitenden Rotation des Augapfels erfolgt durch Veränderung der Differenz in den Muskelspannungen (ALPERN 1972, 322). Für die Begrenzung der Geschwindigkeit auf die angegebenen Werte scheinen jedoch nicht effektorische Koordinationsprozesse, sondern vorrangig retinale Vorgänge der Geschwindigkeitsdetektion verantwortlich zu sein. Das visuelle System kann auf retinale Bildverschiebungen offensichtlich nur bis zu einer relativ niedrigen Geschwindigkeitsgrenze mit Augenfolgebewegungen reagieren. Wird diese überschritten, antwortet es mit korrigierenden Sakkaden, die sich mit gleitenden Folgebewegungen abwechseln, bis der Blick dem Objekt bei weiterem Geschwindigkeitsanstieg schließlich nur noch mit Sakkaden folgen kann. Die Phasen, in denen das Auge dem Objekt noch zu folgen vermag, bis der Differenzwinkel eine neue Sakkade "provoziert", werden dabei immer kürzer.

Die **Informationsaufnahme** wird - im Gegensatz zur sakkadischen Suppression (s. S.104ff) - beim Auslösen von Augenfolgebewegungen nicht reduziert. Steht Detailerkennung im Vordergrund, so hängt unter normalen Beleuchtungsbedingungen die Qualität der retinalen Informationsaufnahme in erster Linie davon ab, wie lange das Sehobjekt in einem möglichst hohen Sehschärfebereich verfolgt werden kann, d.h. von der Genauigkeit der Augenfolgebewegung (s. S.112ff). Die Fähigkeit zur Detailwahrnehmung bei sich bewegenden Objekten wird üblicherweise als **dynamische Sehschärfe** bezeichnet (vgl. hierzu Kap. 2.5.).

Unter sportpraktischen Aspekten betrachtet, scheint es wegen der eingeschränkten Informationsaufnahme bei der Auslösung von sakkadischen Augenbewegungen sinnvoll, bei der

Bewegungsbeobachtung möglichst viel mit gleitenden Augenfolgebewegungen zu "arbeiten" und die Zahl der Blicksprünge möglichst gering zu halten. Dies stellt im Sport besonders hohe Anforderungen an den Beobachter.

Zum einen gibt es im Sport kaum gleichförmige Bewegungen, sondern fast immer beschleunigte (z.B. alle Ballflüge). Gleichzeitig erfolgen meist Richtungsänderungen, z.T. sehr abrupt. Dies gilt insbesondere für die distalen Extremitätenteile, z.B. die (Wurf-)Hand oder den (Sprung-)Fuß. Die Genauigkeit der Verfolgung einzelner Körperteile mit dem Blick wird hier - wie bereits mehrfach angesprochen - stark von der Vertrautheit des Beobachters mit dem Bewegungsablauf beeinlußt.

Zum anderen zeichnen sich sportliche Bewegungen durch teilweise sehr hohe Bewegungsgeschwindigkeiten aus, die in Abhängigkeit von der **Beobachtungsentfernung** und von der **Beobachterperspektive** (retinale) Winkelgeschwindigkeiten ergeben können, die das visuelle System des Beobachters überfordern. In Tab. 8 ist ein Beispiel von TIDOW (1983) zu den Anforderungen an die Augenfolgebewegung bei der Beobachtung von Kugelstößen wiedergegeben. Bei der angenommenen Beobachtungsentfernung von 10 m liegen die errechneten Winkelgeschwindigkeiten für die genannten Körperperipheriepunkte bereits in einem Bereich, der den wenig erfahrenen Beobachter möglicherweise schon überfordert (vgl. hierzu die Angaben zur "Kritischen Zone" in Tab. 7, S. 114). Verringert sich die Beobachtungsentfernung im obigen Beispiel auf 7.50 m, so erhöht sich die Winkelgeschwindigkeit der Stoßhand bei einem Stoß von etwa 12 m ("Stoßarm 2" in Tab. 8) auf ca. 77°/s, bei einer Beobachtungsentfernung von 5 m - die in der Trainingspraxis nicht selten anzutreffen sein dürfte - beträgt sie ca. 116°/s. Die zuletzt genannte Wahrnehmungsbedingung wird wahrscheinlich auch einen erfahrenen Beobachter überfordern, wenn er die Handbewegung während der Ausstoßphase beurteilen soll (vgl. auch Kap. 2.5.).

Beobachtungsobjekt	Weg-strecke in m	Seh-winkel in °	Zeit in s	V_{Winkel} in °/s
Ganzer Körper	2,20	12,4	0,88	14,1
Gleitfuß	1,0	5,71	0,14	40,8
Stoßarm 1 (12,7 m/s)[1]	0,64	3,66	0,05	73,2
Stoßarm 2 (10,2 ms)	0,64	3,66	0,063	58,1
Kugel (V_{01} : 14 m/s)	0,50	2,86	0,036	79,44
Kugel (V_{02} : 10 m/s)	0,50	2,86	0,05	57,2
Kugel (V_{03} : 8 m/s)	0,50	2,86	0,06	47,7

Tab. 8: Maximale Winkelgeschwindigkeiten bei der Beobachtung von Kugelstößen (nach TIDOW 1983, 128).
Beobachtungsentfernung: 10 m,
Beobachterposition : seitlich.
1) Mittlere Geschwindigkeit der Stoßarmhand während der letzten 50 ms vor Abflug der Kugel.

2.3.4.3. Vergleich der Blickversionen

Wie die obigen Ausführungen verdeutlichen, besitzen beide Blickversionen (Sakkaden und Augenfolgebewegungen) physiologisch bedingte Vor- und Nachteile. Der großen Winkelgeschwindigkeit der Sakkaden stehen z.B. deren relativ hoher Zeitverbrauch für die Auslösung und vor allem die sakkadische Suppression gegenüber. Die Augenfolgebewegungen zeichnen sich an erster Stelle durch die nicht unterbrochene Informationsaufnahme aus, können aber nur relativ langsamen Objekten fehlerfrei nachgleiten. In Tab. 9 sind die wesentlichen Merkmale der beiden Blickversionen vergleichend gegenübergestellt (vgl. auch ROBINSON 1965, 587; TIDOW 1983, 136; GOURAS 1985, 577; MESTER 1985, 252).

Es ist zu erkennen, daß viele der Merkmale willentlich nicht beeinflußbar und/oder von externen Bedingungen abhängig sind. Aus diesem Grund ist es kaum möglich, abschließende **Empfehlungen** zur Bevorzugung der einen oder anderen Blickversion im Rahmen der Bewegungsbeobachtung im Sport zu geben. Eine grundsätzliche Bevorzugung der Augenfolgebewegungen wegen der fehlenden "Totzeit" in der Informationsaufnahme ist deshalb nicht möglich, weil dieses System für viele sportliche Bewegungen zu langsam "arbeitet". Das Auslösen von Sakkaden möglichst zu vermeiden, kann auch deshalb nicht generell angeraten werden, weil es z.B. bei (zu) hohen Objektgeschwindigkeiten geradezu sinnvoll sein kann, mit dem Blick so frühzeitig vorauszuspringen, daß der interessierende Bewegungsteil von einem günstigen Fixationsort aus erfaßt werden kann, wenn die sakkadische Suppression wieder (weitgehend) aufgehoben ist.

Welche Augenbewegung wann eingesetzt werden soll, ist also letztlich nur unter Berücksichtigung des spezifischen Beobachtungsinteresses in Verbindung mit der räumlich-zeitlichen Struktur der tatsächlich beobachteten Bewegung zu entscheiden. Als einzige allgemeingültige Empfehlung ist nochmals hervorzuheben, daß es - wegen der sakkadischen Suppression - sicherlich nicht sinnvoll ist zu versuchen, die Informationsaufnahme durch das "Abtasten" möglichst vieler Raumkoordinaten des Beobachtungsobjekts bzw. das möglichst häufige Hin- und Herwechseln des Fixationsorts zu optimieren.

Wichtig ist es außerdem, darauf hinzuweisen, daß sich das **Wissen** um die räumlich-zeitliche Struktur der Bewegung(en) des Sehobjekts und die bisherigen Erfahrungen mit ihm offensichtlich bereits auf der sinnesphysiologischen Ebene der Informationsaufnahme positiv auswirken. D.h., sie können dazu führen, daß verschiedene Nachteile der Blickversionen teilweise vermieden oder verringert werden. Die Vorausnahme der Objektbewegung ermöglicht u.U.

Merkmal	Sakkade	Augenfolgebewegung
Auslösung	unabhängig vom Sehobjekt möglich; bei Bewegung in Netzhautperipherie reflektorisch	an Objektbewegung gebunden; bei großflächigem Sehobjekt auch automatisch
Kontrolle	Programmsteuerung; Verlauf nicht willentlich beeinflußbar	Folgeregelung; kann willentlich abgebrochen werden
Winkelgeschwindigkeit	hoch; abhängig von Amplitude; max. ca. 600-800°/s; nicht willentlich beeinflußbar	niedrig; an Objektgeschwindigkeit gebunden; max. ca. 100°/s; nicht willentlich beeinflußbar
Amplitude	unter nat. Bedingungen nicht mehr als 15-20°/s, sonst mehrere Sak. kombiniert mit Kopf-/Körperbewegung	abhängig von Objektgeschwindigkeit; ab ca. 80°/s vermischt mit Sakkaden; meist kombiniert mit Kopf-/Körperbewegung
Latenzzeit	relativ lang; bei Initialsakkade: mind. 200-250ms, abhängig von Exzentrizität des Fix.ziels; bei Antizipierbarkeit verringert bis auf 80ms	relativ kurz; bei Beginn von "0": 125-150ms; bei vorhergehender (Nachstell-)Sakkade ohne Verzögerung
Fixationsgenauigkeit	Fixationsfehler mit zunehmender Amplitude häufiger und größer (bis zu 10-15%); nach evtl. Korrektur sehr gut	abhängig von: - Vorhersagbarkeit der Objektbewegung - Objektgeschwindigkeit (je höher desto stärkeres "Nachhinken")
Korrektur von Fixationsfehlern	je nach Fehlerursache korr. Sakk. mit Latenz von 5-80ms bzw. 130-250ms	stufenweise Geschwindigkeitsanpassung an Sehobjekt; bei größeren Differenzwinkeln relativ langsam über korrig. Sakkade
Informationsaufnahme während Augenbewegung	mind. 150-200ms unterbrochen bzw. stark reduziert, bei nachfolgender korrig. Sakk. insges. mind. 300ms "Totzeit"	fortlaufend; ab ca. 50°/s Reduzierung der Sehschärfe; ab ca. 80°/s immer häufiger unterbrochen wegen (Nachstell-)Sakkaden

Tab. 9: Merkmale von Sakkaden und Augenfolgebewegungen.

- eine Verkürzung der Latenzzeit,
- eine Erhöhung der Fixationsgenauigkeit,
- eine Verschiebung der "Totzeit" in der Informationsaufnahme auf weniger interessierende Bewegungsabschnitte durch antizipatorische Sakkaden.

Damit ist gleichzeitig die Frage nach der **Trainierbarkeit** der elementaren (gleichsinnigen) Augenbewegungen angesprochen. Soweit es um die rein kognitiven Voraussetzungen für die Voraussahme der Position eines Fixationsziels zu einem definierten Zeitpunkt geht, ist sie wenig zweifelhaft. Dies betrifft die eben genannten positiven Effekte des Wissens um die Objektbewegung auf die Latenzzeit und die Fixationsgenauigkeit.

Der größte Nachteil der Blicksprünge - die sakkadische Suppression - scheint dagegen nicht veränderbar zu sein. Zumindest sind keine entsprechenden Aussagen in der Literatur bekannt. Wenig lohnend erscheint von vornherein auch ein Bemühen um die Verbesserung der Winkelgeschwindigkeit von Sakkaden. Sie ist bereits so hoch, daß die prinzipiell denkbaren Verbesserungen im Bereich von einigen Millisekunden ein (okulomotorisches) Training von Sakkaden zu diesem Zweck wenig sinnvoll machen.

Die von WILLIAMS/HELFRICH (1977) festgestellten positiven Übungseffekte in einer Aufgabe mit schnellem Hin- und Herblicken zwischen zwei Punkten, die nach vorläufigen Ergebnissen auch bei TIDOW (1985) auftreten, weisen jedoch auf eine Beeinflußbarkeit der präsakkadischen Latenzzeit durch ein (okulo-)motorisches Training hin. Es wäre auch denkbar, daß darüber hinaus die Genauigkeit der Sakkaden-Programmierung zu verbessern ist.

Wesentlich lohnender könnte ein Training der Geschwindigkeit der Augenfolgebewegung sein. Voraussetzung für eine Steigerung der Gleitgeschwindigkeit der Augen durch ein spezielles (Koordinations-)Training der Augenmuskulatur wäre allerdings, daß die - vermutlich durch retinale Verarbeitungsprozesse bedingte - (individuelle?) Grenze der maximalen Objektgeschwindigkeit, bis zu der das visuelle System noch mit einer Augenfolgebewegung antwortet (s. S. 114), noch nicht erreicht ist (vgl. hierzu auch das Kap. 2.5., S. 137ff).

Bei den Überlegungen zur Trainierbarkeit von Augenbewegungen ist zu beachten, daß diese von anderen Funktionen des visuellen Systems nicht unabhängig sind. So ist beispielsweise davon auszugehen, daß die Programmierung einer Sakkade bezüglich ihrer Zielgenauigkeit umso genauer ist, je präziser das Fixationsziel im peripheren Netzhautbereich, d.h. über das periphere Sehen, lokalisiert werden kann.

2.4. RÄUMLICHES SEHEN UND TIEFENWAHRNEHMUNG

Die Entstehung eines räumlichen bzw. Tiefeneindrucks basiert auf mehreren Leistungen des visuellen Systems, die sowohl das binokulare als auch das monokulare Sehen einschließen. Bis zu einem Bereich von ca. 6-10 m ist das binokulare Sehen von besonderer Bedeutung. Mit zunehmender Entfernung werden die monokularen Tiefenkriterien für die Tiefenwahrnehmung immer wichtiger.

Beim **binokularen Sehen** dreidimensionaler Gegenstände entsteht aus geometrisch-optischen Gründen immer eine horizontale Differenz zwischen den Abbildungen des Gegenstandes auf den Netzhäuten beider Augen, die **Querdisparation** (vgl. Abb. 31) Die von korrespondierenden Netzhautstellen kommenden Signale werden im visuellen Cortex zu einem Bild "fusioniert", um Doppelbilder zu vermeiden. Alle Reize aber, die auf disparate Netzhautstellen einwirken, werden nicht fusioniert und tragen damit zum räumlichen Sehen bzw. zur Tiefenwahrnehmung bei (GANONG 1979).

Untersuchungsergebnisse von HUBEL/WIESEL (1970) und VON DER HEYDT u.a. (1978) lassen vermuten, daß im visuellen Cortex je nach Disparität des Reizes spezifische Neuronen aktiviert werden. Allerdings scheinen weder das absolute Maß der Disparität noch Symmetriemerkmale der Disparitäten von entscheidender Bedeutung für den disparitätsbedingten Tiefeneindruck zu sein (RUTSTEIN 1977; FOLEY/RICHARDS 1978).

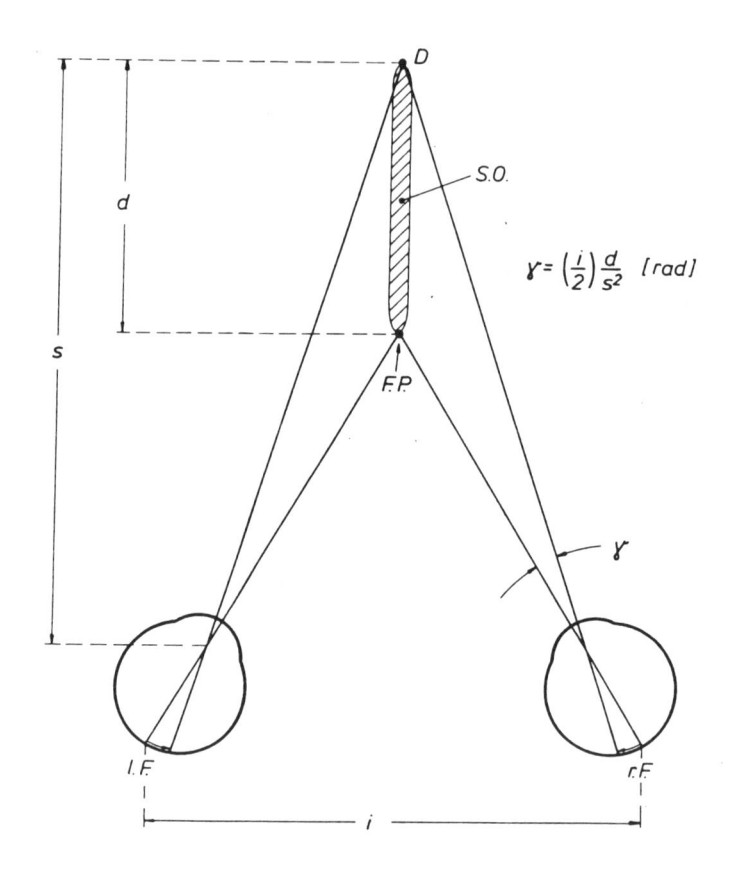

Abb. 31: Schema des Binokularsehens und zur Entstehung der Querdisparation (in Anlehnung an RITTER 1979, 209; GRÜSSER 1985, 282).

F.P. : Fixationspunkt; l.F./r.F. : linke/rechte Fovea; γ : Exzentrizität eines Abbildungspunktes D des Sehobjekts (S.O.); s : Beobachtungsentfernung zu D; d : Tiefenausdehnung des Sehobjekts; binokulare Querdisparation der Abbildung von D = 2γ.

Das visuelle System relativiert die Disparität u.a. mit Hilfe der Information zur Beobachtungsentfernung (RITTER 1979), z.B. aus den Vergenzbewegungen der Augen.

Es kommt also nicht gleich zu Doppelbildern, wenn das Sehobjekt nicht mehr genau auf korrespondierenden Netzhautstellen abgebildet wird. Offensichtlich existieren in der Umgebung korrespondierender Netzhautstellen ebenfalls Zuordnungen in der Weise, daß einem retinalen Punkt eine Gruppe von Punkten oder ein sensorischer Bereich der anderen Netzhaut zugeordnet ist. Erst wenn die Querdisparation einen gewissen Toleranzbereich - das sogenannte PANUM-Areal - überschreitet, zerfällt das räumliche Bild des Objekts in Doppelbilder. Die Größe des PANUM-Areals hängt eng mit der (monokularen) Sehschärfe zusammen (PALMER 1961; MITCHELL 1966; WOO/READING 1978).

Abgesehen davon, daß die geringe Sehschärfe der Netzhautperipherie der Entstehung von störenden Doppelbildern ohnehin entgegenwirkt, verhindert vermutlich ein binokularer Hemmungsmechanismus im visuellen Cortex die Wahrnehmung von Doppelbildern unter normalen Umständen selbst dann, wenn sie bei Überschreitung der Toleranzgrenze der Querdisparation im visuellen System produziert werden (GRÜSSER 1985, 283).

Neben den sensorischen Anteilen tragen auch motorische Anteile zum (binokularen) räumlichen Sehen bei. Dies sind vor allem die Informationen, die der visuelle Cortex wahrscheinlich aus den Efferenz-Kopien von den Innervationsprogrammen zu den Akkommodationsvorgängen und Vergenzbewegungen der Augen ableiten kann (BAUMGARTNER 1978). Die Vergenzbewegungen liefern einen solch wichtigen motorischen Beitrag des visuellen Systems zur Vermeidung von Doppelbildern und zur Tiefenwahrnehmung, daß man sie nach STARK u.a. (1980) auch als "Disparitäts-Vergenzen" kennzeichnen könnte.

Auch die Mikrobewegungen des Auges während einer Fixation, die ständig zu geringen Vergenzveränderungen führen (bis zu max. 2-4 Bogenminuten), scheinen Anteil an der Tiefenwahrnehmung zu haben (ST.CYR/FENDER 1969; RUTSTEIN 1977)

Da sich die Querdisparation als wesentliche sensorische Voraussetzung des räumlichen Sehens mit zunehmender Entfernung des fixierten Objekts verringert (vgl. auch Abb. 31), verschlechtert sich - ausgenommen in einem Nahbereich von ca. 1.5-2 m (vgl. RITTER 1979) - die Präzision der Tiefenwahrnehmung zusehends. Ab ca. 6 m bestimmen die **monokularen Tiefenkriterien** das räumliche Sehen, auch das binokulare (GRÜSSER 1985, 282). Diese sind u.a. perspektivische Verkürzungen, Linienüberschneidungen, Schattenbildungen, Verdecken des interessierenden Objekts durch andere Objekte, Größenunterschiede und die scheinbare Gegenstandsgröße bekannter Objekte sowie Relativbewegung.

Die Veränderung der **scheinbaren Gegenstandsgröße** beinhaltet auch Informationen für eine Abschätzung der "time-to-contact" (LEE 1980, 285) eines heranfliegenden Balles oder beim Sich-Nähern an einen fixierten Gegenstand (z.B. Absprungbalken). Sie ist beispielsweise besonders wichtig beim Tennisaufschlag oder -lob, wenn für die Tiefenwahrnehmung keine Hinweise aus Linienüberschreitungen oder partiellen Gegenstandsabdeckungen herangezogen werden können (vgl. MESTER 1985, 426). Dies erklärt auch, warum der hochgeworfene Ball beim Tennisaufschlag bei wolkenlosem Himmel schwerer zu treffen ist als bei Bewölkung oder gar in der Halle. Der Spieler muß sich sehr stark an der Veränderung der scheinbaren Gegenstandsgröße orientieren, weil der homogene Hintergrund keine Informationen aus Linienüberschreitungen zuläßt.

Es ist also hervorzuheben, daß die Tiefenwahrnehmung eine sehr komplexe Leistung des visuellen Systems ist, an der in der normalen Umwelt stets mehrere Faktoren beteiligt sind. REGAN u.a. (1979) sprechen deshalb von der "Mehrkanaligkeit" der Wahrnehmung im Raum. Je mehr Information aus verschiedenen Kanälen zur Verfügung steht, desto besser wird die Tiefenwahrnehmung sein können.

Einen negativen Einfluß auf die Schätzung der räumlichen Tiefe, z.B. bei der Entfernungsschätzung, scheint die Leuchtdichte auszuüben. Die Genauigkeit der Schätzung nimmt nach OWENS/LIEBOWITZ (1980) mit sinkender Leuchtdichte ab.

Die **Prüfung der Fähigkeit zur Tiefenwahrnehmung** kann prinzipiell durch zwei verschiedene Vorgehensweisen geschehen (vgl. MESTER 1985, 210ff).

Eine Gruppe von Verfahren beruht darauf, die Grenzen des PANUM-Areals zu ermitteln, d.h., den Grenzwert festzustellen, bei dem die Fusionierung querdisparater Abbildungen nicht mehr gelingt und dadurch Doppelbilder entstehen oder Exklusion eintritt. Hierfür werden den beiden Augen getrennt zwei Halbbilder dargeboten, die künstlich mit einer gewissen Disparität versehen sind. Die untersuchte Person muß diese Halbbilder zentral fusionieren und angeben, ob ein räumlicher Eindruck vorhanden ist oder nicht. Ähnlich wird bei der Verwendung von Polarisationsbrillen vorgegangen, unter deren Benutzung spezielle Bilder zu betrachten sind, die einen Raumeindruck zulassen (z.B. beim Stereotest "Hausfliege" der Firma Titmus; vgl. auch SCHNELL 1984, 251).

Die Problematik bei dieser Gruppe von Verfahren besteht darin, daß die einzelnen Tests kaum miteinander vergleichbare Ergebnisse liefern, wie eine entsprechende Untersuchung von STIEBER/TANGE (1971) ergab (vgl. auch die in Tab. 11 dargestellten sportbezogenen Untersuchungen). Sie stellten zwischen den verschiedenen Methoden nur nicht-signifikante Korrelationen fest (weniger als 0.30). Als Grund geben sie unkontrollierte Fixationsveränderungen bei der Betrachtung der Prüfzeichen oder -bilder sowie nicht einheitliche Prüfentfernungen an. Hinzu kommt der Nachteil, daß diese Methoden nur semi-quantitative Werte liefern, die nur eine geringe Differenzierung der Fähigkeit zur Tiefenwahrnehmung zulassen.

In einer zweiten Gruppe von Verfahren wird die minimal differenzierbare Querdisparation als "**Tiefensehschärfewinkel**" zu erfassen versucht. Je besser eine (möglichst geringe) geometrisch-optisch verursachte Querdisparation zentral zu einer Tiefenwahrnehmung verarbeitet werden kann, desto kleiner ist der Tiefensehschärfewinkel (vgl. hierzu auch Abb. 31, S. 122; der Tiefensehschärfewinkel entspricht 2 , dem Maß für die Querdisparation). Diese Methoden beruhen auf dem HEMHOLTZschen Drei-Stäbchen-Test, der mehrfach verändert und weiterentwickelt wurde. Die beste Version stammt von STIEBER/TANGE (1971), die in technisch verfeinerter Form auch in den Untersuchungen von MESTER und Mitarbeitern (1983; 1985) zur Anwendung kam (vgl. Abb. 32).

Gegenüber dem Originalverfahren von HELMHOLTZ besitzt diese Version u.a. zwei wesentliche Vorteile. Durch das Fixieren des mittleren, stationären Stabes bleibt die Fixationsentfernung konstant - wenn sich die Probanden konsequent an die Testanweisung halten. Außerdem wird das Gerät so aufgestellt, daß die Prüfentfernung 5 m beträgt. Damit entspricht diese auch eher den Anforderungen an das räumliche Sehen in der Mehrzahl der Sportdisziplinen als die von HELMHOLTZ verlangte Prüfentfernung von 40 cm bzw. 100 cm (vgl. hierzu Tab. 10, S. 130).

D.h., der beschriebene Drei-Stäbchen-Test in der Modifikation von STIEBER/TANGE wird bei entakkommodiertem Zustand der Augen durchgeführt. Auf diese Weise kann das visuelle System zur Bildung eines Tiefeneindrucks im Test keine nennenswerte Information aus möglichen motorischen Anteilen des räumlichen Sehens heranziehen.

Faktoren, die den Tiefensehschärfewinkel vergrößern, die binokulare Tiefenwahrnehmung also verschlechtern, sind neben einer geringer werdenden monokularen Sehschärfe insbesondere merkliche Sehschärfeunterschiede beider Augen sowie eine Schielstellung eines Auges. In diesen Fällen wird nämlich durch eine "Unterdrückung" der neuronalen Signalverarbeitung aus dem schwächeren oder schielenden Auge im zentralen visuellen System die Gestalterkennung des betroffenen Auges stark reduziert (GRÜSSER 1985, 283).

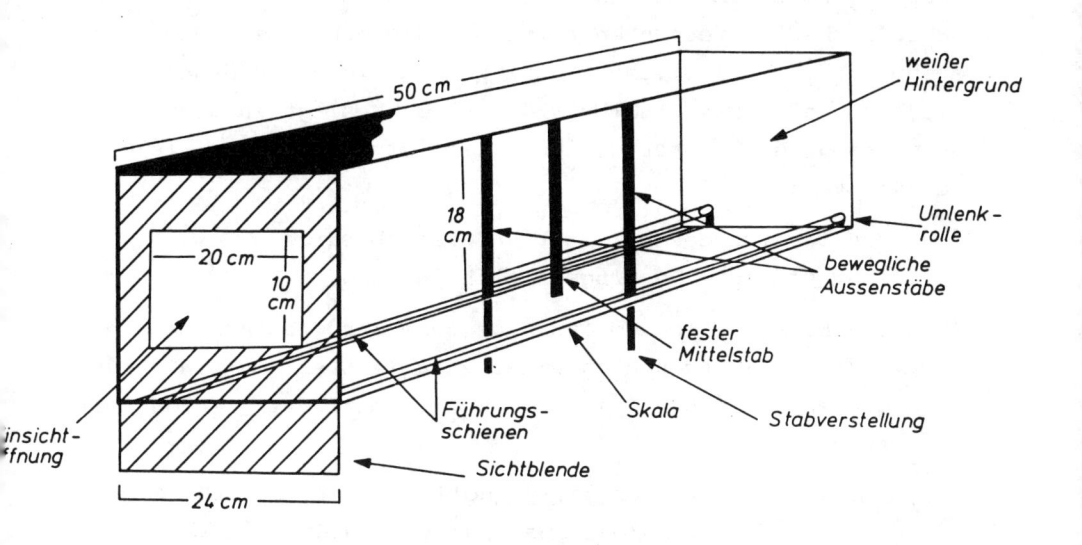

Abb. 32: Schemazeichnung des Drei-Stäbchen-Testgeräts von STIEBER/TANGE (aus MESTER 1985, 302).

> "Der Proband betrachtet durch die Einsichtöffnung die drei Stäbe, von denen der mittlere fest und die beiden Außenstäbe gegengleich beweglich sind. Wenn der rechte Stab nach vorne geführt wird, bewegt sich der linke nach hinten bzw. umgekehrt.
> Die Außenstäbe befinden sich auf Führungsschienen und werden nach dem Prinzip eines unendlichen Seilzuges über zwei Rollen am vorderen und hinteren Teil des Gerätes angetrieben. Die beleuchtete Mattglasscheibe hat den Zweck, mögliche Schattenbildungen der Stäbe durch seitlich einfallendes Licht zu kompensieren.
> Die Außenstäbe werden langsam so weit aus der frontoparallelen Stellung gedreht, bis der Proband eine räumliche Wahrnehmung meldet bzw. die Änderung eines räumlichen Unterschiedes zwischen den Außenstäben und dem Mittelstab feststellt. Aus der Auslenkung der Stäbe, der Beobachterentfernung und der Interpupillardistanz kann der Tiefensehschärfewinkel berechnet werden" (MESTER 1985, 302).
> Weitere Erläuterungen im Text.

Im Sport werden in vielen Disziplinen besondere Anforderungen an die Tiefenwahrnehmung gestellt. Hierbei kann es sich um stationäre oder bewegte "Ziele" handeln, auf die sich der Wahrnehmende (Sportler oder Beobachter) stereoskopisch einstellen muß. Dieses Ziel kann sich in sehr unterschiedlichen Entfernungen befinden, die den Prozeß der Bestimmung der räumlichen Position und/oder Ausdehnung des Ziels beeinflussen. MESTER (1985, 203) schlägt in diesem Zusammenhang die Unterscheidung von drei Zonen der Zielentfernung vor:

- den Bereich des erweiterten Greifabstandes
  (ca. bis 1 m): **geringe** Zielentfernung,

- den Bereich, in dem das Auge zunehmend entakkommodiert und die Sehachsen zu einer Parallelstellung hin divergieren (zwischen 1 m und 6 m): **mittlere** Zielentfernung,

- den Bereich, in dem das visuelle System die Tiefenwahrnehmung ohne Informationen aus Vergenzen und Akkommodationsvorgängen bilden muß (6 m bis "unendlich"): **große** Zielentfernung.

Ein weiteres Kriterium, das die Raumwahrnehmung und damit auch einen davon abhängigen sportmotorischen Koordinationsprozeß beeinflußt, ist der Bewegungszustand des Wahrnehmenden. Eigenbewegung erhöht die Anforderungen an das visuelle System bei der "Errechnung" von Raumkoordinaten eines Ziels. Tab. 10 gibt Beispiele zu den unterschiedlichen Anforderungen, die verschiedene Sportarten an das räumliche Sehen stellen können (vgl. auch die Angaben von SCHNELL 1984).

Das interessierende "Ziel" bei der Bewegungsbeurteilung befindet sich meist im mittleren oder großen Entfernungsbereich. Im Nahbereich von weniger als 1 m wird es nur in Ausnahmefällen liegen, wenn z.B. gleichzeitig Hilfestellung gegeben wird. Auch die Beurteilung eines Bewegungsvollzugs, während selbst eine Bewegung durchgeführt wird, kommt im Sport verhältnismäßig selten vor, z.B. wenn der Tennistrainer seinem Athleten im Techniktraining Bälle zurückspielt.

Faßt man die **sportbezogenen Untersuchungen** zur Tiefenwahrnehmung zusammen, so ergibt sich ein ähnliches Bild wie beim peripheren Sehen: Die Ergebnisse sind widersprüchlich.

Ob sich Sportler von Nicht-Sportlern, Sportler unterschiedlicher Disziplinen und Sportler auf unterschiedlichen Leistungsniveaus in der Fähigkeit zur Tiefenwahrnehmung voneinander unterscheiden, läßt sich auf der Grundlage der vorliegenden Befunde nicht eindeutig entscheiden (vgl. die Zusammenstellung in Tab. 11).

Von einer Überlegenheit der Sportler gegenüber Nicht-Sportlern berichteten bereits KRESTOWNIKOW (1953) und PIERSON (1956). Keine Unterschiede fanden dagegen CLARK / WARREN (1935). CRATTY (1975) erwähnt widersprüchliche Untersuchungsergebnisse, allerdings mit der Tendenz zu einer besseren Tiefenwahrnehmung der Sportler. Nach COCKERILL (1981b) ist die Fähigkeit, mittlere und größere Entfernungen (4-80 yards) abschätzen zu können, bei Sportlern (Mannschaftsspieler) besser ausgeprägt als bei Nicht-Sportlern (Studenten).

Hinsichtlich eines Zusammenhangs von räumlichem Sehen und sportartspezifischer Leistungsfähigkeit sind die Befunde ebenfalls uneinheitlich. KRESTOWNIKOW (1953) vermutet aufgrund der Auswertung diesbezüglicher Untersuchungen, daß es ihn gibt. Auch COCKERILL/CALLINGTON (1981) kommen zu dieser Ansicht, da sie bei Golfspielern gleichgerichtete Abweichungen beim Fehler im Entfernungsschätzen und der Genauigkeit feststellten, mit der ein Ball anschließend an das Sehziel (Fahne) herangespielt werden konnte. Keine derartigen Zusammenhänge traten dagegen bei DICKSON (1953), SHICK (1971), DESHAIES/PARGMANN (1976) und MAC'GILLIVARY (1978)

	STATIONÄRE ZIELE		BEWEGTE ZIELE	
	ohne Eigenbewegung	mit Eigenbewegung	ohne Eigenbewegung	mit Eigenbewegung
ZIEL-ENTFERNUNG gering: < 1m	Schießsport: -> Korn	z.T. Geräteturnen: -> Holm, Reckstange, Pauschen		wie nebenstehend; außerdem: Boxen -> Gegner
mittel: 1-6m	Handball: 7m -> Tor; Basketball: Freiwurf -> Korb u.ä.	Mannschaftsspiele: Pässe -> Mitspieler; Leichtathletik: Hochsprung u.ä.; -> Absprungmarke u.ä.; Hürdenlauf -> Abdruckstelle, Hürde; Stabhochsprung -> Latte	Mannschaftsspiele: Fangvorgänge -> Ball; Tennis, Tischtennis, Badminton: Treffen des -> Balles; (Bewegungsbeobachtung: -> Sportler) Mannschaftsspiele: Pässe -> Mitspieler; Bewegungsbeobachtung: -> Sportler	wie nebenstehend; außerdem: Fechten -> Gegner; (Bewegungsbeobachtung: -> Sportler)
groß: 6m -∞	Fußball: Abstoß, Freistoß -> Mitspieler; Frei-, Strafstoß -> Tor; Tennis: Aufschlag -> Aufschlagfeld; Bogenschießen -> Scheibe	Mannschaftsspiele: Pässe -> Mitspieler; Leichtathletik: Weitsprung, Stabhochsprung -> Absprungbalken, Einstichkasten; Skilauf: Stangen, Tore, Hindernisse	Mannschaftsspiele: Pässe -> Mitspieler; Skeetschießen: -> Tontaube; Bewegungsbeobachtung -> Sportler, evtl. Gerät (Ball, Diskus etc.)	Mannschaftsspiele: Pässe -> Mitspieler; (Bewegungsbeobachtung: -> Sportler, evtl. Ball)

Tab. 10: Beispiele für mögliche Anforderungen an das räumliche Sehen im Sport (mod. u. erw. nach MESTER 1985, 204).

->: Ziele des stereoskopischen Einstellvorgangs.

Autor	Untersuchungsgegenstand	Vpn	Ergebnisse
CLARK/WARREN (1935)	Vergleich von Augenabstand und Tiefenwahrnehmung zwischen Sportlern und Nichtsportlern; Messung der Tiefenwahrnehmung mit dem "Howard-Dolman-Test"	103 Nicht-Sportler (Studenten) 39 Sportler (13 Basketballer, 18 Baseballspieler, 8 Tennisspieler)	Kein Zusammenhang zwischen der Tiefenwahrnehmungsfähigkeit und dem Augenabstand; keine Unterschiede in der Tiefenwahrnehmungsfähigkeit und den Augenabständen zwischen Sportlern und Nichtsportlern
n. KRESTOWNIKOW (1953)	Bestimmung der Tiefenwahrnehmungsfähigkeit bei Fußballern	30 Fußballmeister, 83 jugendliche Fußballer	Bessere Tiefenwahrnehmungsfähigkeit bei Sportlern im Vergleich zu Nicht-Sportlern; Tiefenwahrnehmung ist trainierbar (mit Einschränkungen); vermutete Abhängigkeit zwischen der Tiefenwahrnehmungsfähigkeit und der Leistungsfähigkeit der Vpn
WASSILJEWA (1947/48)			
MEIER (o.J.)	Tennisspielern	30 jugendliche Tennisspieler	
DICKSON (1953)	Verhältnis zwischen den Ergebnissen fünf verschiedener Tiefenwahrnehmungstests und der Wurfleistung im Basketball	35 Basketballspieler	Keine signifikanten Korrelationen zwischen den Ergebnissen der fünf Tiefenwahrnehmungstests und den Wurfleistungen der Vpn
PIERSON (1956)	Vergleich zwischen Fechtern und Nicht-Fechtern in der Fähigkeit, Objekte im Raum wahrnehmen zu können ("Thurstone-'S'-Test")	50 Studenten bzw. College-Schüler; jeweils 25 Fechter und Nicht-Fechter	Keine Unterschiede in der Raumwahrnehmung zwischen Fechtern und Nicht-Fechtern
MAIL (1965)	Einfluß der binokularen Tiefenwahrnehmung auf das Erlernen einer unbekannten motorischen Fertigkeit im Tennis ("Howard-Dolman-Test", "Telebinocular-Test", "Stereo-Circles-Test" und "AAA-Distance-Judgment-Test")	41 Studentinnen, 17-19 Jahre alt; Tennisanfängerinnen	Korrelation ($p<.05$) zwischen dem Ergebnis aus dem "Howard-Dolman-Test" und den Leistungen im Tennis-Test; kein signifikanter Zusammenhang zwischen den übrigen Wahrnehmungstests und der Tennisleistung

Tab. 11a: Sportbezogene Untersuchungen zur Tiefenwahrnehmung.

Autor	Untersuchungsgegenstand	Vpn	Ergebnisse
HEIMERER (1968)	Verhältnis zwischen der visuellen Tiefenwahrnehmung und den allgemeinen Tennisfähigkeiten; Verwendung des "Howard-Dolman-Test" und des "Keystone-Ophtalmic-Telebinocular-Test"	36 Studentinnen mit verschiedener Leistungsstärke im Tennis	Signifikante Korrelation nur zwischen dem Ergebnis des "Keystone-Ophthalmic-Telebinocular-Test" und den Leistungen im Tennis-Test ($r = .32$; $p < .05$)
BEALS u.a. (1971)	Zusammenhang zwischen der Wurfleistung im Basketball und der Tiefenwahrnehmung	9 Basketballspieler einer Universitätsmannschaft	Keine sign. Korrelation zwischen Tiefenwahrnehmung und Wurfleistung
SHICK (1971)	Zusammenhang zwischen der Tiefenwahrnehmung und den Freiwurfleistungen im Basketball; Messung der Tiefenwahrnehmung mit dem "Stereopsis-Test-for-Bausch-and-Lomb-Ortho-Rater" und einem modifizierten "Howard-Dolman-Test"	32 Studentinnen, die in Basketballanfängerkurse eingeschrieben waren	Keine Korrelation zwischen den Freiwurfleistungen und den beiden Ergebnissen der Tiefenwahrnehmungstests
DESHAIES/PARGMAN (1976)	Verhältnis zwischen der Tiefenwahrnehmung und der Leistungsstärke bzw. Spielposition im Football; Messung der Tiefenwahrnehmungsfähigkeit mit dem Tiefenwahrnehmungsapparat von LAFAYETTE (Model No. 1702)	40 Footballspieler; 20 Mitglieder einer Universitätsmannschaft, 20 Mitglieder einer "Junior Varsity"-Mannschaft	Keine sign. Korrelation zwischen den Leistungen im Tiefenwahrnehmungstest und der Spielstärke bzw. -position der Vpn
MAC'GILLIVARY (1978)	Beziehung der Tiefenwahrnehmung zur Leistung im Eishockey unter Berücksichtigung zweier Leistungsniveaus; Messung der Tiefenwahrnehmungsfähigkeit mit dem "Howard-Dolman-Test"	28 Eishockeyspieler einer Universitätsmannschaft; durch Experten in zwei Gruppen unterschiedlicher Leistungsstärke eingeteilt	Keine Korrelation zwischen dem Expertenurteil und den Ergebnissen der Wahrnehmungstests; kein Unterschied in der Tiefenwahrnehmungsfähigkeit zwischen beiden Untersuchungsgruppen

Tab. 11b: Sportbezogene Untersuchungen zur Tiefenwahrnehmung (Forts.).

Autor	Untersuchungsgegenstand	Vpn	Ergebnisse
COCKERILL (1981b)	Vergleich der Fähigkeit im Entfernungsschätzen zwischen Sportlern und Nicht-Sportlern (4-80Yards)	15 Fußball- bzw. Rugbyspieler einer Universitätsmannschaft 15 Studenten	Sportspieler schätzen Entfernungen generell besser ($p<.05$); bis zu 56yd allgemeine Tendenz zur Unterschätzung, danach Überschätzung
COCKERILL/CALLINGTON (1981)	Zusammenhang von Genauigkeit im Entfernungsschätzen und der Treffgenauigkeit im Golf	12 Golfspieler (Handicap 3-11)	Signifikanter Zusammenhang ($r=.83; p<.01$) Tendenz zur Unterschätzung bis ca. 55yd, danach Überschätzung der Entfernung
MESTER/FRANKE/ DE MARÉES (1983)	Zusammenhang zwischen Zielschlagkoordination sowie Genauigkeit der Ballberechnung und dem Tiefensehschärfewinkel	21 Sportstudenten	Signifikanter Varianzanteil an Zielschlagkoordination (5,9%) durch Tiefensehschärfewinkel aufgeklärt; kein Zusammenhang von Stereosehen und Ballberechnung
SCHNELL (1984)	Fähigkeit zum räumlichen Sehen ("Titmus, Hausfliege") bei Hochleistungssportlern	Sportler der Olympia-Kader	"Kritische" Werte, die erreicht werden müssen, um Leistungseinbußen zu vermeiden
MESTER (1985)	Vergleich des Tiefensehschärfewinkels zwischen Tennisanfängern und Turnierspielern	60 Sportstudenten 17 Turnierspieler (Tennis)	Kein Unterschied
	Zusammenhang zwischen Treffgenauigkeit und Tiefensehschärfewinkel	32 Teilnehmer an Tenniskurs 15 Sportstudenten (Kontrollgruppe) 17 Turnierspieler	Tennisanfänger und Kontrollgruppe: kein Zusammenhang; Turnierspieler: $r=.65$ ($p=.02$)

Tab. 11c: Sportbezogene Untersuchungen zur Tiefenwahrnehmung (Forts.).

auf. Bei MAIL (1965) und HEIMERER (1968) waren die Ergebnisse davon abhängig, mit welcher der angewandten Prüfverfahren zur Tiefenwahrnehmung die sportartspezifische Leistung in Beziehung gesetzt wurde.

Die Untersuchung von MESTER u.a. (1983) macht deutlich, daß die gefundenen Beziehungen nicht nur vom verwendeten Wahrnehmungstest sondern auch vom sportmotorischen Bezugskriterium verändert werden können. Sie ergab einen signifikanten Anteil an Varianzaufklärung durch den Tiefensehschärfewinkel bei der "Zielschlagkoordination" (Plazieren von aus der Hand geschlagenen Tennisbällen möglichst dicht an die gegenüberliegende Grundlinie), jedoch keinen nachweisbaren Effekt auf die "Ballberechnung" (Schätzen des Auftreffpunkts im Tennisfeld von mit einer Ballmaschine gespielten Bällen).

Die Resultate der Untersuchung von MESTER (1985) müssen differenziert betrachtet werden. Zunächst ist zu vermerken, daß kein Unterschied im Tiefensehschärfewinkel zwischen Tennisanfängern (Sportstudenten) und Turnierspielern vorlag. Die Überprüfung, ob ein Zusammenhang zu einem "Trefftest" (Abweichung des Balltreffpunkts bei Rückhandvolleys vom "Sweet-Spot" des Schlägers) existiert, führte bei den Anfängern (nach einem einsemestrigen Tenniskurs) zu keiner signifikanten Korrelation, ergab bei den Turnierspielern jedoch eine Korrelation von r = 0.65 (p = 0.02) (vgl. S. 136).

Auf ein besonderes Phänomen stießen COCKERILL (1981b) und COCKERILL/CALLINGTON (1981). Bei der Entfernungsschätzung neigen die Probanden (Sportler ebenso wie Nicht-Sportler) bis zu ca. 50 m allgemein eher zu einer Unterschätzung, danach deutlich zu einer Überschätzung der Distanz (vgl. Abb. 33). Eine Erklärung hierfür finden die Autoren nicht. Es wäre denkbar, daß das alineare Verhältnis zwischen Gegenstandsgröße auf der Netzhaut, d.h. dem Sehwinkel, und der Beobachtungsentfernung dabei eine Rolle spielen. Eine schlüssige sinnesphysiologische Erklärung dieses Phänomens scheint z.Zt. nicht möglich. Es ist aber auch nicht auszuschließen, daß es sich - in Verbindung mit den geringen Stichprobenumfängen - um untersuchungsspezifische Artefakte oder um einen Fehler Erster Art (α-Fehler) handelt.

Insgesamt gesehen muß die Tiefenwahrnehmung unter Berücksichtigung sportbezogener Fragestellungen bisher als unzureichend untersucht gelten.

Da es bislang keine einheitliche Vorgehensweise bei der Prüfung des räumlichen Sehens gibt, sind die erzielten Ergebnisse häufig nicht miteinander vergleichbar (s. auch S. 125). Als Extrembeispiele können das Entfernungsschätzen gegenüber dem Bestimmen des Tiefensehschärfewinkels ange-

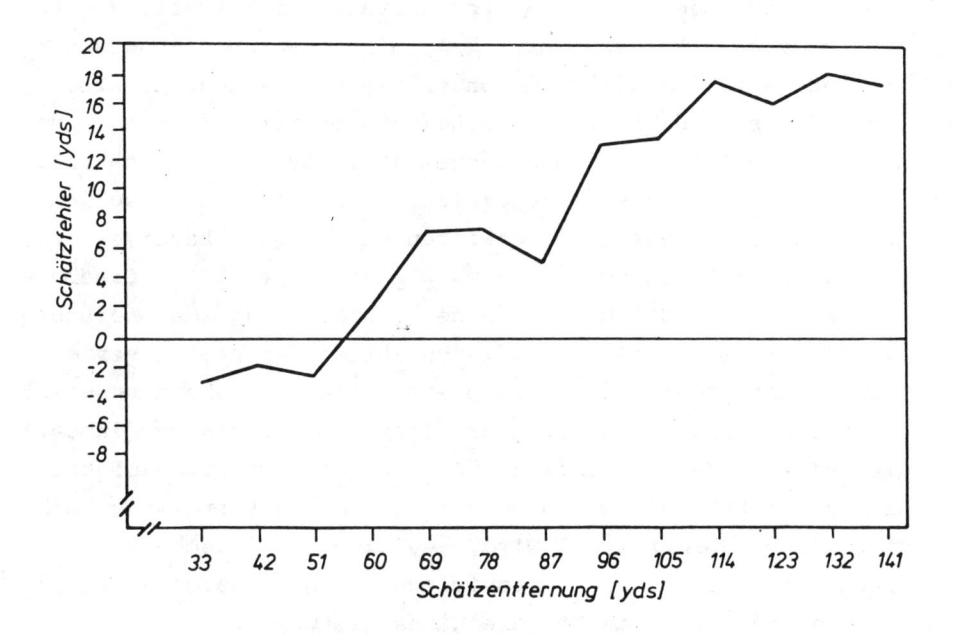

Abb. 33: Fehler in der Schätzung unterschiedlicher Entfernungen (nach COCKERILL/CALLINGTON 1981).

führt werden. Während bei ersterem eine sehr komplexe Fähigkeit unter starker Beteiligung von spezifischen Erfahrungen überprüft wird, kann bei letzterem eher angenommen werden, daß ein relativ "reines" sinnesphysiologisches Merkmal erfaßt wird. Um die erforderliche Vergleichbarkeit zwischen Untersuchungen herzustellen, sollte möglichst nur eine einzige Methode eingesetzt werden und zwar eine solche, in der nur wenige Einflußgrößen auf das Ergebnis wirken und die gleichzeitig quantitative Daten liefert. Am besten scheint deshalb der Drei-Stäbchen-Test in der Version von STIEBER / TANGE (1971) für die sportwissenschaftliche Forschung geeignet zu sein. MESTER (1985, 423) stellt hierzu noch eine vereinfachte Ausführung vor, die sich v.a. durch eine geringere Bautiefe auszeichnet (50 cm; vgl. Abb. 32, S. 127).

Außerdem wurden in den vorgefundenen Untersuchungen nicht selten wenig geeignete sportmotorische Bezugskriterien herangezogen, wie z.B. Freiwürfe im Basketball, die bekanntermaßen - insbesondere bei niedrigem Könnensstand - starken Zufallseinflüssen unterliegen. Die unsystematische Variation solcher Kriterien schließt von vornherein das Aufdecken möglicher Zusammenhänge aus. Es ist grundsätzlich sehr viel Wert auf eine detaillierte Analyse der möglichen leistungsbeeinflussenden Faktoren zu legen, bevor ein Befund interpretiert werden kann, wie das angeführte Ergebnis von MESTER (1985) bezüglich des Zusammenhangs der Leistung im "Trefftest" und des Tiefensehschärfewinkels verdeutlicht. Auf niedrigem **tennisspezifischem** Leistungsniveau ist offensichtlich das Ausmaß der Technikbeherrschung (noch?) die entscheidende Einflußgröße auf die Tretfgenauigkeit. Erst auf hohem Leistungsniveau, auf dem die sportliche Technik sicher beherrscht wird, besitzen spezifische Wahrnehmungsfähigkeiten einen - empirisch nachweisbaren - Effekt auf die Präzision von Koordinationsleistungen.

Die Fähigkeit zur Tiefenwahrnehmung stellt aufgrund theoretischer Überlegungen für viele Sportarten eine Voraussetzung für das Erreichen eines höheren Leistungsniveaus dar (vgl. Tab. 11, S. 131). Hierbei ist in erster Linie von einer Mindest-Leistungsfähigkeit zur Differenzierung von Tiefenausdehnungen auszugehen, um die sportart- oder bewegungsspezifischen Anforderungen hinreichend gut erfüllen zu können. Je besser aber der Tiefensehschärfewinkel ist, desto kleiner dürfen auch Tiefenverlagerungen von Körperteilen z.B. eines Gegenspielers sein, um vom Sportler als solche wahrgenommen und für die Bewegungsantizipation genutzt werden zu können. Die entsprechenden Vorteile sind offensichtlich. Analoges gilt für die Bewegungsbeurteilung. Je feiner die Tiefendimension von Bewegungen wahrgenommen wird, desto präziser werden die Aussagen zu diesem Aspekt sein können, z.B. bei frontaler Beobachterposition zum Sportler zur Weite einer Ausholbewegung.

Quantitativ begründete Aussagen zur **Trainierbarkeit** der Tiefenwahrnehmung, die KRESTOWNIKOW (1953) "mit Einschränkungen" als gegeben ansieht, sind beim derzeitigen Kenntnisstand nicht möglich.

2.5. Dynamische Sehschärfe

Im Sport lassen sich viele Situationen finden, in denen die Fähigkeit des visuellen Systems leistungsbestimmend ist, ein sich bewegendes Objekt mit den Augen so zu verfolgen, daß sein Abbild für einen genügend langen Zeitraum in die Nähe der Fovea fällt, um die gewünschte Information extrahieren zu können.

Eine einheitliche Begriffsbestimmung für diese Fähigkeit, die man allgemein als **dynamische Sehschärfe** bezeichnet, existiert bis heute nicht. Die nähere Erläuterung dessen, was man unter dynamischer Sehschärfe zu verstehen hat, wird sehr stark operational, d.h. vom jeweiligen **Untersuchungsansatz**, bestimmt. So definieren die "Pioniere" in diesem Forschungsbereich, LUDVIGH und MILLER (1953; 1954; 1958; 1962), die dynamische Sehschärfe als die Fähigkeit eines Beobachters, ein Detail eines Objekts im Sehfeld zu entdecken, während zwischen ihm und dem Objekt Relativbewegung besteht (LUDVIGH/MILLER 1953). Sie begreifen die dynamische Sehschärfe als "grundlegende physiologische Funktion" (MILLER/LUDVIGH 1962). Als Konsequenz richten sich ihre Untersuchungen in erster Linie auf die Fähigkeit, bei vorgegebenen Winkelgeschwindigkeiten, die durchweg gering sind (10-70°/s, seltener bis 110°/s), ein **möglichst kleines** 'kritisches' Detail zu erkennen. D.h., hier steht wie bei der statischen Sehschärfe die optische Auflösungsfähigkeit des Auges im Vordergrund (vgl. auch BURG/HULBERT 1961).

Versteht man dagegen die dynamische Sehschärfe als die Fähigkeit, ein (größenmäßig konstantes) Sehobjekt bei **möglichst hoher** Winkelgeschwindigkeit fehlerfrei zu diskriminieren, so liegt der Schwerpunkt mehr auf der Leistungsfähigkeit des okulo-motorischen Systems (vgl. SANDERSON 1981; TIDOW 1985).

Für den Sport entspricht die zuletzt genannte Auffassung sehr viel eher den Anforderungen an das visuelle System als die zuerst genannte. Es geht im Sport nicht in erster Linie darum, zur statischen Sehschärfeprüfung analoge 'Mikro-Entscheidungen' oder '-Unterscheidungen' bei sich ständig verändernder Objektgröße vorzunehmen, sondern z.B. darum, einen Ballweg oder ein Bewegungsmerkmal auch bei höheren Geschwindigkeiten noch fehlerfrei wahrzunehmen, um entsprechend (re)agieren zu können. Es kommt meist nicht darauf an, sehr kleine Objekte zu identifizieren (5-20 Bogenminuten), sondern den Blickkontakt auch bei sehr hohen Winkelgeschwindigkeiten (200-300°/s) noch aufrechterhalten bzw. wiederherstellen zu können (TIDOW 1985).

Die dynamische Sehschärfe hängt von einer Reihe von **Einflußgrößen** ab. Dies sind grundsätzlich alle Faktoren, die sich auf die Geschwindigkeit und Genauigkeit der elementaren Augenbewegungen auswirken (s. Kap. 2.3.4.). Besonders hervorzuheben sind an dieser Stelle nochmals die **Beleuchtungsbedingungen**, die **Größe des kritischen Details** und die **Vorhersehbarkeit der Objektbewegung** durch den Beobachter.

Ein Zusammenhang mit der **statischen Sehschärfe** läßt sich nur bei sehr geringen Winkelgeschwindigkeiten oder in Verbindung mit großen 'kritischen' Details nachweisen (z.B. bei BURG/HULBERT 1961; WEISSMAN/FREEBURNE 1965; BURG 1966). Je mehr die Winkelgeschwindigkeit steigt, desto geringer wird dieser Zusammenhang. Die maximale Winkelgeschwindigkeit, bei der ein unverändertes kritisches Detail noch erkannt werden kann (bei TIDOW und Mitarbeitern z.B. die Lage der 10 Bogenminuten großen Öffnung eines Landolt-Rings), läßt sich nach übereinstimmenden Befunden jedoch nicht angemessen über die statische Sehschärfe voraussagen (vgl. z.B. READING 1972; FERGENSON/SUZANSKY 1973; SANDERSON/WHITING 1974; 1978; TIDOW u.a. 1985). Dies gilt auch schon bei mitt-

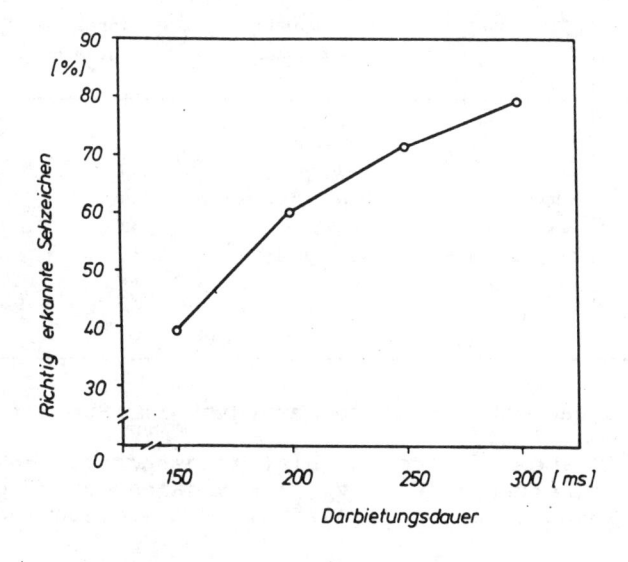

Abb. 34: Zusammenhang von Darbietungsdauer und dynamischer Sehschärfe (nach SANDERSON/WHITING 1974, 91). Winkelgeschwindigkeit des Sehobjekts : 100°/s.

leren Winkelgeschwindigkeiten, wenn der Kopf fixiert ist, also nur Augenbewegungen zur Verfolgung des Sehobjekts eingesetzt werden können, wie eine vergleichende Untersuchung von BURG/HULBERT (1961) zeigt.

Eine wesentliche Einflußgröße auf die dynamische Sehschärfe ist nach SANDERSON/WHITING (1974) - bei gegebener Winkelgeschwindigkeit - die **Darbietungsdauer** des Sehobjekts, d.h. die zur Verfügung stehende Zeit, um das Objekt "einzufangen" und hinreichend lang foveal abzubilden (vgl. Abb. 34). Für die Bewegungsbeobachtung im Sport ist diese Tatsache von großer Bedeutung, denn die Realisationsdauer einzelner Bewegungsteile ist bei vielen sportlichen Techniken sehr kurz (z.B. bei Sprüngen, Würfen, Stößen, Schlägen). Die kurze Beobachtungszeit in Verbindung mit hohen Winkelgeschwindigkeiten kann leicht zu einer Überforderung der visuellen Leistungsfähigkeit des Beobachters führen (vgl. hierzu die Beispiele in Tab. 12).

Disziplin/ Sportart	Phase	Objekt/ Bezugspunkt	Sehwinkel in Bogenmin.	v_{max} in m/s	w_{max} in °/s
Sprint	Vorderschwung	Schwungknie	50	20	115
Kugelstoß	Ausstoß	Stoßhand	40	14	80
Hürdensprint	Landung	Schwungfußspitze	20	18	103
Speerwurf	Abwurf	Wurfhand	40	31	176
Volleyball	Schmetterschlag	Schlaghand	40	28	160
Tennis	Flug (Aufschlag)	Ball	21	70	401
Wasserspringen	Eintauchen	Fuß-Spitze	20	15	86

Tab. 12: Dynamische Sehanforderungen im Sport (nach TIDOW u.a. 1985, 357).
Angaben aus dem Hochleistungssport; Beobachtungsentfernung: 10 m; v_{max}: Maximalgeschwindigkeit des Sehobjekts; w_{max}: maximale Winkelgeschwindigkeit.

Einfluß auf die dynamische Sehschärfe übt nach BARMACK (1970) auch das **"parafoveale Sehen"** (2-5°) aus. Dies steht in Übereinstimmung mit der Erkenntnis, daß die Genauigkeit eines Blicksprungs von der Genauigkeit abhängt, mit der das Sehziel im peripheren Sehbereich lokalisiert wird.

Ein weiteres Bestimmungsmerkmal der dynamischen Sehschärfe scheint die **Bewegungsrichtung** zu sein. Nach MILLER/ LUDVIGH (1962) ist es schwieriger, horizontal bewegten Objekten mit den Augen zu folgen als vertikal bewegten. TIDOW (1985) berichtet, daß bei Objektbewegung von links nach rechts höhere Werte für die dynamische Sehschärfe gemessen wurden als bei der umgekehrten Bewegungsrichtung. Von links nach rechts ausgeführte Augenbewegungen entsprechen in der Regel dem Lesevorgang, so daß deshalb in dieser Richtung möglicherweise eine bessere koordinative Leistungsfähigkeit der Okulomotorik vorliegt. TIDOW (1985) schließt allerdings nicht aus, daß dieser Leistungsabfall durch testbedingte Ermüdungseinflüsse zustande gekommen sein könnte.

Schließlich sei noch auf die augenscheinlich bestehende Abhängigkeit der dynamischen Sehschärfe vom **Alter** und vom **Geschlecht** der Probanden hingewiesen. Vermutlich nimmt sie im Verlauf des Kindesalters zu, wie die Untersuchungsergebnisse von CRATTY u.a. (1973) an 475 Fünf- bis Zwölfjährigen nahelegen (zit. nach SANDERSON 1981). Im Altersgang fällt sie dann allmählich wieder ab (BURG 1965; SCHÄFER u.a. 1973; SPOONER u.a. 1980; s. auch TIDOW 1985; TIDOW u.a. 1987). Eine höhere dynamische Sehschärfe bei männlichen Testpersonen ermittelten bereits BURG/HULBERT 1961). Zu gleichlautenden Befunden kamen CRATTY u.a. (1973; nach SANDERSON 1981) auch bei ihrer Untersuchung mit Kindern im Alter von 5-12 Jahren. TIDOWs Ergebnisse (1985) weisen ebenfalls in die gleiche Richtung.

Bei allen Untersuchungen zur dynamischen Sehschärfe wird von großen Streuungen der Ergebnisse berichtet. TIDOW u.a. (1985) fanden beispielsweise in einem Kollektiv von Sportstudenten (n=46) einen Mittelwert von $\bar{x}$ = 200°/s mit einer

Standardabweichung von s_x = ±43,3°/s bei einem Minimum von 140°/s und einem Maximum von 320°/s. D.h., der Proband mit der höchsten dynamischen Sehschärfe erreichte einen mehr als doppelt so hohen Wert wie derjenige mit der geringsten. Solche extremen Unterschiede sind keine Seltenheit (vgl. z.B. auch TIDOW u.a. 1987 mit 160°/s gegenüber 340°/s). Schon LUDVIGH und MILLER kommen in ihren Arbeiten aufgrund dieser Tatsache zu dem Schluß, daß es wahrscheinlich "geschwindigkeits-empfindliche" und "geschwindigkeits-resistente" Probanden gibt, d.h. solche, die bereits bei einer relativ geringen Geschwindigkeitszunahme Schwierigkeiten haben, dem Sehobjekt mit den Augen präzise zu folgen, und solche, die einen wesentlich höheren Grenzbereich besitzen, ab dem eine weitere Steigerung der Objektgeschwindigkeit nicht mehr okulo-motorisch kompensiert werden kann (vgl. Abb. 35).

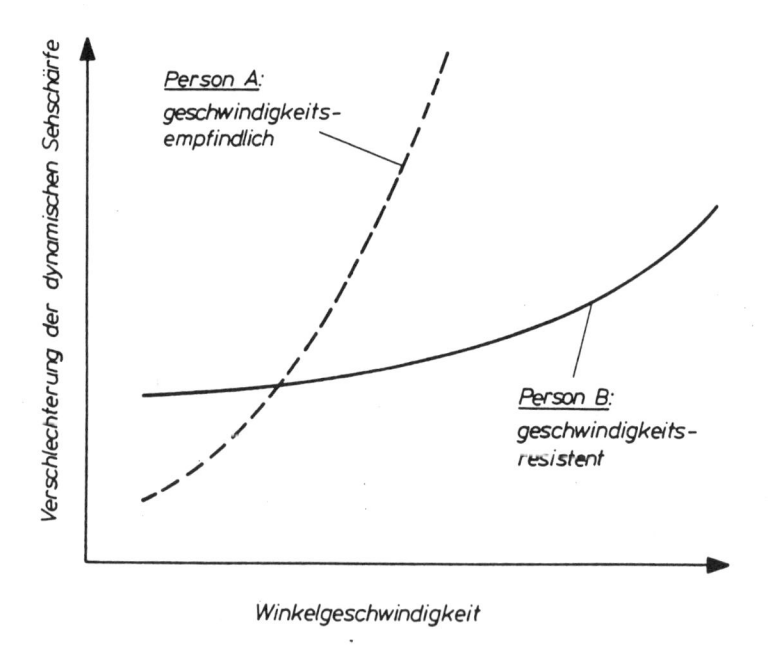

Abb. 35: Schema zur individuellen Resistenz der dynamischen Sehschärfe gegenüber zunehmender Winkelgeschwindigkeit des Sehobjekts (nach SANDERSON 1981, 67).

SANDERSON (1981) weist jedoch ausdrücklich darauf hin, daß es aber nicht möglich sei, aus dem Leistungsabfall bei niedrigen Winkelgeschwindigkeiten den individuellen Maximalwert der dynamischen Sehschärfe abzuleiten (vgl. Abb. 35).

Die tatsächlichen Ursachen für diese große interindividuelle Variationsbreite der dynamischen Sehschärfe sind noch nicht bekannt. Hypothetisch ist ein Zusammenhang mit der Kontraktilität der äußeren Augenmuskulatur, die für die synchrone Bewegung der Augäpfel zuständig ist, denkbar. Aus diesem Grund führten TIDOW u.a. (1987) einen "Sakkadentest" durch, bei dem der Zeitbedarf für 30 Blicksprünge zwischen zwei 90° auseinanderliegenden Fixationsorten gemessen wurde (bei fixiertem Kopf). Es ergab sich keine signifikante Korrelation zwischen der dynamischen Sehschärfe und dem Sakkadentest. TIDOW u.a. (1987) schließen aus diesem Befund, daß die große Streubreite eher auf ein sehr unterschiedlich ausgeprägtes "visuell-koordinatives Leistungsvermögen" zurückzuführen ist als auf eine interindividuell stark variierende Kontraktilität der Augenmuskulatur. Dieser Koordinationsaspekt bezieht sich aber weniger auf das "intermuskuläre Zusammenspiel" als "vielmehr auf die Interaktion von sakkadischen und gleitenden Augenbewegungen" (TIDOW u.a. 1985, 356). Möglicherweise beherrschen Personen mit hoher dynamischer Sehschärfe die notwendige, direkt ineinanderübergehende Verbindung von Blicksprung und (kurzer) Augenfolgebewegung, also den "ballistisch-phasischen Übergang", fließender und damit besser als solche mit geringer dynamischer Sehschärfe (TIDOW u.a. 1985, 356).

Die dynamische Sehschärfe ist wahrscheinlich weder ein eindimensionales noch von anderen Parametern unabhängiges Merkmal der visuellen Leistungsfähigkeit. Bei der **dreidimensionalen** Bewegungswahrnehmung ist die **dynamische Tiefensehschärfe** von großer Bedeutung, wie DUNLOP u.a. (1980) besonders unterstreichen. Ihre Qualität reduziert sich drastisch, wenn eine "Disparitätszone" von 2-3 Bogenminuten überschritten wird und/oder die Geschwindigkeit der retinalen Bildverschiebung 2°/s übersteigt (WESTHEIMER/McKEE 1978). Kann sich das visuelle System also z.B. auf einen heranfliegenden Ball nicht rechtzeitig mittels einer Konvergenzbewegung einstellen oder ihm mit den Augen nicht präzise genug folgen, verschlechtert sich die Tiefenwahrnehmung und damit die Ballberechnung deutlich. Für die Entfernungsschätzung bei bewegten Objekten sind außerdem räumliche Bezugssysteme äußerst wichtig (FABER/McCONKIE 1979).

Sportbezogene Untersuchungen zur dynamischen Sehschärfe liegen nur sehr wenige vor. Ein Grund hierfür ist vermutlich das technisch relativ aufwendige Forschungsinstrumentarium (vgl. hierzu z.B. SANDERSON 1981; TIDOW 1985). Auf die Bedeutung der dynamischen Sehschärfe für Sportarten, die hohe visuelle Anforderungen an die Athleten stellen (z.B. die Sportspiele), haben vor längerer Zeit bereits BEALS u.a. (1971) hingewiesen. Im englischsprachigen Raum sind in erster Linie die Arbeiten von SANDERSON und WHITING zu diesem Problem hervorzuheben (vgl. auch SHERMAN 1981). In der deutschen sportwissenschaftlichen Forschung befaßt man sich erst seit wenigen Jahren in einer einzigen Arbeitsgruppe, nämlich TIDOW und Mitarbeiter, mit der Untersuchung der dynamischen Sehschärfe.

Bei der geringen Zahl von Untersuchungen, die überdies z.T. mit unterschiedlicher Methodik durchgeführt wurden, ist die allgemein übereinstimmende Tendenz der Ergebnisse (vgl. Tab. 13) auffallend.

Sportler, die hohen dynamischen Sehanforderungen ausgesetzt sind, insbesondere die Sportspieler(innen), erweisen sich anderen Sportlern bezüglich der dynamischen Sehschärfe als überlegen (TIDOW u.a. 1985; 1987). Sie sind demnach als "geschwindigkeits-resistenter" einzuschätzen als beispielsweise Individualsportler. Außerdem gehen in allen bekannten, diesbezüglichen Untersuchungen höhere sportspezifische

Koordinationsleistungen mit besseren Werten in der dynamischen Sehschärfe einher (vgl. BEALS u.a. 1971; BURG 1972; SANDERSON/WHITING 1974; 1978; MORRIS/KREIGHBAUM 1977; WHITE 1977; TIDOW u.a. 1987; vgl. Tab. 13).

Dieser Sachverhalt legt die Frage nach der **Trainierbarkeit** der dynamischen Sehschärfe nahe. Ob die gefundenen Unterschiede ursächlich auf "genetische Determination" oder aber auf "belastungsinduzierter Adaptation" beruhen oder ggfs. auf einer Kombination beider Größen, kann allerdings nur über entsprechende Längsschnittuntersuchungen beantwortet werden (TIDOW u.a. 1985).

Hierzu sind lediglich zwei Befunde bekannt. LUDVIGH/MILLER (1954) fanden in ihrem Trainingsprogramm bei einer Winkelgeschwindigkeit von 20°/s nur geringe Verbesserungen, bei 110°/s dagegen relativ große. Dies ist nicht besonders verwunderlich. Je näher das zu identifizierende bewegte Objekt an die 'Minimum-Separabile-Grenze' herankommt, die bekanntermaßen u.a. durch die Zapfendichte in der Fovea physiologisch bestimmt wird und damit unveränderbar ist, desto unwahrscheinlicher ist ein Trainingseffekt.

Die Zwischenergebnisse aus einem Projekt von TIDOW (1985), in dem das "Sehtraining" mit vielen und hochintensiven Reizsetzungen analog zu den Prinzipien des leichtathletischen Schnelligkeitstrainings und damit unter Berücksichtigung deutlich höherer Winkelgeschwindigkeiten durchgeführt wurde, lassen eine Trainierbarkeit der dynamischen Sehschärfe vermuten. Die in einem Zwischentest gegenüber dem Eingangswert ermittelte Steigerung von $\bar{x}_1 = 229(\pm 37.2)$°/s auf $\bar{x}_2 = 306(\pm 42)$°/s ist hochsignifikant. Besonders interessant ist hierbei die Tendenz, daß Probanden mit niedrigen Anfangswerten höhere Verbesserungsraten erzielten. TIDOW (1985, 23) folgert daraus, daß bei auf die Sportpraxis ausgerichteten Bestimmungen der dynamischen Sehschärfe zwar auch zwischen "geschwindigkeits-resistenten" und "geschwin-

Autor	Untersuchungsgegenstand	Vpn	Ergebnisse
BEALS/MAYYASI/ TEMPLETON/JOHNSTON (1971)	Zusammenhang zwischen Wurfleistung im Basketball und dyn. Sehschärfe	9 Basketballspieler einer Universitätsmannschaft	Hohe Korrelation zwischen der dyn. Sehschärfe und den Feldkorbwürfen (r=.76; p<.01)
BURG (1972) (n. SANDERSON 1981)	Zusammenhang zwischen Trefferleistung im Baseball und dyn. Sehschärfe	8 Baseballspieler einer Universitätsmannschaft	"Hohe Korrelation"
SANDERSON/WHITING (1974; 1978)	Zusammenhang zwischen stat. und dyn. Sehschärfe sowie der Leistung in einer "Ballfang-Aufgabe" bei verschieden langen Beleuchtungszeiten des Sehobjekts sowie des Balls	30 Studenten	Eine Reihe von sign. Korrelationen zwischen den Werten zur dyn. Sehschärfe und der "Ballfang-Aufgabe" (r=.30-.45;p<.05) besonders bei hohen Winkelgeschwindigkeiten; keine sign. Korrelation mit stat. Sehschärfe
MORRIS/KREIGHBAUM (1977)	Vergleich der dynamischen Sehschärfe zwischen Basketball- und Volleyballspielerinnen bzw. Basketballspielerinnen von Universitätsmannschaften verschiedener Leistungsstärke (bei verschiedenen Winkelgeschwindigkeiten des Sehobjekts)	10 Basketballerinnen 11 Volleyballspielerinnen von Universitätsmannschaften	Keine Unterschiede zwischen Basket- und Volleyballerinnen; bis zu einer Objektgeschwindigkeit von 15 rpm teilweise Beziehungen zur Wurfleistung (Feldkörbe: p<.01; Freiwürfe: p<.05)
WHITE (1977) (n. TIDOW 1985)	Zusammenhang zwischen Leistungsniveau im Baseball und der dyn. Sehschärfe	Baseballspieler	"Signifikante Korrelation"
TIDOW (1985) (sonst wie TIDOW u.a. 1987)	Trainierbarkeit der dyn. Sehschärfe; 3 Trainingseinheiten wöchentlich	18 Sportstudenten	Im "Zwischentest" nach 15 Trainingseinheiten Verbesserung von $\bar{x}$=229°/s auf 306°/s (p<.001); Tendenz zu größerer Steigerung bei Vpn mit niedriger Ausgangsleistung
TIDOW/WÜHST/DE MARÉES (1985)	Unterschied in der dyn. Sehschärfe zwischen Sportlern verschiedener Disziplinen sowie zwischen Trainern und Nicht-Trainern	100 Sportstudenten	Höherer Mittelwert bei Sportspielern gegenüber Individualsportlern (p<.05); Kein Unterschied zwischen Trainern und Nicht-Trainern
TIDOW/BRÜCKNER/ DE MARÉES (1987)	Zusammenhang zwischen sportartspezifischem Leistungsniveau und dyn. Sehschärfe	6 Weltklasse-Tennisspieler 6 Linienrichter (gleichzeitig aktive Tennisspieler)	Große Überlegenheit der Weltklasse-Spieler ($\bar{x}$=270°/s vs. 203°/s; p<.001)
	Dto., außerdem Alter- und Geschlechtsabhängigkeit der dyn. Sehschärfe	24 erw. Badmintonspieler (innen) 24 jugendliche Badm.sp. 24 jugendl. Nicht-Sportspieler	Überlegenheit der jugendl. Spieler (innen) vs. erw. Spieler(innen) sowie Nicht-Spieler(innen) ($\bar{x}$=243°/s vs. 208°/s und 202°/s; p<.05) Tendenz zu höheren Werten bei männl. Vpn

Tab. 13: Sportbezogene Untersuchungen zur dynamischen Sehschärfe.

digkeits-unempfindlichen" Probanden unterschieden werden kann, "es jedoch durch gezieltes Training offenbar gelingt, die Gruppenzugehörigkeit 'nach oben' hin zu durchbrechen und eine gewisse 'Geschwindigkeits-Immunität' zu erlangen".

Für die Bewegungsbeurteilung im Sport ist dieser Befund von großer Wichtigkeit. Bezieht man zwei weitere Untersuchungsergebnisse von TIDOW und Mitarbeitern mit ein, nach denen bei Trainern keine höheren Werte in der dynamischen Sehschärfe als bei Nicht-Trainern gefunden wurden (TIDOW u.a. 1985) und nach denen Linienrichter im Tennis erheblich schlechtere Werte aufwiesen als Weltklasse-Tennisspieler (TIDOW u.a. 1987; vgl. Tab. 13), so läßt sich die Forderung nach einem systematischen Sehtraining für Trainer, Kampfrichter, Schiedsrichter usw. ableiten. Offensichtlich sind die "Routinebelastungen" in Training und Wettkampf für diese Personengruppen nicht intensiv genug, um solche Adaptationen zu bewirken, daß sie "dynamische Sehleistungen" erbringen können, die mit denen aktiver Sportler vergleichbar sind.

2.6. ZUSAMMENFASSUNG

Eine optimale visuelle Informationsaufnahme ist die Voraussetzung für eine aufgabengerechte, fehlerfreie Bewegungsbeurteilung. Die Qualität der Informationsaufnahme wird von einer Reihe von sinnesphysiologischen Parametern bestimmt, wobei die tatsächlichen Anforderungen an das visuelle System stark von den jeweiligen sehobjektabhängigen Bedingungen beeinflußt werden.

1. Als die wichtigsten **sinnesphysiologischen Größen** sind die folgenden zu nennen.

Die (statische) **Sehschärfe**, die im wesentlichen das räumliche Auflösungsvermögen, d.h. die Fähigkeit zur Detailwahrnehmung bei statischen und langsam bewegten Sehobjekten ausmacht. Sie ist in der Fovea, also im Bereich der Blickfixation am größten und nimmt zur Netzhautperipherie hin sehr schnell ab.

Die Fähigkeit, in der **Netzhautperipherie** Information aufnehmen zu können, wird auch als **peripheres Sehen** bezeichnet. Dabei muß aber zwischen der absoluten Größe des Gesichtsfeldes und der Fähigkeit unterschieden werden, innerhalb des peripheren Gesichtsfeldes spezifische Reizmerkmale wie Farbe oder Bewegung indentifizieren zu könnnen.

Die **Hell-Dunkel-Adaptation**, d.h. die Anpassung des visuellen Systems an wechselnde Beleuchtungsbedingungen, erfolgt über zwei Mechanismen. Die **Lichtreaktion der Pupille** ist ein relativ schneller Anpassungsvorgang, der aber im Vergleich zur sehr langsam ablaufenden **Dunkeladaptation der Netzhaut** nur ein verhältnismäßig geringes Absinken der Umfeldleuchtdichte ausgleichen kann. Die Helladaptation verläuft bei beiden Mechanismen erheblich schneller als die Dunkeladaptation.

Die **Akkommodationsvorgänge** des Auges dienen der Scharfeinstellung des fovealen Abbildes eines fixierten Objekts. Der Vorgang der Scharfeinstellung dauert verhältnismäßig lang (insgesamt ca. 1 s). Das Auge befindet sich ab ca. 6 m Entfernung zum Sehobjekt in entakkommodiertem Zustand. Die Nahpunktentfernung, d.h. der minimale Abstand, bei dem noch eine scharfe Abbildung möglich ist, vergrößert sich im Altersgang.

Die Ausrichtung der beiden optischen Achsen auf Fixationspunkte in verschiedenen Entfernungen mittels **Vergenzbewegungen** der Augen weist einen ähnlich großen Zeitbedarf auf wie die Akkommodation. Sie ist funktionell und neuronal eng verflochten mit den Adaptations- und Akkommodationsvorgängen zur retinalen Bildeinstellung.

Die beiden elementaren **gleichsinnigen Augenbewegungen**, auch **Blickversionen** genannt, sind die Sakkaden und die gleitenden Augenfolgebewegungen. Sie besitzen die Hauptfunktion, das Bild eines Objekts - in Verbindung mit Kopf- und Körperbewegungen - in den schärfsten Sehbereich zu rücken und dort zu halten. Die wesentlichen Vorteile der **Sakkaden** liegen in ihrer hohen Winkelgeschwindigkeit und der Möglichkeit zur willentlichen Auslösung. Ihr Hauptnachteil besteht in der starken Reduzierung der visuellen Informationsaufnahme für ca. 150-200 ms (sakkadische Suppression oder "Totzeit") in Verbindung mit ihrer Auslösung. Die **Augenfolgebewegungen** zeichnen sich dagegen in erster Linie durch eine ununterbrochene Informationsaufnahme aus. Sie können aber nur relativ langsam bewegten Objekten nachgleiten.

Am **räumlichen Sehen** sind sowohl monokulare als auch binokulare Tiefenkriterien beteiligt. Bis zu einer Entfernung von ca. 6 m bestimmen vorrangig die binokularen Kriterien den Tiefeneindruck. Dies sind in erster Linie die Disparität der beiden Netzhautbilder sowie motorische Anteile, vermutlich die Efferenz-Kopien von den Akkommodations- und insbesondere den Vergenzbewegungen. Mit zunehmender Entfernung gewinnen die monokularen Tiefenkriterien mehr an Bedeutung, z.B. perspektivische Verkürzungen, Linienüberschneidungen, Relativbewegung und die scheinbare Gegenstandsgröße bekannter Objekte.

Die **dynamische Sehschärfe** bezeichnet die Fähigkeit zur Detailerkennung bei schnell bewegten Objekten. Sie wird vermutlich hauptsächlich vom visuell-koordinativen Leistungsvermögen bestimmt, d.h. von der Interaktion von Sakkaden und sich unmittelbar anschließenden Augenfolgebewegungen. Je besser eine fließende, ineinander übergreifende Verbindung gelingt, desto höher ist die dynamische Sehschärfe. Ein Zusammenhang mit der statischen Sehschärfe besteht nur bei relativ geringen Winkelgeschwindigkeiten des Sehobjekts. Die dynamische Sehschärfe scheint durch Training veränderbar zu sein.

Bei der Wahrnehmung wirklicher Bewegung ist zwischen zwei Aspekten zu unterscheiden. Entsteht der Bewegungseindruck auf der Basis der Auswertung der retinalen Bildverschiebung eines Reizes, bezeichnet man ihn als **afferente Bewegungswahrnehmung**. Die "Verrechnung" von Augen-, Kopf- und Körperbewegungen bei fortwährender Fixation eines Objekts mittels einer Augenfolgebewegung führt ebenfalls zu einem Bewegungseindruck. Hier spricht man von efferent-kontrollierter oder nur von **efferenter Bewegungswahrnehmung**. Bei höheren Winkelgeschwindigkeiten des Sehobjekts kommt es zur Vermischung beider Wahrnehmungsvorgänge und damit zur **afferent-efferent-gemischten Bewegungswahrnehmung**. Die Bewegungsrichtung kann nur bis zu einer Winkelgeschwindigkeit von 300-400°/s erkannt werden. Die Einschätzung der Bewegungsgeschwindigkeit eines Sehobjekts scheint bei Winkelgeschwindigkeiten bis zu ca. 60°/s mittels Augenfolgebewegungen (efferente Bewegungswahrnehmung) genauer zu sein als über retinale Afferenzen. Geschwindigkeits- und insbesondere Beschleunigungsunterschiede zwischen Objekten sind vom visuellen System schwerer zu identifizieren als lediglich der Zustand "Bewegung".

2. Wichtige **sehobjektabhängige Einflußgrößen** auf die Leistungsfähigkeit des visuellen Systems sind nachfolgend aufgeführt.

Die **Beleuchtungsbedingungen** besitzen in Form der Umfeldleuchtdichte, der Leuchtdichte des Sehobjekts und der Kontrastverhältnisse entscheidenden Einfluß v.a. auf die statische und dynamische Sehschärfe, das periphere Sehen sowie die Tiefen- und die Bewegungswahrnehmung. Schlechte Beleuchtungsbedingungen reduzieren die visuelle Leistungsfähigkeit sehr stark.

Der **Sehwinkel** bzw. die **retinale Abbildungsgröße** ist ein Einflußfaktor auf die Möglichkeit, Details eines Objekts erkennen zu können. Ein großer Sehwinkel erlaubt zwar eine bessere Detailwahrnehmung, kann aber dazu führen, daß für die Identifikation verschiedener Details mehrere Blicksprünge (Sakkaden) ausgelöst werden und dadurch häufiger "Totzeiten" in der Informationsaufnahme entstehen.

Die (retinale) **Winkelgeschwindigkeit** des Sehobjekts, die sich aus der Beobachtungsentfernung und der Objektgeschwindigkeit ergibt, beeinflußt insbesondere die dynamische Sehschärfe, die Tiefenwahrnehmung und die Bewegungswahrnehmung.

Die **Darbietungszeit** steht bei sportlichen Bewegungsabläufen in engem Zusammenhang mit der Winkelgeschwindigkeit. Je größer die Winkelgeschwindigkeit ist, desto mehr verkürzt sich die Darbietungs- bzw. Beobachtungsdauer. Gleichzeitig erhöhen sich die Anforderungen an die visuelle Leistungsfähigkeit. Die Anpassungsmöglichkeiten an ein sich bewegendes Sehobjekt bezüglich der Adaptations- und Akkommodationsvorgänge sowie der Vergenzen sind bei sehr kurzen Darbietungszeiten sehr begrenzt. Damit verschlechtert sich zwangsläufig die retinale Bildschärfe.

Die **Strukturierung des Hintergrundes** hat Bedeutung für die Bewegungswahrnehmung. Sie beeinflußt den Schwellenwert der Entstehung eines Bewegungseindrucks und die Geschwindigkeitseinschätzung. Außerdem erleichtert ein gut strukturierter Hintergrund die Tiefenwahrnehmung.

Die Anforderungen an die visuelle Leistungsfähigkeit übersteigen bei der Bewegungsbeobachtung und -beurteilung im Sport nicht selten die Möglichkeiten des visuellen Systems. Dies gilt besonders dann, wenn hohe Winkelgeschwindigkeiten in Verbindung mit kurzen Darbietungszeiten des Sehobjekts auftreten. Der Versuch, in solchen Fällen die visuelle Informationsaufnahme dadurch zu optimieren, daß möglichst viele Sakkaden in der zur Verfügung stehenden Zeit zu verschiedenen Fixationsorten ausgelöst werden, führt eher zu einem gegenteiligen Effekt. Die Unterbrechung der Informationsaufnahme durch die sakkadische Suppression und die mit den Sakkaden ebenfalls einhergehende jeweilige Löschung der vorherigen Bildwahrnehmung bewirken im Extremfall, daß zwar alle gewünschten Details angeblickt, aber nicht wirklich wahrgenommen werden.

3. PSYCHOLOGISCHE BEDINGUNGEN DER VISUELLEN WAHRNEHMUNG

3.1. EXTRAKTION VON INFORMATION ALS BEDEUTUNGSWAHRNEHMUNG

Wahrnehmung ist oben als eine stark individuell geprägte Aktivität der Person zur Extraktion von Information aus Reizen charakterisiert worden (vgl. S. 30ff). Die Extraktion visueller Information wird sowohl von der Leistungsfähigkeit des peripheren Rezeptors Auge mit den bereits dort ablaufenden ersten Prozessen der Reizverarbeitung (vgl. hierzu Kap. 2) als auch von der zentral-nervösen (Weiter-) Verarbeitung der afferenten Erregungsmuster bestimmt.

Die nachfolgend dargestellte Auffassung von Wahrnehmung orientiert sich stark am Wahrnehmungsmodell von NEISSER (1974; 1979), in dem nicht nur die wesentlichen Komponenten der Wahrnehmung (Selektion und Kodierung) sondern auch die bisherigen theoretischen Ansätze zur Erklärung von Wahrnehmung integriert sind (vgl. hierzu auch SONNENSCHEIN 1986).

In neueren Wahrnehmungstheorien geht man - wie schon bei den gestalttheoretischen Ansätzen (vgl. z.B. KOHL 1956) - davon aus, daß bei diesem Prozeß "das Ich und die Umwelt" wahrnehmungsmäßig untrennbar sind und daß jeder Wahrnehmungsvorgang "Informationen über den Wahrnehmenden wie über die Umwelt vermittelt" (NEISSER 1979, 95, 31; s. auch LEIST 1982, 85ff).

> Beispielsweise extrahiert ein Tennisspieler, der zum Volley ans Netz läuft, aus dem ankommenden Licht nicht nur Information zum Verhalten des Gegenspielers und zur Flugbahn des Balles, sondern auch zu seiner eigenen Position zum Netz sowie aus dem optischen Fließmuster (Rück-)Information zu seiner eigenen Bewegungsrichtung und -geschwindigkeit.

LEIST (1985, 206f) spricht deshalb in Anlehnung an HACKFORT (1983, 34ff) vom **"Transaktionalismus"** der Wahrnehmung, denn Person und Umwelt stehen nicht nur miteinander in Interaktion, sondern bilden **eine** Einheit. Durch die Wahrnehmung wird ein Objekt aus der "physikalischen Umwelt" ein Objekt der "privaten Umwelt" mit spezifischen, subjektiv bedeutsamen Eigenschaften (PRINZ 1983, 30f; LEIST 1984, 19). Dies bedeutet, die physikalischen Eigenschaften eines Wahrnehmungsgegenstandes verschmelzen mit dem erlernten Bedeutungsgehalt einschließlich der sich ergebenden Handlungsmöglichkeiten.

> Angenommen, in der o.g. Situation, in welcher der Tennisspieler zum Volley ans Netz läuft, spielt der Gegner einen erreichbaren Lob. Beherrscht der Spieler die Technik des Schmetterschlags sicher, wird er die sich bietende Möglichkeit, den Ball zu "verwandeln", zu nutzen versuchen. Andernfalls wird er schnell für einen Grundschlag zurücklaufen.

Das angeführte Beispiel macht deutlich, daß Wahrnehmung unmittelbar und primär **Bedeutungswahrnehmung** ist (BISCHOF 1982; PRINZ 1983; vgl. auch LEIST 1983 a; b; 1984; 1985). Für den Wahrnehmenden besteht kein "Rangunterschied" zwischen den direkt wahrnehmbaren (z.B. Flugbahn des Balles) und den abgeleiteten Merkmalen eines Objekts oder einer Situation (z.B. Ball zu hoch, zu schwierig zu schlagen) (PRINZ 1983, 101). Ein Reiz wird erst dadurch verhaltenswirksam, daß ihm über die Verbindung mit gespeicherten "Bezugssystemen" Bedeutung verliehen wird (LEIST 1984) und der Wahrnehmende zu handeln bereit ist.

Diese psycho-ökologische Position entspricht hier der Auffassung der Gestalttheorie. Danach

> "werden die qualitativen und quantitativen Merkmale von Wahrnehmungsgebilden nicht durch lokale Reizung festgelegt, sondern durch ihre Stellung in umfassenden Bezugssystemen, für deren Ausbildung die gesamte augenblickliche Reizkonstellation sowie die im Spurenfeld repräsentierten Gedächtnisinhalte verantwortlich sind" (THOLEY 1984, 20).

Die Feststellung, daß Wahrnehmung primär Bedeutungswahrnehmung, also ein individuell konstruktiver Prozeß ist, heißt nicht, daß sie immer interindividuell unterschiedlich ausfällt. Die "Eingangsinformation hat oft den größten Einzelanteil an der Bestimmung des konstruktiven Prozesses" (NEISSER 1974, 357). Das für die Wahrnehmung eines Objekts oder einer Situation wirksame "Bezugssystem" hängt aber stark vom konkreten Handlungsziel ab.

> Der Tennisspieler aus dem obigen Beispiel, der den Schmetterschlag **nicht** sicher beherrscht, wird auf seine Anwendung in einem Wettkampf und/oder bei knappem Punktestand eher verzichten, weil er einen Fehler vermeiden will. Im Training dagegen wird er Lobs weniger als "Bedrohung" auffassen, sondern vielmehr als Gelegenheit, den Schmetterschlag zu üben, falls dessen Verbesserung Ziel des Trainings ist.

3.1.1. Informationsselektion durch Aufmerksamkeit

> Der Trainer, der wissen will, wie gut der Armeinsatz seines Hochspringers beim Absprung ist, wird die Bewegungsausführung anders beobachten und nicht das gleiche sehen wie der Trainer, der sich zu diesem Zeitpunkt für die Qualität des Schwungbeineinsatzes interessiert.

Da nicht alle Informationen, die ein komplexer Reiz enthält, gleichzeitig aufnehmbar (extrahierbar) sind, macht das Wahrnehmen der jeweils (aufgaben-)relevanten Merkmale **selektive Aufmerksamkeit** erforderlich. NEISSER (1974, 117) versteht unter Aufmerksamkeit "die Zuweisung von Mechanismen der Analyse zu einem begrenzten Teil des Wahrnehmungsfeldes". Nach RAPP (1982, 75) ist "aufmerksam sein" nichts anderes als gezielte Verarbeitung von Information.

Für die Bewegungsbeurteilung von besonderer Wichtigkeit sind die jeweiligen Anforderungen an die **Konzentrations-** und die **Distributionsfähigkeit** in der Aufmerksamkeitszuwendung.[1] Sind z.B. gleichzeitig mehrere Bewegungsmerkmale zu beachten, ist die Fähigkeit zu simultanen Aufmerksamkeitsleistungen, also zur Distribution, ein wesentlicher Faktor.

Die Ausrichtung der Aufmerksamkeit auf einen Ausschnitt des Informationsangebots führt zu einer erhöhten Sensibilität des Organismus mit einer Senkung der Reizschwellen. Damit geht eine Verbesserung der Fähigkeit zur Unterscheidung ähnlicher Reize einher. Die physiologische Ursache hierfür sind von der formatio reticularis ausgehende Aktivierungsprozesse der zur Informationsverarbeitung erforderlichen spezifischen Neuronenverbände in den entsprechenden sensorischen Arealen der Großhirnrinde und die gleichzeitige Hemmung der nicht beteiligten neuronalen Strukturen (vgl. hierzu SOKOLOV 1963; KUPFERMANN 1985).

Visuelle Wahrnehmung läßt sich nach NEISSER (1974) in zwei unterschiedliche Ebenen untergliedern. Auf einer ersten, meist unbewußten Stufe laufen ständig **präattentative Prozesse** ab. Sie dienen der Entdeckung von Objekten, die nachfolgende Mechanismen der **fokalen Aufmerksamkeit** im Detail erfassen und interpretieren müssen.

Die **präattentativen Prozesse** laufen parallel zueinander ab. Die in verschiedenen Netzhautbereichen gleichzeitig verfügbare Information wird ganzheitlich und global verarbeitet. Das Ergebnis ist eine relativ diffuse Abgrenzung der Reizmerkmale der visuellen Szene hinsichtlich Form, Farbe, Helligkeit, ungefähre Lage, Bewegung usw. Durch die auf die-

---

[1] Das Phänomen "Aufmerksamkeit" findet in der Literatur - ähnlich wie der Wahrnehmungsbegriff - trotz einiger grundlegender Übereinstimmungen zu seinem Wesen keine einheitliche Definition. Zur näheren Bestimmung bzw. Abgrenzung unterschiedlicher "Merkmale" ("Eigenschaften") und "Aspekte" der Aufmerksamkeit vgl. z.B. die Übersichtsdarstellungen bei NORMAN (1973), KOSEL (1975), RAPP (1982), PRINZ (1983). Sportbezogene Ausführungen finden sich bei KONZAG (1972; 1975; 1981), SCHUBERT (1981, 122ff), SCHMIDT (1982, 129ff), HÄCKER (1983).

ser vorbereitenden Stufe bereits isolierten Merkmale des visuellen Eingangsmaterials werden auch Kopf- und Augenbewegungen gelenkt, z.B. bei der Identifikation von Bewegung in der Gesichtsfeldperipherie (vgl. Kap. 2.1.3.).

Der allergrößte Teil der so über die Netzhautperipherie gebildeten visuellen "Figuren" bleibt aber unbeachtet und verschwindet unbemerkt wieder. Die Prozesse auf der präattentativen Stufe sind auf die unmittelbare Gegenwart beschränkt, wenngleich das Ergebnis der präattentativen Prozesse für kurze Zeit eine ikonische Speicherung (vgl. hierzu Kap. 3.2.1.1.) erfährt. Werden sie nicht schnell zum zentralen Gegenstand der Aufmerksamkeit gemacht, findet keine weitere Verarbeitung statt, und sie sind schon nach Sekundenbruchteilen nicht mehr verfügbar.

Die **fokale Aufmerksamkeit** ist die Aktivität des Wahrnehmenden zur genauen Analyse der ausgewählten Objekte. Im Gegensatz zu den präattentativen laufen die synthetisierenden Prozesse der Aufmerksamkeit serial ab und benötigen relativ viel Zeit. Der Verlauf der Synthese wird zum Teil durch die objektiven Reizmerkmale bestimmt, ist aber auch von solchen Faktoren wie Erfahrung, Erwartung und Bevorzugung abhängig.

Für NEISSER (1979, 74) gibt es keinen Unterschied zwischen Aufmerksamkeit und Wahrnehmung. Man wählt aus, was man sieht, indem man sich aktiv damit beschäftigt und den Wahrnehmungsgegenstand konstruiert, und nicht, indem man das Konkurrierende ausschließt. Er hebt hervor, daß bis heute keine selbständigen Mechanismen der Aufmerksamkeit gefunden wurden.

Die **Selektion** von Information ist nach NEISSER (1979, 68) kein negativer sondern ein positiver Prozeß. Er lehnt die Annahme der informationstheoretischen Modelle ab, daß mittels eines **Filters** die auf den Organismus auftreffende Informationsflut auf ein verarbeitbares Maß **reduziert** wird, indem wesentliche Merkmale des Reizes hervorgehoben und unwesentliche unterdrückt werden (vgl. z.B. BROADBENT 1964; 1968; CROSSMAN 1964; WELFORD 1970; KLIX 1971; KEELE 1973; MARTENIUK 1975a; 1976). Angesichts der enormen Redundanz komplexer visueller Reize (ATTNEAVE 1974, 128ff) ergibt ein Mechanismus, der dazu dient, irrelevante Reizmerkmale zurückzuweisen, und bei dessen Versagen diese wahrgenommen würden, "physiologisch und biologisch keinen Sinn" (NEISSER 1979, 68). Der Wahrnehmende nimmt nur auf, was er aktiv konstruieren kann.

In der vorliegenden Arbeit wird von den angeführten, inhaltlich nicht klar voneinander abgrenzbaren Begriffen vorzugsweise der der "Wahrnehmung" verwendet. Von "Aufmerksamkeit" wird spezifizierend dann gesprochen, wenn die besondere Beachtung eines Teils des Informationsangebots im Sinne einer **intentionalen** Ausrichtung der Wahrnehmung hervorgehoben werden soll.

3.1.2. Schemata und Wahrnehmungszyklus

Man sieht also ein Objekt nicht deshalb, 'weil es nun einmal da ist', sondern erst nach einem komplexen Konstruktionsprozeß, der im allgemeinen natürlich darauf ausgerichtet ist, relevante Information zum Sehobjekt zu extrahieren. Es ist aber eine Alltagserfahrung, daß derselbe Gegenstand (z.B. ein Bild) oder dasselbe Ereignis (z.B. eine Bewegungsausführung) von verschiedenen Betrachtern sehr unterschiedlich gesehen werden kann.

Nach NEISSER (1979) sind die entscheidenden kognitiven Strukturen, die auf die Selektion und Verarbeitung von visueller Information wirken, die sogenannten antizipierenden **Schemata**. Sie bereiten den Wahrnehmenden darauf vor, bestimmte Informationen eher aufzunehmen als andere.

Der Schemabegriff geht auf BARTLETT (1932) zurück und wurde in jüngerer Zeit von ZIMMER (1983, 169) als "Einheit interner Repräsentationen" durch folgende Merkmale charakterisiert:

Das Schema setzt sich zusammen aus:

1. einer **"Menge von basalen Einheiten"** (in der visuellen Wahrnehmung z.B. Winkel, Linien, Formen);

2. einer **"Menge von Regeln,** denen die basalen Einheiten unterworfen sind" und welche die Wahrscheinlichkeit des Auftretens visueller Muster bzw. Reizkonstellationen bestimmen; diese Regeln sind als aktive Prozesse zu verstehen;

3. eine **"Menge von zulässigen Transformationen,** die das Schema invariant lassen", wie dies z.B. im Konstanzphänomen der Wahrnehmung zum Ausdruck kommt (ein Salto wird als Salto erkannt, egal ob er hoch oder weit, gehockt oder gebückt, vorwärts oder rückwärts gesprungen wird).[1]

Der Wahrnehmende hat viele, untereinander in komplexer Weise verbundene Schemata. Man nimmt an, daß sie insgesamt hierarchisch strukturiert sind. Die allgemeinen, umfassenden Schemata aktivieren durch ihre Einbeziehung in den Prozeß der Informationsaufnahme die spezifischeren, in ihnen eingebetteten Schemata (NEISSER 1979).

Da man nur sehen kann, wonach man zu suchen vermag, bestimmen diese Schemata - zusammen mit der tatsächlich verfügbaren Information -, was man wahrnimmt. Der Wahrnehmende konstruiert ständig Antizipationen bestimmter Informationen, die ihn befähigen, sie aufzunehmen, wenn sie verfügbar werden. Kann Information nicht durch ein aufnahmebereites

---

[1] Reizmerkmale, die bei einer Transformation wahrnehmungsseitig konstant bleiben, werden häufig auch als "Invarianten" bezeichnet (KLIX 1971; GIBSON 1973a; b; 1982; vgl. auch LEGEWIE/EHLERS 1972, 67; GRAF 1977; WAGENKNECHT 1977). LOMOV (1971) spricht in diesem Zusammenhang von "Standards", durch deren "Generalisiertheit" auch das Erkennen bisher unbekannter Objekte erklärt werden kann.

Schema "erschlossen" werden, geht sie ungenutzt vorüber. Das bedeutet jedoch nicht, daß man nur das sehen kann, was man von vornherein im Detail erwartet.

Dieser scheinbare Widerspruch läßt sich durch das Modell des **Wahrnehmungszyklus** lösen (NEISSER 1979). Die vom Wahrnehmenden ausgebildeten Erwartungen leiten seine Erkundungsprozesse (z.B. über Augenbewegungen). Das Ergebnis der ersten Erkundungen, d.h. die aufgenommene Information, kann das ursprüngliche Schema verändern, wenn es auf die verfügbare Information nicht "paßt", oder es spezifizieren, wenn es nur zu einer Grobidentifizierung des gesehenen Objekts ausreicht. Auf diese Weise angepaßt oder verändert, leitet es die weitere Erkundung des Wahrnehmungsobjektes und wird für eine weitere Informationsaufnahme bereit (vgl. hierzu Abb. 36). So kommt es zu einem fortlaufenden Prozeß, in dem das Wahrnehmungsobjekt zunehmend klarer hervortritt und ihm Bedeutung zugemessen wird - falls entsprechende Schemata entwickelt werden. Dies kann wenige Sekundenbruchteile, aber auch mehrere Sekunden dauern, je nachdem ob und wie schnell angemessene Schemata zur Informationsaufnahme gebildet werden können. Wahrnehmung ergibt sich also aus der **Interaktion** von spezifischen Schemata und der tatsächlich verfügbaren Information (NEISSER 1979, 52).

Der Aufbau kognitiver **Erwartungsstrukturen** und entsprechender Gedächtnisrepräsentationen bildet die Grundlage **kontext-bezogener visueller Suchprozesse** (DAUGS u.a. 1982a, 6; s. auch PRINZ/RÜBENSTRUNK 1979). Darüber hinaus ist nur die **erwartungsgeleitete** Komponente der Wahrnehmung **bewußt** kontrollierbar. D.h., in der Regel ist nur diejenige Information, die mittels einer inhaltlichen Erwartungsbildung und -überprüfung als sinnvoll eingeordnet werden kann, dem Bewußtsein zugänglich (vgl. WIMMER/PERNER 1979, 157ff). Die **Bedeutungszuschreibung** ihrerseits ist die Voraussetzung dafür, daß die selegierte Information länger gespeichert wird.

Ein **unerwarteter** Reiz bringt normalerweise den Wahrnehmungszyklus ebenso in Gang wie ein erwarteter. Ob er mit Bedeutung versehen werden kann, hängt allerdings davon ab, wie gut er mit den gebildeten Schemata sinnvoll erschlossen werden kann. Die Schlußfolgerung aus den Überlegungen NEISSERs ist, daß "Erwartungen die Wahrnehmung leiten, aber nicht bestimmen" (1979, 42).

GIBSON hat eine Theorie der Wahrnehmung entwickelt, in der innere Vorgänge keine Rolle spielen. Der Wahrnehmende nimmt danach die visuelle Informationen, die ihm die Umwelt bietet, direkt auf.

Wahrnehmen ist "ein Registrieren ganz bestimmter Dimensionen von Invarianz im Reizfluß und zugleich bestimmter Parameter von Störung. Die Invarianten liegen in der Struktur, und die Störungen sind Änderungen der Struk-

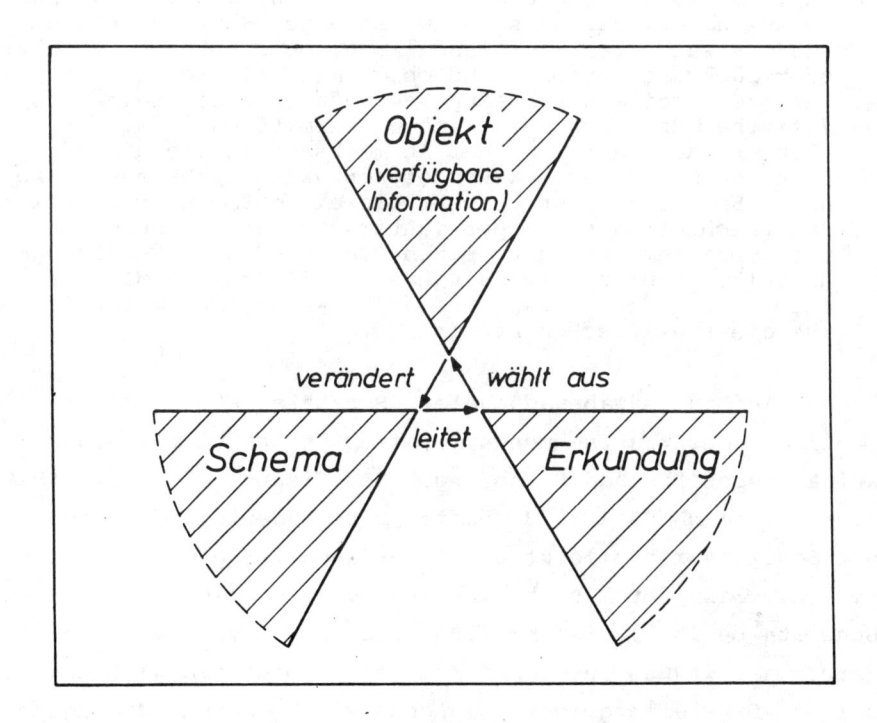

Abb. 36: Der Wahrnehmungszyklus (nach NEISSER 1979, 27).

tur. Die Struktur für den Sehvorgang liegt in der jeweils umgebenden optischen Anordnung" (GIBSON 1982, 269).

Obwohl NEISSER den begrifflichen Rahmen, den GIBSON mit seiner Theorie entwickelt hat, für wertvoll hält, scheint ihm diese Ansicht von Wahrnehmung nicht den tatsächlichen Vorgängen angemessen zu sein, weil sie den Beitrag des Wahrnehmenden selbst zu stark vernachlässigt (1979, 18, 25f). Natürlich ist die Information, die eine richtige Reaktion des Wahrnehmenden bewirkt, im ankommenden Licht enthalten. Es gibt keinen "inneren Wahrnehmungsinhalt" (LEIST/LOIBL 1984, 276). Diese Information ist aus dem Licht, das dem Anfänger zugänglich ist, grundsätzlich ebenso extrahierbar, wie aus dem des Experten. Aber nur der Experte ist dazu ausgerüstet, sie wirklich zu nutzen.

Im Sport ist es ein bekanntes Phänomen, daß der laienhafte Zuschauer, der beispielsweise eine Kür im Eiskunstlauf sieht, zwar erkennen kann, ob ein Sprung vorwärts oder rückwärts erfolgt und ob er mit einfacher, doppelter oder dreifacher Drehung ausgeführt wird. Seine unspezifischen Erfahrungen reichen vermutlich aus, um bei starker Konzentration der Aufmerksamkeit die hierfür geeigneten Schemata im Wahrnehmungszyklus aufbauen zu können. Er wird aber nicht wie ein erfahrener Sportler, Kampfrichter oder Trainer unterscheiden können, ob es sich bei dem Sprung um einen "Salchow" oder "Rittberger" handelt, denn für die Aufnahme und Einordnung der Information zu den entsprechenden Bewegungsmerkmalen fehlen ihm die spezifischen Kenntnisse.

Der Aufbau aufgabenadäquater Schemata - und damit die Qualität des Wahrnehmungsprozesses - beruht vorrangig auf aufgabenspezifischen **Erfahrungen** und **Wissen** (CARR/BACHARACH 1976, 37f; NEISSER 1979, 55ff). Dies bedeutet, der Großteil der Schemata ist **erlernt** und daher auch Veränderungen unterworfen. Daß der Mensch auch angeborene, elementare neurale Schemata besitzt, die ihm z.B. die Kodierung von Formen, Farben, Bewegung usw. auf retinaler Ebene ermöglichen, ist bei der Darstellung der sinnesphysiologischen Bedingungen der visuellen Informationsaufnahme bereits erwähnt worden.

Es ist also nochmals ausdrücklich hervorzuheben, daß die Erfahrungs- und Wissensstruktur einer Person entscheidende Einflußgrößen auf die visuelle Wahrnehmung sind. Je komplexer ein Wahrnehmungsgegenstand ist, desto mehr Gewicht kommt diesen Faktoren zu.

Dieses sogenannte "zyklische Modell der Wahrnehmung" erklärt auch, weshalb bei mehreren, **gleichzeitig dargebotenen Ereignissen** - in Verbindung mit der Einengung der Aufmerksamkeit - eines fast fehlerlos verarbeitet wird: Nur das beachtete Ereignis wird in den Zyklus von Antizipation, Erkundungen und Informationen einbezogen (NEISSER 1979, 74). Daher wird nur dieses gesehen. Die übrigen Ereignisse betreffende Informationen werden überhaupt nicht extrahiert, brauchen also auch nicht ausgefiltert oder zurückgewiesen zu werden.

Versucht der Wahrnehmende - über Distribution der Aufmerksamkeit - mehrere Ereignisse oder Objektmerkmale gleichzeitig zu erfassen, kann dies zum Entstehen einer **Überforderungssituation** und damit dazu führen, daß keines deutlich oder fehlerfrei gesehen wird. Als Ursache für die **begrenzte Fähigkeit zur Informationsaufnahme** ist nach NEISSER (1979, 84f) jedoch nicht die in informationstheoretischen Ansätzen zur Wahrnehmung häufig angeführte **"Kapazitätsgrenze"** zu sehen. Wahrscheinlich besteht eher ein echtes "Informationshindernis" für das Entwickeln unabhängiger und doch ähnlicher, situationsspezifischer Schemata. Die in den Schemata enthaltenen Antizipationen benötigen beim bedeutungsvollen Sehen beachtliche Zeit, so daß es kaum möglich erscheint, neue Informationen dem richtigen der sich überlappenden Schemata zuzuweisen. Die gleichzeitig existierenden Schemata interferieren und können mangels geeigneter Information nicht adäquat auf das Informationsangebot ausgerichtet werden. Die weitere Informationsaufnahme wird dadurch be- oder gar verhindert.

Die Fähigkeit, solche simultanen Schemata aufzubauen und somit mehr Information aus einer komplexen Reizkonstellation extrahieren zu können, hängt augenscheinlich vom **Können** der Person ab, d.h. auch vom Grad der **Übung**, über welche die Person mit gleichzeitig zu bewältigenden Aufgaben verfügt. Eine unumstrittene Erklärung hierfür gibt es bisher nicht. Offensichtlich "operieren" aber zumindest einfachere Schemata auch außerhalb der Aufmerksamkeit auf der Ebene der parallel ablaufenden präattentativen Prozesse (NEISSER 1979, 80).

Die im Wahrnehmungszyklus aufgenommene **Informationsmenge** wird aber nicht nur von der **kognitiven Struktur** des Wahrnehmenden bestimmt (Wissen, Erfahrung, überdauernde Erwartungen usw.), sondern auch von **situativen Faktoren** (vgl. SONNENSCHEIN 1986). Neben den **aktuellen Bedürfnissen, Interessen, Erwartungen** und **Emotionen** ist hier die **aktuelle Befindlichkeit** des Wahrnehmenden zu nennen.

So wirkt sich physische **Ermüdung** auf Wahrnehmungsleistungen ebenso negativ aus (PUNI 1961) wie **starke psychische Beanspruchung** (Stress) (OJA 1975; NIDEFFER 1979; vgl. auch SONNENSCHEIN 1986). Starke physische und psychische Ermüdung beeinträchtigen bereits die Qualität der Informationsaufnahme durch das visuelle System. Umgekehrt kann die Informationsaufnahme über eine angemessene Aktivierung, z.B. durch (physisches) Aufwärmen, verbessert werden (vgl. auch Kap. 2).

Die hier vertretene Auffassung von Wahrnehmung als einem zyklischen, zeitlich ausgedehnten Prozeß, in der die aktive Extraktion der Information durch den Wahrnehmenden ebenso hervorgehoben wird wie die Beeinflußbarkeit des Wahrnehmungsprozesses durch situative Faktoren und seine mögliche Veränderung über Lernprozesse, erlaubt ohne Einschränkungen die Einbeziehung der nachfolgend besprochenen gedächtnispsychologischen Aspekte der visuellen Wahrnehmung.

3.2. GEDÄCHTNISPSYCHOLOGISCHE ASPEKTE

Eine bedeutungsvolle Verarbeitung von aufgenommener Information gelingt nur unter Einbeziehung von schon im Wahrnehmenden vorhandener Information. Um ein Objekt identifizieren zu können, müssen dieses Objekt oder zumindest typische Merkmale dieses Objekts vorher "aufbewahrend" erkannt worden sein; "Wiedererkennung setzt Gedächtnis voraus" (KLIX 1980, 121). Da der Aufbau von Schemata zur Informationsaufnahme Zeit in Anspruch nimmt, müssen die über das Auge "angelieferten" Erregungsmuster zumindest kurzzeitig im Zentralnervensystem in einer weiter verarbeitbaren Form "greifbar" sein. Die genannten Punkte führen zur Annahme von verschiedenen Gedächtnis- oder Speichersystemen, in denen Information für einen mehr oder weniger langen Zeitraum verfügbar bleibt.

In den nachfolgenden Abschnitten werden diese Speichersysteme kurz charakterisiert. Dabei stehen weniger längerfristige Speicherprozesse im Vordergrund, die grundlegend für Lernen sind, sondern kurzzeitige, unmittelbar auf die Genauigkeit und den Umfang der (gegenwärtigen) Wahrnehmung bezogene, welche die Basis für eine kurze Zeit später erfolgende (Re-)Aktion des Wahrnehmenden darstellen (z.B. in Form einer Aussage über die Qualität einer beobachteten Bewegungsausführung).[1]

---

[1] Umfassende Darstellungen zum "Gedächtnis" finden sich z.B. bei NORMAN (1973), FOPPA (1975), LAUDIEN (1977), BADDELEY (1979), SINZ (1979), ROGGE (1981). In Verbindung mit sportbezogenen Fragestellungen vgl. z.B. HELLWING (1977), MESTER (1978), JANSSEN (1983), DAUGS/BLISCHKE (1984), KUHN (1984), SINGER (1985).

3.2.1. Speichersysteme

Der zeitliche Verlauf der visuellen Informationsaufnahme und -verarbeitung wird allgemein als mehrstufiger Prozeß aufgefaßt (DAUGS u.a. 1982a, 8; vgl. auch KUHN 1984, 34ff). Den verschiedenen Stufen oder Phasen können bei der Sinnesmodalität "Sehen" aufgrund zahlreicher Forschungsergebnisse mindestens drei spezifische, zeitlich aufeinanderfolgende Speichersysteme zugeordnet werden (vgl. ATKINSON/SHIFFRIN 1971; HABER/HERSHENSON 1973; KEELE 1973; LOFTUS/LOFTUS 1976; KLIMESCH 1979; SCHMIDT 1985). Abb. 37 veranschaulicht den Informationsfluß im Gedächtnis nach den Vorstellungen von ATKINSON/SHIFFRIN (1971). Tab. 14 gibt eine Übersicht zu wesentlichen Kennzeichen der verschiedenen Speichersysteme (s. S. 178).

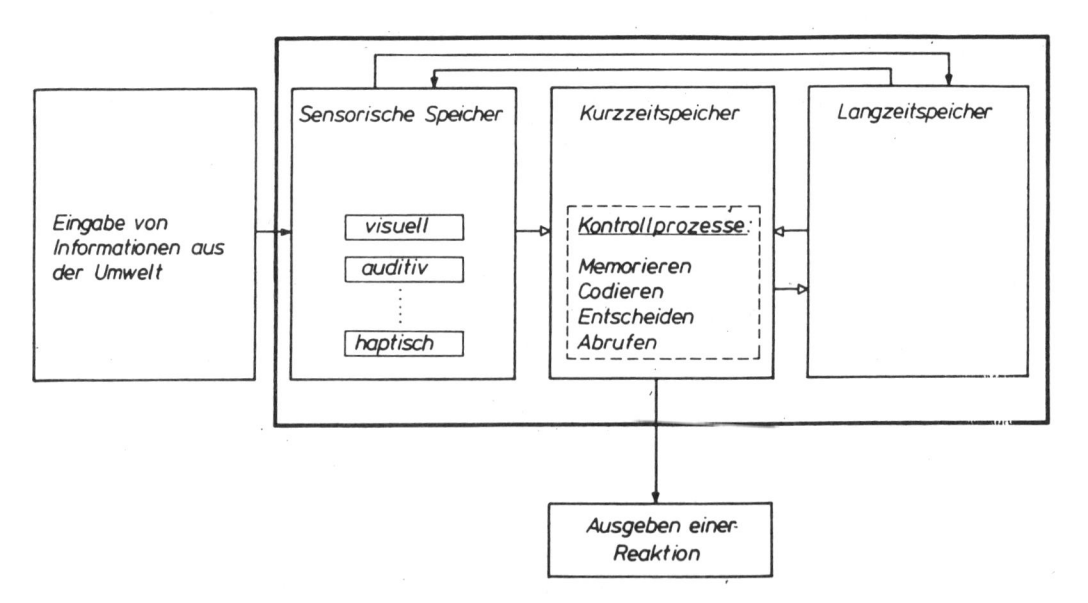

Abb. 37: Modell des Informationsflusses im Gedächtnis nach ATKINSON/SHIFFRIN (1971) (mod. nach BADDELEY 1979, 181; KUHN 1984, 38).

3.2.1.1. Sensorischer (ikonischer) Speicher

Man kann auch sehr kurzen Reizdarbietungen erstaunlich viel Information entnehmen. Nach dem Ergebnis vieler Studien ist dies möglich, weil das retinale Erregungsmuster in fast vollständiger Form auf einer peripheren Ebene des visuellen Systems automatisch für kurze Zeit gespeichert wird und somit auch nach Verschwinden des Reizes für die Einbeziehung in den Wahrnehmungszyklus verfügbar bleibt. NEISSER (1974) nennt diese Form der visuellen Speicherung das **Ikon** und den entsprechenden Speicher das **ikonische Gedächtnis**. In der Literatur wird in synonymer Form auch von Ultrakurzzeitspeicher (JANSSEN 1983), sensorischem Register (ATKINSON/SHIFFRIN 1971) oder sensorischem Speicher (Gedächtnis) (NORMAN 1973) gesprochen. Die Funktion dieser Speicherung besteht darin, den **sensorischen** Informationszufluß aus dem Auge auf einer ersten Stufe zu sichten, zu werten und weiterzuverarbeiten (SCHMIDT 1985). Aus diesem Grund wird hier der Begriff des **sensorischen Speichers** bevorzugt.

Die **Zeitdauer** der sensorischen Speicherung wurde zuerst mit Hilfe von tachistoskopischen Darbietungen (meist Buchstabenmatrizen) und anschließenden Reproduktionsaufgaben untersucht (vgl. z.B. SPERLING 1960; 1963; AVERBACH/CORIELL 1961; AVERBACH/SPERLING 1961; MACKWORTH 1963). Die gefundenen Werte schwanken zwischen 50 ms und mehreren Sekunden, wobei offensichtlich die Kontrastverhältnisse eine bedeutende Rolle spielen. Abb. 38 veranschaulicht das Ergebnis einer frühen Untersuchung von AVERBACH/SPERLING (1961), in der eine Buchstabenmatrix unter zwei experimentellen Bedingungen jeweils 50 ms dargeboten wurde. Unter der einen Bedingung waren das visuelle Vor- und Nachfeld, in die der Reiz eingebettet wurde, ebenso hell wie das Reizfeld selbst, unter der anderen wurde die Buchstabenmatrix auf ein dunkles visuelles Feld projiziert. Das "Abfragen" spezieller Teile der Buchstabenmatrix zu verschiedenen Zeitpunkten sank unter der ersten Bedingung bereits nach 0.5 s auf die Reproduktionsleistung ab, die aus der Weiterverarbeitung der Information im Kurzzeitspeicher resultiert (vgl. Kap. 3.2.1.2.). Die zweite Versuchsbedingung begünstigte vermutlich die **Persistenz** visueller Nachbilder, was zu einer erheblich längeren sensorischen Speicherung führte (vgl. BADDELEY 1979, 222f).

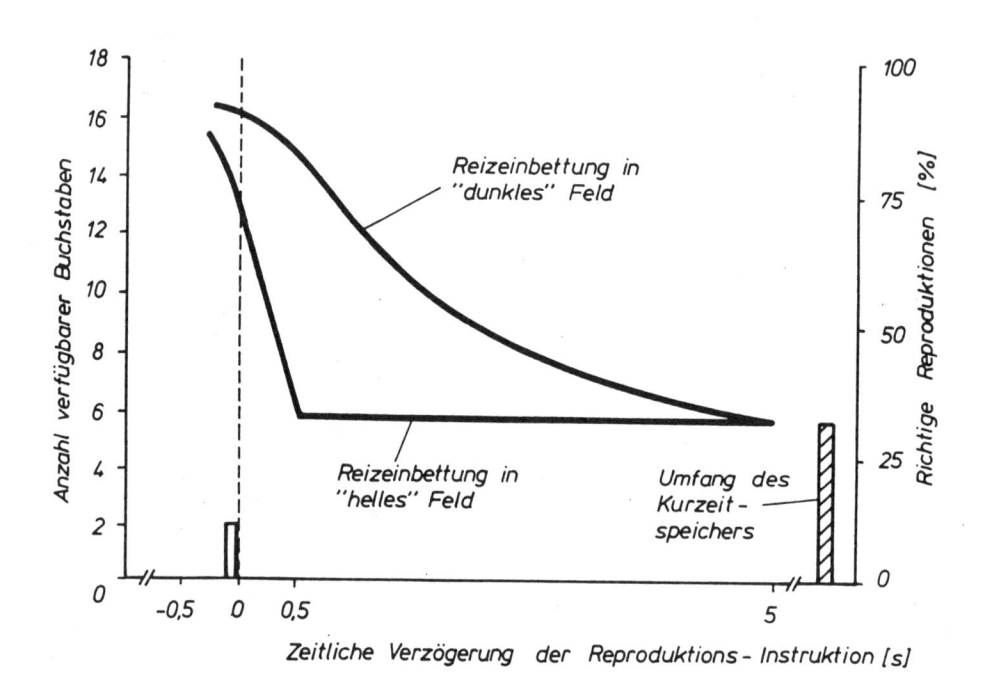

Abb. 38: Einfluß der Kontrastverhältnisse auf die Zeitdauer der sensorischen Speicherung (mod. nach SPERLING 1963). (Erläuterungen im Text)

Es ist anzunehmen, daß "lesbare" visuelle Nachbilder von sportlichen Bewegungsabläufen von sehr viel kürzerer Dauer (Bruchteile einer Sekunde) sind als solche, die in gedächtnispsychologischen Experimenten durch starke Kontrastverhältnisse und unter Verwendung von statischem Präsentationsmaterial künstlich erzeugt werden.

Man kann aber davon ausgehen, daß ohne außergewöhnlich starke retinale Nachbilder (z.B. in Blendungssituationen) die im sensorischen Speicher befindliche Information schon nach etwa 250 ms völlig verblaßt und nicht mehr für eine Weiterverarbeitung nutzbar ist (SCHMIDT 1985, 180). Die Zeitdauer der sensorischen Speicherung liegt demnach im Normalfall deutlich unter 1 s.

Der dargestellte Sachverhalt sowie weitere Untersuchungsergebnisse zur Reproduzierbarkeit von Reizmerkmalen wie Umriß (TURVEY/KRAVETZ 1970), Farbe oder Größe (WRIGHT 1967) führten zu der Annahme, daß der **Inhalt** des sensorischen Speichers nicht aus "Items" (z.B. Buchstaben, Ziffern, Zeichen) besteht, sondern aus den elementaren, retinal erzeugten visuellen Daten zu Farbe, Form, Größe, Lokalisierung, Bewegungszustand usw. des Reizes, aus denen die Reizmerkmale im Wahrnehmungsvorgang "konstruiert" werden (TURVEY 1973). D.h., im sensorischen Speicher ist "das Ikon innerhalb einer physikalischen und nicht einer assoziativen Dimension repräsentiert" (BADDELEY 1979, 224).

Nach TURVEY (1973) ist zu vermuten, daß sich der (visuelle) sensorische Speicher aus verschiedenen peripheren Speichern zusammensetzt, die gleichzeitig, aber mit unterschiedlicher Geschwindigkeit arbeiten - u.a. abhängig von der Reizintensität - und dem visuellen Cortex parallel Information zu den verschiedenen Reizmerkmalen übermitteln. Bereits auf dieser Verarbeitungsebene können Störgrößen wirken (z.B. Maskierungseffekte; vgl. hierzu Kap. 3.2.3.1 S. 183ff).

3.2.1.2. (Visueller) Kurzzeitspeicher

Um die sensorische Information für eine genügend lange Zeitspanne verfügbar zu haben, bis (die) aufgabenrelevante Information extrahiert und bewußt gemacht werden kann, ist es notwendig, sie in ein anderes Speichersystem zu transferieren. Die aus dem sensorischen Speicher durch "Merkmalsanalyse" (KLIX 1980) selektierte Information wird in einem beständigeren Speicher festgehalten, der **Kurzzeitspeicher** (Kurzzeitgedächtnis, Primäres Gedächtnis) genannt wird.

Die **Funktion** des Kurzzeitspeichers besteht darin, die schon selektierten Informationen zu ordnen, zu kodieren und zusammenzufassen, zu identifizieren, zu wiederholen und zur weiteren Bearbeitung an den Langzeitspeicher weiterzuleiten oder zu "entscheiden, wie zu reagieren, respektive zu handeln ist" (JANSSEN 1983, 15).

Eine weitere, wesentliche Funktion des Kurzzeitspeichers liegt in der Vergegenwärtigung von Gedächtnisbesitz. Der "Rückruf von Information" (KUHN 1984,60) aus dem Langzeitspeicher in Form von Wissen, Erfahrung usw. bildet die Grundlage für die Bildung antizipierender Schemata im Wahrnehmungszyklus. Aktuelle Wahrnehmungen und Gedächtnisbesitz greifen hier eng ineinander. Ein Wahrnehmungsgegenstand ist umso schneller und sicherer interpretierbar, "je mehr verschiedene Relationen und implizite Encodierungs- und Abrufattribute" zwischen den einzelnen Objektmerkmalen entdeckt werden (DAUGS u.a. 1982a, 10). Die einem Wahrnehmungsgegenstand verleihbare Bedeutung hängt also maßgeblich von den aktualisierbaren Verbindungen zu früheren Wahrnehmungen ab. In diesem Sinne wird der Kurzzeitspeicher häufig auch als **Arbeitsspeicher** oder "Operatives Gedächtnis" bezeichnet (BADDELEY 1979, 192ff; JANSSEN 1983, 15; DAUGS/BLISCHKE 1984, 398; KUHN 1984, 58f).

Gerade die Bewegungsbeurteilung stellt nicht selten hohe Anforderungen an diesen Arbeitsspeicher als "geistigen Notizzettel" (KUHN 1984, 58). Bei einer Aneinanderreihung mehrerer Einzelbewegungen zu einer Übung oder Kür (z.B. im Gerätturnen oder Eiskunstlauf) liegen wesentliche Elemente oder die Beurteilung beeinflussende Wahrnehmungen oft zeitlich relativ weit auseinander. Außerdem müssen die aktuellen Wahrnehmungen zur Bewegungsausführung mit dem vergegenwärtigten Vergleichsmaterial aus dem Langzeitspeicher in Beziehung gesetzt und zusammengefaßt werden, bevor das Beurteilungsergebnis mitgeteilt werden kann. Dies bedingt eine relativ lange und umfangreiche Speicherung der Wahrnehmungen und führt - wie die Praxis zeigt - leicht zu einer Überlastung des Kurzzeitspeichers.

Bei zu großer Informationsmenge kommt es zu **Unterbrechungsaktivitäten** im Kurzzeitspeicher, die den weiteren Zufluß von Information lange genug verhindern, "um die geordnete Verarbeitung der bereits eingelaufenen Information zu ermöglichen" (DAUGS/BLISCHKE 1984, 399). Eine fortlaufende Informationsaufnahme bei hoher Informationsdichte würde die Weiterverarbeitung der bereits im Kurzzeitspeicher befindlichen Information stören und zwangsläufig zu deren Löschung führen, bevor sie als Gedächtnisbesitz gespeichert werden kann (SÜLLWOLD 1964; BELMONT/BUTTERFIELD 1971; JENSEN/FIGUEROA 1975; HUSSY/SCHELLER 1976; LEHRL 1979; zit. n. DAUGS u.a. 1982a; vgl. auch OLIVIER/FEHRES 1986, 361).

Dieser autonome **Schutz vor Überlastung** des Kurzzeitspeichers bedeutet einerseits eine starke Reduzierung der aufnehmbaren Informationsmenge. Andererseits ist er aber ein notwendiger Sicherungsmechanismus gegenüber einer überfordernden Informationsaufnahme, die bei einer Bewegungsbeurteilung beispielsweise dazu führen könnte, daß zwar alles gesehen, aber nichts behalten wird.

Der **Umfang** des Kurzzeitspeichers ist erheblich kleiner als der des sensorischen Speichers. Er beläuft sich nach kognitionspsychologischen Untersuchungen auf ca. 5 bis 9 Einheiten (chunks). Nach MILLER (1956) beträgt die "magische Zahl" 7 ± 2 Einheiten. Vielfach sind jedoch die Einheiten, die eine Versuchsperson speichert und erinnert, nicht diejenigen, die ihr dargeboten wurden (NEISSER 1974). Es ist deshalb anzunehmen, daß die **Inhalte** des Kurzzeitspeichers vor ihrer Speicherung strukturiert und umkodiert werden. Die Form der Bildung von (Informations-)Einheiten und deren Komplexität bestimmen wesentlich, wieviel der aufgenommenen Information tatsächlich gespeichert wird.

Zur **Verweildauer** von Information im Kurzzeitspeicher gibt es in der Literatur keine einheitlichen Angaben. Sie kann bei 3-4 s liegen, "wenn man bis an die Kapazitätsgrenze von 7 bis 9 Simultaninformationen geht" (JANSSEN 1983, 17) und theoretisch unbegrenzt verlängert werden, wenn man sich ungestört auf die Aufgabe konzentrieren und das Gespeicherte innerlich wiederholen kann. Die wesentlichen Gründe für die großen Abweichungen sind damit bereits angedeutet. Die Verweildauer von Information im Kurzzeitspeicher hängt entscheidend davon ab, ob Gelegenheit dazu besteht, sie **innerlich zu wiederholen** und damit weiterzuverarbeiten. Wird die Möglichkeit zur inneren Wiederholung durch eine Folgeaktivität verhindert, geht sie innerhalb weniger Sekunden verloren (BADDELEY 1979). Eine geringe Informationsmenge läßt sich außerdem länger präsent halten als eine, die an die Grenze des Aufnahmevermögens des Kurzzeitspeichers reicht (JANSSEN 1983).

Befunde aus frühen Untersuchungen von BROWN (1958) und PETERSON/PETERSON (1959), in denen das behaltensfördernde Memorieren durch eine entsprechende Aufgabenstellung (z.B. Rückwärtszählen) unterbunden wurde, ergaben eine durchschnittliche Behaltenszeit von 10-20 s. Die folgende Abb. 39 zeigt die Erinnerungsleistung nach der Darbietung sinnloser Trigramme (z.B. VRX), die ohne Memorierungsmöglichkeit nach verschiedenen Zeitintervallen wiedergegeben werden sollten. Die Autoren interpretieren ihre Ergebnisse als Hinweis auf eine Gedächtnisspur, die relativ schnell wieder zerfällt, wenn sie nicht durch inneres Wiederholen gefestigt wird.

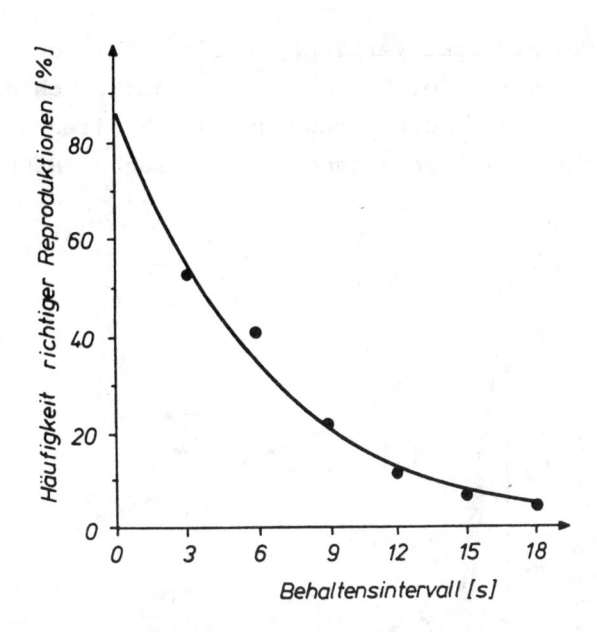

Abb. 39: Vergessenskurve von sinnlosen Trigrammen (nach PETERSON/PETERSON 1959). (Erläuterungen im Text)

Für den visuellen Kurzzeitspeicher gibt MARTENIUK (1975b, 92) eine Zeitdauer von 10-30 s an, geht dabei aber davon aus, daß die visuelle Information vorher verbal kodiert wurde (s. auch KEELE 1973). FITTS/POSNER (1967) gehen hier sogar von einer Zeitdauer von bis zu einer Minute aus.

Es ist aber anzunehmen, daß Informationen nach 10-20 s bereits in den Langzeitspeicher transferiert und von dort dann wieder abgerufen werden (KUHN 1984, 74). Information des Langzeitspeichers belastet die weiteren Verarbeitungsprozesse im Kurzzeitspeicher nicht mehr.

Eine wesentliche Einflußgröße auf die Vergessensgeschwindigkeit scheint auch die **Komplexität** des dargebotenen visuellen Reizes zu sein. Bei höherer Komplexität stellte PHILLIPS (1974) ein schnelleres Absinken der Wiedererkennensleistung als bei niedriger Komplexität fest (vgl. Abb. 40). Vermutlich wird das innere Wiederholen durch die hohe Reizkomplexität verhindert oder zumindest erschwert, wenn die Anzahl der Reizmerkmale nicht durch entsprechende Strukturierungs- und Einordnungsmöglichkeiten sinnvoll zusammengefaßt werden kann (vgl. auch PHILLIPS/BADDELEY 1971).

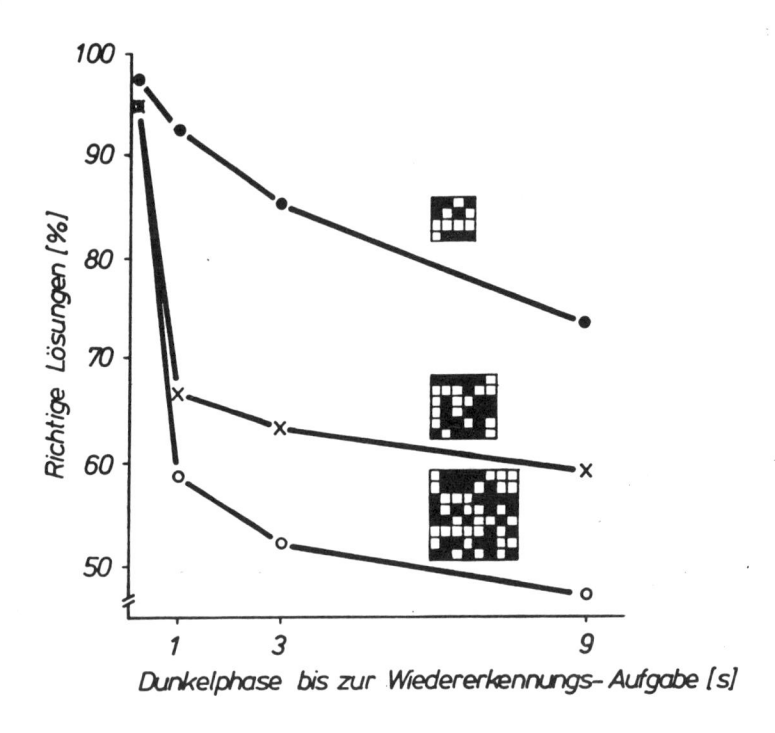

Abb. 40: Zusammenhang von Wiedererkennensleistung für Zufallsmuster und Komplexität des Musters nach verschieden langen Dunkelphasen (mod. nach PHILLIPS 1974, 284).

Die angeführten Beispiele setzen sich aus 4x4, 6x6 bzw. 8x8 schwarzen und weißen Quadraten zusammen.

Die sehr guten Testleistungen, die in der Untersuchung von PHILLIPS (1974) sowohl bei einfachen als auch bei komplexen Mustern nach sehr kurzen Dunkelphasen bis zur Wiedererkennungsaufgabe erzielt wurden (vgl. Abb. 40) bestätigen die Existenz der ikonischen Speicherung mit sehr kurzer Präsenzzeit und die Notwendigkeit der Informationsübertragung in einen anderen Speicher, in dem aber offensichtlich andere Bedingungen herrschen.

U.a. nach DALE (1973) wird die Speicherdauer der räumlichen Position eines Reizes (hier: dunkler Punkt auf einem hellen Feld von 1x1 Fuß Größe) zudem von seiner **Darbietungsdauer** bestimmt.

Der relativ geringe Umfang des Kurzzeitspeichers in Verbindung mit der Wirkung störender Einflüsse durch Zwischen- oder Folgetätigkeiten wird als **"Enge des Bewußtseins"** bezeichnet (JANSSEN 1983). Die Gründe für diesen Leistungsabfall des Kurzzeitspeichers sind bisher nicht zufriedenstellend erklärbar. Der Verlust von Information im Gedächtnis, das Vergessen, kann mehrere Ursachen haben, die häufig in kombinierter Form auftreten.[1] Am häufigsten werden zwei Prozesse angeführt, die ein Verwischen oder Auslöschen der Gedächtnisspur bedingen, der Spurenzerfall und die Interferenz.

Die **Zerfallserscheinungen** werden durch biochemische Veränderungen an den Synapsen zu erklären versucht, die zu einem Verblassen der bei der Informationsaufnahme erzeugten "dynamischen Engramme" (SCHMIDT 1985) führen. Dieser Zerfall tritt mit der Zeit von selbst auf, falls die Engramme nicht durch Wiederholen gefestigt oder aufgefrischt werden (DAUGS/BLISCHKE 1984, 397). Insbesondere bei Überschreitung der Kapazität des Kurzzeitspeichers kommt es zum autonomen Zerfall der nicht konsolidierten Gedächtnisspuren (KLIMESCH 1979).

Unter **Interferenzwirkung** ist die Veränderung, Überlagerung oder Verdrängung gespeicherter Information durch be-

---

[1] In diesem Zusammenhang wird auf die Zusammenstellung von KUHN (1984, 85ff) verwiesen, der 6 verschiedene theoretische Ansätze zum Vergessen referiert.

reits vorhandene oder nachfolgende Information zu verstehen (JANSSEN 1983, 16; vgl. auch NEISSER 1974, 299ff; BADDELEY 1979, 69ff; KLIMESCH 1979; ZIMBARDO 1983, 261ff).

3.2.1.3. (Visueller) Langzeitspeicher

Der Langzeitspeicher (Sekundäres Gedächtnis) ist ein Speichersystem, das sich durch eine dauerhafte Verfügbarkeit und eine bis heute nicht bekannte, sehr große Kapazität auszeichnet (SCHMIDT 1985). Er dient der längerfristigen Übernahme von Wahrnehmungsinhalten und bildet damit die Basis der individuellen Erfahrungen und des Wissens. Wie bereits deutlich geworden ist, stellt die Vergegenwärtigung von Information aus dem Langzeitspeicher die Voraussetzung für Bedeutungswahrnehmung dar. Durch die Übertragung adäquater Gedächtnisinhalte in den Kurzzeitspeicher braucht eine Reizidentifikation in vielen Fällen nicht zu Ende geführt zu werden. "Es kommt somit zu einer gedächtnisabhängigen Ökonomisierung von Selektionsprozessen der Wahrnehmung" (TRAVERS 1975, 256).

Der Langzeitspeicher besitzt im Vergleich zum Kurzzeitspeicher eine verhältnismäßig geringe **Zugriffsgeschwindigkeit**. Die **Verweildauer** kann von wenigen Minuten bis zu Jahren betragen. Sehr gut synaptisch gesicherte Engramme, die aufgrund umfangreichen Übens entstanden sind (z.B. die Fähigkeit zu lesen und zu schreiben), werden praktisch nie mehr vergessen und zeichnen sich zudem durch sehr kurze Zugriffszeiten aus. **Vergessen** im Langzeitspeicher scheint in erster Linie auf Interferenzwirkungen zurückzuführen zu sein (BADDELEY 1979; SCHMIDT 1985).

Welche Information aus dem Kurzzeitspeicher in den Langzeitspeicher übernommen wird, hängt entscheidend mit ab

- von der **Bedeutungshaltigkeit** und **Kontextbezogenheit** der Information, d.h. von der Möglichkeit zur Integration einer Wahrnehmung in bekannte Zusammenhänge und damit in bestehende kognitive Strukturen sowie zur Nutzung von Erinnerungshilfen im gedächtnisinternen Suchvorgang (TULVING/THOMSON 1973; LOCKHART u.a.1975; WIPPICH 1978; KLIMESCH 1979),

- von der **semantischen Verarbeitungstiefe** (CRAIK/TULVING 1975; NORMAN/RUMELHART 1975; zit. n. DAUGS u.a. 1982a, 10), d.h. von der "Elaboriertheit der sprachlich-begrifflichen Verarbeitung" (DAUGS/BLISCHKE 1984, 397).

In Tab. 14 sind wesentliche Kennzeichen der genannten Informations-Speichersysteme zusammengefaßt.

3.2.1.4. Heterarchische Informationsverarbeitung

Die Aufnahme und Verarbeitung visueller Information ist ein äußerst komplexer Prozeß, bei dem viele Zusammenhänge und Einzelheiten noch nicht zufriedenstellend geklärt sind. Die grobe Darstellung des Drei-Speicher-Modells kann lediglich einer allgemeinen Übersicht dienen und wirft in vielen Details sicherlich mehr Fragen auf, als sie beantworten kann. Mit den nachfolgenden Ausführungen soll die Struktur der Informationsverarbeitung deshalb gesondert besprochen werden, weil sie für das Verständnis der visuellen Wahrnehmung unter sportbezogenen Bedingungen wesentlich ist.

Früher wurde häufig von einem "Verarbeitungsebenen-Ansatz" (BADDELEY 1979) ausgegangen, nach dem die Informationsverarbeitung auf zwar miteinander verbundenen, aber hierarchisch aufeinander aufbauenden Stufen oder Ebenen mit getrennten Speichern abläuft (vgl. z.B. MORTON 1970; BADDELEY/PATTERSON 1971) - wie dies bisher auch das oben dargestellte Drei-Speicher-Modell vermuten lassen könnte.

Zahlreiche Untersuchungen haben jedoch ergeben, daß keine eindeutigen Grenzen zwischen den einzelnen Speicher- und

KENNZEICHEN DER SPEICHERSYSTEME	SENSORISCHER SPEICHER	KURZZEITSPEICHER	LANGZEITSPEICHER
Gleichzeitige Speichermenge	groß, bisher nicht meßbar	klein, 7 ± 2 Einheiten	sehr groß, Grenzen nicht bekannt
Haltezeit ohne Informationsverlust	modalitätenspezifisch: max. 0.25-1 s	bis zu 12 s; abh. von Anzahl der Einheiten	teilweise lebenslang
Haltezeit mit Informationsverlust	modalitätenspezifisch: 1-10 s	bis zu 60 s, bei innerer Wiederholung theoretisch unbegrenzt	lebenslang
Informationsaufnahme in den Speicher	automatisch	selektive Aufmerksamkeit	aufmerksames, aktives Wiederholen; Überlernen
Zugriffsgeschwindigkeit	(hoch)	sehr schnell	unterschiedlich
Kodierung der Eingangsinformation	bei der ikonischen Speicherung biochemisch-neurophysiolog. Korrelat des retinalen Erregungsmusters	verbal, visuell; ohne und mit Rekodierung (nach sensorischen Merkmalen)	verbal, visuell; Integration und Differenzierung nach Sinn, Bedeutungszusammenhängen, Ganzheiten, Makrostrukturen
Vergessenseffekte	spontaner Spurenzerfall: Aufmerksamkeitswechsel, Zeitverzögerung, Maskierung	Spurenzerfall, Interferenz (Veränderung, Überlagerung, Verdrängung durch alte oder neue Information)	Spurenzerfall und -veränderung, Interferenzeffekte; scheinbares Vergessen: unpräzise Suchstrategien, motivationales Vergessen etc.

Tab. 14: Kennzeichen der verschiedenen (visuellen) Informations-Speichersysteme (mod. nach JANSSEN 1983, 17 und KUHN 1984, 39).

Verarbeitungsebenen zu ziehen sind. Dies gilt insbesondere für den sensorischen Speicher und den Kurzzeitspeicher. Beide Systeme werden als ineinanderübergehende Komponenten eines Arbeitsspeichers betrachtet, der als flexible zentrale Verarbeitungseinheit auf allen Ebenen innerhalb aller Dimensionen der Kodierung arbeiten kann (CRAIK/LOCKHART 1972).

Es gibt eine Reihe von Befunden dafür (vgl. die entsprechenden Übersichtsdarstellungen bei NEISSER 1974; HOLDING 1975; BADDELEY 1979), daß schon für die im sensorischen Speicher festgehaltenen neuronalen Erregungsmuster ein "Netz von Entscheidungen treffender Verarbeitungseinheiten" (TURVEY 1973) zur Verfügung steht, die diese parallel verarbeiten. Aufgrund der Verbindungen innerhalb dieses Netzes kann die extrahierte Information aus einer Verarbeitungseinheit für die weitere Analyse in anderen Verarbeitungseinheiten bereits mit ausgenutzt werden.

Auch die Unterteilung des "Gedächtnisses" in zwei klar voneinander getrennte Komponenten, den Kurzzeit- und den Langzeitspeicher, hält BADDELEY (1979, 199) für eine "nützliche Hypothese", die aber mit großer Sicherheit eine zu starke Vereinfachung darstellt.

Die Ansicht, daß der Kurzzeitspeicher eine notwendige Zwischenstufe für das Funktionieren des Langzeitspeichers sei (ATKINSON/SHIFFRIN 1971), ist ebenfalls umstritten, da mehrere Befunde vorliegen, die darauf hinweisen, daß die Speicherung **und** Rückgewinnung von Information nicht zwingend an einen Kurzzeitspeicher gebunden sind (vgl. BADDELEY 1979, 188ff).

In Anlehnung an Theoretiker, die sich mit künstlicher Intelligenz befassen, schlägt BADDELEY (1979) den Begriff **"Heterarchie"** vor, um das flexible System der Informationsverarbeitung mit seinen Vernetzungen zwischen den innerhalb einer Ebene und gleichzeitig auf verschiedenen Ebenen ablaufenden Analysen und Kodierungsprozessen sowie den Informationsspeichern mit unterschiedlichen Präsenzzeiten und zu den verschiedenen Sinnesmodalitäten zu charakterisieren.

Eine solche Auffassung von einer heterarchischen Informationsverarbeitung steht im Gegensatz zu einer hierarchischen mit serialer Verarbeitung, Weitermeldung eines (Zwischen-)Ergebnisses an die nächste Instanz, bevor diese arbeiten kann, usw. (BADDELEY 1979, 236ff). Dieses flexible, heterarchische Modell schließt weder aus, daß Inhalte eines Speichersystems sequentiell oder hierarchisch organisiert sein können, noch daß Zwischenergebnisse an höhere Ebenen bzw. tiefergehende Analyseprozesse (bei der semantischen Verarbeitung) weitergegeben werden. Es impliziert lediglich, daß

- Verarbeitungsprozesse auf niedrigeren Ebenen **vielfacher** Art sind und **parallel** verlaufen (zu verschiedenen Sinnesmodalitäten; außerdem getrennte Verarbeitung verschiedener Merkmale einer Sinnesmodalität wie z.B. Farbe, Größe, Bewegungsrichtung), wobei **Verbindung** untereinander hergestellt ist,
- **ständig Verbindung nach "oben"** (höhere cerebrale Ebenen) besteht, d.h., Zwischenergebnisse nicht stufenweise gemeldet werden, sondern die Verarbeitungsprozesse gewissermaßen von "oben" **mitverfolgt** werden, so daß verwertbare Ergebnisse unmittelbar verfügbar sind,
- auch **von "oben"** jederzeit steuernd in niedrigere Ebenen **eingegriffen** werden kann, um bestimmte Reizmerkmale deutlicher herauszuheben.

Ein heterarchisches Modell der Informationsverarbeitung läßt sich gut mit den Vorstellungen zum Wahrnehmungszyklus vereinbaren. Es ist für die Erklärung visueller Wahrnehmungsleistungen im Sport viel brauchbarer als ein hierarchisches Modell. Ein heterarchischer Prozeß kann viel effektiver ablaufen, da die Menge der notwendigen ergebnislosen Informationsverarbeitung enorm reduziert wird (BADDELEY 1979, 237). Dies ist für komplexe Wahrnehmungs- und Entscheidungssituationen unter Zeitdruck, die z.B. in den Sportspielen häufig vorkommen, besonders wichtig. Eine seriale Abarbeitung verschiedener Entscheidungsmöglichkeiten bei sich fortlaufend verändernden Umweltbedingungen (der Wahrnehmende, Ball, Mitspieler und Gegner bewegen sich möglicherweise alle gleichzeitig) würde zuviel Zeit in Anspruch nehmen und zu vielen verspäteten und fehlerhaften Reaktionen führen. Die Praxis zeigt aber, daß erfahrene Spieler (oder Kampfsportler) oft außerordentlich schnell und richtig reagieren. Sie können nach SCHUBERT (1979, 919) den komplizierten (und zeitaufwendigen) kognitiven Prozeß der Entscheidungsfindung mit einer "Kurzschlußstrecke" überbrücken, wenn sie z.B. in der Bewegung des Gegners "Signale" entdecken, die sie mit dessen Handlungsziel (Angriff, Finte, Schlagrichtung usw.) in Verbindung bringen können. Die angebrachte Reaktion wird dann ohne große Zeitverzögerung quasi reflektorisch ausgelöst.

Das vorgestellte heterarchische Modell der Informationsverarbeitung macht eine solche "Leistung" leichter verständlich als ein hierarchisches.

3.2.2. Kodierung visueller Information

Die Kodierung visueller Information kann auf verschiedene Weise erfolgen (vgl. BAHRICK/BOUCHER 1968; PAIVIO 1971; FROST 1972; BADDELEY 1979; KLIX/METZLER 1981; KRAUSE 1981; 1982): in

- ganzheitlicher, bildhafter Form (visuelle Kodierung) und in
- begrifflicher, selektiv merkmalsfixierter Form (verbale Kodierung).

Diese beiden Kodierungsformen laufen parallel ab, sind aber nicht unabhängig voneinander, wie PAIVIO (1971; 1976) annimmt, sondern stehen vermutlich in enger wechselseitiger Beeinflussung (KLIMESCH 1980; 1982).

Visuelle Information wird nicht zwangsläufig verbal-kodiert, d.h. automatisch mit Wörtern belegt, sondern kann auch als solche in bildhafter Form gespeichert werden (vgl. HABER 1975). Dies ist eine Alltagserfahrung, denn man kann beispielsweise ein Gesicht oder eine Landschaft sehr deutlich "vor Augen sehen", aber eine entsprechende Beschreibung nur mit großen Schwierigkeiten geben können (BADDELEY 1979, 262).

Untersuchungen zum Problem Wiedererkennen und Reprozieren visuellen Materials lassen darauf schließen, daß der visuelle Langzeitspeicher sehr effizient Information speichert, aber beim Abrufen größere Schwierigkeiten bereitet als der verbale Langzeitspeicher (BADDELEY 1979, 252). Dieser wird deshalb als Hilfe beim Reproduzieren der visuellen Information benutzt. Verbale Etiketten oder "Adressen" (PRINZ 1983) können hierbei sehr hilfreich sein. Abb. 41

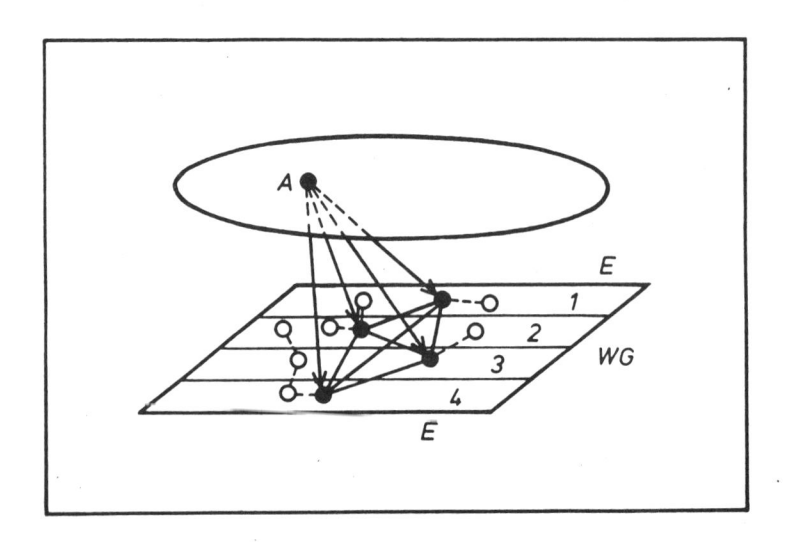

Abb. 41: Zusammenhang zwischen Adresse und Attributen eines Begriffs (mod. nach PRINZ 1983, 225).

A: Adresse; WG: Wissensgedächtnis; E1-4: verschiedene Kodierungssysteme, in denen die primären Attribute (schwarz) und sekundären Attribute (weiß) definiert sind.

veranschaulicht hypothetisch die Verbindung zwischen einer solchen "Adresse" und den mit ihr in Verbindung stehenden "Attributen" eines Begriffs (z.B. "Flick-Flack"), welche die kleinsten Einheiten des Wissensgedächtnisses (z.B. zur kinematischen Struktur der Kopf-, Bein-, Arm- und Rumpfbewegung beim Flick-Flack) sind (PRINZ 1983, 224). Die primären Attribute, die notwendige Bedeutungskomponenten eines Begriffs darstellen, sind über die Adresse direkt erreichbar. Die sekundären Attribute sind an einzelne substantielle Komponenten gekoppelt und auch nur über diese zu vergegenwärtigen.

Es ist also festzuhalten, daß visuelle Information als solche recht genau gespeichert werden kann, die Reproduktion aber stark von verbalen Einflüssen abhängt. Vermutlich gelingt die Reproduktion eines bildhaft gespeicherten Reizes besser, wenn eine adäquate, präzise und vor allem für den Lernenden verständliche Etikettierung visuell gespeicherter Reizmerkmale vorgenommen werden kann.

Abschließend muß aber nochmals darauf hingewiesen werden, daß auch die rein physikalischen Eigenschaften eines Reizes (z.B. Farbe, Bewegung) sehr stark bestimmen, was überhaupt an Information aufgenommen wird. Fehlende sprachliche Unterscheidungsmöglichkeiten verhindern nicht grundsätzlich, daß etwas wahrgenommen und behalten wird (BADDELEY 1979, 255). Die verbalen Kodierungs- und Etikettierungsmöglichkeiten können sich günstig auf die Informationsverarbeitung und -speicherung auswirken, stehen aber erst an zweiter Stelle.

3.2.3. Besondere Aspekte und Störgrößen
3.2.3.1. Visuelle Maskierung

Die Verarbeitung der im sensorischen Speicher befindlichen Information und deren Übernahme in den Kurzzeitspeicher geschieht nicht unabhängig von der Verarbeitung zeitlich benachbart aufgenommener Information. Wird die visuelle Wahrnehmung eines Reizes (Testreiz) durch einen anderen, in enger zeitlicher Nähe dargebotenen Reiz (Maskierungsreiz) gestört, spricht man von **visueller Maskierung** (vgl. NEISSER 1974, 38ff; LINDSAY/NORMAN 1977, 313ff; VERNON 1977, 119ff; MURCH/WOODWORTH 1978, 81ff; BADDELEY 1979, 224ff; LÖFFLER 1982).

Nach der zeitlichen Reihenfolge der Darbietung von Test- und Maskierungsreiz unterscheidet man zwischen der "**proaktiven Maskierung**", bei der ein Reiz auf die Verarbeitung eines nachfolgenden Reizes negativ wirkt, und der "**retroaktiven Maskierung**", bei der ein zweiter Reiz mit dem Prozeß der Identifikation eines zuvor präsentierten Reizes interferiert (LÖFFLER 1982).

Von besonderer Bedeutung für die vorliegende Arbeit ist eine typische Erscheinungsform der retroaktiven Maskierung, der **Metakontrast**. Man versteht darunter das Phänomen, daß bei der Darbietung von zwei intensitätsgleichen Reizen kurz hintereinander der erste Reiz von dem zweiten unterdrückt oder viel schwerer sichtbar wird (NEISSER 1974, 40; LÖFFLER 1982, 42).

Zum **Zeitabstand** zwischen Test- und Maskierungsreiz, bei dem der Maskierungseffekt am größten ist, gibt es keine einheitlichen Angaben. Es scheint aber nicht so zu sein, daß die Maskierung immer bei engster zeitlicher Nähe von Test- und Maskierungsreiz am stärksten ist. Abb. 42 veranschaulicht die schon von WEISSTEIN/HABER (1965) gefundene "U-Funktion" zur Leistung beim Erkennen von Buchstaben, die mit einem Kreis maskiert wurden. Der Maskierungseffekt war bei einer Verzögerung des Maskierungsreizes von ca. 20-40 ms am größten. Die Ergebnisse stehen im Einklang mit denen von ERIKSEN/COLLINS (1965), die bei einer vergleichbaren Aufgabenstellung ein Absinken der Erkennungswahrscheinlichkeit von Buchstaben von 70% bis auf 46% fanden, wenn der Maskierungsreiz (Ring) bis zu 50 ms verzögert wurde. Bei längeren Zeitintervallen erhöhte sich die Erkennungswahrscheinlichkeit wieder und hatte nach 100 ms das Ausgangsniveau erreicht (vgl. hierzu auch Abb. 43 mit den Ergebnissen von TURVEY 1973). Nach LÖFFLER (1982, 42) setzt der stärkste Metakontrast etwas später ein, nämlich dann, wenn beide (intensitätsgleichen) Reize um 50 - 150 ms auseinander liegen.

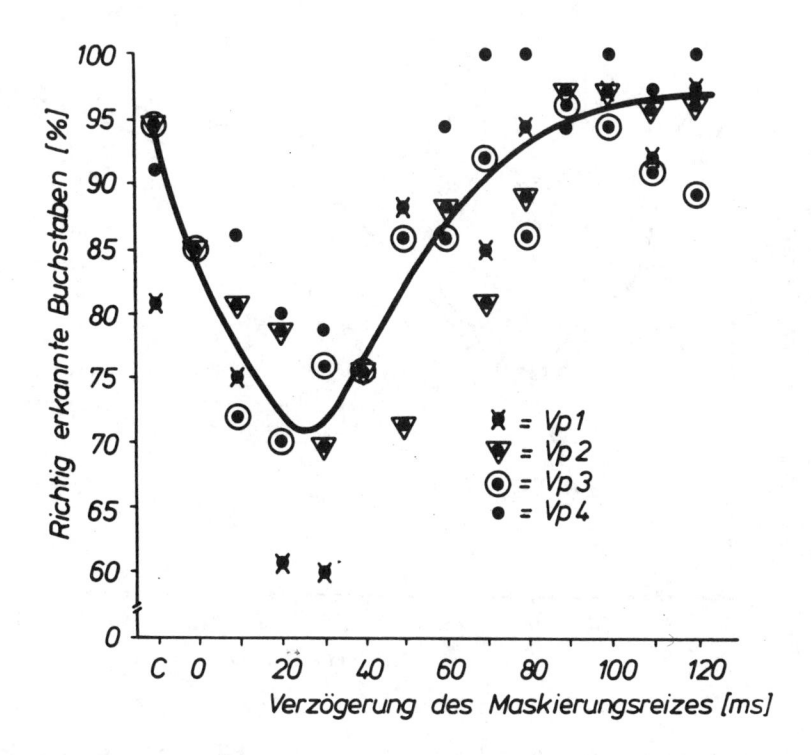

Abb. 42: Beispiel für eine "U-Funktion" der retroakiven Maskierung (mod. nach WEISSTEIN/HABER 1965).
Die unterschiedlichen geometrischen Figuren repräsentieren die Testwerte der 4 Vpn.
(Erläuterungen im Text)

Die unterschiedlichen Zeitangaben zum Metakontrast lassen sich zumindest teilweise auf methodische Unterschiede bei der Wahl der Reizbedingungen zurückführen. Ist beispielsweise der Maskierungsreiz deutlich intensiver als der Testreiz, so ist der Maskierungseffekt bei gleichzeitiger Präsentation von beiden Reizen am größten (LÖFFLER 1982, 42). Abb. 43 zeigt die Befunde einer vergleichenden Untersuchung von TURVEY (1973) zur Auswirkung verschiedener Leuchtdichten von Test- und Maskierungsreiz auf die Stärke des Metakontrastes bei zunehmender Verzögerung des Maskierungs-

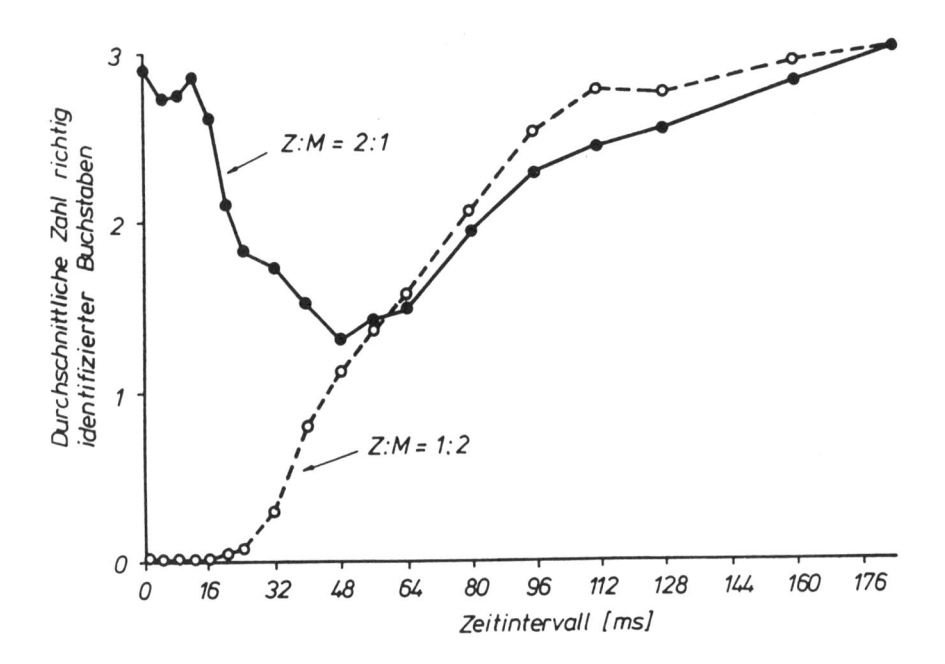

Abb. 43: Stärke des Metakontrastes in Abhängigkeit vom Zeitintervall zwischen Test- und Maskierungsreiz bei unterschiedlichen Leuchtdichten von Ziel und Maske (nach TURVEY 1973). (Erläuterungen im Text)

reizes. Unter der Bedingung, daß der zu identifizierende Reiz (Ziel) doppelt so hell war wie die Maske (Z:M=2:1), wurde die bereits geschilderte u-förmige Beziehung beobachtet. Wenn das Ziel jedoch nur halb so hell war wie die Maske (Z:M=1:2), fand sich der stärkste Maskierungseffekt bei den kürzesten Verzögerungen.

Neben der **Kontrastrichtung** (helle Reize auf dunklem Untergrund oder umgekehrt), der **Kontraststärke**, der **Darbietungsdauer** von Test- und Maskierungsreiz sowie **figuralen Eigenschaften** der Maske (z.B. Balken vs. Quadrat) scheinen auch die **konkrete Aufgabenstellung** und die **Schwierigkeit** der verlangten Identifikation auf den Metakontrast zu wirken (KOLERS 1962; NEISSER 1974). Das Phänomen ist also äußerst komplex und schwer erklärbar.

Die **Bedeutung** des Testreizes kann seine Maskierung wohl kaum beeinflussen, da der Verarbeitungsprozeß nicht bis zur notwendigen Bedeutungsverleihung fortschreitet, bevor der Testreiz unterdrückt wird. Da Reize nicht einfach registriert, sondern im Wahrnehmungsprozeß aktiv konstruiert werden, was Zeit erfordert, kann während des Konstruktionsprozesses eintreffende neue Information, die ebenfalls eigene Konstruktionsprozesse erforderlich macht, den älteren Konstruktionsprozeß stören und ihn "irgendwie absorbieren" (NEISSER 1974, 43).

Wahrscheinlich sind vor allem die sensorischen Speichersysteme von Maskierungseffekten betroffen. Der zentrale Entscheidungsprozeß, welche Information aus den parallel arbeitenden peripheren Speichern im Kurzzeitspeicher weiter bearbeitet werden soll, wird durch den Maskierungsreiz unterbrochen (BADDELEY 1979, 234f), so daß die im sensorischen Speicher vorhandene Information verblaßt, bevor sie bewußt gemacht werden kann.

Dem Phänomen des Metakontrastes wird sowohl bei Augenbewegungen als auch bei der Wahrnehmung sich bewegender Objekte eine wichtige Rolle zugeschrieben (LÖFFLER 1982, 45). Die sukzessive Reizung benachbarter Netzhautfelder bei Sakkaden stellt eine typische Metakontrastsituation dar. Dies ist auch bei der retinalen Bildverschiebung bewegter Objekte der Fall. Es ist allerdings zweifelhaft, ob bei der afferenten Bewegungswahrnehmung Metakontraste das Entstehen eines unscharfen Wahrnehmungseindrucks verhindern, "indem die Empfindungsdauer an einem Ort abgekürzt wird" (LÖFFLER 1982, 45), da sich sonst alle Positionen des bewegten Objekts "gegenseitig bis zur Unsichtbarkeit maskieren müßten" (NEISSER 1974, 44).

Die Wirkung des Metakontrastes bei der Wahrnehmung komplexer Reize - wie sie sportliche Bewegungsabläufe ohne Zweifel darstellen - kann aus den Befunden tachistoskopischer Untersuchungen mit meist sehr einfachen und statischen Reizen nur sehr schwer abgeschätzt werden. Sie muß hier in Verbindung mit der sakkadischen Suppression (vgl. Kap. 2.4.1.) und den Unterbrechungsaktivitäten bei der Informationsaufnahme in den Kurzzeitspeicher (vgl. hierzu Kap. 3.2.1.2.) betrachtet werden. Alle drei Phänomene sind vermutlich Ausdruck des Bestrebens des (visuellen) Wahrnehmungssystems, einer Überforderung durch zuviel Information entgegenzuwirken.

Die retroaktive Löschung retinaler Erregungsmuster durch eine sakkadische Augenbewegung (ALPERN 1969, 68) und die durch die Sakkade ebenfalls verursachte "Totzeit" in der Informationsaufnahme bedeuten, daß für mindestens 200 ms keine neue Information zum Sehobjekt gewonnen werden kann. Stellt man sich weiter vor, daß die Sakkade bewußt auf ein spezielles Detail des Sehobjekts gerichtet wird, um dieses dann über konzentrative Aufmerksamkeitszuwendung zu erfassen und hervorzuheben, so kommt es während des Konstruktionsprozesses möglicherweise zu Unterbrechungsaktivitäten bei der Informationsaufnahme in den Kurzzeitspeicher. Ein kurz auf das erste folgendes, evtl. sogar wichtiges, aber unerwartetes Detail (z.B. ein Bewegungsfehler) würde auf diese Weise wahrscheinlich übersehen.

Aufgrund der genannten Phänomene kann bei einer Bewegungsbeobachtung kein vollständiges Bild der Gesamtbewegung entstehen. Die extrahierten "Einzelbilder" der Bewegung werden zwar zur Gesamtbewegung integriert, die aber zwangsläufig lückenhaft sein muß, wenngleich sie subjektiv vollständig erscheint. Je nachdem, wann und wieviele Sakkaden ausgelöst werden und wie dicht beieinander die wahrzunehmenden Details (einzelne Bewegungsmerkmale) liegen, fehlen diese oder jene, mehr oder weniger Details. Bei einem geringeren Zeitabstand als 100 ms zwischen zwei Reizen ist auch ohne sakkadische Augenbewegungen von einer Störung der Verarbeitung des ersten Reizes durch den nachfolgenden auszugehen, da der vollständige Aufbau einer "Gestalt" im Konstruktionsprozeß diese oder noch mehr Zeit in Anspruch nimmt (NEISSER 1974, 43; MURCH/WOODWORTH 1978, 82). Insbesondere bei sehr schnellen und kurzzeitig dargebotenen Bewegungsabläufen sind die Grenzen der visuellen Wahrnehmungsfähigkeit aus den o.a. Gründen bald erreicht. Sportbezogene Untersuchungen zur visuellen Maskierung sind nicht bekannt.

3.2.3.2. Positionseffekte

In gedächtnispsychologischen Untersuchungen ist wiederholt festgestellt worden, daß die Behaltenswahrscheinlichkeit für sukzessiv dargebotene, homogene Reize (z.B. Ziffern, Buchstaben oder Wörter) nicht für jeden dieser Reize gleich ist. Sowohl der Anfang als auch das Ende einer Sequenz komplexer Reize kann mit größerer Wahrscheinlichkeit richtig wiedergegeben werden als die Mitte. Dieses Phänomen wird meist als **serialer Positionseffekt** oder **"Primacy-Recency-Effect"** bezeichnet (POSTMAN/PHILLIPS 1965; GLANZER/ CUNITZ 1966; NORMAN 1973, 187ff; BREDENKAMP/WIPPICH 1977, 32ff).

Der **Anfangspositionseffekt** (primacy effect) und der **Endpositionseffekt** (recency effect) sind auf unterschiedliche

Ursachen zurückzuführen (NORMAN 1973, 123f; vgl. auch KUHN 1984, 45ff). Die relative Überlegenheit des zuletzt dargebotenen Reizes gegenüber den vorhergehenden läßt sich mit der Kapazität des Kurzzeitspeichers erklären, aus dem die letzten 5-7 Wörter, Ziffern etc. unmittelbar reproduziert werden können (vgl. Kap. 3.2.1.2.). Je dichter ein Reiz am Ende der dargebotenen Sequenz steht, desto eher wird er erinnert, wenn die Reproduktion ohne Zeitverzögerung erfolgen kann (vgl. Abb. 44a). Verzögert man jedoch die Reproduktion

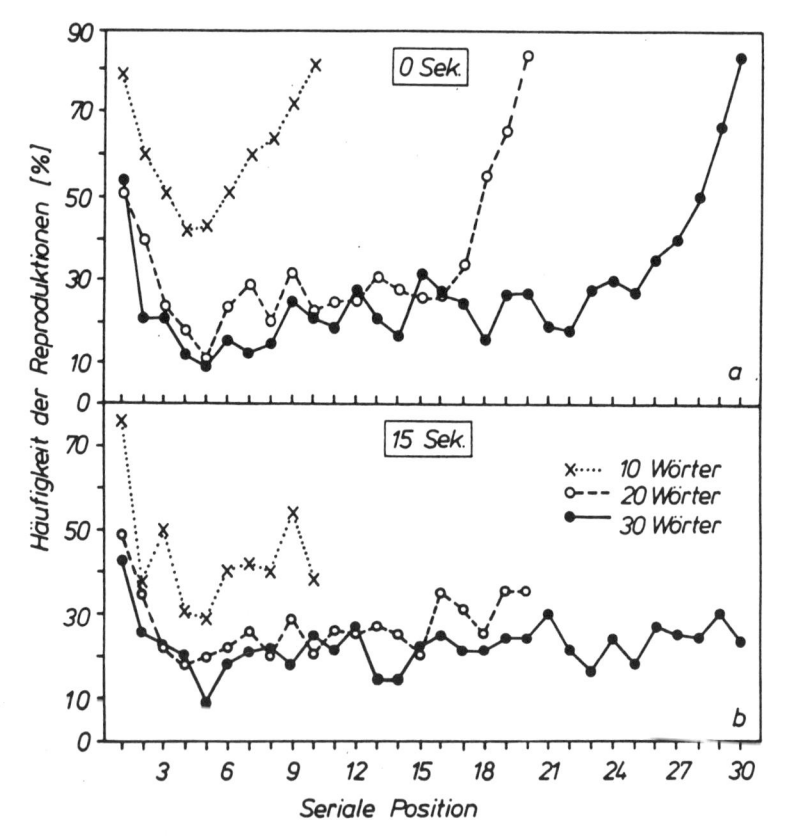

Abb. 44: Seriale Positionskurven zur Reproduktion von Wortlisten mit und ohne Zeitverzögerung (mod. nach POSTMAN/PHILLIPS 1965, 135).

 a: Sofortige Wiedergabe nach Darbietungsende der Wortlisten;
 b: Wiedergabe nach 15 s Verzögerung mit Verhindern eines inneren Wiederholens durch lautes Zählen.

und verhindert gleichzeitig ein inneres Wiederholen der aufgenommenen Information durch z.B. das Lösen einer schwierigen Rechenaufgabe oder lautes Rückwärtszählen, so verschwindet der Endpositionseffekt völlig. Die zuletzt dargebotenen Reize werden jetzt nicht mehr häufiger reproduziert als die davorliegenden aus dem mittleren Teil der Sequenz (vgl. Abb. 44b). Sie sind offensichtlich einem Vergessensprozeß unterworfen.

Zur Erklärung des Anfangspositionseffektes gibt es mehrere Theorien:

1. Es ist denkbar, daß den ersten Reizen eine erhöhte Aufmerksamkeit gegenüber den späteren geschenkt wird. Daher werden sie sehr viel eher in längerfristige Gedächtnisspeicher überführt. Belege für diese Annahme ergeben sich aus der Tatsache, daß der Kurvenverlauf zum Anfangspositionseffekt durch Instruktionen an die Versuchsperson modifiziert werden kann. Bittet man sie ausdrücklich, allen Reizen die gleiche Aufmerksamkeit zu schenken, flacht sich der Anfangsteil der Kurve ab. Verlangt man dagegen, daß sie sich besonders auf die ersten Reize konzentrieren soll, erhöht sich die Erinnerungswahrscheinlichkeit für diese Reize weiter.
2. Nach einer anderen Vermutung geschieht die Übertragung der aufgenommenen Information in längerfristige Speichersysteme sequentiell, d.h., es kann jeweils nur ein Reiz verarbeitet werden. Der erste Reiz in der Sequenz erhält noch die volle Aufmerksamkeit bei der Verarbeitung, die nachfolgenden müssen warten, bis sie an der Reihe sind. Je weiter hinten ein Reiz "in der Schlange steht", desto größer ist die Wahrscheinlichkeit, vergessen zu werden, bevor er verarbeitet wird.
3. Nach der Theorie der proaktiven Hemmung interferieren die Gedächtnisspuren von ähnlichen Reizen. Da Reize, die am Anfang einer Sequenz stehen, am wenigsten proaktiven Hemmungseinflüssen unterliegen, ist deren Behaltenswahrscheinlichkeit am größten.

Die ersten Elemente einer Reizsequenz scheinen also insgesamt besser memoriert und im Langzeitspeicher gesichert zu sein als die nachfolgenden. Sie sind daher nach Beendigung der Reizdarbietung gegenüber Störeinflüssen durch ablenkende Aufgaben resistenter.

Die geschilderten Positionseffekte sind in Verbindung mit **homogenen** Reizen nachgewiesen worden, d.h. bei Reizen, die sich voneinander nicht wesentlich durch Merkmale wie beispielsweise Helligkeit, Farbe oder Bewegungszustand unterscheiden. Ob sich die gleichen Effekte unverändert finden lassen, wenn diese Bedingung nicht erfüllt ist, was in der normalen Wahrnehmungssituation eher der Fall sein wird als umgekehrt, ist ungeklärt. Vermutlich wird es zu konkurrierenden Prozessen kommen, bei denen in dem einen Fall auffällige Reizmerkmale und in dem anderen Positionseffekte stärker wirksam sein können. Der starke Einfluß der Aufgabenstellung bzw. einer besonderen Instruktion kann, wie eindrucksvoll belegt ist (NORMAN 1973, 124), die Positionseffekte ebenfalls verändern bzw. überdecken.

Bei der Bewegungsbeurteilung im Sport sind Positionseffekte am ehesten dann zu erwarten, wenn Position, Erscheinungsbild, Bedeutung und/oder Auftretenswahrscheinlichkeit der einzelnen Bewegungsmerkmale oder -fehler für den Beurteiler unklar sind und er ohne spezifische Aufmerksamkeitsschwerpunkte und Erwartungen möglichst viele Details zu erfassen versucht.

Wichtig ist auch die Feststellung, daß **Ablenkung** nach Beendigung einer Beobachtung das Vergessen der zuletzt aufgenommenen Informationen begünstigt und dadurch die Reproduktionsleistung zum Gesehenen insgesamt verschlechtert.

3.2.3.3. Wiedererkennen vs. Reproduzieren

Es fällt erheblich leichter, visuelle Reize (z.B. Bilder) wiederzuerkennen, als sie zu reproduzieren. Dies ist eine Alltagserfahrung. Nach BADDELEY (1979) existiert eine Reihe von Befunden, die für eine **Unabhängigkeit** von Wiedererkennen und Reproduktion sprechen. Bei der Reproduktion ist zumindest eine verbale Komponente anzunehmen, die im

Falle des Wiedererkennens fehlt. Reproduktionsleistungen verlangen eine Umkodierung der visuellen Speicherinhalte, wenn sie z.B. in Form von Beschreibungen (verbal) und/oder Zeichnungen (motorisch) erbracht werden sollen, während dies bei Wiedererkennensleistungen nicht notwendig ist (vgl. auch MESTER 1978, 130f).

BADDELEY (1979, 326) weist ausdrücklich darauf hin, daß beim Wiedererkennen vermutlich nicht nur die Schwierigkeiten des Abrufens von Information aus dem visuellen Langzeitspeicher umgangen, sondern auch **partielles Lernen** ausgenutzt werden kann. Für das Wiedererkennen reicht möglicherweise ein einziges bekanntes Merkmal aus, welches aber für eine umfassende Reproduktion oder Rekonstruktion des ursprünglichen Reizes völlig unzureichend oder irrelevant sein kann.

Die Sportwissenschaft befaßt sich mit der dargestellten Problematik insbesondere, wenn es um das Erfassen von Bewegungsvorstellungen geht (vgl. z.B. MESTER 1978; DAUGS u.a. 1983a; BLISCHKE 1986a). Im Rahmen eigener, bislang unveröffentlichter Untersuchungen, in denen u.a. verschiedene Überprüfungsmöglichkeiten zur Bewegungsvorstellung nach einer visuellen Kurzschulung zum Flick-Flack bzw. zum Basketball-Sprungwurf verglichen wurden (REERS 1985; THIEME 1986; MAAS 1987), erzielten die Probanden signifikant bessere Leistungen beim Legen der Karten in den Bildkartenauswahltests (vgl. das Beispiel in Abb. 45) als bei der Beantwortung eines Fragebogens zu den wichtigsten Bewegungsmerkmalen. Bei der Reproduktionsleistung in Form einer freien Bewegungsbeschreibung wurden außerdem wesentlich weniger Bewegungsmerkmale angeführt bzw. richtig genannt als beim Fragebogen angekreuzt (MAAS 1987).

Die Wiedererkennensleistung verschlechtert sich mit zunehmender **Ähnlichkeit** des zu identifizierenden Reizes mit Füllreizen oder Distraktoren (BADDELEY 1979, 327). Dies be-

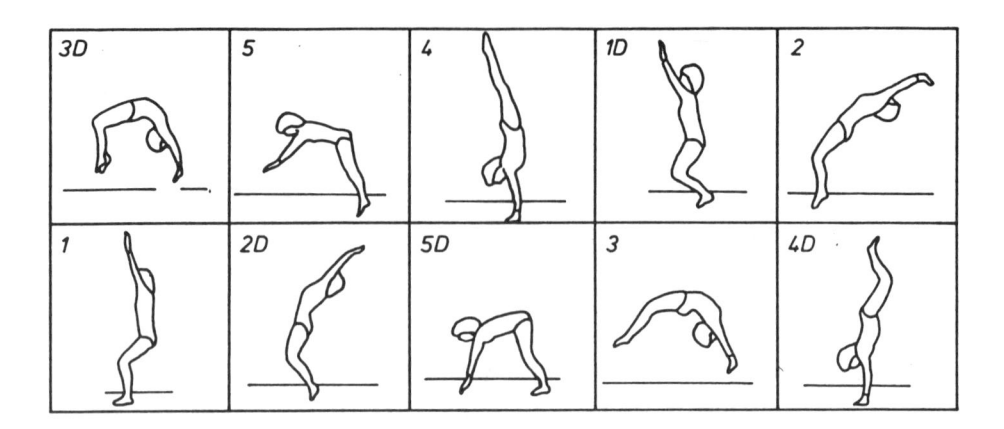

Abb. 45: Bildkartenauswahltest zur Überprüfung der Bewegungsvorstellung (Wiedererkennensleistung) vom Flick-Flack.

Die Abb. gibt die dargebotene Konstellation wieder. Die richtige Reihenfolge ist hier mit Ziffern, der jeweilige Distraktor zusätzlich mit "D" gekennzeichnet.

stätigte sich auch in der o.a. Untersuchung von MAAS (1987).

Eine weitere Einflußgröße stellt die **Auftretenswahrscheinlichkeit** eines wiederzuerkennenden Reizes dar. Je größer die Anzahl von homogenen Reizmerkmalen ist, die variieren können, desto geringer ist die Wahrscheinlichkeit, daß der Testreiz fehlerfrei identifiziert wird. Mit abnehmender Auftretenswahrscheinlichkeit eines Reizes steigt also die Fehlerrate beim Wiedererkennen, und Reizveränderungen werden leichter übersehen. Außerdem nimmt die erforderliche Zeit für das Identifizieren eines Objektes mit geringer werdender Wahrscheinlichkeit seines Auftauchens zu (LEUSCHINA 1980, 144). Dies kann in Überforderungssituationen (bei schneller Reizfolge und umfangreichen Reizkategorien, zu denen der Testreiz gehört) schließlich zu einer Umkehrung der normalen Beziehung führen, so daß schlechtere Wiedererkennens- als Reproduktionsleistungen die Folge sind (BADDELEY 1979).

Der geschilderte Sachverhalt hängt zum einen damit zusammen, daß mit zunehmender Anzahl von Reizmerkmalen bzw. zu differenzierender Einzelreize mehr Ähnlichkeiten zwischen Testreiz und Distraktoren auftreten (BADDELEY 1979, 327). Zum anderen können beim Wiedererkennensprozeß nicht alle "Standards" (oder Invarianten), die im Beobachter zum wahrzunehmenden Objekt (z.B. zu den verschiedenen Fehlermöglichkeiten in einem Bewegungsablauf) existieren, gleichzeitig in den "Akten des Erkennens" berücksichtigt werden (LOMOV 1971, 177).

Die Vergegenwärtigung solcher "Standards" im Kurzzeitspeicher läßt sich jedoch durch gezielte Vorinformation stark beeinflussen. Damit ist die Verbindung zum "normalen" Wahrnehmungsvorgang hergestellt, für den die entscheidende Bedeutung von Vorinformationen und Erwartungen auf die Entwicklung von antizipierenden Schemata im Wahrnehmungszyklus bereits deutlich gemacht wurde (vgl. Kap. 3.1.2.). NEISSER (1974, 151) spricht in diesem Zusammenhang vom großen "Einfluß der Vertrautheit auf die Erkennungsschwelle".

Schließlich ist es möglich, daß bei hoher Informationsdichte zusätzlich Maskierungs- und Positionseffekte wirksam werden, die dann beispielsweise das Übersehen eines Bewegungsfehlers bei der Bewegungsbeurteilung nach sich ziehen können.

3.3. WAHRNEHMUNG KOMPLEXER FREMDBEWEGUNG

Bewegungswahrnehmung erfolgt immer in einer **visuellen Szene**, d.h. in einem Umweltausschnitt, den der Beobachter anblickt. Bewegungen innerhalb der visuellen Szene sind entweder **Teilbewegungen** oder **Bewegung des ganzen visuellen Feldes** (RITTER 1983) (vgl. Abb. 46, s. auch Tab. 4, S. 72). Teilbewegungen des visuellen Feldes werden beispielsweise durch die Bewegung von Gegenständen, durch die Bewegung von

Personen oder durch die Wechselwirkung von Personen mit Gegenständen hervorgerufen. Fließt die gesamte umgebende optische Anordnung, bedeutet dies - abgesehen von Wahrnehmungstäuschungen - Fortbewegung des Wahrnehmenden.

Fortbewegung läßt sich durch Merkmale der sogenannten "funktionalistischen Psychophysik" (PRINZ 1983) wie den "optischen Pol" und den "Geschwindigkeitsgradienten im visuellen Feld" kennzeichnen (LEIST 1984, 9).

Bei der Untersuchung der Wahrnehmung von Fremdbewegung hat man sich lange Zeit fast ausschließlich auf sehr einfache Phänomene beschränkt (z.B. auf Bewegungsrichtung und -geschwindigkeit von Leuchtpunkten). Seit den Arbeiten von

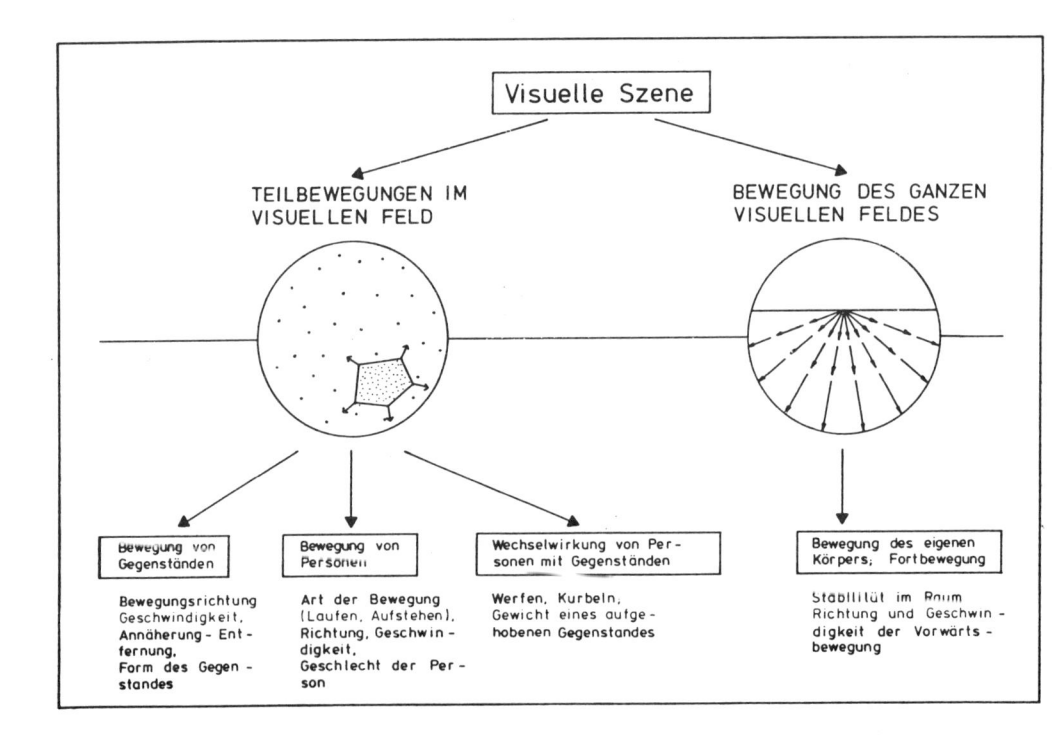

Abb. 46: Arten verschiedener Bewegungen in einer visuellen Szene und zugehörige Wahrnehmungsinhalte (mod. nach RITTER 1983, 265).

JOHANNSSON (1973; 1975/76; 1976; 1978) richtet sich das Forschungsinteresse zunehmend auch auf komplexe Bewegungsphänomene wie die menschliche Bewegung (vgl. KOZLOWSKI/CUTTING 1977; CUTTING u.a. 1978; CUTTING/PROFFITT 1981; RUNESON/ FRYKHOLM 1978; 1982; s. auch LEIST 1983a; b; 1984; LEIST/ LOIBL 1983; LOIBL 1983; 1984a; b).

Man nimmt an, daß bei der Bewegungswahrnehmung nicht die Invarianten der euklidisch-metrischen Geometrie benutzt, sondern "Invarianten höherer Ordnung" **direkt** verarbeitet werden (LEIST/LOIBL 1983, 263; LOIBL 1984a, 97ff). D.h., möglicherweise sind nicht die **physikalisch einfachen Größen** wie Ortskoordinaten, Strecken oder Winkel die elementaren Einheiten der Wahrnehmung, sondern die sogenannten **abgeleiteten Größen der Physik**, wie z.B. Geschwindigkeit und Beschleunigung, die etwa aus den Textur- und Geschwindigkeitsgradienten des visuellen Feldes extrahiert werden können (vgl. JOHANNSSON 1978; LEE 1980; GIBSON 1982). Die physikalisch einfachen Größen ihrerseits stellen nach diesen Annahmen wahrnehmungsseitig abgeleitete Größen dar (LOIBL 1984a, 98).

Diese generalisierende Aussage erscheint bei dem derzeitigen Kenntnisstand allerdings noch zu wenig abgesichert. Auf die Geschwindigkeitswahrnehmung trifft sie sehr wahrscheinlich zu, da es bereits auf retinaler Ebene geschwindigkeitsselektive Systeme (rezeptive Felder) gibt (vgl. hierzu Kap. 2.1.1. und 2.2.2.). Gegen die **direkte** Wahrnehmung von Beschleunigungen könnte die vergleichsweise hohe Unterscheidungsschwelle für Beschleunigungen sprechen (vgl. Kap. 2.2.2.). Die räumliche Anordnung der Netzhaut mit ihrer Organisation von rezeptiven Feldern auch zur unmittelbaren Form- und damit Winkelwahrnehmung spricht allerdings für eine direkte Wahrnehmung auch von elementaren physikalischen Größen.

Die gegenteilige Deutung eines Befundes von BALLREICH (1981, 517) durch LOIBL (1984a, 98), wonach in einer Untersuchung zur Wahrnehmbarkeit von Technikmerkmalen bei Hochsprüngen u.a. die Schätzung von Geschwindigkeitsmerkmalen besser gelang als die Schätzung der Körpergelenkwinkel, erscheint nicht gerechtfertigt. Die einzuschätzenden Winkelmerkmale (Kniegelenkwinkel des Sprungbeins im Zeitpunkt des Absprungbeginns und des Schwungbeins im Abflugzeitpunkt) stellen wegen der hohen Winkelgeschwindigkeiten der Bewegungen und der außerordentlich kurzzeitigen retinalen Abbildungsdauer dieser Winkelmerkmale (wenige ms) vermutlich eine starke Überforderung der Leistungsfähigkeit des visuellen Systems dar. Die fraglichen Winkelmerkmale in der Absprungphase sind über die Bewegungsbeobachtung grundsätzlich kaum wahrnehmbar. Das gilt in diesem Fall völlig unabhängig davon, ob Winkelmerkmale elementare Größen der Wahrnehmung oder abgeleitete sind. Das angeführte Beispiel kann zumindest zur Klärung dieser Frage nichts beitragen. Für die zukünftige Forschung gibt es in diesem Feld noch viele offene Fragen zu klären. Es besteht dabei aber keine Notwendigkeit, von einer einheitlichen "Lösung" des visuellen Systems für die Wahrnehmung der elementaren bzw. abgeleiteten physikalischen Größen auszugehen (vgl. auch Kap. 4.3.1.2.).

Invarianten für das Erkennen der Bewegungsform (Laufen, Gehen usw.) scheinen die typischen Relativbewegungen verschiedener Körperpunkte in hierarchisch strukturierten Bezugssystemen zu sein (vgl. Abb. 47), z.B. die Pendelbewegung des Fußgelenks relativ zum Kniegelenk und dieses wiederum relativ zum Hüftgelenk, das seinerseits vor dem Hintergrund die translatorische Komponente der Person repräsentiert.

JOHANNSSON (1973; 1975/76; 1976) konnte die Leistungsfähigkeit der menschlichen Bewegungswahrnehmung eindrucksvoll demonstrieren. Er stellte komplexe Reizmuster von verschiedenen Bewegungsformen her, indem er an wenigen Körperstellen Lämpchen anbrachte, deren Verlaufskurven im ansonsten abgedunkelten Raum mit Video aufgezeichnet wurden. Im Wahr-

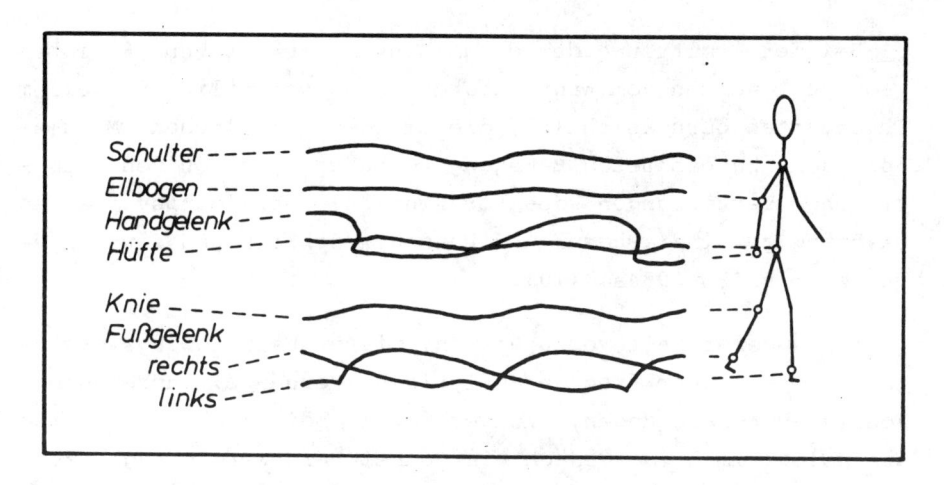

Abb. 47: Weg-Zeit-Diagramme für verschiedene Körperpunkte bei der Vorwärtsbewegung (nach JOHANNSSON 1973; RITTER 1978).

nehmungsexperiment sahen die Versuchspersonen bereits bei sehr kurzen Darbietungszeiten (100-200 ms) der Bewegungsmuster der Lämpchen spontan, daß es sich um die Bewegung einer Person handelte. Auch kleinere Veränderungen wie leichtes Hinken beim Gehen usw. wurden sofort erkannt.

Fünf bis zehn gut ausgewählte, bewegte Körperpunkte waren ausreichend, um die **Bewegungsform** (Gehen, Tanzen usw.) identifizieren zu können, wenn diese den Versuchspersonen bekannt war. Bei einer Standbildprojektion wurde dagegen nur ein wirres Punktmuster wahrgenommen (vgl. Abb. 48).

Dynamische Merkmale von komplexen Bewegungen (z.B. aufgewandte Muskelkräfte zur Überwindung der Gewichtskraft beim Hochheben eines Gegenstandes) können vom Wahrnehmungssystem offensichtlich aus der kinematischen Struktur sich bewegender Punktmuster erkannt werden. RUNESON/FRYKHOLM (1978; 1982) filmten Personen, von denen nur wenige Gelenkpunkte sichtbar waren, wie sie unterschiedlich schwere Kisten anhoben bzw. auf einen Tisch stellten. Die Versuchspersonen konnten die Gewichte der Kisten annähernd richtig schätzen, als ob sie diese selbst angehoben hätten.

Bei der Ermittlung der dynamischen Struktur von Fremdbewegungen werden vom Wahrnehmungssystem vermutlich vor allem Invarianten berücksichtigt, die mit den zeitlichen Merkmalen der beobachteten Bewegung verbunden und von den geometrischen Verzerrungen des (retinalen) Abbildungsvorganges unabhängig sind: Phasen und Phasenverschiebungen sowie Frequenzen (LOIBL 1984a, 110).

In jüngerer Zeit versucht man, diese Wahrnehmungsvorgänge vermehrt über frequenzanalytische Vorgänge, insbesondere **Fourier-Untersuchungen**, zu erklären, die möglicherweise als Hologramme im Gedächtnis gespeichert werden (vgl. z.B. KRUSE u.a. 1980; HAMPDEN-TURNER 1982; PRINZ 1984; SCHILL u.a. 1984; nach LOIBL 1984a).

JOHANNSSON (1981, 34) beschreibt eine entsprechende Wahrnehmungsuntersuchung, für die man die Bewegung der Gelenkpunkte einer gehenden Person einer Fourier-Analyse unterzog und auf diese Weise die Grundfrequenz und ihre harmonischen Oberschwingungen isolierte. Bot man im Experiment nur die Grundschwingungen der Bewegungsmuster der Gelenke dar, so entstand bei den Versuchspersonen der Eindruck einer sehr kraftlosen, wackeligen und mechanischen Bewegung. Das Ergän-

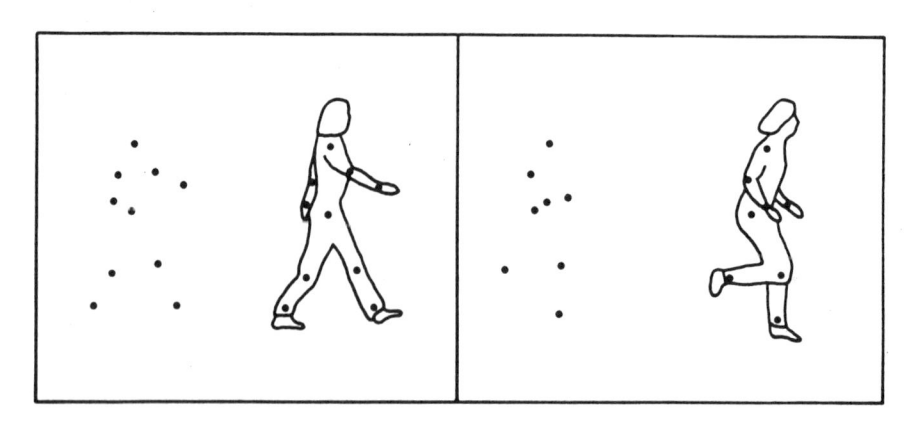

Abb. 48: Punktmuster zur Bewegungswahrnehmung einer gehenden und laufenden Person (mod. nach LOIBL 1984a, 266).

zen von mehr und mehr harmonischen Oberschwingungen führte dazu, daß die Bewegung zunehmend als flüssig, entspannt und natürlich gesehen wurde, bis die Versuchspersonen schließlich sogar "Kraft" in den Schritten erkannten.

3.4. KONSEQUENZEN

Die Brauchbarkeit von psychologischen Befunden für die Erklärung der Wahrnehmung von komplexer Fremdbewegung im Sport hängt grundsätzlich davon ab, wie gut die Versuchsbedingungen im psychologischen Experiment mit den Anforderungen an die Wahrnehmungs- und Speicherfähigkeit eines Beobachters in der Sportpraxis übereinstimmen. Aus diesem Grund ist die Übertragung von Erkenntnissen aus 'statisch-kognitiven' Darbietungen (z.B. Buchstaben, Zahlen, Wörter, Figuren) auf hoch-komplexe Reizmuster wie menschliche Bewegungen problematisch.

Setzt man die in den Untersuchungen benutzten 'items' mit Bewegungsmerkmalen gleich, die isoliert erkennbar und reproduzierbar sind, lassen sich mit Vorbehalten einige allgemeine Hinweise ableiten. Dies gilt insbesondere für das Wissen um die begrenzte Verarbeitungskapazität des Kurzzeitspeichers. Die Anzahl von dargebotenen bzw. zu beachtenden Einzelmerkmalen darf von vornherein die "magische Zahl 7" vermutlich nicht überschreiten, weil der Kurzzeitspeicher sonst überfordert sein könnte. Bei hoher zeitlicher Informationsdichte kommt es sehr leicht zu Maskierungseffekten und Unterbrechungsaktivitäten bei der Informationsübertragung vom sensorischen Speicher in den Kurzzeitspeicher. Die Folge sind dann Lücken in der Informationsverarbeitung, die zum Übersehen ganzer Bewegungsphasen führen können.

Besonders bei azyklischen Bewegungsabläufen, bei denen kein wiederholtes Beobachten möglich ist und bei denen die schnelle Aufeinanderfolge der zu erkennenden und zu speichernden Wahrnehmungsdetails (Bewegungsmerkmale) pro Zeiteinheit kein inneres Wiederholen zuläßt, ist das Behalten von sehr viel weniger als 7 Einzelheiten einer Bewegungsausführung zu erwarten (vgl. auch TIDOW 1983, 146).

Eine praktische Auswirkung hat diese Tatsache beispielsweise auf die Leistungsbeurteilung im Trampolinturnen erfahren, wo im Wettkampf 10 unmittelbar hintereinander auszuführende Übungsteile zu bewerten sind. Der Kampfrichter kommentiert jedes einzelne Element direkt nach dessen Ausführung in Form eines eventuellen Punktabzugs, der simultan von einem "Assistenten" mitgeschrieben wird. Dadurch entfällt die Notwendigkeit, die Einzelbewertungen bis zum Übungsende bzw. bis zur Mitteilung der Gesamtbewertung zu speichern (s. auch S. 241).

Die Erkenntnisse zu Positionseffekten bei serialer Reizdarbietung legen ebenfalls nahe, sich von vornherein bewußt auf sehr wenige Details zu konzentrieren. Nur so kann evtl. verhindert werden, daß es in Verbindung mit Maskierungseffekten und Unterbrechungsaktivitäten im Kurzzeitspeicher zu unkontrollierten Vergessensprozessen bzw. Lücken in der Informationsverarbeitung kommt.

Abschließend ist nochmals die Bedeutung der Vorinformation über den Wahrnehmungsgegenstand, d.h. die Vertrautheit mit der beobachteten Bewegung, hervorzuheben. Sie bestimmt den (erfolgreichen) Verlauf des Wahrnehmungsprozesses entschcidend mit.

4. GRUNDLAGEN DER BEWEGUNGSBEURTEILUNG IM SPORT

4.1. VORBEMERKUNGEN

Nachdem in den vorhergehenden Abschnitten die sinnesphysiologischen und psychologischen Bedingungen des visuellen Wahrnehmungsprozesses aufgearbeitet wurden, soll im folgenden das Problemfeld der Bewegungsbeurteilung im Sport näher charakterisiert werden.

Große Teile der nachfolgenden Abschnitte spiegeln den allgemeinen, wenig spezifizierten und kaum empirisch abgesicherten Diskussionsstand zur Problematik der Bewegungsbeurteilung im Sport wider, wie er sich in den gängigen Lehrbüchern findet. Seine Aufarbeitung dient sowohl der Verdeutlichung des momentanen, an die Sportpraxis weitergegebenen Wissensstandes als auch der stärkeren Strukturierung und Konkretisierung des Problemgegenstandes. Über Lehrbuchveröffentlichungen hinausgehende, anwendungsbezogene Forschungsergebnisse fehlen weitgehend. Spezifische Einzelbefunde werden kontextbezogen in die Darstellung der eigenen Untersuchungsergebnisse in Kap. 5.2. eingearbeitet.

4.2. BEURTEILUNGSZWECK

Da nicht alle im Reizangebot - hier in einem dargebotenen Bewegungsablauf - enthaltene Information gleichzeitig aufgenommen und verarbeitet werden kann, bedeutet die Extraktion von Information stets auch eine Bevorzugung bzw. Vernachlässigung eines Teils des Informationsangebots. Es stellt sich damit die Frage nach den möglichen Zielen des spezifischen Beobachtungsvorgangs, die den gesamten Wahrnehmungsprozeß über die Bildung entsprechender Aufmerksamkeitsschwerpunkte und damit einhergehend den Aufbau entsprechender antizipierender Schemata wesentlich mitbestimmen (vgl. hierzu Kap. 3.1.2.).

Es ist aber zu fragen, **von wem** im Sport **was zu welchem Zweck** beurteilt wird. Definitionsgemäß werden hier nur diejenigen Beurteilungsaktivitäten behandelt, bei denen ein Beobachter Fremdbewegungen mit einer Bewertungsabsicht erfaßt **und** das Wahrnehmungsresultat qualitativen oder quantitativen Kategorien zuordnet (vgl. Kap. 1.1.).

Die **Überwachung** von Bewegungsausführungen, die v.a. in den Sportspielen und Kampfsportarten dazu dient, die Anwendung unerlaubter Technikausführungen usw. zu verhindern und ggfs. zu sanktionieren, könnte unter einen weiten Begriff von Bewegungsbeurteilung eingeschlossen werden, da hier eine qualitative Einstufung der beobachteten Aktion in die Kategorien "regelgerecht" (erlaubt) bzw. "regelwidrig" (zu sanktionieren) erfolgt.

Es wird aber in Anlehnung an die gängige inhaltliche Füllung des Begriffs in der sportwissenschaftlichen Literatur (vgl. z.B. HAASE 1972; 1976; THOMAS 1976a; 1978) vorgeschlagen, "Bewegungsbeurteilung" in einem engeren Sinn zu verwenden. Von Bewegungsbeurteilung soll nur dann gesprochen werden, wenn die Beobachtungsaktivität

- auf die einer interindividuellen Differenzierung dienenden **Leistungsermittlung im sportlichen Wettkampf** zielt oder
- auf differenzierte **Rückmeldungen** zur Bewegungsqualität **im motorischen Lernprozeß** oder **Techniktraining** ausgerichtet ist (vgl. Abb. 49).

4.2.1. Leistungsermittlung im Wettkampf

Um sportliche Leistungen, die nicht in der direkten Auseinandersetzung der Sportler miteinander ermittelt werden, vergleichen zu können, ist eine **Quantifizierung** der Leistungsergebnisse notwendig. Quantifizierung bedeutet hier **Messung** im weitesten Sinne, d.h. die Zuordnung von Zahlen

```
                        ┌─────────────────────────┐
                        │  BEWEGUNGSBEURTEILUNG   │
                        └─────────────────────────┘
                           ╱                   ╲
              ┌──────────────────┐     ┌──────────────────────────┐
              │    WETTKAMPF     │     │   MOTOR. LERNPROZESS/    │
              │                  │     │    TECHNIKTRAINING       │
              └──────────────────┘     └──────────────────────────┘
                       │                           │
```

Leistungsermittlung	Rückmeldungen
bei verlaufsorientierten Sportarten (z.B. Gerätturnen, Wasserspringen, Eiskunstlauf); z.T. auch in trefferorientierten Sportarten (z.B. Judo, Ringen)	(Detailinformationen) zur Qualität von Bewegungsmerkmalen bei allen sportlichen Techniken und zum Lernstand
<u>Quantifizierung</u> der Leistung durch <u>Bewertungsziffer</u>	<u>Qualitative</u> Aussagen (z.B. auf der Skala: viel zu gering, zu gering, gut/richtig, zuviel, viel zuviel)
<u>Rangbildung</u> zwischen Wettkampfteilnehmern (Sieger, Plazierungen)	<u>Umsetzung</u> in lernrelevante Information evtl. zusätzlich erforderlich

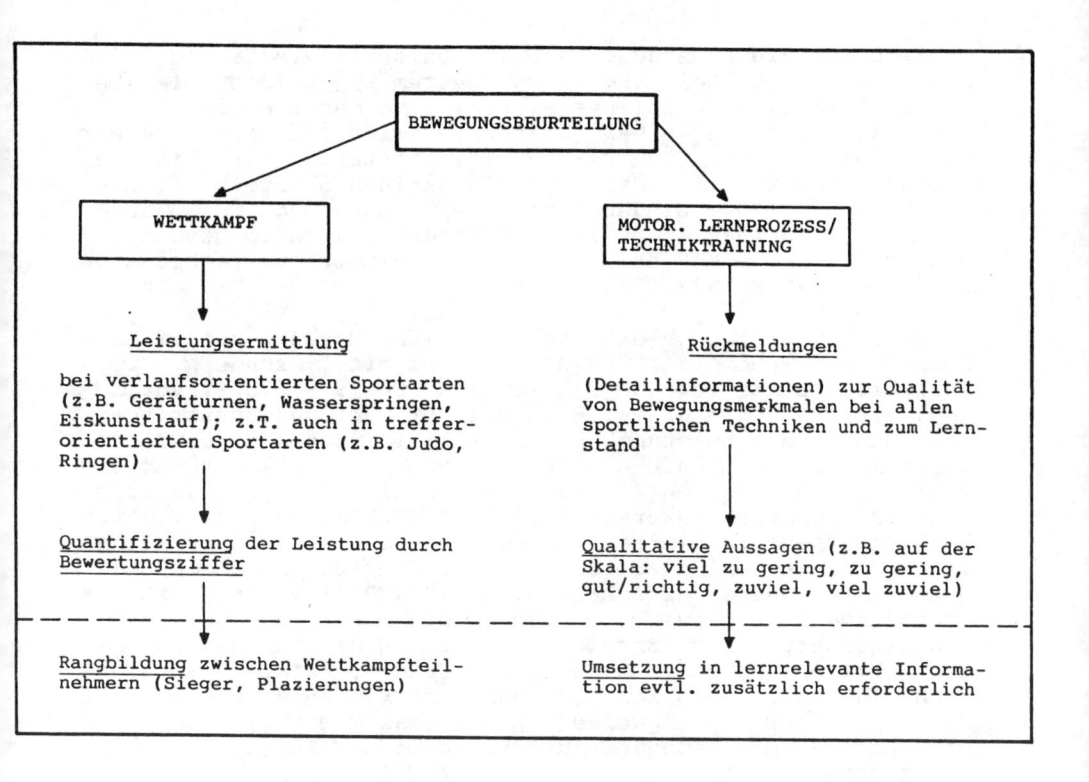

Abb. 49: Funktionen der Bewegungsbeurteilung im Sport.

zu den Gegenständen (Merkmalen, Eigenschaften usw.) des jeweiligen Beobachtungsinteresses. Diese Zuordnung hat so zu erfolgen, daß die "Relationen zwischen den Zahlen den Relationen zwischen den Gegenständen isomorph sind" (HAASE 1972, 346). Die erbrachten Bewegungsleistungen müssen also möglichst objektiv in Zahlen ausgedrückt werden können. Nur auf diese Weise ist es möglich, eine Leistungsrangfolge zu bilden und so den Sieger bzw. die Plazierung eines Sportlers im Vergleich zu seinen Konkurrenten zu ermitteln (THOMAS 1978, 261).

Die Vergleichbarkeit sportlicher (Wettkampf-)Leistungen durch eine Messung im Sinne der o.a. Definition läßt sich prinzipiell auf zwei verschiedene Arten erreichen (HAASE 1972; 1976; THOMAS 1976a; 1978):

1. Durch die Anwendung von technischen Verfahren wird die sportliche Leistung im **cgs-System** abgebildet. Dies bereitet überall dort geringe Probleme, wo das Ziel der Bewegungstätigkeit in einer "Distanzmaximierung" oder in einer "Zeitminimierung" (GÖHNER 1979, 78) besteht, z.B. in der Leichtathletik, im Rudern oder im Alpinen Skisport. In diesen Fällen ist die Eindeutigkeit der Zuordnung von Zahlen zu den einzelnen sportlichen Leistungen im allgemeinen unstrittig, da die Meßfehler mehr oder minder vernachlässigbar sind (HAASE 1972, 346).

2. Sehr viel problematischer ist die Messung sportlicher Leistungen, wenn nicht "resultatorientierte", sondern **"verlaufsorientierte** Bewegungsziele" (GÖHNER 1979, 78ff) vorliegen, z.B. im Gerätturnen, Eiskunstlauf oder Wasserspringen, bei denen die Leistung in erster Linie nach dem Schwierigkeitsgrad und dem Aufbau einer Bewegung bzw. Bewegungskombination sowie deren Ausführung hinsichtlich Bewegungsgenauigkeit und Ausdruck bewertet wird (DJATSCHKOW 1977, 28). Auch bei "trefferorientierten" Bewegungen, die auf das Erreichen eines definierten Endzustandes (z.B. Treffer, Zu-Boden-bringen des Gegners) gerichtet sind (GÖHNER 1979, 76), gibt es sportliche Disziplinen, bei denen die Qualität der Bewegungsausführung zur Erreichung dieses Endzustandes ein Leistungskriterium ist (z.B. im Judo, Ringen, Karate). Schließlich ist als Beispiel noch das Skispringen zu nennen, bei dem neben der Sprungweite (Distanzmaximierung) ebenfalls die Qualität der Bewegungsausführung in der Leistung Berücksichtigung findet.

In diesen Fällen ist die Leistungsfeststellung auf das "Meßinstrument Mensch" (HAASE 1972, 346) angewiesen, da bislang keine praktikablen und allgemein akzeptierten Verfahren verfügbar sind, mit deren Hilfe die Qualität verlaufsorientierter Bewegungen im Wettkampf valide im cgs-System abgebildet werden könnte. Die erbrachten Leistungen müssen durch Kampfrichter, Schiedsrichter, Punktrichter usw. (zwischen denen hier nicht unterschieden werden soll) mittels **Bewegungsbeurteilung** in Zahlen transformiert, d.h. in Form einer Bewertungsziffer ausgedrückt werden (THOMAS 1978, 264).

Man muß sich also immer dann des Meßinstruments Mensch bedienen, wenn es um die Erfassung verhältnismäßig komplexer sportlicher Leistungen geht (HAASE 1972, 346), bei denen das Leistungskriterium nicht als **Folge** der Bewegungsausführung zähl- oder meßbar wird, sondern die Qualität des Bewegungsablaufs selbst Leistungskriterium ist.

Voraussetzung für eine objektive Leistungsfeststellung ist das Vorliegen eines einheitlichen Maßstabs, nach dem die Leistungen aller Wettkampfteilnehmer beurteilt werden (THOMAS 1978, 263). Außerdem muß die "Funktionsfähigkeit des Menschen als Meßinstrument" (HAASE 1972, 346) ausreichen, um die relevanten Leistungsmerkmale fehlerfrei erfassen zu können. Da Urteile von Kampf- oder Schiedsrichtern im allgemeinen sogenannte Tatsachenentscheidungen sind, die in der Regel "Endgültigkeitscharakter" besitzen, sind Beurteilungsfehler im Wettkampf zumeist nicht mehr korrigierbar.

"Die einmal abgegebenen Bewertungen entscheiden über Sieg, Niederlage und Plazierung selbst dann, wenn sie auf einer fehlerhaften Leistungsbeobachtung, ungenügend differenzierten Bewertungskriterien, falschen Zuordnungen erfaßter Bewegungsleistungen zu entsprechenden Punktwerten auf dem verfügbaren Bewertungsmaßstab oder bewußter Unter- bzw. Überbewertung der Leistung beruhen" (THOMAS 1978, 263).

Da die **Beurteilungsgüte** ein zentrales Problem der Leistungsermittlung in verlaufsorientierten Sportarten darstellt, ist es notwendig, diesen Punkt an geeigneter Stelle ausführlicher zu besprechen (vgl. hierzu Kap. 4.4.).

4.2.2. Rückmeldung im motorischen Lernprozeß und Techniktraining

Die Bewegungsbeurteilung ist nicht nur bei Wettkämpfen bedeutsam, sondern spielt bei allen Formen des motorischen

Lernens und im Techniktrainig[1] eine entscheidende Rolle. Hierbei kommt es weniger darauf an, die sportliche Leistung in Form eines Punktwertes zu quantifizieren, als dem Sportler detaillierte, auf wesentliche Merkmale des Bewegungsablaufs bezogene Rückmeldungen zu geben.

Die Bewegungsbeurteilung im Rahmen der Entwicklung sportlicher Techniken besitzt weniger eine "Selektionsfunktion" bzw. eine "positionszuweisende Funktion" - wie im Wettkampf -, sondern vielmehr eine "Berichtsfunktion" (THOMAS 1978, 269). Der Lernende bzw. Trainierende kann die rückgemeldeten Ergebnisse der Beurteilung seiner Bewegungsabläufe aber nur dann für einen Lernfortschritt nutzen, wenn er diese versteht, d.h., auf seine Bewegungsvorstellung und bisherigen Erfahrungen beziehen kann. Damit soll an dieser Stelle lediglich angedeutet werden, daß die Bewegungsbeurteilung eine notwendige aber noch keine hinreichende Bedingung für die Optimierung des motorischen Lernprozesses ist. Die Umsetzung des Beurteilungsergebnisses in **lernrelevante Information** bereitet in der Praxis nicht selten Schwierigkeiten. **Was** dem Sportler **wie** über seine Bewegungsausführung rückgemeldet wird, hängt sowohl von seinem Könnensstand als auch vom Lernziel ab.

4.3. INHALT UND BEZUGSSYSTEM DER BEURTEILUNG

Zweck und Inhalt einer Bewegungsbeurteilung sind eng miteinander verflochten. Der Zweck - das Beurteilungsinteres-

---

[1] Im vorliegenden Zusammenhang braucht zwischen motorischem Lernen, Bewegungslernen und Techniktraining u.ä.m. inhaltlich nicht unterschieden zu werden. Die Begriffe beziehen sich alle auf den Erwerb, die Stabilisierung und die variable Verfügbarkeit von Koordinationsstrukturen, also auf qualitative Aspekte von Bewegungsabläufen. Zu möglichen Unterschieden zwischen Techniktraining und Bewegungslernen vgl. CARL/MECHLING (1983).

se - bestimmt, welche konkreten Inhalte des Bewegungsablaufs beobachtet und beurteilt werden. Die Frage wiederum, wie detailliert eine Bewegung zu beurteilen ist, führt zu den Beurteilungs- bzw. Beobachtungseinheiten. Die Bewertung der beobachteten Einheiten hängt schließlich vom verfügbaren Beurteilungsmaßstab ab.

4.3.1. Beurteilungsgegenstand und Beobachtungseinheiten

4.3.1.1. Differenzierung und Klassifzierung des Beurteilungsgegenstandes

"Die **Mannigfaltigkeit sportlicher Handlungen** reicht von einer einzelnen isolierten Bewegung bis hin zu sehr komplexen Handlungen, in die mehrere handelnde Personen und Gegenstände einbezogen sein können, wie z.B. im Spiel" (BAUMANN 1986, 7f).

Entsprechend vielfältig sind nicht nur die möglichen Ziele der Beobachtung und Beurteilung im Sport, sondern davon abhängig auch die möglichen Inhalte oder Gegenstände der Bewegungsbeurteilung. Die Beurteilung von Bewegungsabläufen ist nur für einen Teil der Sportarten - in denjenigen mit verlaufsorientierten Bewegungen - für die Wettkampfsituation relevant, im motorischen Lernprozeß dagegen für alle Sportarten. Aus diesem Grund ist die Zahl möglicher Beurteilungsgegenstände im motorischen Lernprozeß erheblich größer als im sportlichen Wettkampf.

Gegenstand der Beurteilung sind - sehr global betrachtet - diejenigen Merkmale des Bewegungsablaufs, die für das Erreichen des Bewegungsziels (im Sinne von GÖHNER 1979) von Wichtigkeit sind, d.h. die **leistungsrelevanten** Bewegungsmerkmale. Dabei kommt es unter diagnostischer Intention primär auf die **Indentifikation von Bewegungsfehlern** an (KAMINSKI 1975, 56). Dies setzt voraus, daß der Beobachter eine Vorstellung vom korrekten Bewegungsablauf hat (vgl. hierzu Kap. 4.3.2.).

Die nachfolgenden **Klassifizierungen von Bewegungen** sind für die Bewegungsbeurteilung insofern von Belang, als sie die Anforderungen an die visuelle Wahrnehmungsfähigkeit des Beurteilenden mitbestimmen. So ist es beispielsweise ein erheblicher Unterschied, ob die interessierenden Bewegungsmerkmale bei einer einmaligen, kurzzeitigen Präsentation in einem **azyklischen Bewegungsablauf** (z.B. Kugelstoßen) erkannt werden müssen oder ob es sich um einen **zyklischen Bewegungsablauf** handelt (z.B. Schwimmen), der die Möglichkeit zu einer mehrfachen Beobachtung der Merkmale bietet.

Weiterhin ist bedeutsam, ob der Beurteilungsgegenstand in der **Realsituation** zu beobachten ist oder ob er in Form einer Video- oder Filmaufnahme vorliegt. Letzteres ermöglicht auch bei azyklischen Bewegungsabläufen ein wiederholtes Betrachten, bevor die Beurteilung abgegeben wird. Selbstverständlich ist es auch in der Praxis üblich, sich eine Bewegung mehrfach anzuschauen, um sich ein sicheres Urteil bilden zu können. Voraussetzung für die genaue Einstufung eines spezifischen Details ist dabei jedoch, daß dieses konstant gezeigt wird. Ein zusätzlicher Vorteil von Bewegungsaufzeichnungen liegt in der Möglichkeit der verlangsamten Wiedergabe des Bewegungsablaufs und in der Standbildprojektion.

Schließlich ist wichtig zu unterscheiden, ob der Beurteilungsgegenstand die **Gesamtbewegung** ist oder nur ein bzw. wenige **Details des Bewegungsablaufs**.

Die angestellten Überlegungen münden in der Frage, was nun am Bewegungsablauf letztlich tatsächlich Beobachtungsgegenstand und somit grundlegender Inhalt der Bewegungsbeurteilung ist. Obwohl Bewegungsfehler "nur im Kontext eines 'übergreifenden' Geschehens zu bemerken und sinnvoll zu interpretieren" sind, muß das Gesamtgeschehen in **"Beobachtungseinheiten"** strukturiert werden, um es "überschaubar und als Kommunikationsgegenstand greifbar zu machen"

(KAMINSKI 1975, 56f). Dabei ergibt sich aber die Frage, wie groß Beobachtungseinheiten sein sollen oder dürfen.

Relativ große (oder grobe) Beobachtungseinheiten machen vordergründig den Beurteilungsgegenstand gut überschaubar. Sie sind jedoch "beobachtungsmethodisch" sehr problematisch, denn "in relativ groben Einheiten sind oft Konstatierungen von Fakten mit Interpretationen und subjektiven Einschätzungen oder Wertungen in unauflösbarer Weise vermischt" (KAMINSKI 1975, 57). Die Frage nach den kleinsten Beobachtungseinheiten, die **interpretationsfrei** und als reine Fakten zu beschreiben sind, kann nicht ohne Einbeziehung des konkreten Beurteilungszwecks gelöst werden. Es geht bei der Suche nach den Beobachtungseinheiten nicht grundsätzlich darum, möglichst kleine Teile aus dem Gesamtablauf der Bewegung zu isolieren, sondern für die Aufgabenstellung **sinnvolle** Teile oder Einzelmerkmale zu finden, die eine **objektive** Bewertung zulassen.

> So könnte man sich beispielsweise vorstellen, daß bei der Beurteilung eines Rückhand-Grundschlages im Tennis folgende Details Berücksichtigung finden:
> - Griffhaltung,
> - Stellung zum Netz und zum Ball,
> - Weite der Ausholbewegung,
> - Zeitpunkt, Geschwindigkeit, Richtung und Weite der Schlagbewegung.

Eine objektive Beurteilung ist aber von vornherein nur dann möglich, wenn die sinnesphysiologisch und psychologisch bedingten Anforderungen der einzelnen Elemente sowie deren gleichzeitige Beachtung und Verknüpfung im Gesamturteil keine Überforderung der Wahrnehmungsfähigkeit des Beurteilers darstellen. Dies betrifft u.a. insbesondere folgende Punkte:

- Geschwindigkeit der Bewegung (Körperteile, Gerät),
- notwendige retinale Abbildungsgröße für eine Detailwahrnehmung,

- Entfernung der zu beobachtenden Einzelelemente voneinander,
- Anzahl der zu berücksichtigenden Details,
- zeitliche Nähe der verschiedenen wahrzunehmenden Details (vgl. hierzu Kap. 2. und 3.).

Bei der Festlegung, welche leistungsrelevanten Bewegungsmerkmale in die Beurteilung mit eingehen sollen (vgl. hierzu Kap. 4.3.2.), ist demnach die Wahrnehmbarkeit dieser Merkmale als Einzelelemente **und** als Kombination zu berücksichtigen.

4.3.1.2. Bewegungsmerkmale als Beobachtungseinheiten

Das Bemühen, eine Bewegung zum Zwecke der Bewegungsbeurteilung in elementare, informationstragende Einheiten zu zerlegen, schließt eine **physikalische Betrachtung** der Bewegung mit ein. Danach besitzen alle gleichzeitig oder nacheinander stattfindenden "Formveränderungen" im Bewegungsablauf eine **räumliche** und eine **zeitliche Dimension** (BAUMANN 1986, 56).

Die **räumliche Dimension** bezieht sich auf die Lageveränderung des Körpers gegenüber einem externen Bezugssystem (z.B. Tor, Laufbahn oder Ball) oder von Körperteilen zueinander. Dabei unterscheidet man hinsichtlich des geometrischen Verlaufs der Lageveränderung in Translations- und Rotationsbewegungen und nach dem zeitlichen Verlauf in gleichförmige und ungleichförmige (beschleunigte) Bewegungen (BÄUMLER/SCHNEIDER 1981, 49). Innerhalb des räumlichen Verlaufs einer Bewegung lassen sich außerdem Längen- oder Wegmerkmale, Lage- oder Positionsmerkmale und Körpergelenkwinkelmerkmale isolieren (vgl. BALLREICH 1981, 515).

Die **zeitliche Dimension** betrifft den Zeitaufwand für die Lageveränderung(en) des Körpers bzw. von Körperteilen zueinander sowie deren zeitliche Abstimmung untereinander (BAUMANN 1986, 57).

Die räumliche und die zeitliche Dimension einer Bewegung lassen sich über die **kinematischen Merkmale** quantitativ erfassen. **Dynamische Merkmale** beschreiben die mechanische Ursache von Orts- und Lageveränderungen des Körpers bzw. von Körperteilen sowie des Sportgeräts in Form von Kraftstößen und Kraftmomenten (vgl. Abb. 50).

BALLREICH (1981) gliedert den sportlichen Bewegungsablauf zum Zwecke des "Bewegungssehens" und der biomechanischen Messung in quantitative und qualitative Bewegungsmerkmale auf (vgl. Abb. 50), da man ihn weder als "Ganzes" beobachten noch als "Ganzes" messen kann.

Zu den **qualitativen Merkmalen** zählen in Anlehnung an MEINEL/SCHNABEL (1977, 99ff):

- der **Bewegungsrhythmus** als Merkmal der zeitlichen Ordnung, in dem sich auch der räumlich-zeitliche Verlauf der Bewegung widerspiegelt,
- die **Bewegungskopplung** als Merkmal der optimalen Verbindung von Teilbewegungen hinsichtlich Zeit, Umfang und Kraftaufwand,
- der **Bewegungsfluß** als Merkmal des Grades der Kontinuität im Ablauf eines motorischen Aktes,
- die **Bewegungspräzision** als Merkmal der Übereinstimmung von Bewegungsziel und Bewegungsverlauf bzw. -resultat,
- die **Bewegungskonstanz** als Merkmal der Reproduzierbarkeit der Bewegung,
- der **Bewegungsumfang** als Merkmal der räumlichen Ausdehnung eines Bewegungsablaufs,
- das **Bewegungstempo** als Merkmal der Geschwindigkeit (Schnelligkeit) der Bewegungsausführung,
- die **Bewegungsstärke** als Merkmal des Krafteinsatzes (Größe des Krafteinsatzes) beim Bewegungsvollzug.

Bewegungsrhythmus und -kopplung gelten als komplexe strukturelle Merkmale, die übrigen als elementare Merkmale.

```
┌─────────────────────────────────────────────────────────────┐
│                      BEWEGUNGSABLAUF                         │
│                    ╱              ╲                          │
│    QUALITATIVE BEWEGUNGSMERKMALE   QUANTITATIVE BEWEGUNGSMERKMALE │
│         │                    ╱              ╲                │
│  Bewegungsrhythmus    Merkmale der kinema-  Merkmale der dynami- │
│  Bewegungskopplung    tischen Bewegungs-    schen Bewegungs- │
│                       struktur              struktur         │
│                                                              │
│  Bewegungsfluß        Längenmerkmale        Kräfte           │
│  Bewegungsgenauigkeit Zeitmerkmale          Kraftmomente     │
│  Bewegungskonstanz    Körpergelenkwinkel-   Kraftstöße       │
│                       merkmale                               │
│  Bewegungsumfang      Lagemerkmale                           │
│  Bewegungstempo       Geschwindigkeits-                      │
│                       merkmale                               │
│  Bewegungsstärke      Beschleunigungs-                       │
│                       merkmale                               │
└─────────────────────────────────────────────────────────────┘
```

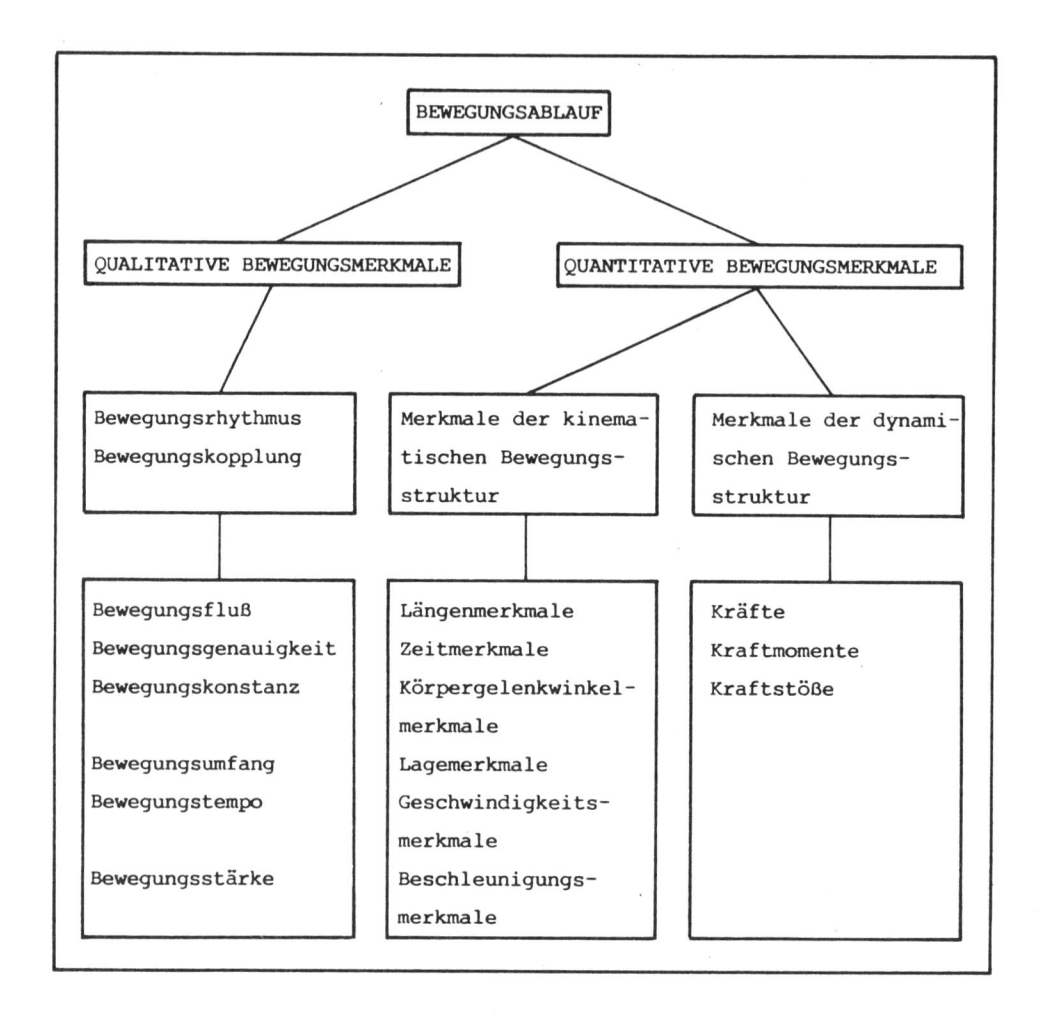

Abb. 50: Aufgliederung des Bewegungsablaufs in qualitative und quantitative Bewegungsmerkmale nach BALLREICH (1981, 515).

Es ist hier aber zu betonen, daß jede Qualität und somit auch die qualitativen Bewegungsmerkmale quantitative Kennzeichen besitzen. Diese stellen jedoch nicht - wie bei den quantitativen Merkmalen - das Ergebnis einer allgemeinen Übereinkunft dar, sondern sind von den jeweiligen Beobachtern abhängig und damit stark subjektiv bestimmt (BALLREICH 1981, 514).

Zu den **quantitativen Bewegungsmerkmalen** recnnet man nach BALLREICH (1981) in Übereinstimmung mit den Gepflogenheiten in der Biomechanik die kinematischen und dynamischen Merkmale der Bewegungsstruktur.

Bei der Suche nach den Beobachtungseinheiten für die Bewegungsbeurteilung hilft jedoch die Aufgliederung der Bewegungsstruktur in qualitative und quantitative Merkmale nicht viel weiter.

Die pauschale Zuordnung der qualitativen Bewegungsmerkmale zu den direkt beobachtbaren, wie dies BALLREICH (1981) tut, erscheint aus mehreren Gründen problematisch. Die Bewegungsstärke ist als dynamisches Merkmal anzusehen und müßte damit zu den indirekt abschätzbaren zählen. Es ist auch zweifelhaft, ob die Bewegungskopplung als die Verbindung von Teilbewegungen unmittelbar beobachtbar ist. Zum einen ist in ihr definitionsgemäß ebenfalls der "Kraftaufwand", also ein dynamisches Merkmal enthalten. Zum anderen ist sie - ähnlich wie der Bewegungsrhythmus - ein äußerst komplexes Merkmal, für das vermutlich keine elementaren Wahrnehmungsvorgänge auf den unteren Ebenen im visuellen System verfügbar sein dürften. Die Bewegungskonstanz läßt sich nur über den Vergleich mehrerer Bewegungsausführungen beurteilen. Sie kann demnach gar nicht in einem einzigen Wahrnehmungsvorgang direkt ermittelt werden.

Die Auseinandersetzung mit den qualitativen Bewegungsmerkmalen erweist sich - wie bereits angedeutet - als besonders schwierig, weil sie insgesamt eine relativ hohe Komplexität aufweisen und inhaltlich schwer objektiv faßbar sind. Dies wirkt sich v.a. dahingehend aus, daß sie nicht operational definiert sind und sich dadurch einer empirisch orientierten wissenschaftlichen Bearbeitung bislang weitgehend entziehen.

Aus den genannten Gründen sind auch bei der Beurteilung der qualitativen Bewegungsmerkmale starke Abweichungen zwischen verschiedenen Beurteilern zu erwarten. Es wird daher vorgeschlagen, auf die Berücksichtigung der qualitativen Bewegungsmerkmale bei der Differenzierung des Beurteilungsgegenstandes "sportliche Bewegung" in Beobachtungseinheiten möglichst zu verzichten, soweit andere, besser objektivierbare und operationalisierbare Einheiten gefunden werden können..

Es ist davon auszugehen, daß alle Beurteilungen von Bewegungsabläufen letztlich auf Informationen zur räumlichen und zeitlichen Bewegungsstruktur, also zu kinematischen Bewegungsmerkmalen zurückgehen (vgl. Abb. 51). Dies bedeutet weder, daß **alle** kinematischen Merkmale grundsätzlich elementare Größen der Wahrnehmung, noch objektiv, noch gleich gut wahrnehmbar sind. Der Mensch besitzt z.B. kein Organ zur unmittelbaren Zeitwahrnehmung, dagegen verfügt er über geschwindigkeits- und richtungsspezifische rezeptive Felder (vgl. Kap. 2.1.1. und 2.2.). Die visuelle Wahrnehmung von Beschleunigungsmerkmalen erfordert möglicherweise höhere Verarbeitungsstufen als die von Geschwindigkeitsmerkmalen (vgl. hierzu Kap. 3.3.).

Im vorliegenden Zusammenhang braucht auf die Unterscheidung von direkt wahrnehmbaren und abgeleiteten Bewegungsmerkmalen nicht weiter eingegangen zu werden, da hier in erster Linie von Interesse ist, welche Bewegungsmerkmale überhaupt wahrnehmbar sind und damit bei der Bildung von Beobachtungseinheiten berücksichtigt werden können. Es wird aber Wert auf die Feststellung gelegt, daß die Objektivierbarkeit eines Merkmals selbstverständlich ein wesentliches Kriterium für seine Einbeziehung in die Bewegungsbeurteilung sein muß.

Abb. 51 enthält einen Vorschlag zur hierarchischen Strukturierung der in Abb. 50 bereits angeführten prinzipiell wahrnehmbaren Bewegungsmerkmale. Diese sind in Abb. 51 so angeordnet, daß deren Komplexität nach unten hin (insbesondere blockweise) zunimmt. Gleichzeitig wird unterstellt, daß damit einhergehend auch im visuellen Wahrnehmungsprozeß aus vorangehenden, elementaren Verarbeitungsstufen zunehmend Ableitungen auf höheren kognitiven Ebenen stattfinden und subjektive Interpretationen einfließen. Die für eine Bewegungsbeurteilung erreichbare Objektivierung der Bewegungsmerkmale sinkt aus diesen Gründen nach unten hin zu den komplexen qualitativen Merkmalen Bewegungsrhythmus und Bewegungskopplung ab. Das Modell ist als Alternativvorschlag zur Aufgliederung von BALLREICH (1981; s. Abb. 50) zu verstehen und in mehre-

```
┌─────────────────────────────────────────────────────────┐
│                    ┌──────────────────┐                 │
│                    │ BEWEGUNGSABLAUF  │                 │
│                    └────────┬─────────┘                 │
│                             ▼                           │
│         ┌───────────────────────────────────┐           │
│         │ Räumliche und zeitliche Struktur  │           │
│         │ der Bewegung:                     │           │
│         │ Kinematische Bewegungsmerkmale    │           │
│         ├───────────────────────────────────┤           │
│         │ Längenmerkmale, Lagemerkmale,     │           │
│         │ Körpergelenkwinkelmerkmale,       │           │
│         │ Zeitmerkmale,                     │           │
│         │ Geschwindigkeitsmerkmale,         │           │
│         │ Beschleunigungsmerkmale           │           │
│         └─────┬─────────────────────┬───────┘           │
│               ▼                     ▼                   │
│       ┌──────────────┐      ┌──────────────┐            │
│       │ Dynamische   │      │ Qualitative  │            │
│       │ Bewegungs-   │      │ Bewegungs-   │            │
│       │ merkmale     │      │ merkmale     │            │
│       ├──────────────┤      ├──────────────┤            │
│       │ Kräfte       │      │ Bewegungstempo│           │
│       │ Kraftmomente │      │ Bewegungsumfang│          │
│       │ Kraftstöße   │      │ Bewegungspräzision│       │
│       │              │      │ Bewegungskonstanz│        │
│       │              │      │ Bewegungsfluß  │          │
│       │              │      │ Bewegungsstärke│          │
│       └──────┬───────┘      └───────┬──────┘            │
│              │                      ▼                   │
│              │              ┌──────────────┐            │
│              └─────────────▶│Bewegungsrhythmus│         │
│                             │Bewegungskopplung│         │
│                             └──────────────┘            │
└─────────────────────────────────────────────────────────┘
```

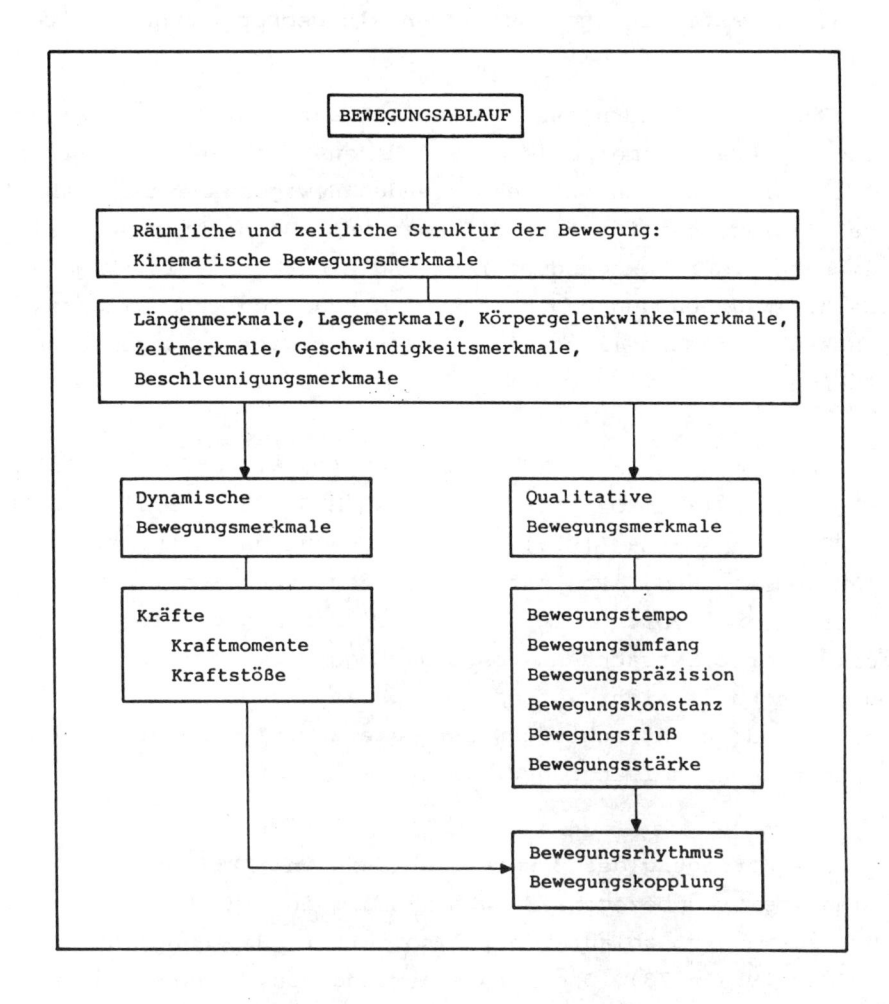

Abb. 51: Modell zum Zusammenhang visuell wahrnehmbarer Bewegungsmerkmale.
(Erläuterungen im Text)

ren Punkten kritisch zu betrachten. So ist beispielsweise das (begriffliche) Nebeneinanderstellen von "dynamischen" und "qualitativen" Bewegungsmerkmalen ebenso problematisch wie die inhaltlichen Überschneidungen der einzelnen Blöcke (z.B. "Geschwindigkeitsmerkmale" mit "Bewegungstempo" oder "dynamische Merkmale" mit "Bewegungsstärke").

4.3.1.3. Aktionen und Positionen als Beobachtungseinheiten

Das Aufgliedern des Bewegungsablaufs in kleinste kinematische Bewegungsmerkmale, aus denen sich erforderlichenfalls alle übrigen interessierenden Bewegungsmerkmale ableiten lassen, ist für die Bildung von Beobachtungseinheiten im Rahmen der Bewegungsbeurteilung nicht sinnvoll. Dies würde den Wahrnehmungsprozeß sehr umständlich und ineffektiv machen und schnell an die Grenzen der Wahrnehmungsfähigkeit führen.

Aus diesem Grund schlägt BAUMANN (1986, 58ff) in Anlehnung an STEVENSON (1975), AREND/HIGGINS (1976), ULRICH (1977) und GÖHNER (1979) eine "Bewegungsstrukturierung in 'Aktionen' und 'Positionen' auf der Grundlage funktionaler Betrachtung" vor. Damit wird die vorrangig biomechanisch orientierte Betrachtung von Bewegungsmerkmalen aus dem vorigen Abschnitt nicht grundsätzlich aufgegeben, sondern in eine andere Betrachtungsweise, die zur Bildung größerer Beobachtungseinheiten führt, integriert.

Die Zerlegung des Bewegungsablaufs in **Aktionen** bedeutet eine zeitraumbezogene Strukturierung in eine Kette simultan und sukzessiv ablaufender, isolierter **Bewegungsabschnitte** (TIDOW 1983, 178). Die Unterscheidung funktionstragender Aktionen kann sowohl in Beziehung auf das übergeordnete Bewegungsziel als auch zu den vorausgehenden, gleichzeitig ablaufenden und nachfolgenden Aktionen erfolgen.

Aktionen können

- einzelne Körperteile betreffen (z.B. nur Bein- oder Armbewegungen) oder

- verschiedene Körperteile einschließen (z.B. bezogen auf die Koordination von Bein-, Rumpf- und Armbewegungen beim Speerwurf).

Der **Informationsgehalt einer Aktion** bezieht sich auf eine definierte räumliche und zeitliche Ausdehnung des Bewegungsabschnitts (BAUMANN 1986, 77):

"Bei körperinternem Bezugssystem betrifft die räumliche Dimension die Bewegungsweite, damit den 'Bewegungsumfang' der Aktion ... Hinzu kommt bei körperexternem Bezugssystem die Einschätzung der Distanz, z.B. bei Manipulationen".

Die zeitliche Dimension "enthält die Ablaufzeit für die gesamte Aktion, die von der Geschwindigkeit des Körperteils oder mehrerer Körperteile abhängt. Es fließt auch die Bewegungsbeschleunigung mit ein. Damit ergeben sich Aussagen über die 'Bewegungsstärke'". Bei Zugrundelegung eines körperexternen Bezugssystems sind auch Aussagen über die zeitliche Anpassung an bewegte Objekte möglich, z.B. einen heranfliegenden Ball.

Bei der näheren Bestimmung des Informationsgehalts einer Aktion ist allerdings zu beachten, daß die Einbeziehung qualitativer Bewegungsmerkmale starke subjektive Einflüsse auf die Beurteilung erwarten läßt (vgl. hierzu den vorigen Abschnitt).

Das Herauslösen von **Positionen** aus dem Bewegungsablauf beinhaltet das Identifizieren besonders informationsträchtiger, isolierter **Bewegungsausschnitte**, d.h. spezifischer "zeitpunktbezogener Konfigurationen" der Körpersegmente (TIDOW 1983, 178).

Besonders informationsträchtig sind in diesem Zusammenhang Stellungen des Körpers zu Zeitpunkten, an denen im räumlichen Verlauf der Bewegung 'Umkehrpunkte' erkennbar sind (z.B. Übergang von einer Ausholbewegung zu einer

Schlag- oder Wurfbewegung). Dies sind häufig die Zeitpunkte einer Aktion, an denen minimale bzw. maximale Gelenkwinkel erreicht werden.

Fällt der räumliche und zeitliche Anschluß mehrerer Aktionen zusammen, entsteht nach BAUMANN (1986, 60) eine **Schlüsselposition**. Diese flüchtigen, kurzzeitig vorhandenen Körperstellungen im Bewegungsverlauf enthalten **Informationen** zu folgenden Aspekten (BAUMANN 1986, 76):

Sie beziehen sich direkt auf die räumliche Dimension, die sich nach Ablauf bestimmter Aktionen ergibt und erlauben:

"Das Erkennen der räumlichen Lage von Körperteilen zueinander. Sie läßt Rückschlüsse auf den räumlichen Verlauf vorausgegangener Teilbewegungen zu, die bis zum Erreichen einer bestimmten Schlüsselposition abgelaufen sind."

"Das Erkennen der räumlichen Lage von Körperteilen hinsichtlich eines körperfremden Bezugssystems."

Aus den Informationen zur räumlichen Dimension lassen sich indirekt Aussagen zur zeitlichen Dimension vorausgegangener Aktionen ableiten, d.h. Rückschlüsse auf den zeitlichen Verlauf bereits erfolgter Aktionen ziehen.

Hinweise auf die **Funktion** verschiedener Bewegungsteile, insbesondere von Aktionen (oder Bewegungsphasen), lassen sich unter verschiedenen Gesichtspunkten gewinnen. Ohne auf alle Einzelheiten näher eingehen zu können, seien hier zwei Möglichkeiten exemplarisch angedeutet.

Dient die Bewegungsstrukturierung mehr einem didaktischen Anliegen und die Bewegungsbeurteilung demnach v.a. der Rückmeldung im motorischen Lernprozeß, so könnte man die Analyse des Bewegungsablaufs nach dem Konzept von GÖHNER (1975; 1979; 1984) zur Lehre (und Aufgliederung) der Bewegung nach Funktionsphasen vornehmen. Ergebnis wäre dann die Identifikation der Haupt- und Hilfsfunktionsphasen. In diesem Fall wären Lerngegenstände und Beobachtungseinheiten identisch.

SPORTARTEN-GRUPPE	SPORTARTEN (Beispiele)	CHARAKTERISTIKA	FUNKTION(EN) DER TECHNIK
Schnellkraft-sportarten	Würfe, Sprünge, Sprint, Gewichtheben	Maximale Krafteinsätze, hohe Bewegungsgeschwindigkeit, Koordination unter Zeitdruck	Maximieren der Abfluggeschwindigkeit des beschleunigten Geräts/eigenen Körpers; Optimierung von Abflugrichtung und -winkel
Ausdauer-sportarten	Mittel- und Langstr.lauf, Skilanglauf, Rudern, Radsport, Schwimmen	Wiederholte ökonomische Krafteinsätze, Energiebereitstellung ausschlaggebend	Ökonomisierung des Bewegungsablaufs; Reduzierung der Ermüdung
Kombinatorische Sportarten	Gerätturnen, Eiskunstlauf, Rhythm. Gymnastik	Hohe Anforderungen an koordinative und konditionelle Fähigk. sowie Ausdrucksfähigk.; Einsatz vieler sportl. Techniken	Technik ist Beurteilungsgegenstand (Selbstzweck der Technik): Vermitteln des Eindrucks einer schwierigen, fehlerfreien u. ausdrucksvollen Übung; außerdem z.T. wie bei Schnellkraftsportarten
Sportspiele Kampfsportarten	Tennis, Basketball usw. Judo, Ringen, Boxen usw.	Hohe Anforderungen an koordinative, kondition. u. takt. Fähigk.; wiederholte Anwendung versch. sportl. Techniken	Erreichen einer hohen Genauigkeit u. Intensität bei gleichzeitiger Ökonomie der Bewegungen in Verbindung mit takt. Überlegungen (vielgestaltige Funktion der Technik)

Tab. 15: Funktion der sportlichen Technik in verschiedenen Sportarten (in Anlehnung an DJATSCHKOW 1977; NEUMAIER/RITZDORF 1983).

Steht dagegen eher der Stellenwert der Bewegungsrealisierung (die sportliche Technik oder deren Einzelelemente) für die Wettkampfleistung im Vordergrund, so könnte sich die Suche nach den funktionstragenden Aktionen und den Schlüsselpositionen stärker an DJATSCHKOW (1977) orientieren. Nach ihm lassen sich zusammenfassend vier Sportartengruppen unterscheiden, denen spezifische Funktionen der sportlichen Technik zugeordnet werden können (vgl. GROSSER/NEUMAIER 1982, 12; NEUMAIER/RITZDORF 1983; s. Tab. 15). Diese übergeordneten Funktionen bilden die Grundlage für das Identifizieren von Aktionen und Schlüsselpositionen, in denen wesentliche Informationen zur Funktionserfüllung enthalten sind.

4.3.2. Beurteilungsmaßstab

Die Festlegung von Aktionen und Positionen allein ist jedoch für die Bewegungsbeurteilung nicht hinreichend. Ihre Verwendung als Bezugsgrundlage im Beurteilungsprozeß setzt voraus, daß eine Konzeption von einem Optimalablauf bzw. von einer Optimalkonfiguration vorhanden ist (KAMINSKI 1975, 53). Der beim Beurteiler gespeicherte "Sollwert" zum Zielbewegungsablauf (TIDOW 1983, 21) entspricht der "Bewegungsnorm" (BAUMANN 1986, 45), mit welcher der zu bewertende Bewegungsablauf verglichen wird.

Die inhaltliche Füllung der Bewegungsnorm darf sich nicht nur am Vorbild von Spitzenathleten orientieren. Bei der "Festlegung" der optimalen Verlaufsform einer Bewegung ist funktionsanalytisch vorzugehen, d.h., es ist zu untersuchen, wie die Ausführung der Gesamtbewegung bzw. der einzelnen Bewegungsteile erfolgen muß, damit das Bewegungsziel in optimaler Weise erreicht wird (vgl. den vorigen Abschnitt, insbes. Tab. 15). Hierbei sind auch funktionell-anatomische und biomechanische und - entsprechend der Funktion der betreffenden sportlichen Technik in einer Sportart oder Disziplin - ggfs. auch taktische Gesichtspunkte (z.B. die Antizipierbarkeit eines Wurfs oder Schlags) zu berücksichtigen. Allerdings existieren bis heute in vielen Sportarten noch keine wissenschaftlich ausreichend fundierten Bewegungsnormen, so daß man sich vielfach auf die subjektiven Praxiserfahrungen und Kenntnisse stützt, wenn es darum geht, wie der optimale Bewegungsablauf auszusehen hat.

Abweichungen von einer Norm oder dem "Standard" gelten als **"Fehler"** (KAMINSKI 1975, 53; BAUMANN 1986, 12)[1]. Im Beobachtungs- und Beurteilungsprozeß bezieht sich die Fehlersuche auf zwei Punkte (BAUMANN 1986, 13):

1. die **Identifikation** von Abweichungen im Bewegungsablauf gegenüber der gespeicherten Bewegungsnorm als Fehler;

2. die **Interpretation,** also die Einschätzung des Ausmaßes und der Schwere des Fehlers (vgl. auch KORENBERG 1980, 33ff; BREMER 1982).

Je differenzierter die verfügbare "deskriptive und theoretische Artikulation" eines Geschehens ist, auf die der Beurteiler seinen kognitiven Sollwert aufbauen kann, desto differenzierter kann auch die Fehlerfestlegung sein (KAMINSKI 1975, 54). Diese Aussage gilt uneingeschränkt für die Frage, was grundsätzlich als Fehler identifizierbar ist. Sie ist aber in dieser Form für den Beurteilungsvorgang selbst mißverständlich. Die Ausdifferenzierung der Bewegungsnorm in möglichst viele Beobachtungseinheiten, die gleichzeitig zu beachten sind, erhöht die Genauigkeit der Beurteilung keineswegs automatisch. Es ist im Gegenteil mit dem Entstehen einer Überforderungssituation und damit einer Verschlechterung der Beurteilungsleistung zu rechnen.

---

[1] Auf die unterschiedliche Verwendung des Begriffs 'Fehler' in der Literatur sowie auf Differenzierungen wie in "Abweichungen, Mängel und Fehler" kann in dieser Arbeit verzichtet werden (vgl. hierzu z.B. KORENBERG 1980; BREMER 1982; 1985; BREMER/SPERLE 1984).

Selbstverständlich ist es aber notwendig, daß der Beurteiler zu einer Beobachtungseinheit einen differenzierten Sollwert besitzt, wenn von ihm eine differenzierte Bewertung verlangt wird. Aber gerade in der "qualitativen Normierung", d.h. in der Festlegung von "Gütestandards" zu verschiedenen Fehlerausprägungen (BAUMANN 1986), bestehen heute in der Praxis vielerorts sogar noch größere Lücken als in der Beschreibung der Bewegungsnorm.

Während ein **einheitlicher** Beurteilungsmaßstab für die Leistung aller Wettkampfteilnehmer Voraussetzung für eine objektive Leistungsermittlung ist, gibt es diesen für den motorischen Lernprozeß nicht. Ob eine Abweichung von der Bewegungsnorm als ein Fehler anzusehen ist und falls ja, ob dieser dem Lernenden zum Zweck der Bewegungskorrektur mitgeteilt wird, hängt von verschiedenen Faktoren ab, u.a. vom momentanen Lernniveau in Verbindung mit dem aktuellen Lernziel (vgl. z.B. KORENBERG 1980; BREMER 1982; 1985; BREMER/SPERLE 1984), die hier aber von untergeordneter Bedeutung sind.

Die **Fehleranalyse** und **Fehlerkorrektur** sind ein noch viel komplexeres Problem, als das, mit dem sich die vorliegende Arbeit befaßt. Dieses beschränkt sich weitgehend auf das **Erkennen** von **sichtbaren** Bewegungsmerkmalen, d.h. auf den nach außen hin visuell wahrnehmbaren Bewegungsablauf in seiner räumlichen und zeitlichen Dimension. Die **Ursachen**, die der sichtbaren Bewegung, also auch einem Bewegungsfehler zugrundeliegen (z.B. undifferenzierte oder falsche Bewegungsvorstellung, mangelnde Kraftfähigkeiten oder Angst vor Verletzung), sind nicht Gegenstand der Arbeit.

Es wird aber damit nicht verkannt, daß ein 'Außenbeobachter' (biomechanische) Bewegungsursachen häufig anders interpretiert als diese tatsächlich sind und auch als diese der Ausführende selbst wahrnimmt (vgl. THOLEY 1980; 1983). Die Identifikation eines Phänomens geht seiner Erklärung, Einschätzung und ggfs. Maßnahmen zu seiner Veränderung aber stets voraus. Das Auffinden und Erklären von Ursachen verlangt meist Zusatzinformationen, die aus der Beobachtung des Phänomens allein nicht zu gewinnen sind.

4.4. BEURTEILUNGSGÜTE

Die Qualität der Bewegungsbeurteilung hängt von einer Vielzahl von Einflußgrößen ab, von denen in den bisherigen Ausführungen bereits zahlreiche erläutert wurden - z.B. von der individuellen Leistungsfähigkeit des visuellen Systems und der Fähigkeit zur Strukturierung und Speicherung von Information, aber auch von der verfügbaren Bezugsnorm.

Aufgrund der geringen empirischen Bearbeitung des Themas erscheint es sinnvoll, zunächst die Möglichkeiten zur **Objektivierung** der Bewegungsbeurteilung näher zu betrachten. Die Erhöhung der Beurteilungsobjektivität ist eine grundlegende Voraussetzung für die generelle Verbesserung der Beurteilungsgüte, d.h. auch der Zuverlässigkeit und Gültigkeit einer Beurteilung.

4.4.1. Allgemeine Einflußgrößen auf die Beurteilungsobjektivität

Wie hoch die Anforderungen an den Beobachter bei der Bewegungsbeurteilung sind, zeigen besonders deutlich die relativ oft auftretenden, z.T. spektakulären Fehleinschätzungen bzw. "Fehlurteile" in sportlichen Wettkämpfen. Es ist anzunehmen, daß diese meist nicht auf "persönliche und/oder politische Aversionen und Animositäten" zurückzuführen oder "Urteile gegen besseres Wissen" sind (HAASE 1972, 346), sondern häufig aus einer Überforderung des Beobachters resultieren.

Besondere Schwierigkeiten bei der Bewegungsbeurteilung im Sport entstehen aufgrund folgender spezifischer Merkmale (KAMINSKI 1975, 49f):

"Der zu beobachtende Verhaltensstrom ...
- läuft hier oft sehr schnell ab,
- hat eine erhebliche Ereignisdichte,
- ist oft in feinsten Details regelungsrelevant,
- ist oft über lange Zeitstrecken hin in seiner Kontinuität und als Ganzes relevant,
- ist oft sehr komplex wegen seiner Ereignismannigfaltigkeit ...,
- entzieht sich oft in vielen raum-zeitlichen Anteilen dem visuellen ... Zugriff des Beobachters."

Hinzu kommt im Wettkampf zumeist die Einmaligkeit und Nicht-Wiederholbarkeit des Ereignisses. Wenn ein Bewegungsablauf z.B. wegen seiner Ereignisdichte und Geschwindigkeit nicht detailliert genug erfaßt werden kann, leitet der Beobachter sein Urteil v.a. aus dem meist gut sichtbaren **Effekt** der Bewegungsausführung ab - z.B. der Fußballschiedsrichter, der auf einen absichtlichen Sturz eines Spielers im Strafraum ("Schwalbe") hereinfällt und als Folge für das "gesehene" Foul einen Strafstoß verhängt.

Die im Beurteilungsvorgang auftretenden Schwierigkeiten führen zu einer Fülle von Fehlermöglichkeiten, die sich negativ auf die **Objektivität** der Beurteilung auswirken. "Objektivität" bedeutet im gegebenen Zusammenhang lediglich die Übereinstimmung der Beurteilung einer Bewegungsausführung durch verschiedene Personen. Da alle Beurteiler gleichen Urteilsfehlern unterliegen können - wenn z.B. die hohe retinale Winkelgeschwindigkeit einer Bewegung oder die kurze Darbietungsdauer das Identifizieren eines Bewegungsmerkmals generell verhindert -, erlaubt der Grad der Übereinstimmung eines Urteils mit anderen Urteilen allerdings keine Aussage über die im absoluten Sinne **wahre**, d.h. richtige Zuordnung von z.B. beobachteter Leistung und Punktzahl in einem Wettkampf (HAASE 1972, 347).

Hinzu kommt nicht selten, daß identischen Gesamtbewertungen (z.B. Leistungen im Gerätturnen oder Eiskunstlauf) voneinander abweichende Einzelbewertungen zu den verschiedenen Beobachtungseinheiten zugrundeliegen oder daß bei divergierender Gesamtbeurteilung Einzelkriterien weitgehend übereinstimmen (HAASE 1976, 211). Dies ist bei der Interpretation von Aussagen zur Übereinstimmungsobjektivität zu beachten.

THOMAS (1976a, 191) unterscheidet bei der Beurteilung sportlicher Leistungen grundsätzlich zwei **Fehlerquellen:**

- den Menschen als Beobachter,
- den Menschen als Beurteiler.

Die Fehlerquelle **"Mensch als Beobachter"** bezieht sich primär auf die Aufnahme und kurzfristige Speicherung von Information. Hier kommen alle Unzulänglichkeiten und Störgrößen zum Tragen, die in Verbindung mit den sinnesphysiologischen Bedingungen und gedächtnispsychologischen Aspekten der visuellen Wahrnehmung in den Kap. 2. und 3. näher besprochen wurden.

Die Fehlerquelle **"Mensch als Beurteiler"** ist insbesondere in der Umwandlung des visuellen Wahrnehmungsergebnisses in ein Urteil, also dessen Zuordnung zu einer Beurteilungskategorie, z.B. zu einem Punktwert oder zu einer qualitativen Aussage, zu suchen.

Beurteilungsfehler in Form von "Auslassungen" (TIDOW 1983, 12) entstehen häufig dadurch, daß der **Beobachter** kein "ausreichend differenziertes Raster" (THOMAS 1976a, 192) vom Sollwert der zu beurteilenden Bewegungsausführung besitzt. Dies verhindert den Aufbau adäquater antizipierender Schemata im Wahrnehmungsprozeß, weshalb die aufgabenrelevante Information nicht oder nur unvollständig extrahiert werden kann (vgl. Kap. 3.1.2.).

Hat der Beobachter **falsche Vorstellungen** vom Beurteilungsgegenstand oder Erfahrungssätze, die auf das zu beobachtende Geschehen nicht anwendbar sind, führt dies zu einer **unangemessenen Erwartungsbildung**, was Fehleinschätzungen und Verzerrungen bei der Beurteilung nach sich ziehen kann (THOMAS 1976a, 192).

Große Bedeutung kommt ebenfalls dem **Beurteilungsumfang** und der **Informationsdichte** zu (vgl. hierzu Kap. 5.2.4.). Wenn der individuelle Sollwert zwar differenziert ist, bei der Beurteilung aber zuviele Beobachtungseinheiten zu berücksichtigen sind oder diese zu schnell aufeinanderfolgen, resultiert eine Überforderungssituation, die sich zwangsläufig negativ auf die Beurteilungsobjektivität auswirkt. Der Wahrnehmungsvorgang wird stärker von subjektiven Präferenzen des Beurteilers und von Zufälligkeiten bestimmt, wenn es nicht möglich ist, alle Beobachtungseinheiten gleichermaßen zu beachten.

Selbst bei weitgehender Ausschaltung der bislang genannten Fehlerquellen ist eine hohe Beurteilerübereinstimmung noch nicht gewährleistet.

Die Objektivität einer Bewegungsbeurteilung wird entscheidend von der ausreichenden **Differenziertheit** und der **Eindeutigkeit** der vorliegenden **Bewegungsnorm** bzw. **Bewertungskriterien** bestimmt (vgl. hierzu Kap. 4.3.2.). Sind die Bewertungskriterien zu grob und zu ungenau, bleibt viel Spielraum für subjektive Einflüsse des Beurteilers. Es muß Verbindlichkeit darüber hergestellt sein, was im Beobachtungs- und Beurteilungsvorgang zu berücksichtigen und ggfs. wie zu gewichten ist: "Die lern- und leistungsrelevanten Beobachtungsinhalte müssen klar sein" (THOMAS 1976a, 192).

Zwar wurden in allen auf Leistungsbeurteilungen angewiesenen Sportarten Beurteilungsmaßstäbe entwickelt (z.B. der sog. 'Code de pointage' im Gerätturnen), mit deren Hilfe die gezeigte Leistung in einheitlicher Form quantifiziert werden soll. Die einfach anmutenden Verfahrensvorschriften bergen allerdings nach wie vor erhebliche Schwierigkeiten (HAASE 1978, 210; vgl. auch das Beispiel in Kap. 6.2.2.).

Die vorliegenden Bewertungskriterien enthalten häufig keine detaillierten und verbindlichen Angaben zur Identifizierung einer erbrachten Bewegungsleistung mit einem bestimmten Punktwert. Hinzu kommt, daß jede Bewertungsskala nach oben hin für bessere Leistungen Raum lassen muß, um spätere, noch bessere Leistungen mit demselben Maßstab beurteilen zu können. Aus diesem Grund besteht häufig eher Übereinstimmung darin, wie eine schlechte, sehr fehlerhafte Präsentation zu beurteilen ist, als eine sehr gute, weitgehend fehlerfreie (THOMAS 1978, 267).

Sind aufgrund der Bewertungskriterien in einer Sportart z.B. Haltungs- und Bewegungsfehler bzw. die Qualität der Ausführung eines bestimmten **Bewegungsdetails** aus dem Gesamtverlauf der Bewegung zu erfassen, werden an den Kampfrichter "sehr viel höhere Anforderungen gestellt, als wenn seine Leistungsbewertung auf einem mehr oder weniger globalen Gesamteindruck beruht, wie z.B. Schönheit, Eleganz, Kraftfülle, tänzerischer Ausdruck usw." (THOMAS 1978, 266).

Bewertungsrichtlinien sind aber nicht nur als **verbindliche Normen** anzusehen, die angeben, auf welche Teile im Bewegungsablauf der Beurteiler besonders zu achten hat und welches die optimale Ausführungsform ist (THOMAS 1978, 266), um **subjektiven Vorstellungen** vorzubeugen. Sie stellen gleichzeitig eine **Hilfe** zur Reduzierung der Informationsfülle dar, der ein Beurteiler ausgesetzt ist. Sie erleichtern die Bildung gezielter Erwartungen zu den **relevanten** Elementen des Bewegungsgeschehens. Eine Lenkung der Aufmerksamkeit auf diese entscheidenden Elemente der Bewegung setzt Vorentscheidungen voraus. "Sie bestehen darin, aus der Fülle des Reizangebotes aufgrund theoretischer Begründungen eine bestimmte Auswahl zu treffen" (BAUMANN 1986, 67). Daß aber genau bei diesen begründeten Ableitungen vielerorts noch erhebliche Lücken bestehen, wurde bereits erwähnt.

Die bezüglich der Leistungsbeurteilung im Wettkampf angeführten Fehlerquellen sind prinzipiell auch bei der Bewegungsbeurteilung im Rahmen des motorischen Lernprozesses zu beachten. Es gibt dort aber u.U. zwei Möglichkeiten, die Anforderungen an den Beurteiler deutlich zu verringern und dadurch sowohl die Differenziertheit als auch die Objektivität der Beurteilung zu erhöhen.

Im Normalfall hat der Trainer oder Sportlehrer die Möglichkeit, den Bewegungsablauf mehrfach zu beobachten bzw. ihn speziell zum Zweck der Beurteilung wiederholen zu lassen.

Stehen visuelle Medien zur Verfügung, um die Bewegungsausführung aufzuzeichnen (z.B. Videorecorder), ergibt sich neben der Wiederholbarkeit auch die Möglichkeit zur zeitlichen Dehnung des Bewegungsablaufs.

4.4.2. Psychologisch bedingte Beurteilungsfehler

Neben den bereits genannten Störgrößen bzw. Fehlerquellen beim Beurteilungsvorgang ist - insbesondere bei der Leistungsermittlung im Wettkampf - eine Reihe weiterer Fehlermöglichkeiten zu beachten. Es handelt sich hierbei um verfälschende Einflüsse auf die Beurteilungsobjektivität, die vorwiegend psychische Ursachen in der Person des Beurteilers haben. Einzelne Fehlerquellen dieser Art werden in fast allen Literaturstellen genannt, die sich mit der Qualität der (Bewegungs-)Beurteilung befassen. Es ist hier aber anzumerken, daß sich viele der nachfolgend angeführten Fehler inhaltlich überschneiden und daher kaum voneinander zu trennen sind, in der Literatur aber - unter verschiedenen Bezeichnungen - nicht selten als unterschiedliche Fehler dargestellt werden.

Eine umfassende Aufarbeitung dieser Fehlermöglichkeiten liegt jedoch nicht vor. Sie ist auch nicht Ziel der vorliegenden Arbeit. Die nachfolgenden Ausführungen verstehen sich mehr als eine Zusammenfassung von zusätzlich denkbaren Störgrößen auf den Beurteilungsvorgang, die in der Praxis nicht übersehen werden dürfen, wenn eine hohe Beurteilungsobjektivität angestrebt wird.

Sind an einem Wettkampf besonders leistungsfähige Sportler beteiligt, die als Favoriten anzusehen sind, so ist anzunehmen, daß der Kampfrichter von diesen Sportlern bessere Leistungen als von den übrigen Teilnehmern erwartet. Er bildet sich schon vor dem Wettkampf **Vor-Urteile**, die seine Bewertungen beeinflussen können. "Nicht favorisierte Sportler oder sogar Außenseiter, die in einem bestimmten Wettkampf ausgezeichnete Leistungen zeigen, werden es schon auf Grund dieser antizipatorischen Prozesse bei den Kampfrichtern sehr schwer haben, eine angemessene Leistungsbeurteilung zu erreichen" (THOMAS 1978, 265).

Die Beurteilung spezifischer Eigenschaften und der Leistung einer Person wird gewöhnlich vom - guten oder schlechten - Gesamteindruck oder von anderen Teileindrücken, die man von der Person hat, mitbestimmt (vgl. KLEBER 1976, 39; ZIMBARDO 1983, 591). Diese Tendenz zur Übertragung eines Urteils von einem auf das andere Merkmal, die zu einer gleichgerichteten Verfälschung der aktuellen Beurteilung führt, wird als **Halo-Effekt** oder **Hof-Effekt** bezeichnet (THORNDIKE 1920). Der Beurteiler nimmt aufgrund ungerechtfertigter Verallgemeinerungen, die auf der Kenntnis z.B. hervorragender oder schwacher Leistungen an einem (Turn-)Gerät oder auf Sympathie bzw. Antipathie beruhen, bevorzugt solche Informationen auf, die mit seinem bestehenden Eindruck übereinstimmen (HELLER/ROSEMANN 1974, 44). Dieser Effekt tritt insbesondere dann auf, wenn die zu beurteilenden Merkmale

- nur schwer beobachtbar sind (Überforderungssituation),
- nicht präzise genug definiert sind (Problem der Sollwertbildung und Bezugsnorm),

- eine hohe moralische Bewertung haben (KLEBER 1976, 40).

Sehr eng verbunden mit dem Hof-Effekt ist der sog. **allgemeine Tendenzfehler**. Mit diesem Phänomen wird die "Tendenz zur stereotypisierenden Wahrnehmung" bezeichnet (THOMAS 1978, 267). Dieser Fehler tritt auf, wenn der Beurteiler "die Variabilität von Personen oder von Eigenschaften einer Person" ignoriert und alles als 'gut', 'schlecht' oder 'durchschnittlich' bewertet (ZIMBARDO 1983, 591). Das Gesamtbild des Sportlers und die Einschätzung seiner Leistungsfähigkeit werden in diesem Fall von wenigen und/oder auffälligen Merkmalen oder Einzelleistungen geprägt. Für einen Kampfrichter, der von einem Sportler einen positiven Eindruck aufgrund früherer Erfahrungen mit ihm oder guter Leistungen im bisherigen Verlauf des Wettkampfs hat, besteht die Tendenz, die aktuell zu bewertenden Leistungen besser einzustufen als sie tatsächlich sind (THOMAS 1978, 268).

Auch der **logische Fehler** kommt ähnlich zustande wie der Hof-Effekt. Der Beurteiler nimmt fälschlicherweise an, daß bestimmte Eigenschaften immer gemeinsam auftreten (ZIMBARDO 1983, 591). Dem logischen Fehler liegt immer - bewußt oder unbewußt - ein bestimmtes Persönlichkeitskonzept zugrunde: Von jemandem beispielsweise, den man als stark einschätzt, wird man möglicherweise erwarten, daß er aktiv und aggressiv ist. Diese Einschätzung wird auch vom Wissen um bestimmte Zusammenhänge in der Leistungsstruktur sowie die 'normale' Leistungsfähigkeit des zu beurteilenden Sportlers beeinflußt (PÖHLMANN 1986, 124). Die Bildung eines entsprechenden Erwartungshintergrundes wirkt sich selegierend auf den Wahrnehmungsprozeß des Beurteilers aus und greift akzentuierend und assimilierend in alle weiteren Beobachtungen und Urteile ein (KLEBER 1976, 42). Über das tatsächlich Wahrnehmbare hinaus werden Zusammenhänge konstruiert. Deshalb handelt es sich hier strenggenommen nicht um einen Beurteilungs- sondern um einen Denkfehler (PÖHLMANN 1986, 124).

Nachbarschaftsfehler werden gelegentlich bei der Verwendung von Beurteilungsbögen beobachtet. Hier besteht im Sinne des logischen Fehlers eine gewisse Tendenz, zwischen räumlich benachbarten und zeitlich dicht aufeinanderfolgenden Merkmalen logische Zusammenhänge zu vermuten (KLEBER 1976, 42f).

Als Ergebnis des Hof-Effekts, des allgemeinen Tendenzfehlers und des logischen Fehlers schätzt man andere Personen **konsistenter** ein, als sie in Wirklichkeit sind (ZIMBARDO 1983, 591).

Von einem **Milde-** oder **Milderungsfehler** spricht man dann, wenn sich die Beurteilungen auf der positiven Seite einer Bewertungsskala häufen und negative Bewertungen stark reduziert werden (ZIMBARDO 1983, 591). Die "Tendenz zur Gefälligkeitsnote" besteht besonders gegenüber gut bekannten bzw. sympathischen Personen (HELLER/ROSEMANN 1974, 43). Der Mildefehler tritt dann besonders häufig auf, wenn eine gezeigte Leistung schwierig (in ein Bezugssystem) einzuordnen ist oder wenn sich der Beurteiler seines Urteils nicht sicher ist (THOMAS 1978, 268).

Der **Strengefehler** bringt die persönliche Tendenz zum Ausdruck, bei der Beurteilung (im Zweifelsfall) lieber etwas anspruchsvollere Maßstäbe anzulegen als zu milde. Er kann aber auch als Folge der Ablehnung einer Person entstehen.

Nach den Ergebnissen von HAASE (1972, 348) unterscheiden sich Kampfrichter (im Gerätturnen) in ihren Anforderungen an die Leistungen an den einzelnen Geräten, was auf ihre eigenen Erfahrungen mit diesen Geräten zurückzuführen sein könnte. Möglicherweise beurteilt ein Kampfrichter die Leistungen an einem Gerät, mit dem er als aktiver Sportler selbst Schwierigkeiten hatte, milder als an anderen Geräten. Es ist auch denkbar, daß er an Geräten, die er selbst gut beherrschte, besonders strenge Maßstäbe anlegt. Diese Verzerrungen beeinträchtigen die Leistungsbewertung innerhalb eines Wettkampfes zwar nicht - vorausgesetzt sie sind für alle Wettkampfteilnehmer gleichbleibend -, machen aber den Vergleich verschiedener Wettkämpfe unmöglich.

Kommen Milde- oder Strengefehler durch eine vor der Beurteilungssituation liegende Begegnung von Bewerter und zu Bewertendem zustande, nennt man die resultierende Verfälschung des Urteils auch **Kontaktfehler** (PÖHLMANN 1986, 124).

Bei der Verwendung von Beurteilungsskalen tritt die Tendenz auf, nur mittlere Punktwerte (Noten) zu vergeben. Durch den Fehler der **zentralen Tendenz**, die **Extremscheu** oder die **Tendenz zur Durchschnittsnote** wird die Beurteilungsskala unzulässig eingeengt (HELLER/ROSEMANN 1974, 43; KLEBER 1976, 42; PÖHLMANN 1986, 124). Diese Neigung eines Beurteilers besteht meistens dann, wenn er unsicher ist, 'ungerechte' Benotungen vermeiden will und/oder zu gutmütig, feige u.ä. ist, ein differenziertes Urteil abzugeben (HELLER/ROSEMANN 1974, 43). Eine spontane Tendenz zu einem mittleren Urteil ist insbesondere dann zu beobachten, wenn der Beurteiler von der Bewegungsausführung überrascht wurde und sie deshalb nur zum Teil oder überhaupt nicht gesehen hat. Für den Fall, daß die Leistung tatsächlich überdurchschnittlich gut oder schlecht war, kann er durch ein mittleres Urteil die Abweichung zu den Urteilen seiner Mitbewerter minimieren (THOMAS 1976a, 200).

Reihungseffekte äußern sich darin, daß die ersten Beurteilungen strenger ausfallen als die letzten (KLEBER 1976, 42). Die Beurteiler neigen in diesem Fall dazu, v.a. gute und sehr gute Leistungen zu Beginn des Wettkampfs unterzubewerten, um für nachfolgende, noch bessere Leistungen nach oben noch "Luft" zu haben. Es kann dabei auch zu **rhythmischen Schwankungseffekten** kommen, die sich in einem periodischen Ansteigen und Absinken der Beurteilungen ausdrücken (KLEBER 1976, 42).

In sozialpsychologischen Untersuchungen hat sich wiederholt bestätigt, daß eine Tendenz besteht, die eigene Meinung im Falle einer Abweichung von der Mehrheitsmeinung dieser anzupassen (HOFSTÄTTER 1971). Der soziale "Einfluß von Gruppen auf die Wahrnehmung und Urteile von Individuen" führt zu einem **Streben nach Gruppenkonformität** (ZIMBARDO 1983, 621), d.h. zu einer **Anpassung an die Gruppennorm**. Die Rückmeldung, die der Kampfrichter nach jedem Wertungsdurchgang zum Urteil seiner Kollegen erhält, wirkt sich auf seine weiteren Bewertungen aus. Nach dem sozialpsychologischen Gesetz der **Homogenisierung von Einzelurteilen** in Gruppen führen häufige Abweichungen eines Urteils vom Gruppenmittelwert zu einer Änderung des Bezugssystems des Beurteilers, um sich an die Gruppenmehrheit anzugleichen (THOMAS 1976a, 205).

Komplexe sportliche Leistungen unter Benutzung eines verhältnismäßig einfachen Bewertungssystems beurteilen zu müssen, ist auch für erfahrene Kampfrichter mit einem großen Unsicherheitsfaktor verbunden. Da ihr Urteil aber für andere Personen wichtig ist, beeinflußt jede Art von **Rückmeldung** zur abgegebenen Bewertung - auch die des Publikums und der Berichterstattung in den Medien - die zukünftigen Bewertungen (THOMAS 1976a, 205f). So hat z.B. TRADT (1973) in einer Untersuchung im Eistanz festgestellt, daß zu Beginn eines Wettkampfs die Streuung der Kampfrichterurteile größer ist als im weiteren Verlauf.

HAASE (1976) hat am Beispiel des Gerätturnens nachgewiesen, daß bei der Leistungsbeurteilung nicht nur das Bezugssystem der Beurteiler **inter**individuell streut, sondern daß sich dieses auch je nach zu beurteilendem Sachverhalt **intra**individuell ändert. Das bedeutet nach HAASE (1976), es gibt verschiedene "Beurteilertypen", die ihrerseits in Abhängigkeit vom subjektiv wahrgenommenen "Turnertyp" (z.B. bezüglich der Dimensionen Eleganz, Ausgewogenheit oder Originalität) unterschiedliche Beurteilungsmaßstäbe anlegen bzw. unterschiedliche Erwartungen einbringen. Es ist zu vermuten, daß hierbei eine Vermischung verschiedener Fehlerquellen stattfindet (z.B. von Milde- bzw. Strengefehlern, Kontrasteffekten und logischen Fehlern).

4.5. BEWEGUNGSBEURTEILUNG ALS HANDLUNG

Der Beurteilungsvorgang ist für den Beurteiler selbst ein zielgerichteter, motivierter, erwartungsgesteuerter und überwiegend bewußt vorgenommener Prozeß, der sich bei psychologischer Betrachtungsweise als Handlung analysieren läßt (THOMAS 1976a, 204ff; 1978, 264ff).[1]

Die **Beurteilungshandlung** beginnt nicht erst mit der Beobachtung der Bewegungsausführung, sondern schon mit der Übernahme der Aufgabe und der Bereitschaft, die Beurteilung vorzunehmen. Bereits in diesem Stadium fängt der Beurteiler damit an, sich über den Beurteilungsgegenstand und die Bedingungen des Beurteilungsvorgangs sowie mögliche Auswirkungen zu informieren. Diese **Orientierung** dient dem Aufbau einer angemessenen Erwartungshaltung für die Beurteilung. In der "Antizipationsphase" (NITSCH 1975) werden die Kenntnisse zum Beurteilungsgegenstand (Sollwerte) ebenso aktiviert wie die Erfahrungen aus bisherigen Beurteilungsvorgängen. Mit der Sensibilisierung und "Vorprogrammierung" des Wahrnehmungssystems können - wie oben geschildert (vgl. hierzu

---

[1] Es ist nicht Ziel dieser Arbeit, einen umfassenden Überblick oder gar eine kritische Aufarbeitung handlungstheoretischer Ansätze im Sport vorzulegen. Es wird auf die einschlägige Literatur verwiesen, z.B. KAMINSKI (1973; 1979; 1983), VOLPERT (1973; 1983), NITSCH (1975; 1982; 1985; 1986), THOMAS (1976b), FUHRER (1984, 67ff).

Kap. 4.4.2.) - bereits erste psychologisch bedingte Fehlerquellen wirksam werden, die später zu Verzerrungen des Beurteilungsergebnisses führen. Auf der anderen Seite ist jedoch eine erfahrungsgesteuerte Erwartungsbildung Voraussetzung, um den Bewegungsablauf überhaupt gezielt erfassen zu können (THOMAS 1976a, 192).

Nach der Vorausnahme des Bewegungsgeschehens beginnt mit der **Beobachtung** des Bewegungsablaufs die "**Realisationsphase**" (NITSCH 1975) in der Beurteilungshandlung. Hier kommen alle geschilderten sehobjekt- und beobachterabhängigen Einflußgrößen zum Tragen, die den Prozeß der visuellen Informationsaufnahme und -verarbeitung bestimmen. Nach möglichst genauer, aufgabenadäquater Erfassung der beobachteten Bewegung erfolgt ein **kognitiver Vergleichsprozeß**, in dem die vom Beurteiler vergegenwärtigte Bewegungsnorm - möglicherweise durch Bewertungsrichtlinien vorgegeben - mit der tatsächlich beobachteten Bewegungsausführung in Beziehung gesetzt wird. Das Ergebnis dieses Vergleichsprozesses muß einem Bewertungsmaßstab zugeordnet werden. Diese **Identifizierung** der erbrachten Bewegungsleistung mit einem verbalen oder numerischen Urteil ist Vorbedingung für die **Mitteilung** des Beurteilungsergebnisses. In der Realisationsphase der Bewegungsbeurteilung kann dem Bewerter die oben geschilderte Fülle von Fehlern unterlaufen (vgl. hierzu Kap. 4.4.2.).

Nach der Mitteilung des Beurteilungsergebnisses ist die Beurteilungshandlung jedoch noch nicht abgeschlossen. In der "**Interpretationsphase**" (NITSCH 1975) vergleicht der Beurteiler seine Wahrnehmungen aus dem Beurteilungsvorgang mit seinen vorher gebildeten Erwartungen. Er wird sich fragen, ob tatsächlich das eingetreten ist, was er vermutet und antizipiert hatte. In dieser Phase verarbeitet der Beurteiler außerdem die Wirkungen seiner Bewertung auf die soziale Umwelt (betroffener Sportler, Zuschauer usw.). Falls es Mitbewerter gibt, wird er auch einen Vergleich mit deren **Bewertung** vornehmen. Das Resultat der Interpretationen al-

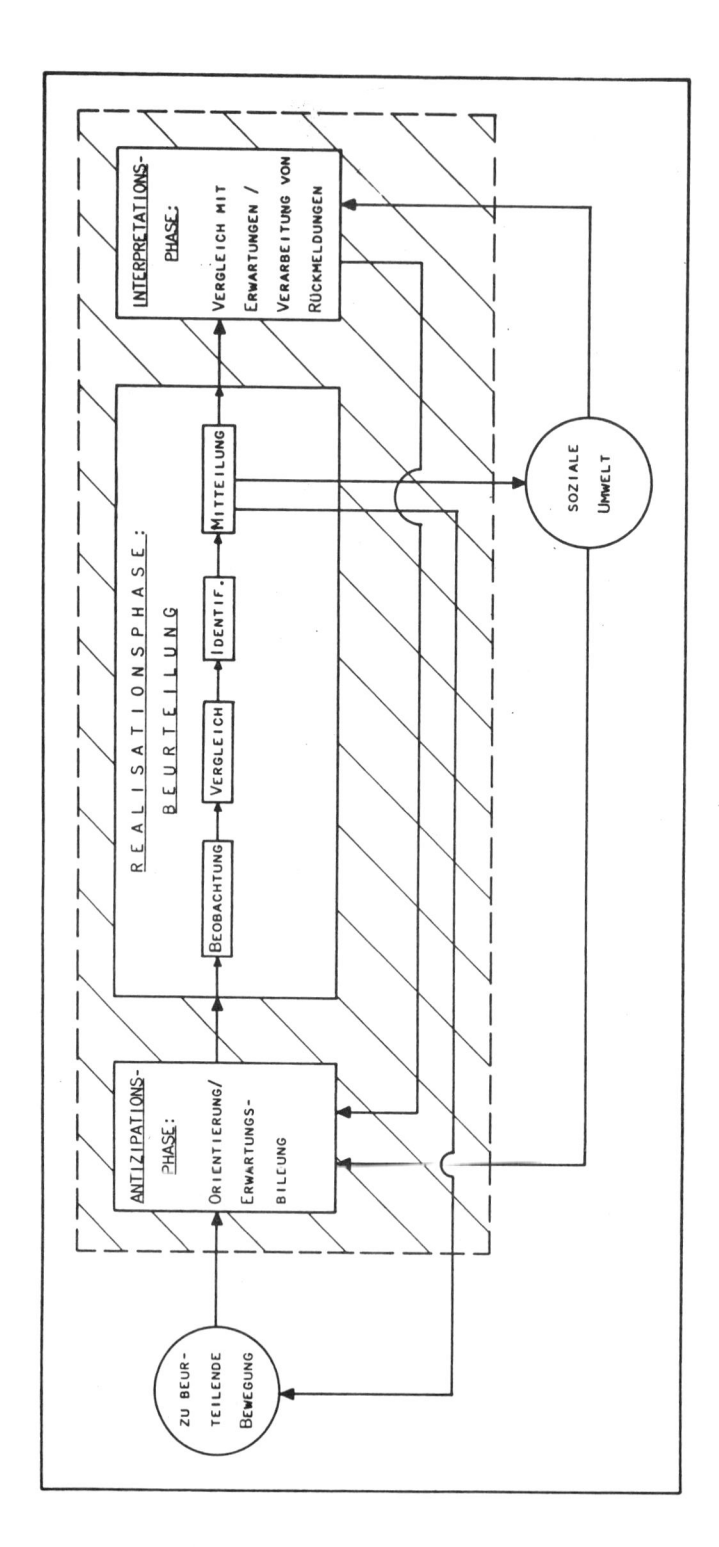

Abb. 52: Vereinfachtes Modell zur Beurteilungshandlung.

ler Rückmeldungen zum Beurteilungsvorgang und zur abgegebenen Bewertung wird seine zukünftigen Beurteilungen beeinflussen (vgl. Abb. 52).

4.6. ZUSAMMENFASSUNG UND AUSWIRKUNGEN AUF DIE PRAXIS

Die Bewegungsbeurteilung ist ein äußerst komplexer Prozeß, dessen Verlauf von zahlreichen Einflußgrößen bestimmt wird. Mit Beurteilungsfehlern ist besonders dann zu rechnen,

- wenn der Beurteiler mit der Aufgabenstellung **überfordert** ist und/oder
- wenn das vorgegebene Bewertungssystem viel Spielraum für **subjektive Interpretationen** läßt.

Überforderungssituationen treten immer dann auf, wenn beim Beurteiler keine hinreichend klare und differenzierte Vorstellung (Sollwert-Bildung) vom Beurteilungsgegenstand vorliegt. Dieser Fall muß jedoch in der Praxis nicht immer zwangsläufig auf die mangelhafte Qualifikation des Beurteilers zurückzuführen sein. Z.T. liegen noch keine allgemeingültigen und differenzierten Sollwerte zu den optimalen Bewegungsausführungen vor, die für eine objektive Sollwert-Bildung für die Bewegungsbeurteilung übernommen werden könnten.

In diesem Zusammenhang wird der Beurteiler nicht selten vor eine zu schwierige Aufgabe gestellt, indem von ihm die Bewertung von Bewegungsmerkmalen verlangt wird, die im Gesamtkomplex der Beurteilungsaufgabe kaum bzw. überhaupt nicht mit einer hinreichenden Genauigkeit der visuellen Wahrnehmung zugänglich sind. Analysen, die auf eine Zerlegung des Bewegungsablaufs in solche Aktionen und Positionen ausgerichtet sind, deren lern- bzw. leistungsrelevante (Bewegungs-)Merkmale grundsätzlich unter spezifischen Bedingungen (Einzelbeurteilung vs. Beurteilung im Verbund mit anderen Merkmalen) mehr oder weniger gut beobachtbar sind, liegen bislang kaum vor.

Zu einer Überforderung des Beurteilers kommt es häufig auch durch einen zu großen Beobachtungsumfang. Vom Beurteiler wird die Beachtung zu vieler Einzelmerkmale der Bewegung in seiner Bewertung verlangt.

Sehr globale Bewertungsrichtlinien oder Beurteilungsmerkmale (z.B. Eleganz, Ausdruck der Bewegung) erleichtern zwar die Aufgabe für den Beurteiler (THOMAS 1976a), führen aber zu stärkeren subjektiven Einflüssen auf das Beurteilungsergebnis.

Da bei der Beurteilung komplexer sportlicher Leistungen im Wettkampf keine vollkommene Objektivität erreichbar ist, versucht man die Fehlerquellen in der **Praxis** auf vielfältige Weise mit speziellen Verfahren möglichst zu reduzieren (THOMAS 1976a, 193).

So sind Kampf- bzw. Wertungsrichter besonders ausgewählte Personen, von denen angenommen wird, daß sie sowohl überdurchschnittliche theoretische Kenntnisse als auch praktische Erfahrungen im Umgang mit den zu beurteilenden Bewegungsabläufen haben. Dies ist allerdings keine ausreichende Garantie für eine hohe Beurteilungsobjektivität, wie in einschlägigen Untersuchungen wiederholt nachgewiesen wurde (vgl. z.B. HAASE 1972; 1976; LANDERS 1972; THOMAS 1976) und wie es auch in der Praxis immer wieder offenkundig wird. THOMAS (1978, 266) geht davon aus, daß sich langjährige eigene Erfahrung als **aktiver Sportler** in der jeweiligen Sportart positiv auf die Beurteilungsfähigkeit auswirkt.

Außerdem bewerten in der Regel mehrere Kampfrichter gleichzeitig die Leistung, und man berechnet anschließend das Leistungsergebnis als den Mittelwert aus den Einzelbewertungen. In manchen Sportarten (z.B. Skispringen, Eiskunstlauf, Gerätturnen) werden vor der Berechnung des Mittelwerts die höchste und niedrigste Einzelwertung gestrichen, um einer Verfälschung des Leistungsergebnisses durch Extremwerte (Über- bwz. Unterbewertungen) entgegenzuwirken.

Um einer Überlastung der Kapazität des Kurzzeitspeichers und den damit einhergehenden Ausfällen und Störungen in der Informationsverarbeitung vorzubeugen, ist z.B. beim Trampolinspringen jedem Wertungsrichter ein "Assistent" (Protokollant) zugeordnet, der während der Leistungsdarbietung den simultan abgegebenen Kommentar des Wertungsrichters zu jedem Übungsteil notiert (in Form von Punktabzügen; vgl. S. 202). Durch diese Vorgehensweise können vermutlich gleichzeitig subjektive Einflüsse auf die Bildung des Gesamturteils besser reduziert werden, da dieses nach Übungsende nur noch rechnerisch aus der Verbindung von Idealnote und Punktabzügen ermittelt zu werden braucht.

Nach der Auffassung von LANDERS (1972) sollte ein einzelner Kampfrichter nur einen Teil des Leistungsgeschehens beurteilen, um die Anforderungen an die Beurteilungsfähigkeit des Einzelnen zu reduzieren und dadurch die Beurteilungsgenauigkeit zu erhöhen.

Das Wissen um die zahlreichen psychologisch bedingten Fehlerquellen sollte in die **Ausbildung** von Kampfrichtern usw. mit einbezogen werden. Dadurch läßt sich möglicherweise mancher unbewußt unterlaufende Fehler vermeiden.

Wenn die Bewegungsbeurteilung - insbesondere zum Zwecke der Leistungsfeststellung im Wettkampf - auf ihre Objektivität hin überprüft werden soll, ist es nicht ausreichend, die Gesamtbewertung (z.B. die Note zu einer Übung im Gerätturnen) heranzuziehen. Es kann nämlich sehr leicht sein, daß die Gesamtbewertungen übereinstimmen, die Detailbewertungen aber erheblich voneinander abweichen, oder daß divergierende Gesamtbewertungen bei weitgehend identischen Detailbewertungen lediglich durch einen oder wenige nicht-objektive Unterpunkte verursacht werden (vgl. HAASE 1976).

Als eine Folge der häufig unzureichenden Bezugsnormen für die Bewegungsbeurteilung in der **Trainingspraxis** sind in den letzten Jahren vereinzelt Bemühungen unternommen worden, sogenannte "Technikleitbilder", "Analysebogen" oder "Bewertungsraster" als Beurteilungshilfen zu erstellen (BORNEMANN/MESTER 1977; 1980; KRIEGER 1980; TIDOW 1980; 1981; 1983).

Auf der Basis von Bewegungsanalysen werden hierbei diejenigen Aktionen und Positionen festgelegt, "die zur phänomenologischen Kennzeichnung der Zielbewegung elementar notwendig sind" (TIDOW 1981, 266). Diese werden im "Analysebogen" zusammengefaßt und mit einer verbalen Kurzbeschreibung zu den wesentlichen Ausführungskriterien charakterisiert sowie mittels Umrißzeichnungen (Konturogramme) bildhaft dargestellt (vgl. Abb. 53). Auf diese Weise erhält der Trainer eine relativ differenzierte Sollwertbildung als Grundlage für die Bewegungsbeurteilung (und die Technikschulung).

Bei der Erstellung von Bewertungsrastern für Technikleitbilder ist zu beachten, daß es im Grunde eine allgemeinverbindliche sportliche Technik nicht gibt, sondern nur eine auf die individuellen Voraussetzungen des Sportlers ausgerichtete "Zieltechnik", wobei das jeweilige Lernniveau besonders zu berücksichtigen ist (WILLIMCZIK 1977, 103; vgl. auch NEUMAIER/RITZDORF 1983).

5. UNTERSUCHUNGEN ZU AUSGEWÄHLTEN EINFLUSSGRÖSSEN AUF DIE BEWEGUNGSBEURTEILUNG IM SPORT

5.1. BLICKVERHALTEN ALS ZUGANG ZUR VISUELLEN WAHRNEHMUNG IM SPORT

5.1.1. Grundlegendes zum Blickverhalten

Das Blickverhalten gilt nach weit verbreiteter Auffassung als bedeutender "Indikator für Aufmerksamkeitszuwendung" (GABLER 1986, 53). Es wird als "verhaltensseitiges Korrelat der (kognitiv gesteuerten) visuellen Informationsaufnahme" angesehen (DAUGS u.a. 1982a,6), in dem zentralnervöse Verarbeitungsprozesse zum Ausdruck kommen (vgl. hierzu auch JUST/CARPENTER 1976, 471; KAUFMANN/KAUFMANN 1977, 134; TIEDTKE 1977, 11; SCHROIFF 1986).

Im Blickverhalten spiegeln sich zweifellos aktuelle Wahrnehmungsprozesse wider, denn die Vorgänge der Informationsaufnahme laufen unter der Kontrolle des Gedächtnisses ab, d.h., die ankommenden Reize werden auf ihren "Signalwert" durch einen Vergleich mit schon gespeicherten Invarianten bzw. inneren Repräsentationen geschätzt und ausselektiert (KRAUSE 1981). Daß aber der Ort einer Blickfixation nicht notwendigerweise mit dem Ort gleichzusetzen ist, von dem die visuelle Information auch tatsächlich verarbeitet wird, steht ebenso außer Zweifel (vgl. Kap. 2.1.3.). Es stellt sich also die Frage, welche Merkmale des Blickverhaltens unter welchen Bedingungen brauchbare Indikatoren für die visuelle Wahrnehmung im Sport sind.

5.1.1.1. Zur Kennzeichnung des Blickverhaltens

Das Blickverhalten kann grob in die Blickbewegungen und die dazwischen liegenden Fixationen sowie deren zeitliche und räumliche Abfolge (Fixationsmuster) eingeteilt werden (COHEN 1977a, 139; DAUGS u.a. 1982a, 6).

PHASE	BEZUG	KRITERIUM
 1. AUSGANGS-STELLUNG	1.1 Fußstellung 1.2 Achsen 1.3 Schwungarm 1.4 Kugelhaltung	in Stoßrichtung parallel schließt am Hals
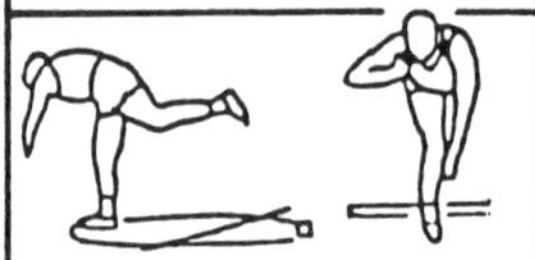 2. (STAND-WAAGE)	2.1 Schulterachse 2.2 Gleitfuß 2.3 Schwungbein 2.4 Gleichgewicht	boden-parallel unverändert ausgleichend ungestört
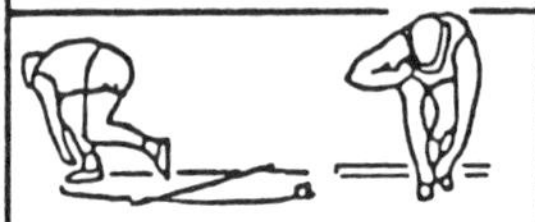 3. START-HOCKE	3.1 Beugewinkel Beine/Rumpf 3.2 Schwungarm 3.3 Schwungbeinknie	'normal' schließt Nähe Gleitbein
 4. ANGLEITEN	4.1 Schwungbein 4.2 Oberkörper 4.3 Schwungarm 4.4 Gleitfuß	flach/gestreckt unverändert passiv/schließt flach
 5. STOSS-AUSLAGE	5.1 Gleitfußpos. 5.2 Gleitbein 5.3 Schulterachse 5.4 Schwungfuß	eingedreht/Kreismitte gebeugt quer am Balken
 6. HEBEN	6.1 Gleitfuß 6.2 Oberkörper 6.3 Schulterachse	ausdrehend aufrichtend in Stoßrichtung
 7. AUSSTOSS-POSITION	7.1 Stoßarmellenbogen 7.2 Oberkörper 7.3 Gleitfußferse	angehoben Brustvorspannung ausgedreht
 8. AUSSTOSS	8.1 Stoßhand 8.2 Becken 8.3 Beine 8.4 linke Seite	'Ausklinken' im Druckbereich gestreckt fixiert
9. DYNAMIK	9.1 Angleiten 9.2 Stoßauslage 9.3 Ausstoß	aktiv ohne Pause explosiv

Abb. 53: Technikleitbild und Bewertungsraster zum Kugelstoß (nach TIDOW 1983, 74f).

Von einer **Fixation** spricht man, wenn das Auge auf einen eng begrenzten Ort im visuellen Reizfeld gerichtet ist und dort in "relativer Ruhe" (DAUGS u.a. 1982a; b) für einen gewissen Zeitraum haften bleibt (KAUFMANN/KAUFMANN 1977, 135). Diese Begriffsbestimmung schließt das mit Hilfe einer Augenfolgebewegung erreichte Verweilen des Blicks auf einem Punkt eines sich im Gesichtsfeld bewegenden Objekts mit ein (vgl. auch DAUGS u.a. 1983a; b).

Blickbewegungen sind demnach Verschiebungen des Abbilds eines Objekts auf der Retina, die durch sakkadische Augenbewegungen zustande kommen. Mikrobewegungen des Auges und die Ausrichtung der optischen Achsen sind in diesem Zusammenhang zu vernachlässigen.

Über die Erfassung des Blickverhaltens lassen sich u.a. grundsätzlich folgende empirische Merkmale isolieren (vgl. NEUMAIER 1979, 46; DAUGS u.a. 1983a, 14; LEVEN 1986):

- Fixationsorte
- Anzahl der Sakkaden
- Anzahl von Augenfolgebewegungen auf einzelnen Teilen der beobachteten visuellen Szene
- Dauer von Einzelfixationen und durchschnittliche Fixationsdauer
- Umfang des fixierten Umweltausschnitts
- Fixationshäufigkeit auf ausgewählten Teilen der visuellen Szene bzw. Schwerpunkte in der Verteilung der Fixationen
- zeitliche Anordnung/Reihenfolge der Fixationen.

5.1.1.2. Zur Interpretation verschiedener Merkmale des Blickverhaltens

Für den Aussagewert von Ergebnissen aus Untersuchungen zum Blickverhalten gilt natürlich die allgemeine Feststellung, daß wissenschaftliche Erkenntnisse grundsätzlich nicht mehr wert sein können als die Methode, mit der sie gewonnen werden (HELLER/ROSEMANN 1974, 7). Im folgenden Abschnitt geht es jedoch nicht um die Qualität von Untersuchungsergebnissen zum Blickverhalten im Sinne der Objektivität und Zuverlässigkeit (Reliabilität). Dieser Aspekt wird in Verbindung mit der im Rahmen dieser Arbeit eingesetzten Registriermethode im Kap. 5.1.2.3. besprochen. Es geht vielmehr um die Möglichkeiten der Interpretation verschiedener Merkmale des Blickverhaltens im Sinne der Gültigkeit (Validität; vgl. LIENERT 1969).

Grundlage der Interpretation des Blickverhaltens ist zunächst die Erkenntnis, daß eine "differenziert-identifizierende Informationsaufnahme" (DAUGS 1983, 274) nur im Bereich des scharfen Sehens, also im Bereich der Blickfixation erfolgt. Damit kann der **Fixationsort** mit dem Ort der Informationsaufnahme - als sogenannte "processing-fixation" (COHEN 1977b) - gleichgesetzt werden, wenn die Aufgabenstellung das Erkennen von Details verlangt (vgl. DAUGS u.a. 1982a, 10f; 1982b, 8ff), z.B. die Identifikation lernrelevanter Elemente von visuellen Lehrmaterialien oder Bewegungsdemonstrationen im Rahmen der Schulung der Bewegungsvorstellung oder auch bei der Identifikation von Bewegungsfehlern zum Zwecke der Bewegungskorrektur.

Über das Ausmaß der Informationsaufnahme im peripheren Sehbereich läßt sich durch das Bestimmen des Fixationsortes jedoch keine Aussage machen. Es gibt ohne Zweifel Fixationen, die weniger einer Detailanalyse mittels des scharfen Sehens dienen als vielmehr der Orientierung des Beobachters (meist zu Beginn des Beobachtungsvorganges) oder der Bildung eines Gesamteindrucks von einer Bewegung (vgl. hierzu NEUMAIER 1982; 1983a). Bei diesen Fixationen ist davon auszugehen, daß vorrangig Informationen aus der Netzhautperipherie verarbeitet werden. Die spezifische Aufgabenstellung kann es geradezu notwendig machen, den Blick gezielt an einer bestimmten, günstigen Stelle zu fixieren, von der aus der Gesamtverlauf der beobachteten Bewegung(en) über das periphere Sehen optimal erfaßt bzw. überwacht werden kann (z.B. bei der Antizipation eines gegnerischen Angriffs im Volleyball; vgl. NEUMAIER 1983b). In diesem Fall dient die Fixation in erster Linie der afferenten Bewegungswahrnehmung (vgl. Kap. 2.2.2.).

Es ist jedoch auch möglich, daß während einer Fixation
- zumindest kurzzeitig - gar keine visuelle Information aufgenommen wird. Bei zu großer Informationsdichte kommt es zu
Unterbrechungsaktivitäten bei der Informationsübertragung
in den ·Kurzzeitspeicher, also zu Entlastungspausen, in
denen ohne einen weiteren Informationszufluß die bereits
aufgenommene Information verarbeitet werden kann (DAUGS/
BLISCHKE 1984, 398ff; vgl. Kap. 3.2.1.2.). Solche Unterbrechungsaktivitäten können insbesondere bei Fixationen angenommen werden, die im "leeren Raum" liegen, d.h. mehr als
2° neben dem beobachteten Sportler oder den Elementen einer
Bildvorlage (vgl. DAUGS u.a. 1983a, 11). Bei der Beobachtung sich bewegender Objekte kann es allerdings sein, daß
der Blick das Objekt wegen der hohen Winkelgeschwindigkeit
"verliert" (s. Kap. 2.3.4.2.) und es aus diesem Grund nicht
erfaßt.

Die Bevorzugung bestimmter Fixationsorte gegenüber anderen wird nicht nur "aktiv-intentional durch willkürliche
Blickintention" bestimmt (JUNG 1978, 81), d.h. vom subjektiven Bedeutungsgehalt der verfügbaren Information in Abhängigkeit von der Erwartungshaltung, der Erfahrung usw. des
Beobachters (YARBUS 1967, 171ff). Die foveale Aufmerksamkeit wird auch stark "quasi-reflektorisch" durch "passiv-afferente" Reize aus der Netzhautperipherie gesteuert (JUNG
1978, 81). So bilden bewegte Stimuli und plötzlich an der
visuellen Peripherie auftauchende Objekte starke Reize für
das unwillkürliche Auslösen einer Sakkade (vgl. HABER/
HERSHENSON 1973, 226f; BREITMEYER/GANZ 1976, 31). Darüber
hinaus ist das Fixationsmuster abhängig von formalen und
physikalischen Eigenschaften der visuellen Szene und ihrer
Elemente, wie z.B. von Konturen, Konturenüberschneidungen,
Winkeln, Farben, Helligkeit und Kontrasten (vgl. KAUFMANN/
RICHARDS 1969; GIBSON 1973a, 86f; GOULD 1976; GRÜSSER 1985,
289ff). Allerdings sind diese Einflußgrößen auf das Blickverhalten nicht eindeutig einem Steuermechanismus zuzuordnen. Sie können Fixationen als passiv-afferente Reize auslö-

sen, aber auch zu aktiv-intentional gesteuerten Fixationen führen, wenn die entsprechenden Reizmerkmale für den Beobachter subjektiv bedeutsam sind (vgl. YARBUS 1967, 182ff; s. auch MESTER 1985, 254f).

Es ist überdies davon auszugehen, daß bei der Beobachtung eines komplexen, dynamischen Geschehens - wie das im Sport üblich ist - sowohl passiv-afferent als auch aktiv-intentional gesteuerte Blickbewegungen auftreten und miteinander vermischt sind.

Die dargestellten Einflußgrößen auf die Steuerung von Blickfixationen machen deutlich, daß der Fixationsort nicht ohne weiteres mit dem Ort der visuellen Aufmerksamkeitszuwendung gleichgesetzt werden darf. Fixationsorte und die daraus entstehenden Fixationsmuster sind nur in Verbindung mit der tatsächlich beobachteten Szene oder Vorlage (u.a. statisch oder dynamisch) sowie der konkreten Aufgabenstellung des Beobachters sinnvoll interpretierbar. Eine starke Abhängigkeit des Fixationsmusters von der Lenkung der Aufmerksamkeit mittels einer spezifischen Aufgabenstellung hat bereits YARBUS (1967) nachgewiesen (vgl. hierzu auch ANTES 1973, 9ff).

GIBSON (1982, 229) betont in diesem Zusammenhang, daß nicht jede Blickbewegung (Sakkade) auch gleichzeitig eine Verschiebung der Aufmerksamkeit bedeutet. Mehrere aufeinanderfolgende Sakkaden können Ausdruck eines einzigen Akts von "integrativer" Aufmerksamkeit sein, d.h., z.B. im Dienste eines einzigen Identifikations- oder auch Orientierungsprozesses stehen.

Bezüglich der Interpretation der **Fixationshäufigkeit** auf einem Element der visuellen Szene sind ähnliche Einschränkungen vorzunehmen wie in Hinsicht auf den Fixationsort. Während in der Untersuchung von LOFTUS (1972) mit zunehmender Anzahl der Fixationen auf einem Detail (bei konstanter Darbietungszeit) die Wahrscheinlichkeit für dessen Wiedererkennen stieg, fand TVERSKY (1974) widersprüchliche Ergebnisse. Zwar verbesserte sich die Wiedererkennens- und Reproduktionsleistung von **Wörtern** bei **größerer** Fixationshäufigkeit, die Behaltensleistung bei **Bildern** verbesserte sich im Gegensatz dazu jedoch mit **abnehmender** Fixationszahl auf einzelnen Details. Unter Berücksichtigung der verschiedenen Testmaterialien und -aufgaben läßt sich aus den Arbeiten von LOFTUS und TVERSKY zumindest der Schluß ziehen, daß man nicht grundsätzlich von einem positiven Zusammenhang zwischen Fixationshäufigkeit und Behaltensleistung ausgehen kann und die jeweiligen Ergebnisse stets aufgabenspezifisch zu interpretieren sind (vgl. auch MESTER 1985, 255).

Die **Fixationsdauer** entspricht nach BERNHARD (1978, 21) dem "Zeitintervall, das der Betrachter benötigt, um die unmittelbare Umgebung des Fixationspunktes zu dechiffrieren". Daß diese Aussage uneingeschränkt nur für Fixationen im Rahmen der Detailwahrnehmung zutrifft, wird bereits aus den Ausführungen zur Interpretation des Fixationsortes deutlich. Die Fixationszeiten stehen außerdem in Zusammenhang mit der Programmierung der Sakkaden und der sich daraus ergebenden "Totzeit" in der Informationsaufnahme von ca. 200 ms (s. Kap. 2.3.4.1.). Je mehr Sakkaden bei vorgegebener Beobachtungszeit (z.B. bei der Beobachtung eines Tennisaufschlags) ausgelöst werden, desto weniger Zeit bleibt für die Aufnahme visueller Information (vgl. auch MESTER/ DE MAREES 1984, 123f; NEUMAIER 1985, 7). Da zudem die **Anzahl der Sakkaden** in Abhängigkeit von der Komplexität der Vorlage stark variiert, wie MOFFITT (1980) in seiner Zusammenstellung hervorhebt, müssen die Fixationsdauer und die Zahl der (sakkadischen) Blickbewegungen immer gemeinsam betrachtet werden.

Eine Unterscheidung in verschiedene **Fixationsklassen** nach der Dauer der Fixation scheint bei komplexem Präsentationsmaterial (z.B. Bilder) und bewegten visuellen Szenen (z.B. beim Autofahren oder im Sport) im Gegensatz zu einfa-

chen Vorlagen nicht möglich (vgl. DAUGS u.a. 1982b, 8ff).
Die Fixationsdauer kann nach den Untersuchungen von COHEN
(1977b) nicht das einzige Kriterium sein, um zwischen den
möglichen Zwecken einer Fixation ("exploring"/"scanning",
"processing" oder "staring" mit entsprechender kurzer, mittlerer oder langer Fixationsdauer) zu differenzieren.

Die Dauer einer Fixation wird nach COHEN (1977b) ebenso
beeinflußt von den vorausgegangenen Fixationen, der Amplitude der Sakkaden, spezifischen Merkmalen des fixierten Objekts, dem gegenwärtigen Zustand des Beobachters (z.B. Motivation) sowie seiner individuellen Fähigkeit, Informationen
zu verarbeiten, usw. Auch die Fixationsdauer kann demnach
nicht isoliert interpretiert werden, sondern muß als integrativer Bestandteil eines komplexen Vorgangs gelten.

Bei der Beobachtung sportlicher Bewegungsabläufe treten
naturgemäß häufig **Augenfolgebewegungen** auf. Ihre Interpretation bereitet aber grundsätzliche Schwierigkeiten. Zunächst
scheint gut gesichert, daß die Einschätzung der Geschwindigkeit eines bewegten Objekts über die efferente Bewegungswahrnehmung, d.h. mit Hilfe von Augenfolgebewegungen (einschließlich der Kopfbewegung), genauer ist als über die
rein afferente Bewegungswahrnehmung (vgl. z.B. DICHGANS
u.a. 1969, 280ff; SHARP/WHITING 1975; SHARP 1978; vgl. auch
Kap. 2.2.2.). Dieses Phänomen läßt sich zumindest für komplexe Reizsituationen (wie im Sport) gut erklären. Zur rein
afferenten Bewegungswahrnehmung kann nur Information aus
der Netzhaut herangezogen werden, während bei der efferenten Bewegungswahrnehmung mehrere Informationsquellen zur
Verfügung stehen. Neben den Informationen, die aus der Bewegung des Bulbus und des Kopfes zu gewinnen sind, können für
die Geschwindigkeitswahrnehmung zusätzlich (afferent aufgenommene) Informationen zur (gegenläufigen) Relativbewegung
des Hintergrundes genutzt werden. Die rein efferent kontrollierte Bewegungswahrnehmung kommt also genau genommen im

Sport nicht vor, sondern nur die "afferent-efferent-gemischte" (RITTER 1978, 126).

Die Ableitung von Schlußfolgerungen aus der Registrierung von Augenfolgebewegungen wird zusätzlich durch den derzeitigen Stand der Methodenentwicklung in diesem Bereich erschwert, der eine hinreichend genaue Quantifizierung von gleitenden Augenbewegungen bei vielen Meßmethoden verhindert (vgl. auch DAUGS u.a. 1983a, 13). Bei dem in dieser Arbeit verwendeten Gerät, dem NAC Eye-Mark-Recorder (Modell IV), treten schwerwiegende Probleme insbesondere bei der Bestimmung von Augenfolgebewegungen mit geringer Winkelgeschwindigkeit oder/und kleiner Amplitude auf (vgl. NEUMAIER 1979, 139f).

Zur o.a. Zusammenfassung wesentlicher Komponenten, die das Blickverhalten bestimmen[1], läßt sich abschließend anmerken:

Sollen aus dem Blickverhalten Erkenntnisse zu Einflußgrößen auf die Bewegungsbeurteilung im Sport abgeleitet werden, sind u.a. folgende drei Punkte zu beachten, um Fehlinterpretationen zu vermeiden:

1. Das Blickverhalten wird sehr stark von der jeweiligen Aufgabenstellung (Beurteilungsaufgabe) bestimmt, da der Blick stets nach den (subjektiv) relevanten Informationen für die Aufgabenlösung sucht.

2. Die spezifische visuelle Szene (der Beobachtungsgegenstand) beeinflußt das Blickverhalten wesentlich. Hierzu gehören auch die zahlreichen möglichen "intervenierenden" Variablen, wie Bewegung am Gesichtsfeldrand, auffällige Farben (z.B. eines Trikots) etc.

---

[1] Ausführlichere Darstellungen siehe z.B. bei NEUMAIER 1979; RITZDORF 1982; MESTER 1985.

3. Die verschiedenen Merkmale des Blickverhaltens sind nicht unabhängig voneinander, sondern stark miteinander verflochten.

5.1.2. Registrierung des Blickverhaltens

5.1.2.1. Allgemeine Übersicht zu Registrierverfahren

Medizin und Psychologie interessieren sich seit Anfang dieses Jahrhunderts für das Registrieren und Analysieren von Fixationsvorgängen. Dies hat in Abhängigkeit vom allgemeinen technischen Entwicklungsstand zu einer Reihe von methodischen Ansätzen und technischen Verfahren bis hin zu rechnergesteuerten Anlagen geführt. Zum jeweiligen Stand der Methodenentwicklung wurden immer wieder Übersichtsarbeiten und vergleichende Untersuchungen veröffentlicht (vgl. z.B. LORD/WRIGHT 1950; GUTJAHR 1965; YOUNG/SHEENA 1975a; b; vgl. auch die Zusammenfassungen bei NEUMAIER 1979; DAUGS u.a. 1982b; MESTER 1985). Aus diesem Grund wird kein erneuter historischer Überblick gegeben.

Die große Zahl unterschiedlicher Methoden mit ihren wichtigsten Vor- und Nachteilen läßt sich in fünf Gruppen zusammenfassen (vgl. YOUNG/SHEENA 1975a; s. Tab. 16). Auf eine detaillierte Einzelbesprechung kann hier verzichtet werden.

5.1.2.2. Blickverhaltensregistrierung bei der Bewegungsbeurteilung im Sport

Erste sportbezogene Untersuchungen zum Blickverhalten sind ab ca. Mitte der fünfziger Jahre bekannt geworden (vgl. z.B. MOTT 1954; GALLAGHER 1961). Allerdings ist die Zahl der diesbezüglichen Arbeiten im Vergleich zu Arbeiten, die sich mit der partiellen oder totalen Ausschaltung der visuellen Kontrolle durch Verdecken der Augen befassen (vgl. z.B. KRESTOWNIKOW 1953, 20ff; GRAYBIEL u.a. 1955;

KOHL 1956), noch gering. Dies hängt zu einem großen Teil mit der damals kaum für sportnahe Fragestellungen geeigneten Methodik zusammen.

METHODE	REGISTRIER-GENAUIGKEIT	FEHLER-BEREICH	AUSWERTUNGS-AUFWAND	VERSUCHSTECHNISCHE BESONDERHEITEN			
				LOKOMOTION DER VP MÖGLICH	KOPF-BEWEGUNGEN MÖGLICH	BEHINDERUNG DER VP DURCH TEILE DER APPARATUR	
						AM KOPF	IM GESICHTSFELD
unmittelbare kinematographische Registrierung der Augenbewegungen	gering	> 3°	hoch (bei Lichttafel-Auswertung sehr hoch)	nein	ja	geringe bis keine Behinderung	nein
Elektro-Okulographie	mittel	ca. 1-2°	je nach Technik und Einsatzbereich mittel bis gering	prinzipiell ja	ja	mittel	nein
Registrierung der Augenbewegungen mittels am Auge befestigter Vorrichtungen	hoch (bei absolut fest haftenden Marken perfekt)	einige Bogensekunden	je nach Technik mittel bis gering	nein	nein	stark	ja
Limbus-photographie	mittel	2°	je nach Technik hoch-gering	ja	ja	mittel	ja
Cornea-Reflex-Registrierung a) Laborgeräte	mittel	ca. 1-2°	je nach Technik hoch bis gering	nein	überwiegend nein	mittel bis gering	überwiegend ja
Cornea-Reflex-Registrierung b) Geräte für den Einsatz in Feldexperimenten	mittel	etwas größer als bei Laborgeräten	meist höher als bei Laborgeräten	prinzipiell ja	ja	mittel	ja

Tab. 16: Gegenüberstellung der wichtigsten Methoden zur Blickbewegungsregistrierung (nach MESTER 1985, 273; s. auch YOUNG/SHEENA 1975a; b; NEUMAIER 1979, 79).

Zwischenzeitlich existiert international eine Reihe von Arbeitsgruppen, die sich mit Wahrnehmungsproblemen im Sport unter Einbeziehung des Blickverhaltens befassen[1], z.B. um

- BARD und FLEURY
- PAILLARD und RIPOLL
- SHARP und WHITING
- TYLDESLEY
- WILLIAMS.

---

[1] Vgl. hierzu die sportbezogenen Aufarbeitungen von NEUMAIER (1979), DAUGS u.a. (1982b), RITZDORF (1982), MESTER (1985).

In der Bundesrepublik wird die Blickbewegungsregistrierung bei der Erforschung von Wahrnehmungsprozessen unter Berücksichtigung sportlicher Fragestellungen erst seit ca. Mitte der siebziger Jahre eingesetzt (vgl. HAASE 1975) und seit 1978 durch Veröffentlichungen belegt (vgl. HAASE/MAYER 1978, OBERSTE 1978). Danach sind mit entsprechenden Untersuchungen folgende Arbeitsgruppen besonders in Erscheinung getreten[1]:

- NEUMAIER und RITZDORF
- DAUGS, BLISCHKE, OLIVIER und Mitarbeiter
- MESTER und DE MAREES
- MÖCKEL, HEEMSOTH und Mitarbeiter.

Obwohl KOHL bereits sehr früh (1956) auf die Bedeutung von Untersuchungen zum Blickverhalten im Sport hingewiesen und dies später ausdrücklich wiederholt hat (1975), sind die einschlägigen Forschungsansätze insgesamt gesehen doch vergleichsweise spärlich geblieben. Dies gilt für Fragestellungen in Verbindung mit der **Bewegungsbeurteilung** in besonderem Maße. HAASE/MAYER (1978, 194) führen die "Diskrepanz zwischen der spekulativ unterstellten Bedeutung des Blickverhaltens und seiner sachgerechten experimentellen Untersuchung" überwiegend auf die methodischen Schwierigkeiten und den hohen technischen und zeitlichen Aufwand zurück. Diese Aussage hat immer noch Gültigkeit.

Ein in jeder Hinsicht optimales Registrierverfahren, das für sportbezogene Fragestellungen universell einsetzbar wäre, steht bis heute noch nicht zu Verfügung. Jedes der zahlreichen Verfahren hat seine besonderen Vor-, aber auch Nachteile, die je nach Untersuchungsgegenstand und Untersuchungsziel mehr oder weniger stark ins Gewicht fallen.

---

[1] S. Anmerkung S. 253.

Die **Zweckmäßigkeit** einer Methode für das spezifische Ziel wird als erstes davon bestimmt, ob sie die Übertragung der Ergebnisse aus der Versuchssituation auf die sportliche Praxis zuläßt. Behindert z.B. ein Gerät das Gesichtsfeld so stark, daß sich die Wahrnehmungsbedingungen im Vergleich zur Realsituation deutlich erschweren, so ist prinzipiell zu überprüfen, ob seine Verwendung überhaupt sinnvoll ist. Wesentlich mehr Vorbehalte gegenüber den Einsatzmöglichkeiten der Blickbewegungsregistrierung im Sport resultieren aber aus den Einschränkungen der Bewegungsfreiheit. Es gibt keine Registrierungsmethode, die es der Vp erlaubt, sich in allen Situationen frei zu bewegen.

Die Verwendbarkeit der Blickverhaltensregistrierung für die Untersuchung der visuellen Wahrnehmung bei der **Bewegungsbeurteilung** ist - ähnlich wie bei der Bildung von Bewegungsvorstellungen - als verhältnismäßig gut einzustufen. In den meisten Fällen bewegt sich der Beurteiler relativ geringfügig, wenn er seinen ausgewählten Beobachterstandort eingenommen hat (Eiskunstlauf, Gerätturnen, Wasserspringen etc.). Der Schiedsrichter im Sportspiel muß seine Position auf dem Spielfeld zwar der entsprechenden Situation anpassen, um einen möglichst günstigen Beobachterstandort zu erreichen (gleiches gilt auch analog für den Kampfrichter in den Kampfsportarten), aber auch diese Bedingungen lassen sich in einer Untersuchung noch relativ gut wirklichkeitsnah herstellen oder simulieren.

Werden in diesem Zusammenhang bei der Planung einer visuellen Szene für Versuchszwecke z.B. folgende Veränderungen gegenüber der Realsituation vorgenommen, so sind auch Veränderungen des Blickverhaltens in der Versuchssituation nicht auszuschließen:

- **zweidimensionale Darstellung** von Bewegungen per Film oder Video (u.a. Auswirkungen auf Tiefenwahrnehmung, keine Akkommodationsvorgänge und Vergenzen erforderlich),

- **Ausgleichen von Lokomotionen** durch Mitschwenken der Filmkamera (u.a. Auswirkungen auf Augenfolgebewegungen, dynamische Sehschärfe),
- **statische Präsentation** von Bewegungen (u.a. keine Augenfolgebewegungen möglich),
- **andere Größenverhältnisse**, meist verkleinerte Darbietung des Stimulus im Vergleich zur Praxissituation (Veränderung der Abbildungsverhältnisse auf der Retina, meist mit geringerer Notwendigkeit zur Auslösung von Blickbewegungen, da größere Teile des Stimulus über das foveale bzw. para-foveale Sehen erfaßbar sind).

5.1.2.3. Verwendete Methode: NAC Eye-Mark-Recorder

Für die Untersuchungen zur vorliegenden Arbeit steht ein Gerät zur Verfügung, das nach der "Cornea-Reflex-Methode" arbeitet. Bei dieser Methode wird die Oberfläche der Cornea als natürlicher Reflektor für eine Lichtquelle verwendet.

Ausgangspunkt für die Cornea-Reflex-Methode sind die unterschiedlichen Krümmungsradien von Cornea und Bulbus. Dieser Unterschied bewirkt, daß sich das Spiegelbild einer Lichtquelle auf der Cornea stets in Gegenrichtung zur Augenbewegung verschiebt (vgl. Abb. 54).

Die verwendete Blickbewegungskamera - der NAC Eye-Mark-Recorder, Modell IV, 60°-Version, im folgenden "NAC" genannt[1] - wird mit Hilfe von Haltebändern am Kopf befestigt, ruht aber mit einem Großteil ihres Gewichts auf der Nasenwurzel (s. Abb. 55).

Relativ dicht am rechten Auge ist eine Spotlampe angebracht, so daß über ein kompliziertes optisches System das von der Cornea reflektierte Spiegelbild des Glühfadens mit

---

[1] Herstellung durch NAC Inc. Tokyo; Vertrieb in der Bundesrepublik Deutschland durch die Fa. Albrecht Instrumente, München.

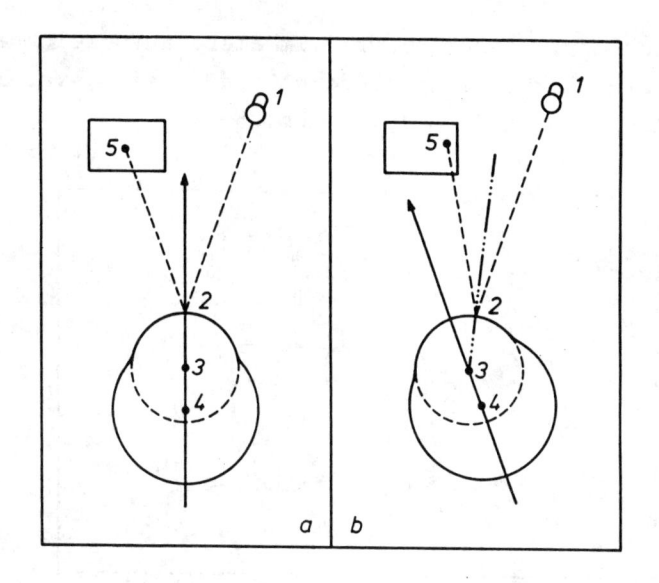

Abb. 54: Wirkungsweise des Cornea-Reflex-Verfahrens (nach TIEDTKE 1977, 55).

1: Lichtquelle, 2: Reflexionspunkt, 3: imaginärer Corneamittelpunkt, 4: Bulbusmittelpunkt, 5: Abbildungsort der Lichtquelle im optischen System.

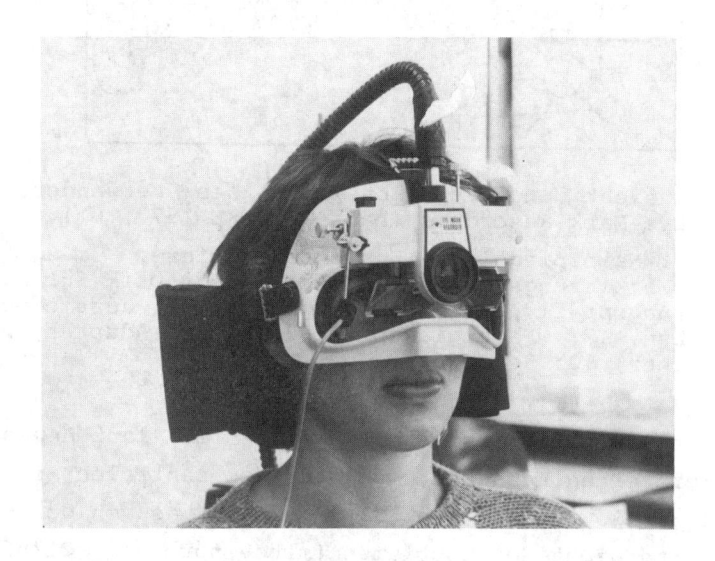

Abb. 55: Trageweise des verwendeten NAC Eye-Mark-Recorders.

einem Videorecorder oder einer Filmkamera aufgezeichnet werden kann. Die Funktionsweise des NAC läßt sich vereinfacht folgendermaßen darstellen (vgl. Abb. 56):

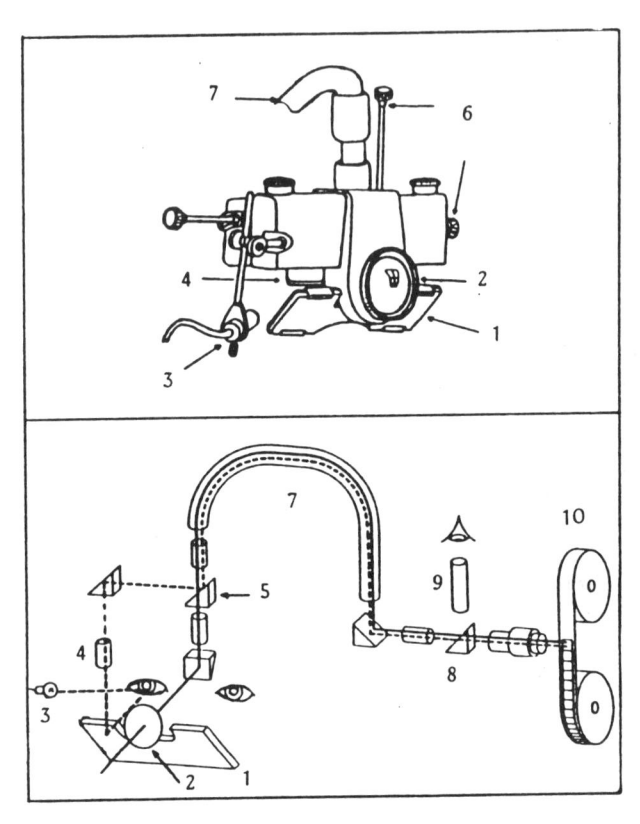

Abb. 56: Ansicht und Funktionsweise des verwendeten NAC Eye-Mark-Recorders (nach TIEDTKE 1977, 61).

1: Halbspiegel, 2: Gesichtsfeldlinse, 3: Spotlampe (Markierungslampe), 4: Abbildungsoptik für Markierungspfeil, 5: Vereinigungsoptik, 6: Justierschrauben, 7: Fiberglasoptik, 8: Kamera-Adapter, 9: Sucher, 10: Recorder.

Ein Objektiv mit fester Brennweite nimmt laut Angabe des Herstellers einen Ausschnitt von 60° des zentralen Blickfeldes auf (vgl. hierzu Abb. 57, S. 261). Das von der Cornea reflektierte Licht der Spotlampe (mit V-förmigem Glühfaden) wird von einem Halbspiegel in einen zweiten optischen Kanal gelenkt. Augenbewegungen und Verschiebungen des reflektierten Lichts werden durch ein Prismensystem synchronisiert und mit dem Bild des zentralen Blickfeldes vereinigt. Der optische Ausgang liefert den aufgenommenen Blickfeldausschnitt mit einer V-förmigen Lichtmarkierung, dem sog. Markierungspfeil, der sich im Idealfall genau dem Auge entsprechend bewegt. Ein flexibler Fiberglasschlauch leitet dieses Bild an einen Adapter, der mit einer Film- oder Videokamera zur Aufzeichnung des Blickverhaltens verbunden werden kann. In den eigenen Untersuchungen werden Videoaufzeichnungen angefertigt. Durch zwei Justierschrauben läßt sich der Markierungspfeil im zweiten optischen Kanal so verschieben, daß seine Spitze mit einem definierten Fixationspunkt der Vp (Justierpunkt, normalerweise in der Bildmitte) in Übereinstimmung gebracht werden kann.

Abgesehen davon, daß Montage und Justierung des NAC keineswegs so problemlos sind, wie man es nach der Bedienungsanleitung des Herstellers meinen könnte (vgl. NEUMAIER 1979, 81), bereitet bei der Auswertung des Blickverhaltens v.a. ein systematisch auftretender **Meßfehler** des NAC besondere Schwierigkeiten.[1] Die Deckungsgleichheit von Markierungspfeilspitze und Fixationsort gilt nämlich im allgemeinen nur für den Justierpunkt. Mit zunehmender Auslenkung der Augen weg vom Justierpunkt kommt es meist zu immer größer werdenden Abweichungen zwischen der Position von Markierungspfeil und tatsächlichem Fixationsort.

In der Literatur finden sich unterschiedliche Angaben zur Größe und zur Zunahme (linear, alinear) des Meßfehlers, wobei außerdem verschieden große Auslenkungen der Augen zu-

---

[1] Die Ursachen für diesen systembedingten Aufzeichnungsfehler der NAC-Methode werden an anderen Stellen ausführlich diskutiert (vgl. z.B. NICKEL u.a. 1975; SCHNEITER 1976; 1978; NEUMAIER 1979, 81ff; BÖCKER/SCHWERDT 1981; REUSCHLING 1982; MESTER 1985, 312ff), so daß hier auf deren erneute Darstellung verzichtet wird.

grundegelegt werden (vgl. NICKEL u.a. 1975; YOUNG/SHEENA 1975a, 424; SCHNEITER 1978, 56ff; MESTER 1985, 315). Um konkrete Aussagen zu der eingesetzten Geräteversion machen zu können, werden deshalb unter Berücksichtigung der in den eigenen Untersuchungen hergestellten Versuchsbedingungen, insbesondere der Größenverhältnisse, umfangreiche eigene Analysen durchgeführt (vgl. REUSCHLING 1982).

Die Abb. 57 zeigt die zu Hilfe genommene Karte für die Meßfehleranalyse. Sie wird üblicherweise für perimetrische Untersuchungen benutzt. In ihr ist der Gesichtsfeldausschnitt eingezeichnet, den das Objektiv des NAC bei der gewählten Versuchsanordnung aufnimmt und der dementsprechend bei den Videoaufzeichnungen dem Ausschnitt der visuellen Szene entspricht, der als Monitorbild auswertbar ist. Das Ausmessen dieses Ausschnitts ergibt, daß der verwendete NAC einen zentralen Bereich der visuellen Szene mit folgender Ausdehnung liefert:
- horizontal ca. 42 Sehwinkelgrade,
- vertikal ca. 31 Sehwinkelgrade.

In diesem Bereich werden in allen Untersuchungen die zu beobachtenden Bewegungen präsentiert.

In Abb. 57 sind die Punkte auf den acht Meridianen der Karte eingetragen, die bei REUSCHLING (1982) von den Vpn nach dem Justieren des NAC mit fixiertem Kopf angeblickt werden müssen. Außerdem enthält sie das Analyseergebnis zum äußersten Meßpunkt auf dem 45°-Meridian. Es ist zu sehen, daß der Markierungspfeil im Mittel stark nach innen gedrückt wird ($\bar{x}$ = 2,1 ± 1,5 Sehwinkelgrade, y = 3,5 ± 1,6 Sehwinkelgrade; n = 40, Sportstudenten). Auffallend ist dabei die relativ große Streuung des Meßfehlers (vgl. hierzu auch Abb. 58).

Das Analyseergebnis zu allen fixierten Punkten auf dem 45°-, 180°- sowie 270°-Meridian wird in Abb. 58 exemplarisch dargestellt.

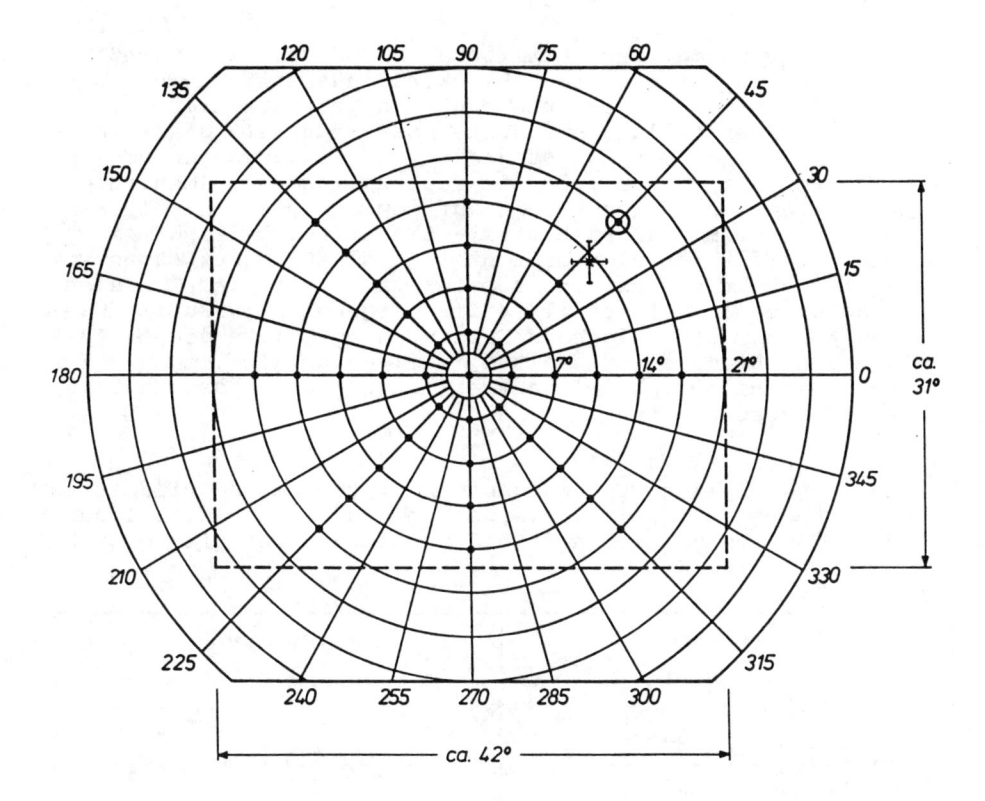

Abb. 57: Karte für die Meßfehleranalyse mit ermitteltem Meßfehler für einen exemplarischen Punkt. Ausdehnung des vom NAC aufgezeichneten Blickfeldausschnitts: ca. 42 x 31 Sehwinkelgrade. (Erläuterung im Text)

Aus den Befunden leiten sich zwei Schlußfolgerungen ab:

1. Die großen Standardabweichungen spiegeln die erheblichen interindividuellen Schwankungen des Meßfehlers wider. Deshalb ist es unerläßlich, für jede Vp den individuellen Meßfehler festzustellen und bei der Auswertung des Blickverhaltens entsprechend zu berücksichtigen. Nur so ist eine hinreichende Genauigkeit bei der Bestimmung der Fixationsorte zu erzielen. Allgemeine Angaben zur Größe des systembedingten Meßfehlers sind zwar zu Vergleichszwecken mit anderen Registriermethoden interessant, aber bei der verwendeten Methode in der Forschungspraxis zur Reduzierung des Aufzeichnungsfehlers wenig hilfreich.

2. Die Zunahme des horizontalen und vertikalen Meßfehlers ist im untersuchten Blickfeldausschnitt näherungsweise linear. Dies rechtfertigt ein vereinfachtes Verfahren zur Feststellung und später zur Reduzierung des individuellen Aufzeichnungsfehlers. Es genügt, wenn die Vpn aufgefordert werden, für die Feststellung des Meßfehlers nur einen einzigen Punkt auf dem Meridian anzublicken, soweit er im (angenäherten) Linearitätsbereich liegt. Dies trifft für die horizontale Auslenkung der Augen vom Justierpunkt bis ca. 18° zu, für die vertikale Auslenkung gilt dies bis ca. 14°. Die dargebotene visuelle Szene in einer nachfolgenden Untersuchung sollte diese Ausdehnung nicht überschreiten, weil außerhalb liegende Fixationen nicht mehr mit ausreichender Zuverlässigkeit bestimmt werden können.

In den eigenen Untersuchungen mit dem NAC wird stets eine Karte (s. Abb. 59) verwendet, auf deren Mittelpunkt der NAC zu justieren ist. Anschließend hat die Vp nach-

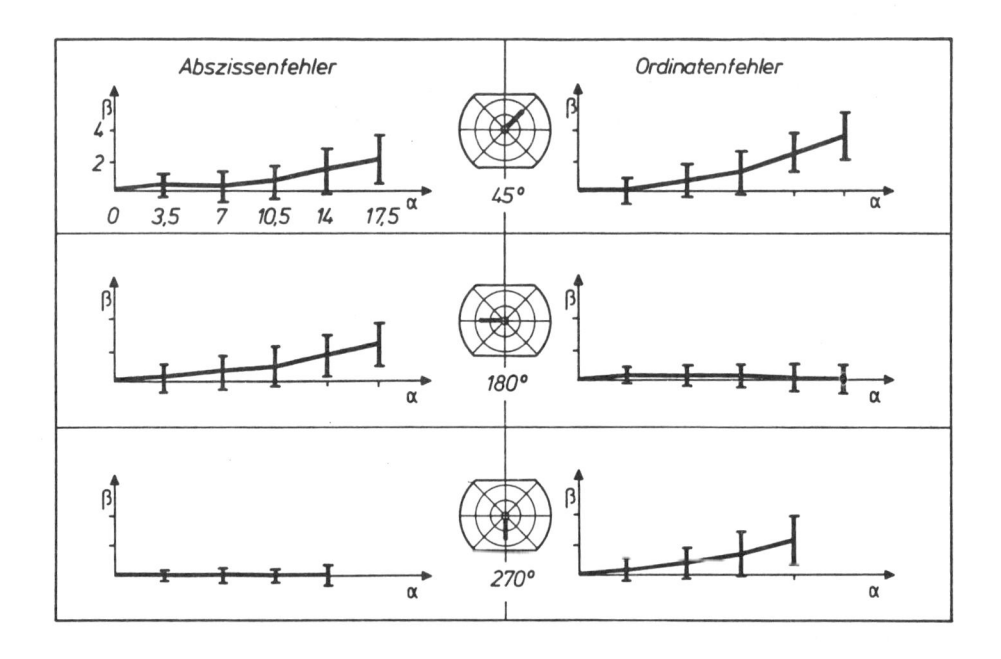

Abb. 58: Aufzeichnungsfehler für verschiedene Punkte auf den Meridianen bei 45°, 180° und 270° auf der Meßkarte (nach REUSCHLING 1982).

α: Auslenkung der Augen vom Justierpunkt,
β: mittlerer Abbildungsfehler (in Sehwinkelgraden); n = 40.

einander die vier Eckpunkte der Justierkarte zu fixieren. Dieser Vorgang wird mit dem Videorecorder aufgezeichnet. Für die Auswertung des Blickverhaltens muß nach der Untersuchungsdurchführung zuerst dieser Teil der Videoaufzeichnungen zur Meßfehlerbestimmung herangezogen werden. Über die Abweichungen zwischen dem fixierten Eckpunkt und der Spitze des Markierungspfeils kann unter Einbeziehung der Lage des Justierpunkts ein "Meßfehlerfaktor" berechnet werden. Hierzu benutzt man die Koordinaten des Auswertungsgitters, mit dem der Monitor belegt ist. Da der Meßfehler erfahrungsgemäß auch intraindividuell im Blickfeld stark variieren kann und außerdem innerhalb der verschiedenen Quadranten (bezogen auf den Justierpunkt) zusätzlich Unterschiede in der Größe des horizontalen und vertikalen Meßfehlers auftreten können, ist es sinnvoll, die "Meßfehlerfaktoren" für alle vier Eckpunkte zu berechnen und dies sowohl für die Abszissen- als auch Ordinatenwerte getrennt zu tun. Die rechnerische Herleitung des "Meßfehlerfaktors" sowie die Vorgehensweise bei der "Meßfehlerkorrektur" sind bei NEUMAIER (1979) eingehend geschildert.

Aus den Untersuchungen zur Einschränkung des Gesichtsfeldes[1] durch den NAC geht hervor, daß die Behinderungen v.a. im oberen Bereich liegen, insbesondere an der Stelle, wo sich die Abbildungsoptik für den Markierungspfeil befin-

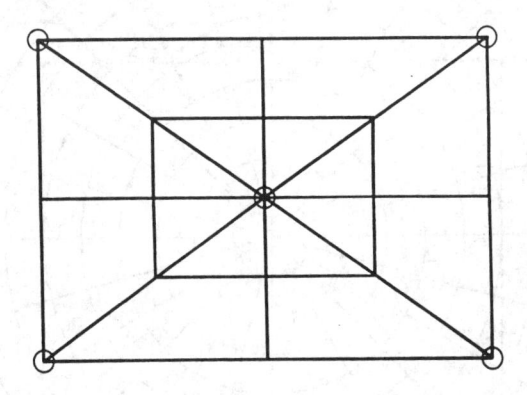

Abb. 59: Karte zur Einjustierung und Meßfehlerbestimmung des NAC Eye-Mark-Recorders.

---

[1] Überprüft durch Heranführen eines "Leuchtstabes" von außen her, wobei der Blick bei unbewegtem Kopf den Mittelpunkt der Karte fixiert (vgl. REUSCHLING 1982).

det. In Abb. 60 sind die gefundenen Mittelwerte und Standardabweichungen (n = 80) auf den entsprechenden Meridianen eingetragen, soweit sie bei den geschaffenen Größenverhältnissen auf der Karte erfaßbar sind. Der von dem NAC aufgenommene Bildausschnitt von ca. 42 x 31 Sehwinkelgraden, der dem Monitorbild entspricht, ist ebenfalls in Abb. 60 eingezeichnet. Größere Behinderungen in der visuellen Informationsaufnahme sind demnach bei Präsentationen der zu beobachtenden Szene im zentralen Bereich des Gesichtsfeldes nicht zu erwarten.

Da nicht auszuschließen ist, daß sich das Tragen des NAC als **psychische Störgröße** auf die visuelle Wahrnehmung negativ auswirkt, werden auch zu diesem Problem Studien durchgeführt (vgl. REUSCHLING 1982). In einer Befragung äußern etwa 30% der Vpn (n = 80), daß sie den NAC beim Sehen als

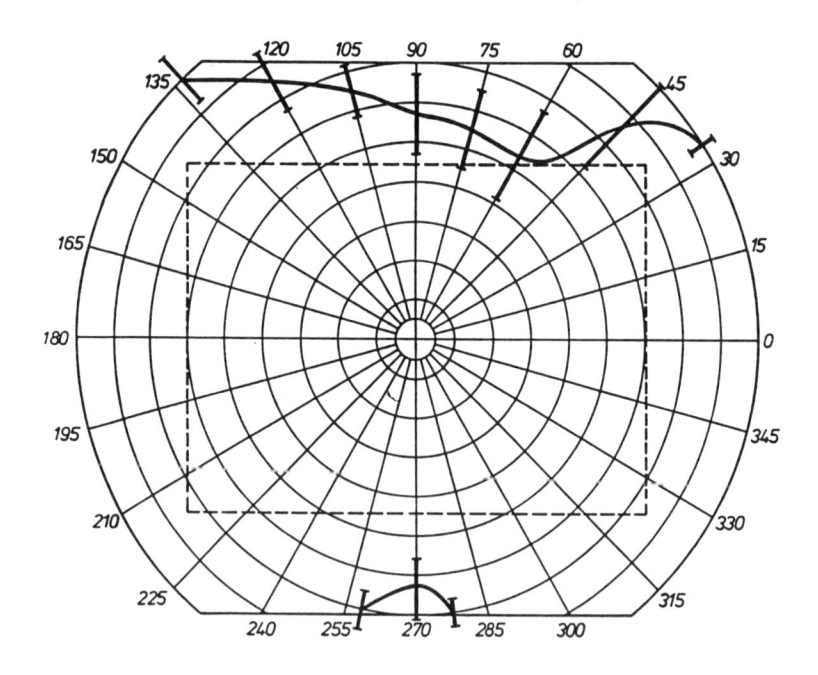

Abb. 60: Einschränkung des Gesichtsfeldes durch den NAC Eye-Mark-Recorder (Modell IV).
(Erläuterungen im Text)

stark bzw. sehr stark hinderlich empfinden; 70% der Vpn fühlen sich durch den NAC wenig bzw. überhaupt nicht behindert (vgl. Tab. 17).

Antworten	Anzahl	% der Stichprobe
überhaupt nicht	8	10
wenig	48	60
stark	21	26.25
sehr stark	3	3.75
	80	100.00

Tab. 17: Antworten zur Frage: Findest Du, daß Dich die Blickbewegungskamera beim Sehen behindert? (nach REUSCHLING 1982).

Am meisten stören das Licht der Spotlampe für den Markierungspfeil und der Druck, den der NAC auf der Nasenwurzel verursacht. Diese beiden Punkte werden jeweils von der Hälfte der Stichproben genannt. Die Einschränkung des Blickfeldes empfindet etwa ein Drittel der Vpn als unangenehm (zu den Einzelergebnissen vgl. Tab. 18).

Der o.a. Befragung geht eine vergleichende Untersuchung mit und ohne Tragen des NAC voraus, in der Entscheidungsleistungen bei der Antizipation der Richtung von filmisch dargebotenen Volleyballangriffen verlangt werden.[1] Nach den Ergebnissen wirkt sich das Tragen des NAC nicht grundsätzlich negativ auf die Entscheidungsrichtigkeit und -zeit

---

[1] Um Positionseffekte kontrollieren zu können, bekommt die eine Hälfte der Stichprobe den Film beim ersten Mal mit und beim zweiten Mal ohne NAC vorgeführt, während bei der anderen Hälfte umgekehrt vorgegangen wird. REUSCHLING (1982) stellt keine Positionseffekte fest.

Antworten	Anzahl	% der Stichprobe
Spotlampe	41	51.25
Druck Nase	40	50
Druck Kopf	18	22.50
Blickfeldeinschränkung	28	35
ruhige, starre Haltung	15	18.75
2 Halbspiegel	16	20
Abbildungsoptik	6	7.50
ungewohnte Situation	7	7.75
Gewicht des NAC	7	7.75

Tab. 18: Antworten zur Frage: Was hat Dich beim Tragen der Blickbewegungskamera gestört? (nach REUSCHLING 1982).

bei der gestellten Beobachtungsaufgabe aus. Vergleicht man aber diejenigen Vpn, die sich durch den NAC beim Sehen subjektiv wenig gestört fühlen, mit denjenigen, die den NAC als stark behindernd empfinden (vgl. Tab. 17), so läßt sich ein negativer Einfluß des NAC nachweisen. Diejenigen Personen, die den NAC als wesentliche Störgröße empfinden, zeigen auch deutlich schlechtere Entscheidungsleistungen ($p = 0.01$).

Dies ist dadurch erklärbar, daß die wahrgenommene Behinderung eine Ablenkung von der gestellten Aufgabe zur Folge hat. Die gedankliche Auseinandersetzung mit der Beeinträchtigung bewirkt, zumindest zeitweise, das Belegen von Informationsverarbeitungskapazität im Kurzzeitgedächtnis, so daß weniger Information aus der beobachteten visuellen Szene extrahiert werden kann.

Auch wenn die geschilderten Befunde möglicherweise aufgabenspezifisch sind, können sie als Hinweis darauf verstanden werden, daß eine als stark empfundene Störung durch das Tragen des NAC vermutlich auch das Blickverhalten beeinflußt. Da damit die Verwertbarkeit der Untersuchungsergebnisse fraglich ist, sollte man auf Vpn, die sich entsprechend äußern, lieber verzichten.

Das relativ starre Befestigen des NAC vor den Augen erlaubt prinzipiell Kopfbewegungen. Allerdings verrutscht das Gerät bei ruckartigen Kopf- und Körperbewegungen verhältnismäßig leicht. Diese Gefahr läßt sich zwar verringern, wenn man die Haltebänder straffer anzieht. Da es hierdurch aber zu einem zunehmenden Druck auf die Nasenwurzel kommt, wird das Tragen des NAC nach einigen Minuten für die Vp unangenehm. Die möglichen negativen Folgen sind bereits angesprochen worden.

Aus den Erfahrungen mit mehr als 1000 Vpn hat sich folgender Kompromiß entwickelt, der für die Vpn annehmbar zu sein scheint: Die Haltebänder werden erst angezogen, nachdem die Vp nachdrücklich darauf hingewiesen worden ist, daß sie es ehrlich sagen müsse, falls bzw. ab wann sie den Druck auf der Nase als störend empfände. Weil auf diese Weise das Gerät meist nicht sehr starr am Kopf befestigt werden kann, müssen die VPn den Kopf möglichst ruhig halten. Mit Hilfe einer Nackenstütze bereitet dies wenig Schwierigkeiten. Trotzdem wird sicherheitshalber in regelmäßigen Zeitabständen nach wenigen Bewegungsdarbietungen überprüft, ob das Gerät nicht doch verrutscht ist, um dies gegebenenfalls zu korrigieren.

Dazu wird die o.a. Justierkarte benutzt, d.h., bei filmischer Darbietung eingeblendet. Ist ein "Verrutschungsfehler" aufgetreten, so wird er dokumentiert und bei der Auswertung entsprechend berücksichtigt. Da das Gerät allmählich, aber auch ruckartig verrutschen kann und darüberhinaus der Zeitpunkt des Verrutschens schwer bestimmbar ist, bereitet diese Art der Fehlerkorrektur u.U. größere Probleme als der systematische Aufzeichnungsfehler. Man ist häufig auf Schätzungen angewiesen, für die man allerdings "eindeutige" Fixationen, wie z.B. zu Beginn der Bewegungsausführung auf dem Gesicht, mit einbeziehen kann.

Auch unter Berücksichtigung der geschilderten methodischen Einschränkungen genügt der benutzte NAC Eye-Mark-Recorder insgesamt gesehen den Anforderungen an die Objektivität und Zuverlässigkeit für die angestrebten Untersuchungsziele (vgl. NEUMAIER 1979, 135ff). Eine größere Bewegungsfreiheit während der Bewegungsbeobachtung wäre zwar wünschenswert, ist aber für die Aufgabenstellung "Bewegungsbeurteilung" nicht notwendig. Hier ist der höheren Meßgenauigkeit gegenüber der Bewegungsfreiheit der Vp der Vorzug zu geben.

Die **Meßgenauigkeit** bei der Zuordnung der Fixationsorte zu Elementen der visuellen Szene ist durch die Anwendung der entwickelten Methode zur Reduzierung des systematischen Aufzeichnungsfehlers für den angestrebten Verwendungszweck zufriedenstellend. Der nach der Meßfehlerreduzierung noch verbleibende systematische Fehler ist von Person zu Person und von Fixation zu Fixation unterschiedlich, weil er im Einzelfall vom jeweiligen "Meßfehlerfaktor" der Vp in Kombination mit der tatsächlichen Auslenkung der Augen vom Justierpunkt bestimmt wird (vgl. S. 259ff). Nach den Analysen von REUSCHLING (1982) beträgt er bei einer Auslenkung der Augen von 10° im Mittel weniger als 1°. Berücksichtigt man die in unseren Untersuchungen gewählten Größenverhältnisse und die Darbietung der zu beobachtenden Bewegungen im zentralen Gesichtsfeld (vgl. hierzu S. 260f sowie die Beispiele im folgenden Abschnitt), so erlaubt dies eine für die vorliegende Fragestellung hinreichend genaue Differenzierung grober Fixationsbereiche in z.B. Gesicht, Oberkörper / Schulter, Hüfte, Oberschenkel / Knie usw.

5.1.3. Beispiele zur Auswirkung ausgewählter Parameter auf das Blickverhalten

An dieser Stelle der Arbeit werden Beispiele aus eigenen Untersuchungen dazu angeführt, in welcher Form sich einige ausgewählte interne und externe Wahrnehmungsbedingungen auf das Blickverhalten auswirken. Damit soll verdeutlicht werden, daß die Blickverhaltensregistrierung grundsätzlich zur

Objektivierung von Einflußgrößen auf die visuelle Wahrnehmung komplexer sportlicher Bewegungsabläufe geeignet ist. Die überwiegend deskriptiven Darstellungen beschränken sich exemplarisch auf die Lage der Fixationsorte v.a. bei der "Antizipation von Fremdbewegung". Einflußgrößen auf das Blickverhalten in Verbindung mit dem Aufgabenbereich "Bewegungsbeurteilung" werden in Kap. 5.2. untersucht. Den Ergebnissen soll an dieser Stelle nicht vorgegriffen werden.

> Es wird bei den Antizipationsaufgaben davon ausgegangen, daß die gegenüber der Sportpraxis vereinfachten Reaktionsbedingungen (Sensordruck, Zuruf) sich weniger auf das Blickverhalten als auf die Entscheidungsleistungen (Entscheidungszeit und -richtigkeit) auswirken. Die Aufgaben verlangen durchgängig lediglich eine globale Entscheidung über eine Angriffs-, Schuß- oder Zuspielrichtung (rechts/links) und/oder die Angriffsart (Schlag/Finte). Die gezeigten Spielaktionen sind hierbei nur bis zum Ballkontakt des Spielers zu sehen, so daß aufgabenrelevante Information nur über die intensive Beobachtung des Bewegungsablaufs gewonnen werden kann.

> Die einzelnen Zeichen in den folgenden Abbildungen (Plots) repräsentieren die ermittelten Fixationsorte der verschiedenen Vpn zu den durch die Konturogramme dargestellten Zeitpunkten im Bewegungsablauf. Sie sind als angenäherte und nicht als die realen Fixationsorte zu verstehen (vgl. hierzu S. 268).

Entscheidenden Einfluß auf das Blickverhalten übt die **spezifische Aufgabenstellung** aus, unter der ein Bewegungsablauf beobachtet wird, denn der Blick sucht stets nach aufgabenrelevanten Informationen. Besteht die Aufgabe z.B. darin, die Richtung eines Tennisaufschlags zu antizipieren, ruft dies ein anderes Fixationsverhalten hervor, als wenn eine Vp die Ausführung auf mögliche Bewegungsfehler hin zu beobachten hat, wie Abb. 61 zeigt.

Es ist zu erkennen, daß zur Antizipation der Schlagrichtung vermehrt Information aus dem Bereich des Treffpunkts Schläger-Ball erwartet wird (vgl. P. MESTER 1982). Die Fixationen bei der Beurteilungsaufgabe dagegen streuen sehr viel weiter über den gesamten Körper und weisen eine Schwerpunktbildung im Oberkörperbereich auf (vgl. NIEDER 1983). Hier richtet sich die Informationsaufnahme mehr auf die Entstehung eines Gesamteindrucks von der Bewegung, für die zentral gelegene Fixationen günstiger sind als solche im Treffbereich.

Lokalisieren sich die gesuchten Informationen in eng umgrenzten Bereichen der beobachteten Szene (z.B. Ball) bzw. eng umgrenzten Körperregionen (z.B. Hände), sind dort auch

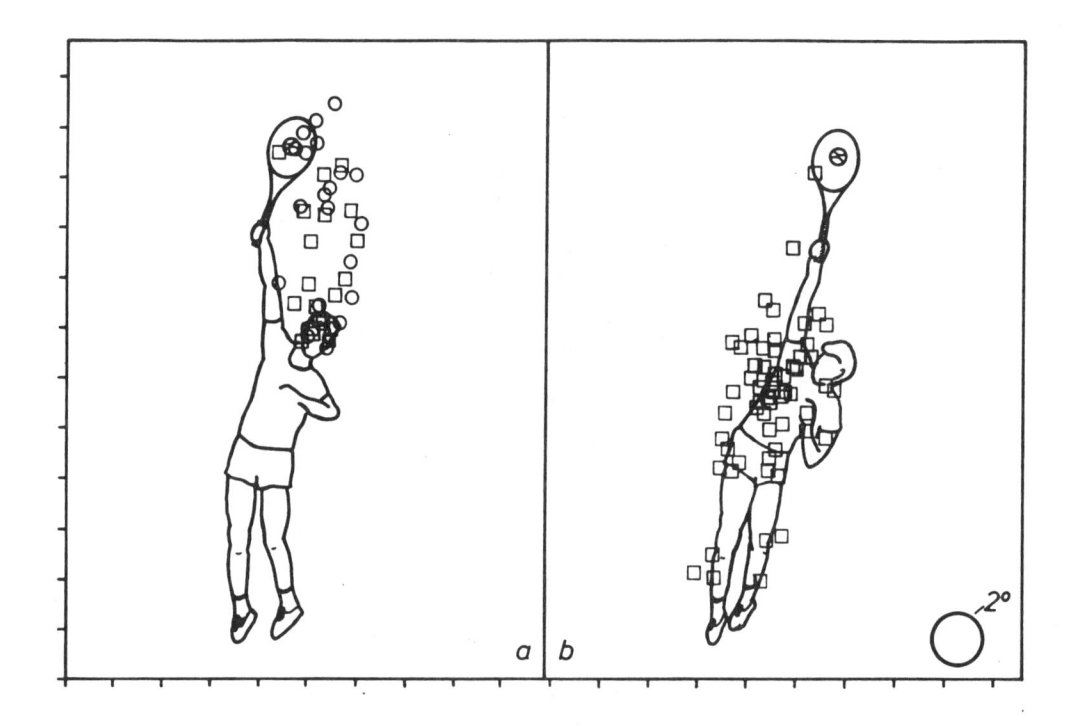

Abb. 61: Verteilung der Fixationsorte bei der Beobachtung von Tennisaufschlägen mit unterschiedlicher Aufgabenstellung.
a: Antizipation der Schlagrichtung (nach P. MESTER 1982);
b: Identifikation von Bewegungsfehlern (nach NIEDER 1983);
○: Leistungsspieler, □: Anfänger.
2°: Sehwinkel der Vpn von 2° bei Filmdarbietung.

Fixationshäufungen zu erwarten. Dies scheint bei der Antizipation der Aufschlagrichtung der Fall zu sein (Abb. 61a). Ein weiteres Beispiel mit noch deutlicherer Eingrenzung des informationstragenden Bereichs enthält Abb. 62a aus Untersuchungen zur Antizipation der Richtung beim oberen Zuspiel im Volleyball (vgl. KNECHTGES 1982).

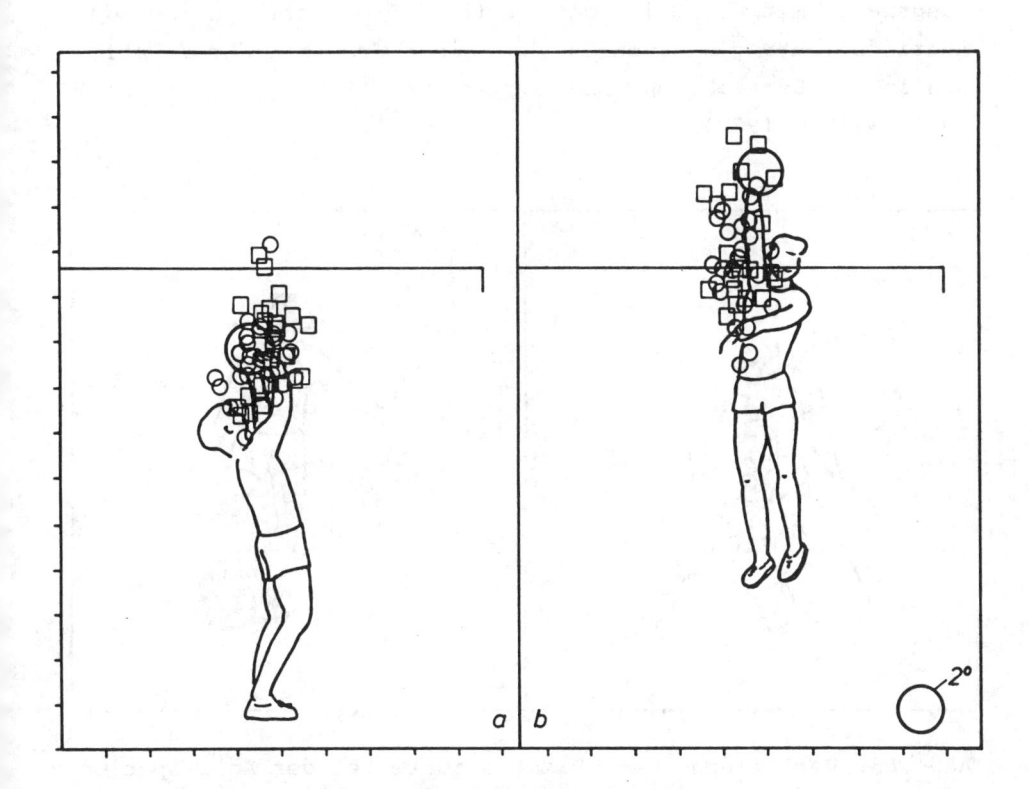

Abb. 62: Verteilung der Fixationsorte bei gleicher Aufgabenstellung (Antizipation der Flugrichtung des Volleyballs), aber unterschiedlichen Bewegungstechniken.
a: oberes Zuspiel (nach KNECHTGES 1982);
b: Angriff (nach WITTIG 1982);
O : Leistungsspieler, □ : Anfänger.

Daß das Blickverhalten nur in Verbindung mit der **tatsächlich beobachteten Bewegung** interpretiert werden darf, veranschaulicht der Vergleich von Abb. 62a und b. In beiden Fällen besteht die Aufgabe darin, die Flugrichtung des Volleyballs möglichst frühzeitig zu erkennen. Die Spielaktionen und die damit verbundenen Bewegungstechniken sind jedoch sehr unterschiedlich. Die Antizipation der Zuspielrichtung provoziert einen Fixationsbereich um den erwarteten Berührungspunkt mit dem Ball (die Hände). Die Antizipation der Angriffsrichtung dagegen "zieht" einen Großteil der Fixationen in den Bereich von Oberkörper und Schlagarm(schulter) (vgl. WITTIG 1982).

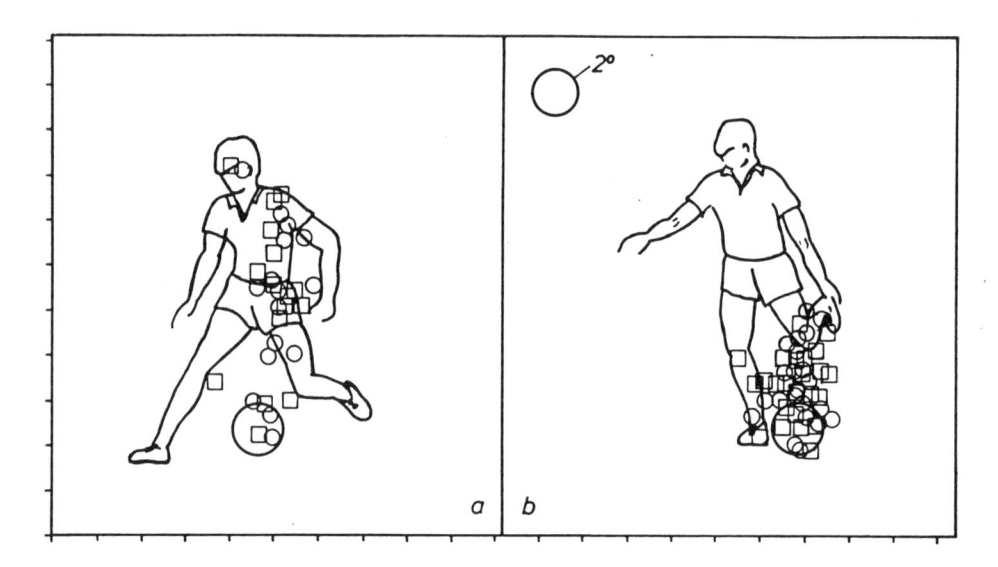

Abb. 63: Verteilung der Fixationsorte bei der Antizipation der Bewegungsrichtung eines Sportlers und eines Balls.
       a: Fußballdribbling mit Finte (nach GIESSELMANN 1981);
       b: Elfmetertorschuß (nach TE POEL 1984; STANDTKE 1987);
       O : Leistungsspieler, □ : Anfänger.

Besteht die Beobachtungsaufgabe statt in der Antizipation der Schlag-, Schuß- oder Zuspielrichtung eines Balls beispielsweise im frühzeitigen Erkennen der Bewegungsrichtung des Gegenspielers (mit Ball), ruft dies wiederum ein verändertes Fixationsverhalten hervor. Abb. 63a zeigt einen auf den Beobachter zudribbelnden Fußballspieler, der nach einer Finte an einer Seite des Beobachters "vorbeiziehen" will (vgl. GIESSELMANN 1981). Hier suchen wesentlich mehr Vpn die entscheidenden Informationen im Hüft- und Rumpfbereich des Spielers als bei der Antizipation eines Elfmetertorschusses (s. Abb. 63b; vgl. TE POEL 1984; STANDTKE 1987). Beim Strafstoß richtet sich der Blick erheblich stärker auf den Ball bzw. die Trefferzone Schußbein-Ball, weil man sich offensichtlich hiervon - ähnlich wie beim oberen Zuspiel im Volleyball - die meiste Information für eine schnelle Entscheidung über die Schußrichtung erhofft (vgl. hierzu NEUMAIER u.a. 1987).

Die spezifische **Vorinformation** bzw. das **Könnensniveau** eines Beobachters kann ebenfalls in einer stärkeren Zentrierung der Fixationsorte um informationsträchtige Bereiche zum Ausdruck kommen. Von den bisherigen Beispielen trifft das auf die folgenden Antizipationsaufgaben zu:

- Richtung des Tennisaufschlags (s. Abb. 61a); die Blickfixationen der Leistungsspieler liegen enger am Treffpunkt Schläger-Ball ($p=0.005$; vgl. P. MESTER 1982);

- Richtung des Volleyballangriffs (s. Abb. 62b); die Fixationsorte der Leistungsspieler streuen tendenziell weniger um die Schlagarmschulter ($p=0.10$; vgl. WITTIG 1982).

In beiden Fällen sind die leistungsstärkeren den leistungsschwächeren Spielern auch in der Entscheidungszeit und/oder der Entscheidungsrichtigkeit überlegen.

Eine Übereinstimmung in der Zentrierung der Fixationsorte auf informationstragende Körperregionen, wie bei der Beobachtung des oberen Zuspiels im Volleyball (s. Abb. 62a) oder des Elfmetertorschusses (s. Abb. 63b), bedeutet aber nicht von vornherein, daß der Anfänger auch das gleiche wahrnimmt wie der erfahrene Beobachter. Der Blick kann bei spezifischen Beobachtungsaufgaben in Kombination mit ganz bestimmten Bewegungsabläufen quasi "automatisch" von eng umgrenzten Zonen angezogen werden. Dem Anfänger fehlt aber häufig die Basis (keine ausgeprägte Bewegungsvorstellung, fehlende Erfahrung mit dem Wahrnehmungsgegenstand etc.), um die zur Verfügung stehende Information extrahieren und/oder richtig bewerten zu könnnen. Dies gilt für beide zuletzt genannten Beispiele (vgl. P. MESTER 1982; WITTIG 1982).

Gut ausgeführte Finten sind aus diesem Grund für einen unerfahrenen Beobachter besonders schwer zu erkennen, wie alle diesbezüglichen Untersuchungen übereinstimmend bestätigen (vgl. WITTIG 1982; MEYER 1984; TE POEL 1984). Von erfahrenen Beobachtern werden Finten jedoch mit hoher Sicherheit erkannt (auch bei Darbietung der Bewegung bis höchstens zum Ballkontakt). Sie besitzen in ihrem Gedächtnis das notwendige Vergleichsmaterial (Invarianten), um die typischen Bewegungsmerkmale einer Finte (z.B. eine geringere Ausholbewegung) identifizieren und richtig bewerten zu können (s. auch bei NEUMAIER 1983b). Unterschiede im Blickverhalten zwischen fintierten und "normalen" Angriffen bzw. Schüssen können in den o.a. Untersuchungen nicht nachgewiesen werden (s. hierzu z.B. die Volleyballangriffe in Abb. 62b und Abb. 64a).

Die Vorinformation des Beobachters erzeugt in ihm bestimmte **Erwartungen** gegenüber dem Wahrnehmungsgegenstand, die sich auch im Blickverhalten erkennbar äußern können. Dies erklärt u.a., weshalb bei der o.a. Beobachtung von Finten keine Veränderungen im Blickverhalten auftreten: Den Vpn ist im voraus nicht bekannt, wann eine Finte präsentiert wird. So beobachten sie die Darbietungen mit ihrem **gewohnheitsmäßigen** (habituellen) Blickverhalten. Der gleiche Effekt tritt auch auf, wenn z.B. ein Volleyballangriff überraschend von einem Linkshänder durchgeführt wird.

Abb. 64a zeigt die Fixationsorte bei unerwartetem Angriff durch einen Linkshänder. Sie befinden sich wie bei der Beobachtung der Rechtshänder schwerpunktmäßig im Bereich der rechten Schulter (vgl. Abb. 62b). Abb. 64b zeigt die Fixationen, die nach Vorankündigung des Linkshänders festzustellen sind. Sie liegen nun der Bewegungsausführung angepaßt ebenfalls vermehrt im Bereich von Oberkörper und Schlagarm(schulter) (vgl. hierzu SCHADE 1983).

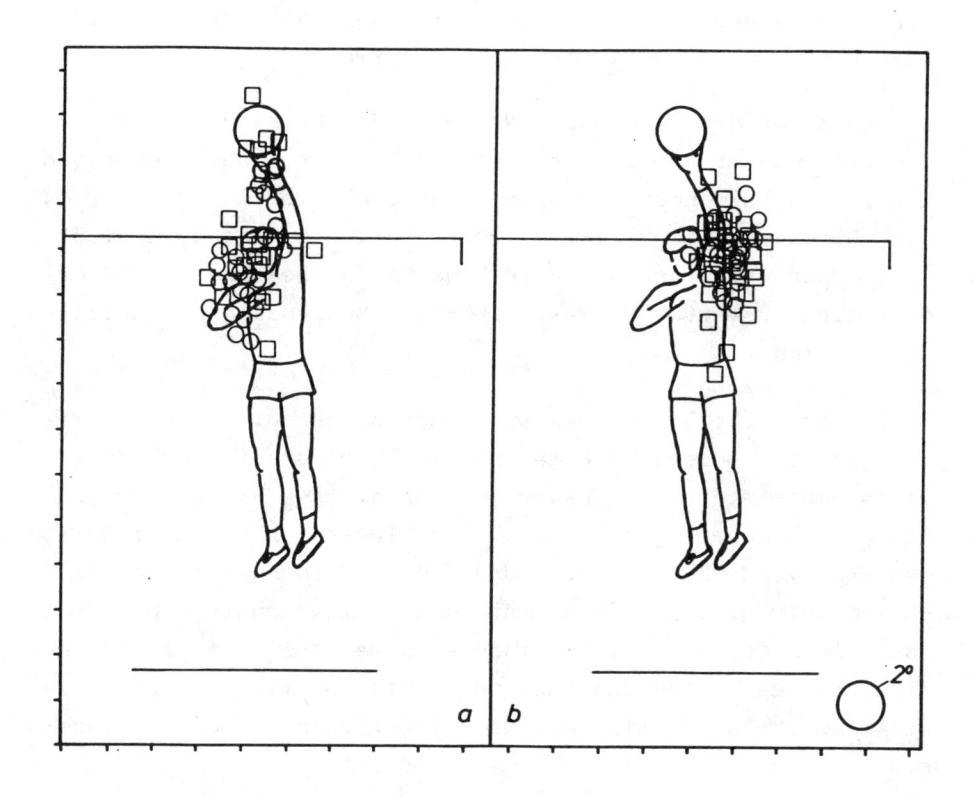

Abb. 64: Verteilung der Fixationsorte bei einem Volleyballangriff (Finte) durch einen Linkshänder.
    a: ohne Vorankündigung (nach WITTIG 1982);
    b: mit Vorankündigung (nach SCHADE 1983);
    O: Leistungsspieler,   □: Anfänger.

5.1.4. Zusammenfassung

In der Sportwissenschaft befindet sich die Erforschung des Blickverhaltens als Indikator für visuelle Wahrnehmungsprozesse in Vergleich zur Psychologie noch in den Anfängen. Besondere Probleme bereitet bei sportbezogenen Fragestellungen die erhebliche Begrenzung der eigenen Bewegungsmöglichkeiten des Beobachters während der Blickbewegungsregistrierung. Bei Fragestellungen zur visuellen Wahrnehmung im Rahmen der Bewegungsbeurteilung sind aufgrund der eingeschränkten Bewegungsfreiheit der Vpn verhältnismäßig geringe Störeinflüsse auf das Blickverhalten zu erwarten.

Gegenüber der Verwendung des NAC Eye-Mark-Recorders für die in dieser Arbeit untersuchten Fragestellungen bestehen keine entscheidenden Bedenken, wenn sich die Interpretation des Blickverhaltens auf grobe Fixationsbereiche (Gesicht, Oberkörper etc.) und die Blickbewegungen beschränkt. Hierfür sind Auswertungsobjektivität und Meßgenauigkeit zufriedenstellend.

Die angeführten eigenen Untersuchungsbeispiele zu den Fixationsorten belegen die generelle Brauchbarkeit des verwendeten Registrier- und Auswertungsverfahrens für unterschiedliche Untersuchungsanliegen. Sie lassen erkennen, daß mit dem NAC Eye-Mark-Recorder grundsätzlich die Auswirkung verschiedener Einflußgrößen auf das Blickverhalten erfaßbar ist. Die Beispiele bringen insbesondere die starke Beeinflussung des Blickverhaltens durch die spezifische Aufgabenstellung in Kombination mit dem jeweiligen Beobachtungsgegenstand zum Ausdruck.

Bei der Interpretation des Fixationsorts ist u.a. zu beachten, daß dieser nicht automatisch mit dem Ort der Informationsaufnahme gleichgesetzt werden kann. Gleiche Fixationsorte bedeuten auch nicht, daß Gleiches wahrgenommen wird. Die optimale Lage einer Fixation ist zwar eine notwendige, aber nicht hinreichende Voraussetzung für die optimale Extraktion aufgabenrelevanter Information (vgl. auch DAUGS 1983, 275).

5.2. UNTERSUCHUNG AUSGEWÄHLTER EINFLUSSGRÖSSEN AUF DIE BEWEGUNGSBEURTEILUNG

5.2.1. Vorbemerkungen

In den folgenden Abschnitten werden die Befunde aus einer Serie von Untersuchungen zu ausgewählten Einflußgrößen auf die Bewegungsbeurteilung vorgestellt, die auf Initiative und unter Anleitung des Verfassers dieser Arbeit durchgeführt wurden.

Bei der Herausarbeitung des aktuellen, empirisch gesicherten Wissensstandes entsteht die Schwierigkeit, daß die verschiedenen Einflußgrößen aus systematischen Gründen zunächst getrennt behandelt werden müssen, obwohl sie in ihrer Auswirkung auf den Beurteilungsprozeß stets miteinander verflochten sind. Hinzu kommt, daß für manche Aspekte - z.B. zum Einfluß der Vorinformation - sowohl verhältnismäßig weit fortgeschrittene Überlegungen als auch relativ viele Befunde vorliegen, während es für andere Aspekte - z.B. zum Einfluß des spezifischen Beurteilungsgegenstandes - bislang kaum oder gar keine Vorarbeiten gibt.

Letzteres geht zum einen darauf zurück, daß bisher keine umfassende theoretische Strukturierung und Ausdifferenzierung des Problemfeldes "Bewegungsbeurteilung im Sport" vorgelegen hat, weshalb manche Aspekte bislang als solche kaum beachtet und folglich nicht als Untersuchungsgegenstand berücksichtigt wurden. Zum anderen sind hypothetisch relevante Einflußgrößen z.T. auch deshalb nicht untersucht worden, weil bisher keine angemessene, praktikable Forschungsmethode zur Verfügung stand bzw. diese bis heute noch immer fehlt.

Die eigenen Untersuchungen berücksichtigen sowohl beurteilerabhängige als auch sehobjekt- sowie aufgabenabhängige sinnesphysiologische und psychologische Bedingungen der Bewegungsbeurteilung. Tab. 19 gibt einen Überblick über solche Einflußgrößen auf den Beurteilungsprozeß, die als besonders bedeutsam erachtet werden, und diejenigen davon, welche die eigene Arbeit einbezieht.

Die Zusammenstellung der unabhängigen Untersuchungsvariablen ergibt sich aus dem anzunehmenden Einfluß der spezifischen Beurteilungsaufgabe, dem konkreten Beurteilungsgegenstand (einschließlich der Bewegungsstruktur und der Darbietungsform) sowie dem (bewegungsspezifischen) Qualifikationsniveau der Versuchspersonen (Vpn) auf die Bewegungsbeurteilung. Die Auswirkung weiterer Einflußgrößen wird durch die Standardisierung und Vergleichbarkeit der Versuchssituationen sowie durch die Stichprobenzusammenstellungen zu kontrollieren versucht. Die Beurteilungsleistungen stellen eine abhängige Variable dar. Das Blickverhalten kann als von der Vorinformation der Vp abhängig gelten. Gleichzeitig besitzt es von seiner Auswirkung auf den visuellen Wahrnehmungsprozeß und damit auf das Beurteilungsergebnis her gesehen die Funktion einer unabhängigen Variablen.

Die ausgewählten Untersuchungsvariablen repräsentieren Größen mit einer hohen Praxisrelevanz. D.h., sie sind für eine Analyse der sehobjekt- und aufgabenbedingten Beurteilungsanforderungen sowie der beurteilerabhängigen Voraussetzungen als Grundlage für Bemühungen zur Verbesserung der Beurteilungsqualität bedeutsam und auch in der Praxis bzw. unter praxisnahen Bedingungen grundsätzlich überprüfbar.

Die für eine Bearbeitung der einzelnen Aspekte notwendige relativ hohe Anzahl von Einzeluntersuchungen schließt aus Platzgründen eine traditionelle Vorgehensweise bei der **Untersuchungs-** und **Ergebnisdarstellung** weitgehend aus. Dem Anliegen des Vorhabens entsprechend werden in der vorliegen-

Beurteilerabhängige		Sehobjektabhängige und aufgabenbezogene	
sinnesphysiologisch bedingte Einflußgrößen			
Blickbewegungen	x	Winkelgeschwindigkeit der Bewegung	x
Fixationsorte	x		
Statische und dynamische Sehschärfe	–	Darbietungszeit (Bewegungsstruktur)	x
Peripheres Sehen	–	Darbietungsform (Realsituation/Film)	x
Tiefenwahrnehmung	–	Beobachterperspektive	–
		Sehwinkel	–
		Beleuchtung	–
psychologisch bedingte Einflußgrößen			
Vorinformation/Erwartung	x	Aufgabenstellung / Beurteilungsgegenstand	x
Bewegungserfahrung	x		
Beurteilungserfahrung	x	Beurteilungsumfang	x
Kapazität des KZS	–	Informationsdichte	x
Psychologisch bedingte Beurteilungsfehler	–	Beurteilungsrichtlinien	–

Tab. 19: Übersicht zu wesentlichen Einflußgrößen auf die Bewegungsbeurteilung.
x: mit eigenen Untersuchungsergebnissen.

den Arbeit - auf die ausgewählten Einflußgrößen bezogen - nur kurz die herangezogenen Stichproben sowie die wichtigsten Befunde der Einzelarbeiten vorgestellt und - soweit für das Verständnis der Vorgehensweise erforderlich - einige zusätzliche Details aus der Versuchsdurchführung gesondert beschrieben.

Einige Studien berücksichtigen mehrere Untersuchungsvariablen. Die zugehörigen Ergebnisse werden jeweils themenbezogen in den entsprechenden Abschnitten berichtet. Diese inhaltliche Aufteilung der Befunde wird aus Gründen der Überschaubarkeit der vorliegenden Arbeit einer Gesamtdarstellung der Einzeluntersuchungen vorgezogen.

Die **Diskussion** der einzelnen Untersuchungsergebnisse erfolgt jeweils am Ende eines Abschnitts nach deren überwiegend deskriptiven Darstellung blockweise in synoptischer Form. Hierbei werden die theoretischen Grundlagen aus Kap. 2. und 3. direkt einbezogen und zum aktuellen Wissensstand verbunden.

Die Mehrzahl der verwendeten **Methoden zur Datenerhebung** bedarf hier keiner eingehenderen Erläuterung mehr. Sie sind entweder schon ausführlich behandelt worden, wie die Blickbewegungsregistrierung mit dem NAC Eye-Mark-Recorder (vgl. Kap. 5.1.2.3.), oder werden als hinreichend bekannt vorausgesetzt, wie z.B. die Auswertung verbaler Aussagen zur Bewegungsbeurteilung (insbesondere zu identifizierten Bewegungsfehlern) mit Kategoriebildung, Überprüfung auf Richtigkeit und Zusammenfassung zu Häufigkeiten.

Es erscheint aber sinnvoll, die eingesetzten **Bewertungsraster** (vgl. Kap. 4.6.) zu den beiden vorrangig berücksichtigten Bewegungsabläufen, dem Basketball-Sprungwurf und dem Flick-Flack, etwas näher zu erläutern (s. auch Abb. 65 und 66, S. 281). Die Bewertungsraster enthalten eine Aufteilung der Bewegungsabläufe in solche Aktionen und Positionen mit den zugehörigen Ausführungsmerkmalen, die in der sportartbezogenen Fachliteratur als besonders bedeutsam für das optimale Gelingen erachtet werden. Die Bewertungsraster liefern einen differenzierten Sollwert und stellen gleichzeitig eine Beurteilungshilfe dar.

Das betreffende Bewertungsraster wird den Vpn unter standardisierten Informationsbedingungen zu Beginn des Untersuchungsdurchgangs zur Sollwertbildung (für unerfahrene Beobachter bzw. Laien) oder als Orientierung auf die interessie-

 -Letztes Dribbling in Passgangkoordination	1
-Ballaufnahme dicht am Körper	2
-Abstoppen im Schrittstop mit leichter Rücklage	3
-Ziel wird anfixiert	4
-Zweiter Fuß wird schulterbreit neben den ersten gesetzt	5
-Knie stark gebeugt	6
-Körperlage absolut stabil	7
-Ball wird eng am Körper nach oben geführt	8
-Kräftiger senkrechter Absprung	9
-Ballführung über den Kopf	10
-Wurfhand unter dem Ball, Führungshand seitlich	11
-Ellenbogen des Wurfarmes zeigt zum Ziel	12
-Kurze Verzögerung des Abwurfes im höchsten Punkt	13
-Streckung des Wurfarmes, Führungshand verläßt den Ball	14
-Wurfhand klappt nach vorne	15
-Körper ist nahezu vollkommen gestreckt	16
-Stabile Landung mit beiden Füßen am Absprungort	17

Abb. 65. Bewertungsraster zum Basketball-Sprungwurf.

- Bodenkontakt der gesamten Fußsohle	1
- Knie hinter den Fußspitzen	2
- Körperschwerpunkt hinter den Füßen	3
- Annähernd rechter Winkel in Fuß-, Knie- und Hüftgelenken	4
- Oberkörper aufrecht und leicht nach hinten geneigt	5
- "Schubbewegung" von ganzer Fußsohle	6
- Schnellkräftiges Rückführen der Arme	7
- Streckung aller Gelenke	8
- Füße verlassen erst bei gestrecktem Körper den Boden	9
- Arme in Verlängerung des Rumpfes	10
- Körper leicht überstreckt	11
- Flacher und weiter Flug	12
- Stütz der Hände	13
- Arme in Verlängerung des Oberkörpers	14
- Gesamter Körper gestreckt	15

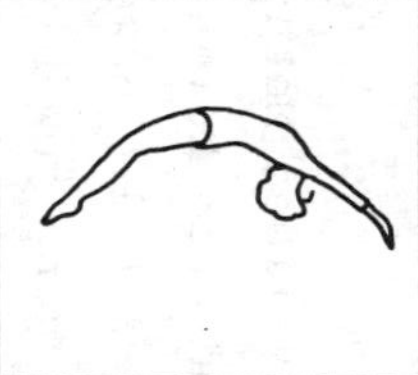

Abb. 66: Bewertungsraster zum Flick-Flack.

renden Kriterien (für Trainer, Kampfrichter usw.) sowie als Beurteilungsraster nach jedem zu bewertenden Bewegungsablauf per Dia dargeboten. Die Vpn haben dann nur zu sagen, ob sie den Bewegungsablauf als fehlerfrei oder fehlerhaft erkannt haben und bei letzterem die Nummer des entsprechenden Ausführungsmerkmals oder auch mehrere zu nennen. Außerdem sind die Äußerungen "Ich weiß nicht" oder "Die Bewegung war fehlerhaft, aber ich weiß nicht in welchem Punkt" möglich.

Zu den als unabhängige Variablen berücksichtigten Konstrukten "Vorinformation" und "Erfahrung" (Kap. 5.2.2.) liegen keine anwendbaren validen Methoden zur quantitativen Erfassung vor. Damit sind auch keine differenzierten Aussagen zu deren Auswirkung auf die Bewegungsbeurteilung möglich. Die als methodischer Zugang gewählte Vorgehensweise mit der Bildung von Extremgruppen erlaubt aber globale Aussagen darüber, ob die Einflüsse in der erwarteten Richtung existieren oder nicht. Dies ist für die angestrebten allgemeinen Schlußfolgerungen ausreichend.

5.2.2. Vorinformation und Erfahrung

Es gilt als sicher, daß Verlauf und Ergebnis des visuellen Wahrnehmungsprozesses entscheidend von einer aktualisierbaren Vorstellung vom Wahrnehmungsgegenstand beeinflußt werden. Nach DAUGS/BLISCHKE (1984, 283) bedeutet in diesem Zusammenhang, sich eine **Bewegung** vorzustellen, "sie rekonstruieren zu können und darüber Informationen zu antizipieren, auf die man bei einer effektiven Wahrnehmung stoßen würde". Eine Vorstellung von der Bewegung zu haben, die beurteilt werden soll, heißt also Vorinformation über den Beurteilungsgegenstand zu besitzen.

> Unter dem Begriff der **Vorinformation** werden alle dem Beurteiler verfügbaren Informationen über die zu beurteilende Bewegung zusammengefaßt, die zur Entwicklung antizipierender Schemata im Wahrnehmungsprozeß beitragen können.

Neben der Vorinformation über den Beurteilungsgegenstand wird im allgemeinen auch der **Beobachtungserfahrung** ein hoher Stellenwert für die Beurteilungsqualität zugemessen (vgl. z.B. THOMAS 1978, 266). Man geht dabei offensichtlich davon aus, daß der wiederholte, insbesondere langjährige Umgang mit einem Beobachtungsgegenstand zu einer Verbesserung des visuellen Wahrnehmungsprozesses führt. Auf welche Weise sich diese "Erfahrung" außer in Form einer mit ihr gewöhnlich einhergehenden Erweiterung und Präzisierung der Vorstellungsinhalte positiv auf den Beurteilungsvorgang auswirkt, ist bislang weitgehend ungeklärt.

5.2.2.1. Bewegungserfahrung und Eigenrealisationsniveau

Das Erreichen eines hohen Eigenrealisationsniveaus (Könnensniveaus) in einer sportlichen Bewegung verlangt normalerweise eine längerfristige aktive Auseinandersetzung mit dieser. Das häufige Wiederholen einer Bewegung führt u.a. zu einer Erweiterung der Bewegungserfahrung.

Unter **Bewegungserfahrung** wird nach FETZ (1980, 208) "der durch motorische Lern- und Übungsprozesse angeeignete Gesamtbestand von Bewegungsmustern und damit zusammenhängende Einsichten" verstanden.

Diese Begriffsbestimmung schließt demnach sowohl (senso-)motorische Elemente als auch (rein) kognitive Elemente in die Bewegungserfahrung mit ein, die ihrerseits als wesentliche Voraussetzung für eine Verfeinerung der **Bewegungsvorstellung**[1] gilt.

Die gesamte Information über eine sportliche Technik, die der Sportler mit der Zeit in seiner Bewegungsvorstellung zusammenfaßt, läßt sich aufgliedern in

- einen Teil, der aus "eigenrealisationsfreien visuellen und verbalen Elementen" besteht, und

- einen Teil, der "eigenrealisationsgebunden" und mit kinästhetischen, akustischen, vestibulären, taktilen sowie "partiell-eigenmotorischen (Re-)Afferenzen" gekoppelt ist (TIDOW 1981,264).

Die Vorstellung von einer sportlichen Technik bleibt "fragmentarisch", wenn sie ausschließlich eigenrealisations-

---

[1] In dieser Arbeit wird der sowohl in der Sportwissenschaft als auch in der Sportpraxis Allgemeingut gewordene Begriff "Bewegungsvorstellung" verwendet (vgl. hierzu NICKEL 1984, 86), wenn die "im Langzeitgedächtnis gespeicherten ... Informationsanteile über die räumliche, zeitliche und dynamische Struktur eines Bewegungsablaufs mit der Möglichkeit der Abrufung in das Kurzzeitgedächtnis als Vorstellungsinhalt" (MESTER 1978, 8f) gemeint ist. Auf die Diskussion um das hypothetische Konstrukt "Bewegungsvorstellung", auf die unterschiedliche Begriffsverwendung sowie auf die in diesem Zusammenhang ähnlich verwendeten Begriffe bzw. deren Abgrenzung zur Bewegungsvorstellung (z.B. Bewegungsentwurf, Bewegungsbild, kognitive Repräsentation etc.) kann hier nicht eingegangen werden (vgl. hierzu z.B. MESTER 1978, 5ff; DAUGS 1979, 210ff; NICKEL 1984, 86ff).

frei erworbene Informationen umfaßt. Dies läßt Auswirkungen auf die Fähigkeit zu ihrer Beurteilung vermuten.

> Die "motorische Identifikation" mit der zu beurteilenden Bewegung ist "zumindest in Frage gestellt, was die Qualität des vorzunehmenden Soll-Istwertvergleichs negativ beeinflussen kann, vor allem dessen dynamische Komponente: Das korrekte Einschätzen von Richtung, Größe, Zeitpunkt und Dauer der Impulsgebung durch 'Mitvollziehen' wird weitgehend ausgeschlossen. Gerade diese Fähigkeit des Lehrenden/Trainers bestimmt zu einem hohen Anteil die 'Trefferquote' bei der Analyse der Fehlerursache" (TIDOW 1981, 264).

Insbesondere die "kausale Beobachtung", die auf das "Erfassen ursächlicher Zusammenhänge und ihrer Wirkungen" gerichtet ist, sollte also möglichst eigene Bewegungserfahrungen mit einschließen (PÖHLMANN 1986, 120).

Das Herausfinden von Fehlerursachen setzt das Erkennen von Abweichungen in der sichtbaren Bewegungsstruktur voraus. Die Frage, ob sich die Bewegungserfahrung des Beurteilers bereits auf dieser Ebene positiv auswirkt, wird in der Literatur nicht mehr einheitlich beantwortet. Die vorliegende Arbeit untersucht ausschließlich diese Frage.

Für die Leistungsbeurteilung im Wettkampf, bei der die Ursachen für die festgestellten Bewegungsfehler nicht von besonderem Interesse sind, unterstellt THOMAS (1978, 266), wie schon erwähnt, daß Kampfrichter mit langjähriger eigener Erfahrung als aktive Sportler eher in der Lage seien, zu einer objektiven Bewertung zu kommen. PAUWELS (1981) hält es bereits für erwiesen, daß das Eigenrealisationsniveau die Fähigkeit zur Bewegungsbeurteilung maßgeblich mitbestimmt. Insgesamt gesehen ist dieser Zusammenhang aber umstritten, da widersprüchliche empirische Befunde vorliegen.

So finden z.B. GIRARDIN/HANSON (1967) einen Zusammenhang zwischen der Fähigkeit, bestimmte turnerische Elemente durchführen und diese bei anderen Turnern beurteilen zu können. GORDON/OSBORNE (1972) dagegen können keinen Einfluß des spezifischen Könnensniveaus auf die Fähigkeit zur Beurteilung des Vorhandschlags im Tennis nachweisen.

Die geschilderten Befunde beziehen sich auf das Eigenrealisationsniveau der Vpn. Dieses darf jedoch nicht ohne weiteres mit der Bewegungserfahrung gleichgesetzt werden. Ein hohes Maß an Bewegungserfahrung ist in der Regel eine notwendige, aber nicht hinreichende Voraussetzung für das Zustandekommen eines hohen Eigenrealisationsniveaus in einer sportlichen Technik.

Dabei wird das Konstrukt "**Bewegungserfahrung**" als Summe der praktischen, aktiven Beschäftigungszeit mit einer bestimmten sportlichen Technik verstanden.

An dieser Stelle erhebt sich die Frage, ob eine gute Bewegungsausführung - also ein hohes Niveau der Eigenrealisation - gleichzeitig auch ein **detailliertes Wissen** um Bewegungsmerkmale im Sinne einer bewußten oder bewußtseinsfähigen Bewegungsvorstellung mit sich bringt. Wäre dies der Fall, könnte nämlich schon aus diesem Grund ein positiver Einfluß eines hohen Eigenrealisationsniveaus auf die Fähigkeit zur Bewegungsbeurteilung angenommen werden.

Zu dieser Frage berichtet aber schon PUNI (1961), daß gelegentlich selbst gute Sportler nicht in der Lage sind, Bewegungseinzelheiten korrekt anzugeben. Auch nach SCHELLENBERGER (1980, 46) ist in der Sportpraxis immer wieder festzustellen, daß "nicht alle Sportler, die die Bewegungsausführung beherrschen, diese auch beschreiben können". Sie betont gleichzeitig, "daß Sportler, die die Bewegungsausführung nicht beherrschen, auch nicht in der Lage sind, eine differenzierte Beschreibung des Bewegungsablaufs zu geben".

SCHINTZEL (1982) führt zu dieser Problemstellung eine Untersuchung an 44 Sportstudenten durch, bei denen sowohl die Ausführungsqualität des Basketball-Sprungwurfs (mittels Beurteilung durch 3 Experten) als auch das "Wissen um das Bewegungsideal" (Sollwert zu 9 Bewegungsmerkmalen) überprüft werden. Nach den Ergebnissen gehen im Extremgruppenvergleich ein gutes bis sehr gutes Wissen um Bewegungsdetails und eine gute bis sehr gute Bewegungsausführung meist miteinander einher, wenn es auch Ausnahmen gibt (gute Ausführung bei schlechtem Wissen). Es tritt aber nicht auf, daß bei schlechter Ausführung ein gutes Wissen vorliegt (vgl. Abb. 67). In keinem Fall übersteigt die Anzahl der richtigen Antworten zu den Merkmalen der Idealbewegung die Summe der korrekt ausgeführten Bewegungsmerkmale.

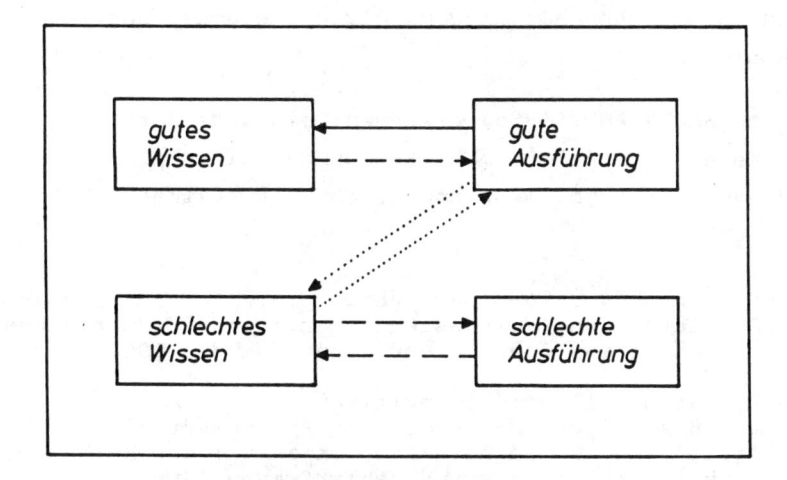

Abb. 67: Zusammenhang von Bewegungswissen und Eigenrealisationsniveau (nach SCHINTZEL 1982).
Je mehr die Linien durchgezogen sind, desto häufiger tritt die Kombination auf.

Es ist zwar nicht sicher, daß die geschilderten Zusammenhänge auf andere Bewegungsabläufe übertragen werden dürfen, da möglicherweise eine Abhängigkeit von der Komplexität der (auszuführenden und zu beschreibenden) Bewegung besteht. Trotzdem kann das Ergebnis von SCHINTZEL (1982) insgesamt als Bestätigung der Vermutung angesehen werden, daß sich ein gutes Eigenrealisationsniveau in der überwiegenden Zahl der Fälle auch in einem differenzierten Wissen um die Merkmale der Idealbewegung ausdrückt.

Als Konsequenz kann angenommen werden, daß Beurteiler mit einem höheren Niveau in der Eigenrealisation der zu bewertenden Bewegung(en) - gleichgültig, ob gegenwärtig oder früher - meist bessere Voraussetzungen für eine hohe Beurteilungsqualität besitzen als solche, die ein niedriges Eigenrealisationsniveau mitbringen.

Zu dieser Annahme liegen folgende eigenen **Untersuchungsergebnisse** vor:

Nach HABERLAND (1985) erkennen Leistungssport betreibende Basketballspieler mehr Bewegungsfehler bei der Beurteilung von Basketball-Sprungwürfen als Basketball-Anfänger ($p = .005$).

- Stichprobe: 16 Basketballspieler mit langjähriger Spielerfahrung, mindestens Oberliga; 36 Sportstudenten mit höchstens Grundkurserfahrung an der DSHS Köln;

- Aufgabenstellung: Identifikation von Bewegungsfehlern bei 8 filmisch dargebotenen Sprungwürfen (2 fehlerfreie und 6 fehlerhafte in zufälliger Reihenfolge); vorher Darbietung von 8 fehlerfreien Sprungwürfen zur Sollwertaktualisierung bzw. -bildung mit Lenkung der Aufmerksamkeit auf wesentliche Ausführungsmerkmale.

Auch GLÜHER (1987) findet bei aktiven Basketballspielern im Vergleich zu Nicht-Basketballspielern eine generelle Überlegenheit in der Fähigkeit zur Identifikation von Bewegungsfehlern bei Basketball-Sprungwürfen ($p < .001$). Innerhalb der Gruppe der Basketballer ergibt sich jedoch weder eine Abhängigkeit der Fähigkeit zur Fehleridentifikation vom Spielniveau noch vom Ausmaß der Spielerfahrung ($p > .05$).

- Stichprobe: 31 aktive Basketballer (7 in Kreisklasse bis Bezirksklasse; 15 in Landesliga bis Oberliga; 9 in Regionalliga bis Bundesliga; Spielerfahrung: 5 mit 1-4 Jahren, 10 mit 5-8 Jahren, 16 mit mehr als 9 Jahren);

33 Sportstudenten ohne Vereinsaktivität und mit höchstens Grundkurserfahrung im Basketball;

- Aufgabenstellung: Fehleridentifikation bei 12 filmisch dargebotenen Sprungwürfen (2 fehlerfreie und 10 fehlerhafte in zufälliger Reihenfolge); Nicht-Basketballer erhalten vor der Beurteilungsaufgabe eine theoretische, audio-visuelle Kurzschulung zur Sollwertbildung (vgl. MAAS 1987).

STORK (1983) stellt einen hochsignifikanten Zusammenhang zwischen der Eigenleistung im Stabhochsprung und der Anzahl identifizierter Bewegungsfehler in einer Beurteilungsaufgabe fest ($r = 0.89$; $p < .001$). Dieser starke Zusammenhang entsteht auf der Basis der gesamten, sehr heterogenen Stichprobe ($n = 72$). Auf niedrigem Leistungsniveau (Stabhochsprungleistungen bis zu 3.30 m; $n = 44$) ist der ermittelte Korrelationskoeffizient von $r = 0.27$ nicht signifikant ($p > .05$). Faßt man die darüberliegenden Leistungen zu einer Gruppe zusammen ($n=18$), ergibt sich $r = 0.69$ ($p<.001$).

- Stichprobe: 72 Sportstudenten mit Stabhochsprungleistungen zwischen 2.50 m und 5.65 m (44 bis 3.30 m; 18 darüber);

- Aufgabenstellung: detaillierte Beurteilung von zwei in Zeitlupe (Verdoppelung der Projektionsdauer) dargebotenen, fehlerhaften Stabhochsprüngen (Leistungsniveau der dargebotenen Sprünge 3.40 m bzw. 5.00 m) mit 32 möglichen Fehlernennungen; vor der Beurteilungsaufgabe verschiedene Kurzschulungsprogramme zur Präzisierung der Bewegungsvorstellung.

In der Untersuchung von BEIRING (1987) ergibt sich bei der Beurteilung von Flick-Flacks durch Anfänger und Fortgeschrittene kein Unterschied bezüglich der Identifikation von Bewegungsfehlern ($p > .05$).

- Stichprobe: 30 Vpn, die den Flick-Flack ohne Hilfestellung beherrschen (Fortgeschrittene); 30 Vpn ohne Eigenrealisationserfahrung mit dem Flick-Flack (Anfänger); alle Vpn Sportstudentinnen;

- Aufgabenstellung: Identifikation je eines "Hauptfehlers" bei 7 filmisch dargebotenen Flick-Flacks (2 fehlerfreie und 5 fehlerhafte in zufälliger Reihenfolge); vor der Identifikationsaufgabe erhalten die Vpn den Sollwert 7mal vorgeführt.

Bei BUCHER und KLUTH (1983) führt das Erlernen des Flick-Flacks in gleichem Ausmaß zu einer Verbesserung der Fähigkeit zur Fehlererkennung wie eine rein theoretische Schulung zur Schaffung einer Bewegungsvorstellung vom Flick-Flack (p ≤ .045).

- Stichproben: 18 Sportstudenten (Studienanfänger) in der "Praxisgruppe" (Eigenrealisation), 27 in der "Theoriegruppe"; alle Vpn ohne spezifische Vorkenntnisse oder Erfahrungen zum Flick-Flack;

- Vorgehensweise in der Praxisgruppe: Erlernen des Flick-Flacks in 6 Unterrichtseinheiten mit je 45 min nach dem "üblichen" methodischen Weg, jedoch ohne visuelle Medien und spezielle Beobachtungsaufgaben;

- Vorgehensweise in der Theoriegruppe: rein kognitives Erarbeiten einer Bewegungsvorstellung in 4 Unterrichtseinheiten mit je 60 min u.a. mit audio-visuellen Medien (incl. analysierenden Beobachtungen in Standbild- und Zeitlupenprojektion), biomechanischen Betrachtungsweisen, Verbalisieren und Zeichnen des Flick-Flacks durch die Vpn;

- Aufgabenstellung: in der Eingangs- und Abschlußuntersuchung jeweils Identifikation von Bewegungsfehlern bei 7 filmisch dargebotenen Flick-Flacks (3 fehlerfreie und 4 fehlerhafte in zufälliger Reihenfolge).

Die eigenen Untersuchungen zum Zusammenhang des Eigenrealisationsniveaus und der Fähigkeit zur Bewegungsbeurteilung, bei denen das **Blickverhalten** erfaßt wird, zeigen die folgenden Ergebnisse.

1. Fixationsorte:

SCHMITZ (1982) ermittelt im Vergleich von Leistungsturnern im Trampolin und Trampolin-Anfängern keine Abhängigkeit der Fixationsorte vom sportartspezifischen Leistungsniveau der Vpn. Es tritt eine große interindividuelle Streuung der Fixationsorte meist über den gesamten Körper der beobachteten Sportler auf, die keine eng umgrenzten, bevorzugten Fixationsbereiche erkennen lassen. Die mittlere Streuung der Fixationsorte[1] ist in den beiden Untersuchungsgruppen nicht unterschiedlich (p > .05).

- Stichprobe: 18 Trampolinturner, die alle zu beurteilenden, bei einer WM-Qualifikation gefilmten Übungsteile selbst ausführen können; 20 Sportstudenten zu Beginn eines Grundkurses im Trampolinturnen;

- Aufgabenstellung: Beobachten von 2 filmisch dargebotenen Trampolinübungen von 2 verschiedenen Springerinnen mit dem Ziel, hinterher die bessere benennen zu können;

- Sehwinkel: bei gestreckter Körperhaltung der Springerinnen von Fingern bis Fußspitzen ca. 12°.

In der Untersuchung von HABERLAND (1985) konzentrieren sich die Fixationsorte bei der Beurteilung von Basketball-Sprungwürfen durch Leistungsspieler und Anfänger (vgl. S. 288) überwiegend im Bereich Oberkörper/Kopf/Arme des Werfers (vgl. Abb. 68). Einen bevorzugten Fixationsbereich stellt während des Dribblings und der Stopp-Bewegung bis zum Sprung das Gesicht des Werfers dar. Danach verteilen sich die Fixationsorte wieder stärker. Fixationshäufungen auf Körperregionen, in denen Fehler erkennbar sind, treten nicht auf. Die mittlere Streuung der Fixationsorte ist (zu den jeweils ausgewerteten Zeitpunkten der 8 Sprungwürfe ohne spezielle Beobachtungsanweisung) bei Leistungsspielern geringer als bei Anfängern (p = .043).

BUCHER und KLUTH (1983) finden in ihren Schulungsgruppen (vgl. S. 290) bei der Fehleridentifikation zum Flick-Flack eine relativ große Streuung der Fixationsorte um die Körper-

---

[1] Die Streuwerte werden in definierten Bewegungsphasen als Abweichung vom gemeinsamen Schwerpunkt des aufgespannten Polygons aller Fixationsorte in Koordinateneinheiten berechnet und dann zu einem Gesamtwert pro Vp zusammengefaßt.

Abb. 68: Typische Verteilung der Fixationsorte bei der Beurteilung von Basketball-Sprungwürfen durch Leistungsspieler und Nicht-Basketballer (nach HABERLAND 1985).

    ○: Leistungsbasketballer (freie Beobachtung; n = 16);
    □: Nicht-Basketballer (freie Beobachtung; n = 18);

Die 18 Nicht-Basketballer mit der Beobachtungsanweisung "Achte besonders auf Absprung und Landung" (n = 18) sind in den Plots nicht berücksichtigt.
Fehler bei diesem Wurf: zu enge Fußstellung;
2° : Sehwinkel der Vpn von 2° bei Filmdarbietung.

mitte (Hüft-/Rumpfbereich) der beobachteten Turnerin (vgl. Abb. 69). Diese Wahl der Fixationsorte wird von den gezeigten Bewegungsfehlern nicht beeinflußt. Die mittlere Streuung der Fixationsorte weist zu den ausgewerteten Zeitpunkten weder Gruppenunterschiede (in der Eingangs- und in der Abschlußuntersuchung) noch Veränderungen durch die Schulungsprogramme im Längsschnitt auf ($p > .05$).

2. **Blickbewegungen** (Sakkaden):

In den angeführten eigenen Untersuchungen zum Einfluß des Eigenrealisationsniveaus auf die Bewegungsbeurteilung und das Blickverhalten zeigt sich übereinstimmend eine **Reduzierung** der Anzahl sakkadischer Augenbewegungen bei höherem Eigenrealisationsniveau:

- SCHMITZ (1982): weniger Sakkaden bei Trampolin-Leistungsturnern ($n = 18$) gegenüber Anfängern ($n = 20$);

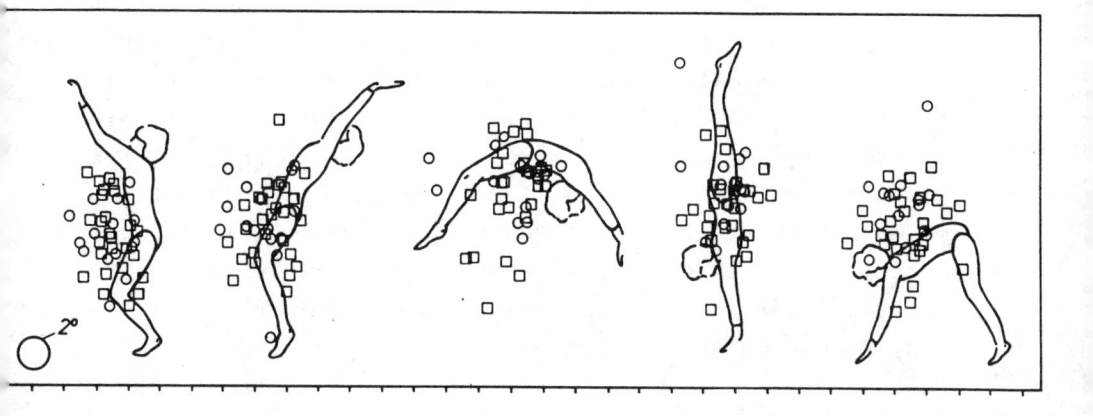

Abb. 69: Typische Verteilung der Fixationsorte bei der Beurteilung von Flick-Flacks durch Anfänger nach unterschiedlichen Schulungsprogrammen (nach BUCHER und KLUTH 1983).

○ : Praxisgruppe mit Erlernen des Flick-Flacks ($n = 18$);
□ : Theoriegruppe ohne Eigenrealisation ($n = 27$).
Das Beispiel stammt aus der Abschlußuntersuchung.
Hauptfehler des gezeigten Flick-Flacks: keine Sitzphase mit Schubbewegung von ganzer Fußsohle nach hinten-oben.

bezogen auf die Darbietung von 2 Trampolin-Übungen:
$\bar{x} = 31.1 \pm 10.6$ Sak. vs. $\bar{x} = 43.6 \pm 14.3$ Sak.
(p<.001);

- HABERLAND (1985): weniger Sakkaden bei Basketball-Leistungsspielern (n = 16) gegenüber Anfängern (n = 36); bei 8 Sprungwürfen:
$\bar{x} = 10.1 \pm 3.5$ Sak. vs. $\bar{x} = 12.9 \pm 4.4$ Sak. (p=.036);

- BUCHER und KLUTH (1983): Reduzierung der Sakkadenanzahl in beiden Schulungsgruppen von der Eingangs- zur Abschlußuntersuchung;
Praxisgruppe (n = 18): zu je 7 Flick-Flacks
$\bar{x} = 13.7 \pm 4.2$ Sak. vs. $\bar{x} = 10.4 \pm 4.0$ Sak. (p=.035);
Theoriegruppe (n = 27): zu je 7 Flick-Flacks
$\bar{x} = 11.5 \pm 3.4$ Sak. vs. $\bar{x} = 7.9 \pm 2.9$ Sak. (p<.001).

Die vorgestellten Untersuchungsergebnisse lassen folgende **Schlußfolgerungen** und weiterführenden Überlegungen zu:

1. Das **Beherrschen** eines komplexen sportlichen Bewegungsablaufs wirkt sich im allgemeinen positiv auf die Fähigkeit zu dessen Beurteilung aus. Die Tatsache, daß dies nicht für jeden Einzelfall gilt, kann möglicherweise auf zwei sich fast konträr gegenüberstehende "Lernstil-Dimensionen" zurückzuführen sein (PIJNING 1982): Der eine Typus von Personen kontrolliert die Qualität der Aufgabenbewältigung verlaufsbezogen in strukturierender und "fehler-analysierender" Form. Der andere Typus entwickelt keinen kognitiven Plan, sondern (re-)agiert ergebnisbezogen und ist häufig nicht in der Lage, seine Bewegungsausführung detailliert zu beschreiben. Die ergebnisbezogene, globale Strategie behindert die Herausbildung einer präzisen Bewegungsvorstellung und ist vermutlich auf höherem Könnensniveau nur noch selten anzutreffen.

Eine entscheidende, sich auf die Beurteilungsfähigkeit günstig auswirkende Einflußgröße ist also wahrscheinlich die mit der Verbesserung der Bewegungsqualität zunehmende Differenzierung der bewußt verfügbaren Bewegungsvorstellung. Dies schließt das Wissen um die Bedeutung von Ausführungsmerkmalen zu den verschiedenen Bewegungsparametern mit ein.

Die Befunde von STORK (1983) und GLÜHER (1987) verlangen allerdings eine Relativierung der Aussage zum positiven Zusammenhang von Eigenrealisationsniveau und der Fähigkeit zur Bewegungsbeurteilung. Die Beurteilungsfähigkeit steigt nicht stetig mit zunehmendem Leistungsniveau des Sportlers an. Außerdem existiert wahrscheinlich eine Abhängigkeit von der Komplexität der Bewegung, d.h. der Aufgabenschwierigkeit beim Erlernen und Beherrschen der fraglichen sportlichen Techniken. Der Stabhochsprung stellt diesbezüglich offensichtlich höhere Anforderungen an den Sportler als der Basketball-Sprungwurf.

So kann STORK (1983) auf niedrigem Leistungsniveau (bis zu 3.30 m) keinen Zusammenhang zwischen der Stabhochsprungleistung und der Beurteilungsgenauigkeit feststellen. Erst bei höherem Leistungsniveau scheint sich die Bewegungsvorstellung vom Stabhochsprung zunehmend so zu präzisieren, daß sie sich auch stark auf die Beurteilungsfähigkeit auswirkt.

Nach GLÜHER (1987) dagegen besitzen Basketballspieler in den unteren Spielklassen bereits vergleichbar gute Voraussetzungen zur Beurteilung des Sprungwurfs wie Spieler in höheren Ligen. Dies kann mehrerlei bedeuten.

Zum einen könnte die Aufgabenschwierigkeit eine Differenzierung zwischen den Spielniveaus verhindern, wenn sie für Basketballer grundsätzlich zu gering wäre. Dies scheint jedoch nicht der Fall zu sein, denn bei der Fehleridentifikation zu den gezeigten Sprungwürfen werden die maximal möglichen Fehlernennungen nicht erreicht, sondern durchschnittlich 71-90% (die vorliegenden Abweichungen zwischen den Untergruppen sind jedoch nicht signifikant).

Zum anderen ist es denkbar, daß es bei der Vorstellungsbildung vom vergleichsweise weniger komplexen Basketball-Sprungwurf auf fortgeschrittenem Niveau - Kreisklassespieler können nicht mehr als Anfänger betrachtet werden - schon relativ bald zu einer Plateaubildung kommt, da an ihrer Verfeinerung nicht weiter gearbeitet wird (und vielleicht auch nicht gearbeitet zu werden braucht). Die Unterschiede in der komplexen Spielleistung (und damit der Spielklasse) werden überwiegend von anderen Faktoren bestimmt als von der Qualität einer einzelnen sportlichen Technik und der damit verbundenen Bewegungsvorstellung. Unter diesem Gesichtspunkt ist es dann auch nicht verwunderlich, daß die Spielerfahrung der Basketballer keinen Zusammenhang zur Beurteilungsleistung aufweist.

Die allgemeine Aussage, daß sich das **Beherrschen** eines Bewegungsablaufs positiv auf die Beurteilungsfähigkeit auswirkt, bleibt von der vorgenommenen Relativierung unberührt.

Sehr anspruchsvolle Beurteilungsaufgaben - wie das Identifizieren von "Hauptfehlern", d.h. solchen Bewegungsfehlern, die ursächlich für eine mangelhafte Bewegungsausführung sind und zudem meist mehrere "Folgefehler" nach sich ziehen, - können aber auch für Vpn, die den Bewegungsablauf sicher beherrschen, eine Überforderung darstellen. Ist die Bewegungsvorstellung trotz der gelungenen Eigenrealisation der Bewegung nicht differenziert genug ausgebildet, wie dies vermutlich in der Untersuchung von BEIRING (1987) der Fall war, so erzielen fortgeschrittene Sportler bei schwierigen Beurteilungsaufgaben keine besseren Leistungen als Anfänger nach einer wiederholten Sollwertvorgabe und mit Benutzung eines Bewertungsrasters (vgl. Abb. 66, S. 281).

Bei Laien führt schon das Erlernen einer komplexen Bewegung (z.B. Flick-Flack) in wenigen Unterrichtseinheiten zu deutlichen Fortschritten auch in der Beurteilungsfähigkeit

(BUCHER und KLUTH 1983). Dies weist erneut auf die grundsätzlich positive Auswirkung der Eigenrealisation im vorliegenden Zusammenhang hin.

Eine intensive, ausschließlich theoretische Schulung der Bewegungsvorstellung kann ebenfalls eine deutliche Verbesserung der Beurteilungsfähigkeit zur Folge haben, die in ihrem Ausmaß der beim Erlernen des Flick-Flacks in wenigen Schulungseinheiten erzielten Steigerung gleichzusetzen ist (BUCHER und KLUTH 1983). Es ist aber ungeklärt, bis zu welchem Beurteilungsniveau eine durch rein theoretische Auseinandersetzung mit der zu beurteilenden Bewegung erworbene Bewegungsvorstellung eine in Verbindung mit der Eigenrealisation gebildete Bewegungsvorstellung ausgleichen kann. Die Verbindung beider Komponenten läßt die günstigsten Ergebnisse erwarten. So schneiden bei GIRARDIN/HANSON (1967) die Vpn (Turner) mit Wissen über biomechanische Zusammenhänge bei bestimmten turnerischen Übungsteilen bei deren Beurteilung (vorgeführt von anderen Turnern) besser ab als die Vpn ohne solches Wissen. MÖCKEL u.a. (1984) und HEEMSOTH/MÖCKEL (1986) stellen bei Vpn mit besserem Wissen über den Kugelstoß häufiger Fixationen an Körperstellen fest, die nach Expertenurteil besonders wichtige Informationen über die Ausführungsqualität liefern.

Allerdings dürfte die Verbesserung der Beobachtungs- und Beurteilungsfähigkeit, die sich quasi als "Nebenprodukt" im Lern- und Trainingsprozeß ergibt, relativ uneffektiv und von vielen Zufälligkeiten abhängig sein, wenn der Lehrer oder Trainer nicht lenkend eingreift (PÖHLMANN 1986, 121).

2. Die **Reduzierung** der Anzahl **sakkadischer Augenbewegungen** während des Beurteilungsvorgangs, die in der Regel mit höherem Eigenrealisationsniveau einhergeht, kann als **gut gesichert** gelten. Dieses Phänomen deutet sich schon in den Untersuchungen von NEUMAIER (1979) bei der Beobachtung von Übungsteilen aus dem Gerätturnen an und läßt sich auch aus

den Befunden von MESTER (1985) zur Beobachtung von Bewegungsabläufen aus dem Tennis erkennen. Zudem wird es bereits von BARD/FLEURY (1976), wenn auch nicht in Verbindung mit der Bewegungsbeurteilung, sondern mit der Beurteilung von Taktiksituationen im Basketball, hervorgehoben und tendenziell auch von HAASE/MEYER (1978) bestätigt.

Es kommt demnach mit steigendem Könnensniveau in vielen Fällen zu einer "Beruhigung" des Blickverhaltens, die als eine Ökonomisierung der Informationsaufnahme zu interpretieren ist. Blickbewegungen werden bei Personen mit einem geringen sportartspezifischen Könnensniveau, d.h. insbesondere einer mangelhaften Bewegungsvorstellung, stärker von zufallsbedingten Faktoren und Einflüssen der allgemeinen Attraktivität, z.B. durch bewegte Gegenstände (fliegender Ball) oder das Gesicht des beobachteten Sportlers, gesteuert (MESTER 1985, 397). Dadurch werden häufig mehr Sakkaden als sinnvoll ausgelöst, was aufgrund der sakkadischen Suppression zu Wahrnehmungsbeeinträchtigungen bei gleichzeitig verringerter Fixationsdauer auf den für die Aufgabenlösung informationsträchtigen Elementen führt.

Eine Verminderung der Sakkadenanzahl kann - wie BUCHER und KLUTH (1983) berichten - bereits in den frühen Phasen des Lernprozesses auf noch relativ niedrigem Könnensniveau ebenso wie nach einer eigenrealisationsfreien Präzisierung der Bewegungsvorstellung eintreten.

3. Die Registrierung der **Fixationsorte** ergibt kein einheitliches Bild zum Einfluß des Eigenrealisationsniveaus auf bevorzugte Fixationsbereiche während der Bewältigung von Beurteilungsaufgaben. Die nachfolgenden Interpretationen sind daher weitgehend spekulativ.

Es ist davon auszugehen, daß "Könner" eher als "Anfänger" wissen, worauf sie bei der Beurteilung besonders achten wollen. Dies drückt sich zwar in Form einer geringeren

Zahl von Sakkaden aus, jedoch nicht in interindividuell übereinstimmenden Fixationsbereichen. Das hat vermutlich eine Reihe von Gründen, die miteinander verflochten sind:

- Jeder komplexe Bewegungsablauf enthält mehrere Merkmale, deren (korrekte) Ausführung die Qualität der Gesamtbewegung bestimmt. Die subjektiven Gewichtungen dieser Merkmale können sich voneinander unterscheiden und damit auch verschiedene Körperregionen als Fixationsziele bedingen.

- Für den Fall, daß gleiche Merkmale beobachtet werden, zieht das nicht automatisch die Fixation gleicher Körperregionen nach sich. Während es noch gut vorstellbar ist, daß man z.B. beim Basketball-Sprungwurf bei der Beurteilung des Merkmals "Handgelenkseinsatz" die Hand, das Handgelenk oder den Unterarm fixieren könnte, ist sehr viel unklarer, wo der Blick fixiert werden soll, um die optimale Information über z.B. den "kräftigen Absprung" oder gar das "Timing" einer Sprung-Wurf-Bewegung extrahieren zu können. Subjektive Vorstellungen und Präferenzen besitzen hier bei der Wahl der Fixationsorte einen starken Einfluß. Vermutlich geschieht diese Blicksteuerung überwiegend unbewußt.

- Eine starke Auswirkung auf die Wahl der Fixationsorte und die Anzahl der notwendigen Sakkaden muß dem Sehwinkel, d.h. der Ausdehnung des Sehobjekts (Sportler, Körperteil) im Gesichtsfeld, zugeschrieben werden. Je mehr von ihm foveal bzw. noch para-foveal (2-5°) abgebildet wird, desto geringer ist die Notwendigkeit zu Blickbewegungen, um räumlich voneinander getrennte Positionen oder Aktionen noch mit hinreichender Sehschärfe zu erfassen.

- Wenn der Beurteiler nicht weiß, ob und gegebenenfalls welche Bewegungsfehler auftreten (wie das bei den eigenen Untersuchungen stets der Fall ist), dann wird er zu einer Fixationsstrategie neigen, bei der die Wahrscheinlichkeit des Übersehens wichtiger Fehler am geringsten ist. D.h., er wird einen Fixationsbereich wählen, von dem aus die potentiell fehlerträchtigen Körperregionen insgesamt noch zufriedenstellend zu überwachen, d.h., über die para-foveale Informationsaufnahme noch relativ gut identifizierbar sind. Hierbei besteht folglich eine starke Abhängigkeit des Fixationsortes von der subjektiv eingeschätzten Funktion und Wichtigkeit einzelner Aktionen und Positionen im Bewegungsablauf. Hinzu kommt der Einfluß der zur Verfügung stehenden Zeit für die Informationsaufnahme. Je nachdem, wieviel Zeit der Beurteiler - in Abhängigkeit von der Bewegungsgeschwindigkeit - für das Erkennen einzelner Fehler hat, sind Fixationswechsel sinnvoll bzw. überhaupt möglich oder nicht. Auch dieser

Sachverhalt beeinflußt vermutlich die Wahl der Fixationsorte.

Unter den für diese Arbeit gewählten Versuchsbedingungen resultiert aus den verschiedenen Einflußgrößen insgesamt folgendes Blickverhalten:

Sowohl bei Sportlern mit hohem als auch mit niedrigem Eigenrealisationsniveau streuen die Fixationsorte relativ stark über den gesamten Körper. Erstere verändern oder korrigieren ihre Fixationen allerdings weniger häufig, d.h., sie lösen weniger sakkadische Augenbewegungen aus.

Bei Bewegungen mit starken rotatorischen Elementen (z.B. Flick-Flack) kommt es zu einer gewissen Zentralisierung der Fixationsorte in Richtung des Rotationszentrums bzw. der Körpermitte (etwa im Hüftbereich). Bei Bewegungen mit der Manipulation eines Balles besteht die allgemeine Tendenz zu einer Verlagerung der Fixationsorte in Richtung der benutzten Extremität (vgl. auch die Beispiele in Kap. 5.1.3.). Vereinzelt lassen sich geringere Streuwerte in den Fixationsorten der leistungsstärkeren Sportler gegenüber den Anfängern nachweisen, was auf günstige Fixationsbereiche für die Bewältigung der gestellten Beurteilungsaufgaben hindeutet (z.B. der Oberkörper-Schulter-Bereich beim Basketball-Sprungwurf).

Bewegungsfehler, deren Auftreten dem Beurteiler vorher nicht bekannt sind, beeinflussen in der Regel den aktuellen Beobachtungsgang nicht. D.h., Blicksprünge auf Körperregionen, in denen ein Fehler sichtbar lokalisiert ist, sind die Ausnahme (vgl. Abb. 70; s. auch Abb. 68, S. 292 und Abb. 69, S. 293). Angesichts der kurzen Bewegungsdauer und der anhaltenden Informationsaufnahme und -verarbeitung ist das nicht weiter verwunderlich. Nachträgliche Blicksprünge auf die Körperregion mit einem identifizierten Bewegungsfehler würden die weitere Informationsaufnahme behindern und möglicherweise sogar zu einer retroaktiven Löschung der kurz zuvor aufgenommenen Information zum Bewegungsfehler führen. Der angesprochene Sachverhalt gilt zumindest für schnell ablaufende azyklische Bewegungsabläufe.

Abb. 70: Verteilung der Fixationsorte bei der Beurteilung eines fehlerhaften Basketball-Sprungwurfs (nach HABERLAND 1985).

    ○ : Leistungsbasketballer (freie Beobachtung; n = 16);
    □ : Nicht-Basketballer (freie Beobachtung; n = 18);
    △ : Nicht-Basketballer (Beobachtungsanweisung: "Achte besonders auf den Oberkörper-/Armbereich; n = 18).

Der gezeigte Fehler "keine Wurfarmstreckung" führt nicht zur vermehrten Fixation des Wurfarms bei und nach dem Abwurf.

5.2.2.2. Lehr- und Beurteilungserfahrung

Es gilt im allgemeinen als selbstverständlich, daß Personen mit **Erfahrung** in der Beurteilung anderer Personen in neuen Beurteilungssituationen zutreffender und zuverlässiger bewerten können als unerfahrene Beurteiler. Dabei wird "Erfahrung" häufig nicht als auf den konkreten Beurteilungsgegenstand bezogene, sondern als sich generell auswirkende Eigenschaft eines Beurteilers angesehen.

Im folgenden wird zunächst der Frage nachgegangen, in welcher Form sich spezifische Lehrtätigkeit als Trainer, die im Sport mit wenigen Ausnahmen stets auch mit der Beurteilung von Bewegungsabläufen verbunden ist, im Vergleich zu Sportlern ohne spezifische Lehr- bzw. Trainertätigkeit, aber Erfahrungen aus Eigenrealisation in der betreffenden Sportart ausdrückt.

Der Vergleich zwischen Trainern und Sportlern birgt das Problem, daß es kaum Trainer gibt, die früher nicht selbst in der Sportart aktiv waren oder es noch sind. Es kommt daher bei vielen Trainern zu einer Vermischung der Einflußgrößen aus der Eigenrealisation und aus der Lehr- und Beurteilungstätigkeit. Allerdings läßt diese Tatsache auch Hinweise darauf erwarten, in welchem Umfang die Lernprozesse im Rahmen der Eigenrealisation die Beurteilungsfähigkeit der Trainer bestimmen.

Ein ähnliches Problem liegt vor, wenn man Kampfrichter mit Trainern oder Sportlern vergleichen will. Auch hier ist davon auszugehen, daß die Mehrzahl der Kampfrichter als Trainer tätig war oder ist und/oder eigene, spezifische Bewegungserfahrungen besitzt. Es interessiert in diesem Zusammenhang auch, ob und wie sich ein unterschiedliches Niveau bzw. Ausmaß an Erfahrung als Trainer oder Kampfrichter auf den Beurteilungsvorgang auswirkt.

Schließlich soll der häufig unterstellte positive Transfer von Beurteilungserfahrung, die in einem anderen Tätigkeitsfeld erworben wurde, auf eine ungewohnte, spezifische Beurteilungsaufgabe näher beleuchtet werden. BAUMANN (1986) spricht in diesem Zusammenhang von Beobachtungstransfer.

Zum angesprochenen Fragenkomplex liegen bislang insgesamt nur relativ wenige Untersuchungen vor, so daß er als kaum erforscht gelten kann.

THOMAS (1976a) berichtet von einer Untersuchung, in der die Bewertung von **Wettkampfleistungen** im Wasserspringen durch **Kampfrichter** mit der von 3 "**Laienbewertern**" verglichen wird. Die Laien (Studenten) erhalten vor ihrer Beurteilungsaufgabe zunächst lediglich eine allgemeine Erläuterung zur 10-Punkte-Skala mit Halbpunktschritten, die im Wasserspringen benutzt wird, sowie die Information, "daß nach den internationalen Wettkampfbestimmungen ... die Art des Absprungs und des Anlaufs, die Technik, die Anmut des Sprunges im Flug und die Art des Eintauchens (möglichst spritzerloses Eintauchen) in die Wertung eingehen sollen" (THOMAS 1976a, 194). Danach gewährt man den Laienbewertern durch das Verfolgen der Vorübungen und des Einspringens einen ersten Einblick in den Ablauf der einzelnen Sprünge. In den Untersuchungsbefunden zeigt sich unerwartet, daß zwischen den Leistungsbewertungen der Kampfrichter und denen der Laien keine statistisch signifikanten Unterschiede bestehen. Sie korrelieren vielmehr im Mittel mit $r = 0.84$. Die Laienbewerter erreichen nach relativ kurzer Zeit Beurteilungswerte, die innerhalb des Streubereichs der Kampfrichterwertungen liegen.

Zum Vergleich des **Blickverhaltens** bei Beurteilungsaufgaben zwischen **Trainern** und **Athleten** findet sich eine Erkundungsstudie von DAUGS u.a. (1983c). In dieser haben 6 erfahrene Leichtathletiktrainer (mit Lehrtätigkeit im Kugelstoßen) sowie 6 Kugelstoßer (Leistungssportler) einen in 6 Konturogrammen zu verschiedenen Bewegungspositionen dargestellten Kugelstoß mit 8 "figuralen Bewegungsfehlern" zu beurteilen. Beide Gruppen erzielen die gleiche Punktzahl in einem anschließend vorgelegten Fragebogen zur Ausführungsqualität des Kugelstoßes. Das Blickverhalten während der Darbietungszeit der Konturogramme von 10 s weist einen Unterschied auf. Bei gleicher Gesamtzahl der Fixationen (d.h. auch: Sakkaden) richten die Trainer ihren Blick häufiger auf den Bereich der unteren Extremitäten (61,6% gegenüber 38,4% auf Hüfte, Rumpf, Oberkörper, Arme) als die Athleten, bei denen eine Gleichverteilung der Fixationen auf die beiden genannten Bereiche festzustellen ist.

BARD u.a. (1980) schildern eine Studie aus dem Gerätturnen, an der 4 nationale, erfahrene und 3 "lokale", wenig erfahrene **Kampfrichter** als Vpn teilnehmen. Die Vpn haben 4 im Rahmen einer Olympiaqualifikation gefilmte Übungen am Schwebebalken zu beurteilen. Während der Übungsbeobachtungen wird das Blickverhalten registriert. Es ergeben sich folgende Befunde: Nationale Kampfrichter machen halb so viele Beurteilungsfehler wie lokale Kampfrichter. Die Fixationsorte liegen bei den erfahrenen Kampfrichtern mehr am "oberen Teil des Körpers" der Turnerinnen, während die weniger erfahrenen Kampfrichter mehr "auf die Beine" blicken (p<.01). Außerdem lösen erstere 27% weniger Sakkaden aus als letztere.

Die Autorinnen interpretieren das Ergebnis dahingehend, daß weniger erfahrene Kampfrichter während ihrer Beurteilungstätigkeit meist auch weniger geübte Turnerinnen (non expert gymnasts) zu bewerten haben, deren Hauptproblem das "Positionieren" der Füße und Beine darstellt, was folglich die Aufmerksamkeit des Beobachters mehr darauf lenkt. Dies führt zu einer Habitualisierung des Blickverhaltens, das dann für die Beurteilung leistungsstärkerer Turnerinnen unangemessen ist.

Zum Problem des "Beobachtungstransfers", d.h. zur Auswirkung allgemeiner Beobachtungs- und Beurteilungserfahrung auf eine ungewohnte Beurteilungsaufgabe, existieren mehrere Untersuchungen aus der Arbeitsgruppe um HOFFMAN, die hier nicht alle einzeln referiert zu werden brauchen, da sie eine einheitliche Tendenz aufweisen.

BISCAN/HOFFMAN (1976) vergleichen z.B. Sportlehrer und Sportstudenten mit Lehrpersonen ohne Sportstudium in verschiedenen Beurteilungsaufgaben. Beim Beurteilen von Bewegungen, die für beide Personengruppen unbekannt sind, ergibt sich kein Unterschied in den Beurteilungsleistungen. Bei vertrauten, sportlichen Bewegungsabläufen schneiden die Vpn mit einer Sportlehrerausbildung deutlich besser ab. HOFFMAN/SEMBIANTE (1975) haben in einer vergleichbaren Studie bereits früher einen solchen Zusammenhang zwischen aufgabenspezifischer Erfahrung, d.h. der Vertrautheit mit dem Beurteilungsgegenstand, und der Beurteilungsleistung gefunden.

IMWOLD/HOFFMAN (1983) führen einen ähnlichen Vergleich mit Turntrainern ("Spezialisten"), erfahrenen Sportlehrern ("Generalisten") und jungen Sportlehrern ("Neulingen") durch. Die Aufgabe der Vpn besteht darin, aus jeweils 2 bis 4 gleichzeitig per Dia dargebotenen Umrißzeichnungen (Konturogrammen) zu je 4 ausgewählten Bewegungskonfigurationen (Positionen) des Handstütz-Überschlags am Boden (vgl. hierzu Abb. 71) diejenige wiederzuerkennen, welche die kurz vorher per Film gezeigte Bewegungsausführung korrekt wiedergibt. D.h., die korrekten Umrißzeichnungen pro Position müssen in Abgrenzung zu jeweils 1 bis 3 Distraktoren identifiziert werden. Die Turntrainer zeigen bessere Wiedererkennensleistungen gegenüber den erfahrenen Sportlehrern (Generalisten) und den jungen Sportlehrern (Neulingen), die sich untereinander kaum unterscheiden.

Die dargestellten Ergebnisse zum Einfluß von Lehr- und Beurteilungserfahrung auf den Beurteilungsprozeß werden in

Abb. 71: "Vierfachwahl-Antwort-Dia" aus dem Wiedererkennungs-Test von IMWOLD/HOFFMAN (1983). (Erläuterungen im Text)

Verbindung mit den nachfolgenden eigenen **Befunden** diskutiert.

WODNIOK (1983) vergleicht die Fähigkeit zur Beurteilung von 2 Schwimmtechniken (Rücken, Delphin) und das Blickverhalten von **Trainern** mit dem von **Sportstudenten**, die sowohl eine theoretische als auch praktische Ausbildung in den Schwimmtechniken erfahren haben.

- Stichprobe: 28 Schwimmtrainer (vom Vereinstrainer bis zum Nationaltrainer), 28 Sportstudenten mit 3-semestriger Grundkursausbildung im Schwimmen;

- Aufgabenstellung: Identifikation von Bewegungsfehlern bei filmisch dargebotenen Technikdemonstrationen: 13mal Rücken (3 fehlerfreie, 10 fehlerhafte in zufälliger Reihenfolge), 11mal Delphin (1 fehlerfreie, 10 fehlerhafte in zufälliger Reihenfolge); jeweils 4 Schwimmzyklen aus dem Abstoß, aufgenommen seitlich vom Beckenrand mit Mitschwenken der Kamera; vor der Beurteilungsaufgabe je eine Demonstration mit Sollwert.

Die Trainer erkennen mehr Bewegungsfehler (p =.035). Hinsichtlich der Sakkadenzahl kann kein Unterschied zwischen den Vpn festgestellt werden (p >.05). Die Wahl der Fixationsorte weist jedoch gruppenspezifische Besonderheiten und insgesamt deutliche Präferenzen von bestimmten Körperregionen auf (vgl. Abb. 72 und 73).

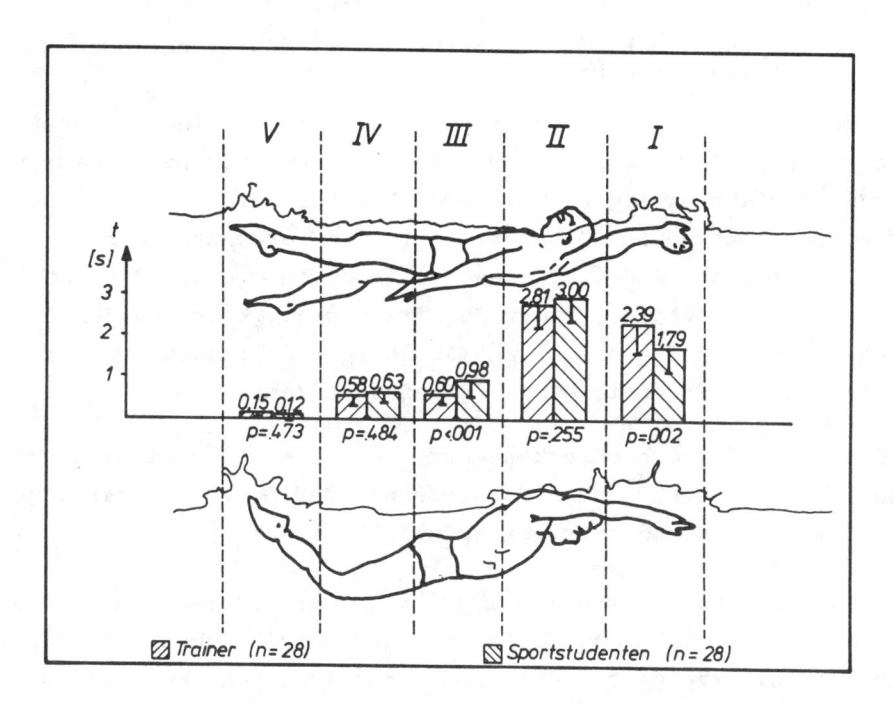

Abb. 72: Unterschiede in den Fixationszeiten auf verschiedenen Körperregionen bei der Beurteilung von Schwimmtechniken durch Trainer und Sportstudenten (nach WODNIOK 1983).

I: Arme; II: Kopf/Schultern, III: Hüftbereich, IV: Beine/Knie, V: Füße.
Die Zeitangaben beziehen sich auf jeweils vier Schwimmzyklen (beide Schwimmtechniken zusammengefaßt).

- Die meiste Zeit werden von beiden Gruppen die Bereiche Kopf/Schultern und Arme fixiert. Die Trainer richten ihren Blick dabei länger auf den Armbereich (p =.002) und damit auf die Hauptvortriebsursache.

- Auf die Fixation des Hüftbereichs wird dagegen sehr viel' weniger Zeit verwandt, wobei hier aber die Sportstudenten länger mit dem Blick verharren als die Trainer (p <.001), d.h., den Bereich fixieren, der für die Beurteilung der Wasserlage wichtig ist.

- Während die Trainer den Bereich der Beine/Knie (zeitlich gesehen) noch genauso lang fixieren wie den Hüftbereich, sinken hier die Fixationszeiten der Sportstudenten im Vergleich zum Hüftbereich stark ab. Es resultiert nun bei ihnen die gleiche Fixationszeit für den Bereich der Beine/Knie wie bei den Trainern.

- Die Füße, d.h. die "Fußarbeit", wird gleichermaßen nur sehr wenig beachtet.

Der Vergleich von Trainern mit einer Trainertätigkeit von mehr als 10 Jahren und Trainern mit bis zu 10 Jahren Trainererfahrung ergibt bei WODNIOK (1983) ein überraschendes Ergebnis. Die "jüngeren" Trainer erkennen mehr Bewegungsfehler als ihre "älteren" Kollegen (p =.035). Die Korrelation zwischen der Dauer der Trainertätigkeit und der Anzahl erkannter Fehler von r = -0.38 (p =.022; n=28) relativiert dieses Ergebnis etwas (gemeinsame Varianz ca. 15%).

Es bleibt dennoch bemerkenswert, weil es im Widerspruch zur häufig angenommenen Verbesserung der Beurteilungsfähigkeit mit zunehmender Erfahrung steht.

VAN BETTERAEY (1982) hat für einen Extremgruppenvergleich bezüglich des Einflusses der spezifischen Erfahrung auf das Blickverhalten bei der Beurteilung von Weitsprüngen und Kugelstößen eine Gruppe mit **"Spezialisten"** aus Trainern und leistungsstarken Athleten einer Gruppe von **wenig erfahrenen Vpn** in den betreffenden Disziplinen gegenübergestellt.

- Stichprobe: je 20 "Spezialisten" aus dem Weitsprung und Kugelstoßen (langjährig in der Disziplin tätige Trainer bzw. die Disziplin leistungs- und wettkampfmä-

Trainer:

$\bar{x}$:	2.89	2.39	0.60	0.58	0.15	[s]
s_x:	0.61	0.71	0.29	0.26	0.15	

(Kopf/Sch. = Arme) > (Hüfte = Beine/Knie) > Füße
p: 0.93   <.001   .776   <.001

Sportstudenten:

$\bar{x}$:	3.00	1.79	0.98	0.63	0.12	[s]
s_x:	0.60	0.63	0.39	0.27	0.14	

Kopf/Sch. > Arme > Hüfte > Beine/Knie > Füße
p: <.001   <.001   <.001   <.001

Abb. 73: Durchschnittliche Fixationszeiten von Trainern und Sportstudenten auf verschiedenen Körperregionen bei der Beurteilung von Schwimmtechniken (nach WODNIOK 1983).

ßig betreibende Athleten), je 20 Sportstudenten mit Beherrschen der Weitsprung- bzw. Kugelstoßtechnik auf höchstens fortgeschrittenem Niveau (Feinform) aber geringen Erfahrungen in der Leichtathletik, d.h. weder Vereinszugehörigkeit noch regelmäßiges Training;

- Aufgabenstellung: Identifikation von Bewegungsfehlern bei 8 Weitsprüngen (3 fehlerfreie, 5 fehlerhafte in zufälliger Reihenfolge) bzw. bei 8 Kugelstößen (1 fehlerfreier, 7 fehlerhafte in zufälliger Reihenfolge), die filmisch dargeboten werden.

Die "Spezialisten" nennen in beiden Disziplinen insgesamt mehr Bewegungsfehler als die in der Eigenrealisation "fortgeschrittenen" Vpn (p <.001). Bei der Beurteilung der Weitsprünge treten bei den Spezialisten im Mittel weniger Sakkaden auf (p =.015), bei den Kugelstößen ergibt sich diesbezüglich kein Unterschied (p >.05). Die Streuungen der Fixationsorte lassen keine Gruppenabhängigkeiten erkennen (p >.05). Die Fixationsorte verteilen sich zwar relativ stark, erlauben aber in einzelnen Phasen doch tendenziell eine Benennung (grober) bevorzugter Fixationsbereiche (vgl. Abb. 74).

- Beim Weitsprung liegen die Fixationen in der Absprungphase überwiegend auf der Vorderseite des Körpers mit einer leichten Zentrierung im Hüft-/Rumpfbereich, von wo aus dann das Schwungbein gut wahrgenommen werden kann. Dieser Fixationsbereich wird in der Flugphase zunächst beibehalten, bis vor der Landephase die visuelle Aufmerksamkeit vermutlich verstärkt auf den Hüftwinkel gerichtet wird, wobei die Fixationen - soweit perspektivisch möglich - auf der Körpervorderseite verbleiben. Bei der Landung streuen die Fixationen über den gesamten Körper.

- Beim Kugelstoß verlagern sich die Fixationen während des Angleitens und v.a. in der Stoßauslage vermehrt auf die Stoßarm-/Gleitbeinseite, wo sie überwiegend auch während des Ausstoßens der Kugel und des Umspringens liegen.

KLEIN (1983) geht der Frage nach, ob sich bei der Fähigkeit zur Beurteilung von 2 Judo-Wurftechniken Unterschiede zwischen erfahrenen Kampfrichtern hohen Niveaus und erfahrenen, höherklassigen Athleten finden. Zur Objektivierung von Fixationspräferenzen sowie der Anzahl sakkadischer Augenbewegungen wird außerdem das Blickverhalten der Vpn erfaßt.

- Stichprobe: 20 Vpn mit Kampfrichtertätigkeit von 9 oder mehr Jahren und nationaler oder internationaler Kampfrichterqualifikation, 20 aktive Judoka ohne Kampfrichtertätigkeit, aber mit mindestens 8 Jahren Wettkampferfahrung auf Landes-, Regional- oder Bundesliganiveau (incl. mehrere Mitglieder der Nationalmannschaft);

- Aufgabenstellung: Wettkampfmäßige Bewertung von 2 filmisch dargebotenen Kampftechniken, d.h. 8 Ippon Seoi Nage und 8 Kouchi Gari (zur abwechselnden Darbietung der Würfe in Normalgeschwindigkeit und Zeitlupe vgl. Kap. 5.2.4.3., S. 378ff).

Die beiden Untersuchungsgruppen weisen im Vergleich der Summen aller Einzelurteile über die 16 Würfe keinen Unterschied auf (p > .05). Betrachtet man die Wertungen für die einzelnen Würfe näher, so zeigt sich eine außerordentlich große Variationsbreite in den Wertungen innerhalb beider

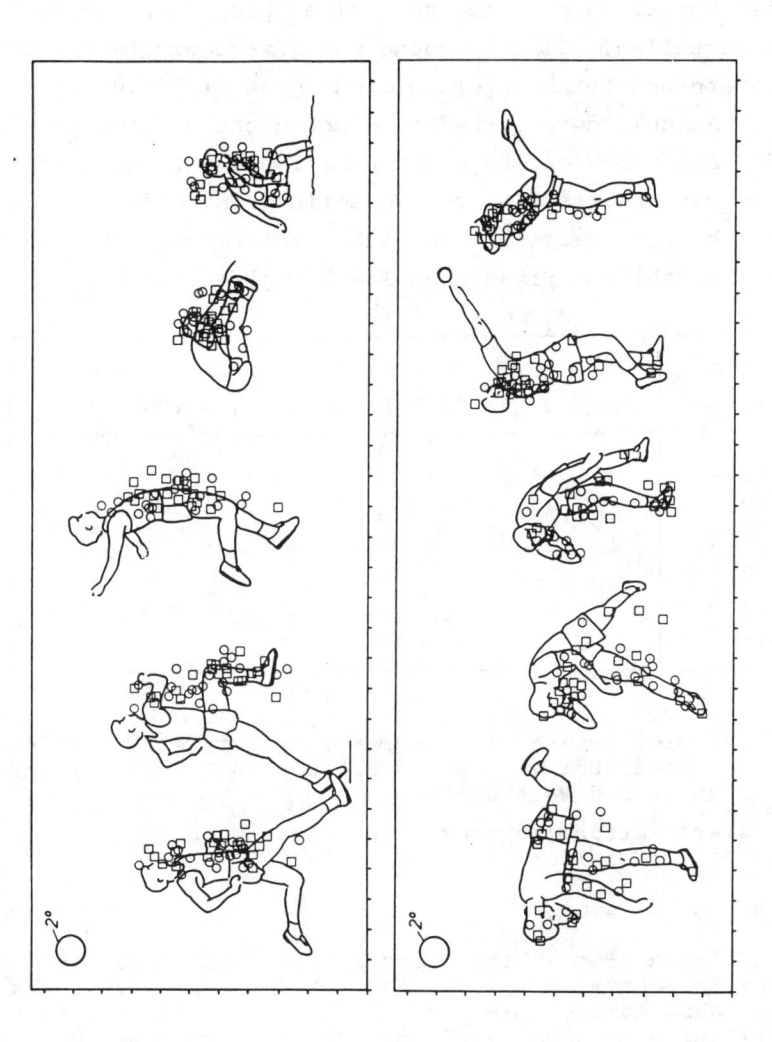

Abb. 74: Typische Verteilung der Fixationsorte bei der Beurteilung von Weitsprüngen und Kugelstößen (nach VAN BETTERAEY 1982).
O : "Spezialisten" (je n=20); □ : Sportstudenten (je n=20).

Gruppen (vgl. Tab. 20, S. 312), die von der niedrigsten Unter-Wertung (KOKA: 0.3 Punkte) bis zur Beendigung des Kampfes durch Vergabe eines "vollen Punktes" (IPPON) an den Werfenden (Tori) reichen.

Im Blickverhalten sind ebenso keine Gruppenabhängigkeiten festzustellen. Die Streuung der Fixationsorte ist bei Kampfrichtern und Wettkämpfern gleich groß ($p > .05$), und auch die Anzahl der Sakkaden weicht nicht voneinander ab ($p > .05$). Bezüglich der Lage der Fixationen ist erkennbar, daß trotz der insgesamt weiten Verteilung in beiden Gruppen gelegentlich enger umgrenzte Bereiche auftreten, in denen eine größere Zahl von Fixationen liegt (vgl. Abb. 75).

Wertungen Vpn	KOKA (0.3 P.)	YUKO (0.5 P.)	WAZA-ARI (0.7 P.)	IPPON (VOLLER P.)
Wettkämpfer (n = 20)	0	12	3	5
Kampfrichter (n = 20)	2	9	4	5
Gesamt (n = 40)	2	21	7	10

Tab. 20: Beispiel zur Variationsbreite in der wettkampfmäßigen Bewertung von Judo-Wurftechniken durch Kampfrichter und Wettkämpfer.
   Hier: Wertung zu einem Ippon Seoi Nage (Schulterwurf).

- Beim Ippon Seoi Nage (Schulterwurf) ist dies in der Phase des Wurfansatzes der Bereich der Arme und während des Wurfes bzw. des Auftreffens des Geworfenen (Uke) auf dem Boden der Bereich des Rumpfes/Rückens von Uke.

- Beim Kouchi Gari (Kleine Innensichel) handelt es sich hierbei in der Phase des Wurfansatzes verstärkt um den Bereich der Beine, insbesondere des angreifenden Beins von Tori bzw. des angegriffenen Beins von Uke, sowie

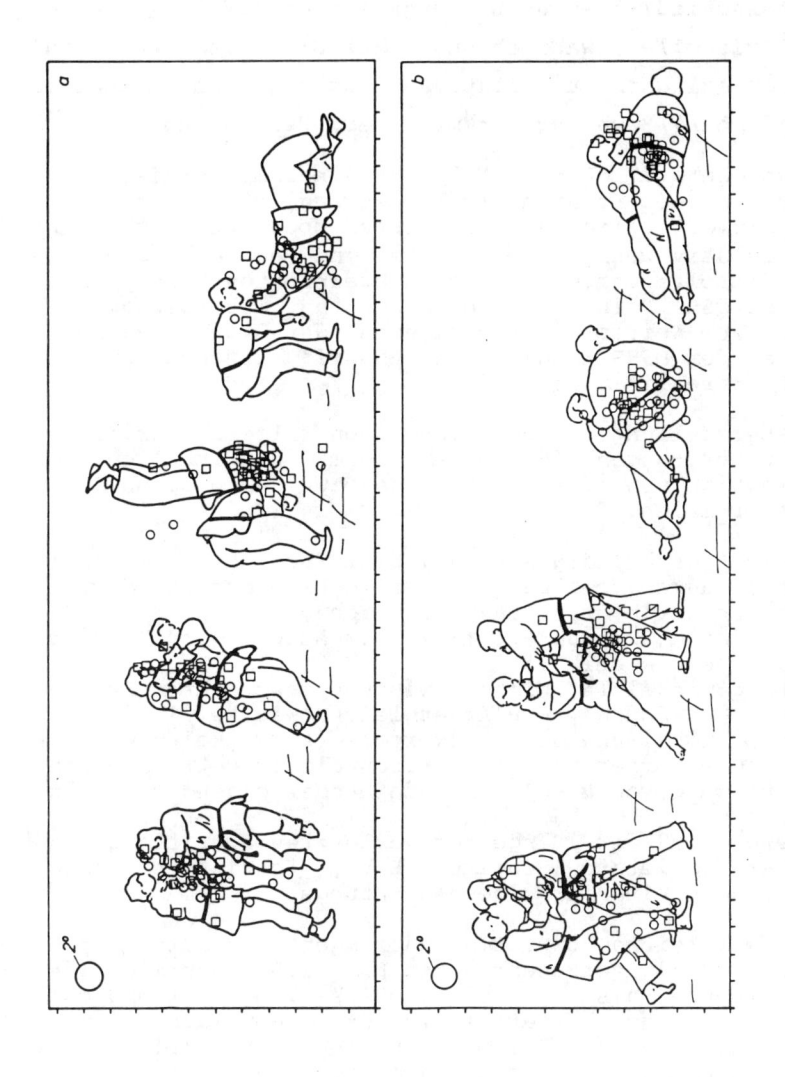

Abb. 75: Typische Verteilung der Fixationsorte bei der wettkampfmäßigen Bewertung von Judo-Würfen (nach KLEIN 1983).

a : Ippon Seoi Nage, b : Kouchi Gari;
O : erfahrene Athleten, □ : Kampfrichter.

in der Wurf- und Auftreffphase wie beim Ippon Seoi Nage der Bereich des Rumpfes/Rückens von Uke.

FROMME (1987) überprüft die Auswirkung der Beobachtungs- und Beurteilungserfahrung von **Trainern** gegenüber **Sportstudenten unterschiedlichen Ausbildungsniveaus** auf die Fähigkeit zur visuellen Wahrnehmung (auf Ordinalskalenniveau) von unterschiedlichen quantitativen Ausprägungen einzelner (biomechanischer) Bewegungsmerkmale beim Weitsprung.

- Stichprobe: 21 Leichtathletiktrainer mit mindestens 5 Jahren Trainererfahrung im Weitsprung; 21 Sportstudenten mit detaillierten Kenntnissen über den Weitsprung, aber relativ wenig Beobachtungs- und Beurteilungserfahrung (Absolventen des Großen Schwerpunktes Leichtathletik der DSHS Köln); 21 Sportstudenten mit Grundkenntnissen zum Weitsprung (Absolventen der Grundkursausbildung an der DSHS Köln); alle Vpn mit Erfahrungen aus der Eigenrealisation;

- Aufgabenstellung: Beurteilung von filmisch dargebotenen Weitsprüngen (6.10 m - 7.20 m) hinsichtlich der Ausprägung von 6 kinematischen bzw. dynamischen Bewegungsmerkmalen, d.h.:

  1. Anlaufgeschwindigkeit (v_A) beim Erreichen des Balkens durch Vergleich zweier im Film aufeinanderfolgender Springer, 4 Paarvergleiche;
  2. vertikale Abstoßkraft (F_v) beim Absprung, 4 Paarvergleiche wie bei 1.;
  3. Abstoßwinkel (α, Winkel zwischen gestrecktem Sprungbein und Boden), 4 Paarvergleiche wie bei 1.;
  4. Absprunghaltung des Oberkörpers (β, Winkel zwischen dem Oberkörper und der Horizontalen), getrennte Einschätzung von ß bei 8 aufeinanderfolgenden Sprüngen;
  5. Vergleich der Länge des vorletzten Schritts gegenüber dem letzten Schritt (L_1L_2, Schrittgestaltung) bei 8 aufeinanderfolgenden Sprüngen.

Alle Vergleiche bzw. Einschätzungen sind auf einer 5-stufigen Skala vorzunehmen, zu L_1L_2 z.B.: deutlich länger (mehr als 10 cm) / etwas länger (5-10 cm)/ gleich / etwas kürzer (5-10 cm) / deutlich kürzer (mehr als 10 cm). Die biomechanischen Vergleichswerte werden während der Filmaufnahmen erhoben (v_A, F_v, t_K) bzw. nachträglich durch Filmanalyse gewonnen (α, β, L_1L_2).

Der Sehwinkel beträgt für die Vpn bei völliger Streckung der Springer in der Absprungposition ca. 9.5-10°

bei einer Perspektive von seitlich neben dem Absprungbalken (leicht versetzt in Richtung Anlauf).

Es ergibt sich lediglich ein einziger Gruppenunterschied: Trainer erfassen die Abstoßkraft, ein dynamisches Merkmal, genauer als die beiden Sportstudentengruppen (p = .027). Bei den kinematischen Merkmalen existieren keinerlei Gruppenabhängigkeiten (alle p > .05). Untersuchungsergebnisse bezüglich der Beurteilungsgenauigkeit der einzelnen Bewegungsmerkmale sind in Kap. 5.2.3.3. (S. 343ff) dargestellt.

BESANCON (1987) hat bei **Trainern mit unterschiedlichem Erfahrungsstand** und **Qualifikationsniveau** die Fähigkeit zur Beurteilung von Basketball-Sprungwürfen untersucht und dabei auch das Blickverhalten registriert.

- Stichprobe: 8 erfahrene Trainer (mind. 8 Jahre, alle Erfahrung in Bundesliga), 8 Nachwuchstrainer (1-3 Jahre, höchstens Tätigkeit in Bezirksliga) aus dem Basketball;
- Aufgabenstellung: Identifikation von Bewegungsfehlern bei 12 filmisch dargebotenen Sprungwüfen (2 fehlerfreie und 10 fehlerhafte in zufälliger Reihenfolge); vor der Beurteilungsaufgabe 3 Demonstrationen mit fehlerfreier Ausführung als Sollwert.

In der globalen Aussage, ob der jeweilige Sprungwurf fehlerhaft oder fehlerfrei ist, erreichen beide Trainergruppen eine sehr hohe Übereinstimmung bei annähernd 100% an richtigen Aussagen (96,9% bei erfahrenen Trainern, 97,9% bei Nachwuchstrainern, Unterschied: n.s.). In der Detailanalyse dagegen erweisen sich die erfahrenen Trainer ihren weniger erfahrenen Kollegen deutlich überlegen (p < .001). Hinsichtlich der Streuung der Fixationsorte und der Sakkadenzahl lassen sich keine Gruppenunterschiede nachweisen (p > .05). Eine gruppenspezifische Präferenz der Fixationsorte auf bestimmten Körperregionen ist ebenfalls nicht erkennbar (vgl. das Beispiel in Abb. 76). Das Blickverhalten wird durch die gezeigten Bewegungsfehler nicht beeinflußt. Erfahrene Trainer fixieren Körperregionen, denen ein Bewegungsfehler eindeutig zuzuordnen ist, nicht häufiger als Nachwuchstrainer ($p > .05$).

Abb. 76: Typische Verteilung der Fixationsorte bei der Beurteilung von Basketball-Sprungwürfen (nach BESANCON 1987).

○ : Erfahrene Trainer (n = 8),
□ : Nachwuchstrainer (n = 8).
Bei diesem Wurf gezeigte Fehler: zu enge Fußstellung beim Stopp, Drehung um die Körperlängsachse beim Sprung, instabile Landung.

GEHRING-HAMMELBERG (1984) untersucht bei **Trainern** mit **unterschiedlichem Erfahrungsstand** (Dauer der Trainertätigkeit), aber **gleichem Qualifikationsniveau** (Teilnahme am gleichen Lehrgang), die Fähigkeit zur Beurteilung von zwei turnerischen Bewegungsabläufen.

- Stichprobe: 39 Teilnehmer an einem Lehrgang zur Erlangung der Trainer-B-Lizenz im Gerätturnen: 18 Vpn mit mehr als 3 Jahren Trainertätigkeit, 21 Vpn mit Trainertätigkeit bis zu 3 Jahren;
- Aufgabenstellung: Fehleridentifikation bei der filmischen Darbietung von 6 Flick-Flacks (aus dem Araber geturnt, 3 fehlerfreie und 3 fehlerhafte in zufälliger Reihenfolge) sowie von 6 Handstütz-Überschlägen am quergestellten Pferd (1 fehlerfreier und 5 fehlerhafte in zufälliger Reihenfolge); zu jedem Übungsteil werden vor der Beurteilungsaufgabe 3 fehlerfreie Ausführungen als Sollwert präsentiert (zur Berücksichtigung von Zeitlupendarstellungen vgl. Kap. 5.2.4.3., S. 379).

Nach den Befunden besteht keine Abhängigkeit der Beurteilungsfähigkeit bezüglich der beiden gezeigten Übungsteile vom unterschiedlichen Erfahrungsstand in den beiden Versuchsgruppen ($p > .05$).

GLÜHER (1987) liefert in ihrer Untersuchung zur Beurteilung von Basketball-Sprungwürfen (vgl. S. 288) u.a. auch Befunde zur Auswirkung von **sportartspezifischer** und **sportartfremder Trainertätigkeit** auf die Fähigkeit zur Identifikation von Bewegungsfehlern:

Innerhalb der Gruppe der Basketballer ist kein Unterschied in der Beurteilungsfähigkeit zwischen den Spielern mit Trainererfahrung (n = 24) und denen ohne Trainererfahrung (n = 7) nachweisbar ($p > .05$). Bei den Nicht-Basketballern ist ebenfalls kein Effekt der Erfahrung als Trainer auf die Beurteilungsleistung der Vpn festzustellen ($p > .05$; 21 Vpn mit und 12 Vpn ohne Trainererfahrung). Stellt man jedoch die Basketballer (n = 24) mit Trainererfahrung und die Nicht-Basketballer (n = 21) mit einer Trainertätigkeit einander gegenüber, so zeigt sich eine hochsignifikante Überlegenheit in der Fähigkeit zum Erkennen von Bewegungsfehlern zugunsten der Vpn mit sportartspezifischer Trainererfahrung ($p < .001$).

Die geschilderten Untersuchungsergebnisse lassen folgende **Interpretationen** zu:

Trainer bzw. Experten sind erwartungsgemäß solchen Personen, die weder eine sportartspezifische Lehrtätigkeit ausüben noch ein hohes Eigenrealisationsniveau in den betreffenden sportlichen Techniken besitzen, in der Bewegungsbeurteilung überlegen.

Gegenüber einem fortgeschrittenen oder gar hohen Eigenrealisationsniveau scheint aber die (zusätzliche) Tätigkeit als Trainer und/oder Kampfrichter nicht grundsätzlich Vorteile bei der Bewegungsbeurteilung mit sich zu bringen (DAUGS u.a. 1983b; KLEIN 1983; GLÜHER 1987). Es ist anzunehmen, daß Sportler auf höherem Könnensniveau über eine ähnlich differenzierte Bewegungsvorstellung verfügen wie Trainer oder Kampfrichter. In der Beurteilungsaufgabe sind dann keine Leistungsunterschiede feststellbar, weil diese primär von Unterschieden im aktualisierbaren Sollwert der Bewegung verursacht werden.

In der Untersuchung von KLEIN (1983) zur wettkampfmäßigen Bewertung von Judowürfen durch Kampfrichter und höher- bzw. hochklassige Athleten handelt es sich beispielsweise um zwei Expertengruppen, die beide wissen, worauf es bei den Würfen zum Erreichen einer guten Wertung ankommt. Außerdem gehört es im Judo zur Wettkampfvorbereitung, die Angriffstechniken des (bekannten) Gegners zu studieren, d.h., auch zu beobachten. Im Training und während eigener Wettkampfpausen verfolgen die Athleten auch andere Kämpfe, so daß man bei höherklassigen Athleten nicht von ungeübten Beobachtern sprechen kann.

Allerdings ist die große Variationsbreite der Wertungen zu den einzelnen Würfen (vgl. Tab. 20, S. 312) ein Hinweis auf sehr globale, undifferenzierte Wertungskriterien im Judo, was möglicherweise - ähnlich wie in der Untersuchung von THOMAS (1976) - zu einem Verwischen tatsächlich bestehender Unterschiede in der Fähigkeit zur **detaillierten** Bewegungsbeurteilung führt. Diese Möglichkeit ist zwar nicht auszuschließen, wird aber im vorliegenden Fall als nicht wahrscheinlich erachtet.

Den Erwartungen entsprechend beurteilen bei BESANCON (1987) Basketballtrainer mit langjähriger Tätigkeit Sprungwürfe aus dem Basketball genauer als Trainer, die erst seit relativ kurzer Zeit tätig sind. Hierbei ist jedoch ein zusätzliches Unterscheidungsmerkmal zwischen beiden Untersuchungsgruppen zu beachten. Die in der Stichprobe berücksichtigten "Nachwuchstrainer" sind nicht nur erst seit kurzer Zeit Trainer (in einem Fall 3 Jahre, sonst höchstens 2 Jahre lang), sondern arbeiten außerdem ausschließlich in niederklassigen Vereinen. Die "erfahrenen" Trainer dagegen sind alle in der Bundesliga tätig bzw. schon tätig gewesen. Es ist also anzunehmen, daß letztere neben der langjährigen "Erfahrung" auch über ein höheres Wissens- bzw. Könnensniveau als Trainer verfügen als die Nachwuchstrainer. Gleiches ist in der geschilderten Untersuchung von BARD u.a. (1980) als eine Ursache des Leistungsunterschiedes von "lokalen" und "nationalen" Kampfrichtern im Geräteturnen zu vermuten. Auch dort handelt es sich wahrscheinlich nicht nur um Personen mit verschieden großer Erfahrung, d.h. zeitlich gesehen mit unterschiedlich langer Beurteilungstätigkeit, sondern um Personen mit verschiedenen Qualifikationsniveaus. Diese Interpretation wird durch zwei eigene Befunde gestützt.

So zeigen die Turntrainer in der Untersuchung von GEHRING-HAMMELBERG (1984) gleiche Beurteilungsleistungen, obwohl sie die Trainertätigkeit unterschiedlich lange Zeit ausüben. Da sie alle Teilnehmer an einem Lehrgang zur Erlangung einer Trainer-B-Lizenz sind, ist aber die Annahme gerechtfertigt, daß sich ihr Könnensniveau bzw. Wissen als Trainer ungefähr auf dem gleichen Niveau befindet.

Auch WODNIOK (1983), der die Dauer der Trainertätigkeit
mit der Beurteilungsleistung von Schwimmtrainern in Beziehung setzt, findet keinen positiven Zusammenhang zwischen
beiden Variablen, sondern vielmehr das Gegenteil. Die ermittelte negative Korrelation von r = -0.38 sollte jedoch
nicht überbewertet werden. Der Sachverhalt kann aber als
weiteres Indiz dafür gewertet werden, daß die **Zeitdauer** (in
Jahren) mit einer Lehr- und Beurteilungstätigkeit allein
keinen Erklärungswert für das Könnensniveau eines Beurteilers besitzt.

Dies führt zu der Hypothese, daß es - wie in Verbindung
mit der Eigenrealisation der fraglichen Bewegungsabläufe -
wesentlich auf die kognitive Strukturierung und Differenzierung einer Bewegung mit einer hieraus entstehenden detaillierten, bewußt verfügbaren Bewegungsvorstellung ankommt,
wenn spezifische Lehr- und Beurteilungstätigkeit sich positiv auf die Fähigkeit zur Bewegungsbeurteilung auswirken
soll.

Die Tatsache, daß GLÜHER (1987) innerhalb der Gruppe der
Nicht-Basketballer keine besseren Beurteilungsleistungen
der Vpn mit Trainertätigkeit gegenüber den Vpn ohne entsprechende Aktivitäten findet, sich jedoch Basketball-Trainer
von Nicht-Basketball-Trainern hochsignifikant unterscheiden, deckt sich mit den o.a. Befunden der Arbeitsgruppe um
HOFFMAN. Auch in Übereinstimmung mit den zuletzt genannten
Erkenntnissen zur Auswirkung spezifischer Trainererfahrung
im Sinne der **Zeitdauer,** kann damit folgende **Schlußfolgerung**
getroffen werden:

Entgegen der weit verbreiteten Annahme gibt es bei der
Beurteilung komplexer Bewegungsabläufe keine allgemeine
Überlegenheit von Personen, die über Erfahrungen aus Beurteilungstätigkeiten verfügen, welche in Verbindung mit anderen Bewegungsabläufen ausgeübt wurden. Voraussetzung für
das Erkennen von spezifischen Bewegungsfehlern ist das Vor-

handensein eines entsprechenden Sollwertes beim Beurteiler. Die Identifikations- oder Wiedererkennensleistung ist eine Funktion der **spezifischen** Bekanntheit der zu beurteilenden sportlichen Technik, d.h., sie wird in erster Linie von der Qualität des inneren Ist-Sollwert-Vergleichs bestimmt (vgl. auch BISCAN/HOFFMAN 1976, 161; IMWOLD/HOFFMAN 1983, 153).

Die Untersuchungsergebnisse von FROMME (1987) zur Wahrnehmung eines dynamischen und mehrerer kinematischer Bewegungsmerkmale bei Weitsprüngen lassen lediglich beim dynamischen Merkmal ("vertikale Abstoßkraft") eine Abhängigkeit der Wahrnehmungsfähigkeit von der Beobachtungs- und Beurteilungserfahrung der Vpn erkennen. Weitsprungtrainer schätzen dieses indirekt über kinematische Merkmale wahrnehmbare Element auf Ordinalskalenniveau besser ein als Sportstudenten, die z.T. mit guten theoretischen Kenntnissen ausgestattet sind. Dieser Sachverhalt läßt verschiedene Interpretationen zu:

> 1. Der weitsprung-spezifische Erfahrungs- und Wissensstand der Sportstudenten reicht aus, um die kinematischen Merkmale (Anlaufgeschwindigkeit, Kontaktzeit, Absprungwinkel, Schrittlängen usw.) ebensogut wahrnehmen zu können wie die Trainer, während er für das schwieriger wahrnehmbare dynamische Merkmal (noch) nicht hinreichend ist.
>
> 2. Die Wahrnehmung der berücksichtigten kinematischen Merkmale beruht nicht auf weitsprung-spezifischen Erfahrungen und Kenntnissen, sondern basiert auf einer allgemeineren Beobachtungsfähigkeit oder gar mehreren bewegungsspezifischen Beobachtungsfähigkeiten. Diese wären hier dann bei Sportstudenten genauso gut ausgeprägt wie bei Trainern.

Unter Berücksichtigung der erreichten absoluten Wahrnehmungsleistungen (vgl. hierzu Abb. 77, S. 345) ist bei mehreren Merkmalen aber eher von gleich schlechten Ergebnissen aller Untersuchungsgruppen zu sprechen als von gleich guten (z.B. zu den Schrittlängen), so daß von einer hohen Aufgabenschwierigkeit bei der Wahrnehmung dieses Merkmals ausgegangen werden kann. Offensichtlich haben hier weder der Vorsprung in der spezifischen Beobachtungs- und Beurteilungserfahrung der Trainer noch der differenziertere Sollwert vom Weitsprung bei den Trainern und den Schwerpunkt-Studenten eine positive Auswirkung gezeigt.

Wird außerdem unterstellt, daß beispielsweise für das Erkennen der Oberkörpervorlage bzw. -rücklage beim Absprung keine besonders differenzierte Vorstellung vom Weitsprung erforderlich ist - vorausgesetzt, es ist bekannt, was Vor- bzw. Rücklage bedeutet (wovon bei den Vpn ausgegangen werden kann) -, so liegt die zweite Interpretationsmöglichkeit näher.

Die sich hieraus ergebende Annahme einer **generellen Beobachtungsfähigkeit** im Bereich elementarer visueller Wahrnehmungsvorgänge als Basis für die Bewegungsbeurteilung bedarf allerdings noch weiterer, eingehender Untersuchungen. Möglicherweise lassen sich auf dieser Ebene Beziehungen zu sinnesphysiologischen Parametern wie z.B. zur dynamischen Sehschärfe oder Tiefenwahrnehmung herstellen.

Die **Untersuchungsergebnisse** bezüglich der **Fixationsorte** in Abhängigkeit von der Beurteilungserfahrung bzw. dem Qualifikationsniveau der Vpn ergeben kein einheitliches Gesamtbild. Zum einen zeigen sich bei gleichen Beurteilungsleistungen unterschiedliche Präferenzen in den Fixationsbereichen (DAUGS u.a. 1983b), zum anderen sind trotz unterschiedlicher Beurteilungsleistungen keine bevorzugten Fixationsbereiche der besseren oder schwächeren Untersuchungsgruppe erkennbar (VAN BETTERAEY 1982; BESANCON 1987). Die eher zu erwartenden Fälle, daß entweder bei voneinander abweichenden Beurteilungen auch verschiedene Schwerpunkte bei den Fixationen feststellbar sind (BARD u.a. 1980; WODNIOK 1983) oder daß bei gleichen Beurteilungen auch ähnliche Fixationsbereiche gewählt werden (KLEIN 1983), treten ebenfalls auf.

Die beiden letztgenannten Fälle sind als Ausdruck der Unterschiede bzw. Gleichheit im Qualifikationsniveau der Vpn (v.a. hinsichtlich der aufgabenbezogenen Differenziertheit und Angemessenheit des Sollwerts) unmittelbar einsichtig.

So achten bei BARD u.a. (1980) die weniger qualifizierten Kampfrichter aufgrund ihres mangelnden Kontakts mit leistungsstarken Sportlern vermehrt auf die Beine der Turnerinnen am Schwebebalken, was für die Beurteilung der beobachteten höherklassigen Übungen unangemessen ist. BARD u.a. (1980) folgern hieraus, daß Kampfrichter auf niedrigerem Niveau schon frühzeitig und immer wieder mit Sportlern höheren Niveaus in Berührung kommen müßten, damit keine unangemessene Habitualisierung des Blickverhaltens entsteht.

Bei WODNIOK (1983) fixieren die Schwimmtrainer im Vergleich zu Sportstudenten (mit Eigenerfahrung und theoretischen Grundkenntnissen) länger die vortriebserzeugenden Elemente der Schwimmtechniken, was ihrer wahrscheinlich stärkeren Orientierung am Leistungsaspekt (den Schwimmzeiten) entspricht, während Sportstudenten länger als die Trainer auf die Hüftregion blicken, in der u.a. die Wasserlage des Schwimmers besonders gut erkennbar ist (vgl. Abb. 72, S. 307).

Bei KLEIN (1983) ist das Übereinstimmen der Fixationsbereiche gut erklärbar. Sowohl erfahrene Judoka als auch Judo-Kampfrichter wissen, daß nach den Wertungsvorschriften für einen Wurf kein voller Punkt vergeben werden darf, wenn der Geworfene (Uke) z.B. auf dem Gesäß, auf der Seite oder gar auf dem Bauch landet oder sich auf der Matte aufstützen kann (vgl. DAS BUDO ABC 1981). Aus diesem Grund ist insbesondere die Konzentration der Fixationen in der Landephase von Uke auf dessen Rumpf-/Rückenbereich einleuchtend (vgl. Abb. 75, S. 313).

Der Befund von DAUGS u.a. (1983b), nach dem bei der Beurteilung von Konturogrammen zu einem Kugelstoß Trainer ihren

Blick häufiger auf den Bereich der unteren Extremität richten als Kugelstoßer, weist darauf hin, daß in der gestellten Aufgabe bei der verfügbaren Wahrnehmungszeit von 10 s die Anzahl der Fixationen auf verschiedenen Körperregionen kein leistungsrelevantes Merkmal (mehr) darstellt. Dies ist in Verbindung mit der offensichtlich relativ hohen Aufgabenschwierigkeit zu sehen (Anteil der richtigen Antworten: bei Trainern 65.1%, bei Athleten 63.6%).

Das Fixieren gleicher Körperregionen zieht nicht automatisch gleiche Wahrnehmungsergebnisse nach sich, wie die Ergebnisse von VAN BETTERAEY (1982) und BESANCON (1987) zeigen. Für den Beurteilungsvorgang ist der innere Vergleich der wahrgenommenen Bewegung(en) mit dem Sollwert zur richtigen Bewegungsausführung entscheidend. Defizite im Sollwert verhindern die adäquate Bewertung aufgenommener Information. Wahrscheinlich werden Bewegungsdetails (z.B. spezifische Bewegungsfehler), zu denen der Beurteiler keine (ausreichende) Vorstellung besitzt, schon im Wahrnehmungszyklus überhaupt nicht oder nur unscharf als Wahrnehmungsinhalt aufgebaut.

Hinsichtlich der **sakkadischen Augenbewegungen** ergibt sich ein relativ einheitliches Bild der vorliegenden Untersuchungsergebnisse:

Eine signifikante Abhängigkeit der Sakkadenanzahl von der Beurteilungserfahrung bzw. dem Qualifikationsniveau der Vpn ist lediglich in der Untersuchung von VAN BETTERAEY (1982) bei der Gegenüberstellung von Weitsprung-Spezialisten (Trainer und Leistungssportler) und Fortgeschrittenen festgestellt worden. Die Spezialisten weisen im Mittel weniger Sakkaden auf (p = .015). Die Angaben von BARD u.a. (1980), nach denen "lokale", weniger qualifizierte Kampfrichter insgesamt 27% mehr Sakkaden auslösen als "nationale" Kampfrichter entstammen einer sehr kleinen Stichprobe (n=3 vs. n=4) und sind nicht signifikant (p > .05). Auch in allen übrigen angeführten Untersuchungen (DAUGS u.a. 1983b; KLEIN 1983; WODNIOK 1983; BESANCON 1983 sowie bei VAN BETTERAEY 1982 in der Teiluntersuchung "Kugelstoßen") ergeben die diesbezüglichen Vergleiche keine signifikanten Gruppenunterschiede in der Sakkadenanzahl.

Diese Tatsache veranlaßt zu folgender Annahme: Mit der Verbesserung der Bewegungsvorstellung kommt es relativ früh zu einer individuellen Ausprägung von Präferenzen für die Bewegungsteile, auf die man besonders achtet. Dies zieht verlängerte Fixationszeiten, d.h. auch eine Reduzierung der Sakkadenzahl pro Zeiteinheit nach sich.

Die gleiche Schlußfolgerung läßt sich aus den Befunden von BUCHER und KLUTH (1983) ableiten, aus denen hervorgeht, daß schon auf relativ niedrigem Niveau der Eigenrealisation und nach einem wenige Unterrichtseinheiten dauernden Schulungsprogramm zum Flick-Flack eine signifikante Senkung der Sakkadenanzahl in der entsprechenden Beurteilungsaufgabe erfolgt.

Die Optimierung des Blickverhaltens, insbesondere durch das Vermeiden von zu vielen, unnötigen Blickbewegungen ist eine notwendige, wenn auch nicht hinreichende Voraussetzung für die optimale visuelle Informationsaufnahme und -verarbeitung im Beurteilungsprozeß. BARD u.a. (1980) weisen außerdem darauf hin, daß der häufige Umgang mit den gleichen oder mit ähnlichen Beurteilungsobjekten zu einer Habitualisierung des Blickverhaltens führen kann, die dann bei fremden Beurteilungsobjekten möglicherweise unangemessen ist (vgl. hierzu auch BLISCHKE 1986b; DAUGS u.a. 1987).

5.2.2.3. Spezifische Vororientierung

Die Vorinformation, die ein Beurteiler über das zu bewertende Bewegungsgeschehen besitzt, kann sich außer auf das den Sollwert repräsentierende "verallgemeinerte Bild" der Bewegung, das vom "Könner" bzw. auf höherem Qualifikationsniveau in ein "jederzeit abrufbares detailliertes Bild" differenzierbar ist (PUNI 1961, 42), auch auf andere Aspekte beziehen. Diese sind z.B. das Wissen, daß ein Sportler eine besondere Technikvariante präsentiert, oder die Kenntnis der genauen Reihenfolge der einzelnen Übungsteile in einer komplexen Darbietung im Gerätturnen, Eiskunstlauf usw.

In Abhebung von der person- und situationsunabhängigen Vorinformation über einen Bewegungs-Sollwert wird hier von einer **spezifischen Vororientierung** gesprochen, wenn der Beurteiler zusätzliche Informationen über z.B. die Plazierung einer Bewegung in einer komplexen Darbietung (Übung) oder über zu erwartende Besonderheiten in der Bewegungsausführung eines Sportlers (Technikvarianten, typische Fehler) verfügt.

Gedächtnisinhalte, die für eine **gezielte** und **detaillierte Erwartungsbildung** herangezogen werden können, reduzieren den "Schwellenwert" (threshold value) für die Identifikation entsprechender Reize (KERR 1982, 164). NEISSER (1974, 151) spricht in diesem Zusammenhang vom "Einfluß der Vertrautheit auf die Erkennungsschwelle", der in wahrnehmungspsychologischen Untersuchungen v.a. in Verbindung mit Wortmaterial gut gesichert ist.

In der Literatur finden sich bislang allerdings nur vereinzelt empirische Befunde dazu, ob eine spezifische Vororientierung über konkrete Einzelheiten und Besonderheiten in komplexen Bewegungsvollzügen auch für die Bewegungsbeurteilung im Sport positive Auswirkungen erwarten läßt.

STEPHENSON/JACKSON (1977) betrachten in ihrer Untersuchung die Abhängigkeit von Kampfrichterurteilen im Gerätturnen von der Tatsache, ob die Kampfrichter das Training zuvor beobachteten. Das Ergebnis rechtfertigt die Vermutung, daß Kampfrichter, die schon das Training aufmerksam verfolgen, in einer besseren Ausgangsposition sind, um Wettkampfübungen detaillierter zu beurteilen.

In der bereits angeführten Untersuchung von BARD u.a. (1980) zur Bewertung von Übungen am Schwebebalken (vgl. S. 302) ergibt sich ebenfalls ein Befund, aus dem der Einfluß der gezielten Vorinformation auf den visuellen Wahrnehmungsvorgang erkennbar ist. Sowohl die "lokalen" als auch die "nationalen" Kampfrichter lösen bei der Beurteilung von Pflichtübungen weniger Sakkaden aus als bei Kürübungen ($p = .03$).

Eigene Untersuchungen zum Zusammenhang von spezifischer Vororientierung und Bewegungsbeurteilung sind nicht durchgeführt worden. Aus einer Untersuchungsreihe zur Erforschung visueller Wahrnehmungsprozesse im Rahmen von Antizipationsleistungen im Sportspiel lassen sich jedoch mehrere Ergebnisse ergänzen, die im vorliegenden Zusammenhang von Interesse sind.

P. MESTER (1982) berücksichtigt in seiner Untersuchung zur Antizipation der Richtung von Tennisaufschlägen (im Film nur sichtbar bis zum Treffpunkt Schläger-Ball) u.a. 3 verschiedene Aufschlagsspieler. Der Spieler mit den geringsten Abweichungen seiner Bewegungsausführungen von der Lehrbuchform (Norm) der Aufschlagtechniken ist im Vergleich zu den beiden anderen Spielern mit stärkerer individueller Technikausprägung am leichtesten zu antizipieren, d.h., die Zahl der richtigen Entscheidungen über die Aufschlagrichtung (auf die Vorhand vs. auf die Rückhand des Returnspielers) liegt bei ihm deutlich höher.

Auch bei MEYER (1984) zeigt sich in einer vergleichbaren Untersuchung zur Antizipation von Schlagart (Clear vs. Drop) und Schlagrichtung (diagonal vs. longline) bei Vor- und Rückhandschlägen im Badminton insgesamt eine ähnliche Tendenz (mit Signifikanzen bei mehreren Untersuchungsmerkmalen). Der hochklassige Spieler, der die Badmintonschläge lehrbuchmäßig ausführt, ist leichter zu antizipieren als der niederklassige Spieler mit fehlerhaften Schlägen. Die gezeigten Schläge werden allerdings mit einer verhältnismäßig geringen Bewegungsgeschwindigkeit vorgeführt.

Ein ebenfalls vergleichbares Ergebnis findet sich bei WITTIG (1982). Die Richtung von Volleyball-Angriffsschlägen eines Linkshänders ist schwerer zu antizipieren als die der beiden gezeigten Rechtshänder. Außerdem wird bei der Beobachtung des Linkshänders das gleiche Blickverhalten wie bei der Beobachtung der Rechtshänder vorgefunden (Fixationen überwiegend auf der rechten Körperseite). In der Nachfolgeuntersuchung von SCHADE (1983), in der jeweils vor einem Angriff durch den Linkshänder mittels des Zurufs "Linkshänder" eine entsprechende Erwartung bei den Vpn geschaffen wird, verschwindet der frühere Unterschied in der Anzahl der Richtigentscheidungen gegenüber den Rechtshändern. Dies geht mit einer Anpassung des Blickverhaltens an den Linkshänder einher (vgl. hierzu Abb. 64, S. 275).

Zusammenfassend können aus den angeführten Befunden und auf der Basis der eingangs vorgenommenen Überlegungen folgende Schlußfolgerungen zum Einfluß einer spezifischen Vororientierung über den Beurteilungsgegenstand auf den Beurteilungsprozeß abgeleitet werden:

Eine spezifische Vororientierung über den genauen Ablauf des Bewegungsgeschehens erleichtert aufgrund der Vorhersagbarkeit der Ereignisse das Entwickeln einer gezielten Wahrnehmungsstrategie für den Beurteilungsvorgang. Im visuellen Suchmuster kann sich dies gegenüber einer Beurteilungssituation mit einem hohen Maß an Ungewißheit über den Geschehensablauf in einer reduzierten Zahl von Blickfixationen ausdrücken (vgl. BARD u.a. 1980).

Die detaillierte Kenntnis von Besonderheiten, Stärken und Schwächen eines Sportlers, die ein Kampfrichter beispielsweise über Trainingsbeobachtungen erwerben kann, ermöglicht die Bildung eines "Vor-Urteils", das er durch gezieltes Beobachten im Wettkampf überprüfen kann. Die **Gefahr** einer verfälschenden Vor-Urteilsbildung (vgl. Kap. 4.4.2.) ist hierbei geringer einzuschätzen als der **Vorteil** einer Präzisierung der Vorstellung von dem, was auf den Beurteiler zukommt, und der damit verbundenen Verbesserung der Wahrnehmungsgenauigkeit.

Weicht ein tatsächlich dargebotener Bewegungsablauf oder eine Übung allerdings von der Erwartung stark ab, kann die angewandte Sehstrategie unangemessen sein und damit die Wahrnehmung behindern, insbesondere verzögern, und zu Beobachtungsungenauigkeiten oder -fehlern bis hin zu Wahrnehmungstäuschungen führen (THOMAS 1976a, 192).

5.2.3. Aufgabenstellung und Beurteilungsgegenstand

Von entscheidendem Einfluß auf den visuellen Wahrnehmungsprozeß ist das - vorgegebene oder selbstgesetzte - Ziel, mit dem eine Bewegungsbeurteilung durchgeführt wird. An dieser Stelle sollen jedoch nicht mehr die allgemeinen Zielstellungen "Leistungsbeurteilung im Wettkampf" und die "Rückmeldung im motorischen Lernprozeß" besprochen werden (vgl. hierzu Kap. 4.2.). Es geht im folgenden vielmehr um eine Zielebene, die sich auf den **Inhalt** der Beurteilung, den **Bewegungsablauf** selbst, richtet.

Die Frage ist dabei zunächst, **worüber** der Beurteiler eine Aussage machen will.

- Es kann die Absicht des Beurteilers sein, eine **ganzheitlich-globale Bewertung** der Bewegungsgüte im Sinne einer **Gesamtbeurteilung** abzugeben (z.B. gut/schlecht; gelungen/nicht gelungen; fehlerfrei/fehlerhaft), evtl. unter Angabe eines Punktwertes.
- Das Ziel seiner Beurteilung kann darin bestehen, eine **detaillierte Aussage** zu **Einzelheiten** der Bewegungsausführung zu machen (z.B. zur Körpervorlage beim Weitsprung-Absprung oder zur Schlägerstellung beim Treffen des Tennisballes).
  Die interessierenden Einzelheiten können eine unterschiedliche Komplexität aufweisen. Dies gilt grundsätzlich für **Aktionen,** denn ein Bewegungsablauf läßt sich theoretisch in beliebig viele, verschieden lange und/oder unterschiedlich große Körperbereiche betreffende Bewegungsabschnitte zerlegen, die beurteilt werden sollen. Im Bewegungsablauf lassen sich aber prinzipiell auch unzählige **Positionen** zu verschiedensten Zeitpunkten, bezogen auf ein einzelnes Körpergelenk oder aber auf mehrere Körperteile, festlegen. Außerdem sind wirklich statische Positionen von solchen abzuheben, die im Bewegungsablauf nur als flüchtige Zwischenstellung ohne statische Phase definierbar sind.

Damit ist gleichzeitig die Frage nach den **Beobachtungseinheiten** gestellt, auf die sich die **Aufgabenstellung** an den Beurteiler bezieht.

Aus der (objektiven) Aufgabenstellung leiten sich in Verbindung mit den (objektiven) **Ausführungsbedingungen** (insbesondere die Struktur der zu beurteilenden Bewegung, die Beleuchtungs- und Abbildungsbedingungen in der Beurteilungssituation) die (objektiven) **Anforderungen** an den Beurteiler ab. Entsprechend der **individuellen Leistungsvoraussetzungen** (z.B. die Leistungsfähigkeit des peripheren Rezeptors und die Differenziertheit der Bewegungsvorstellung) entsteht aus diesen Anforderungen eine (subjektive) **Beanspruchung** des Beurteilers (vgl. FUHRER 1984, 74).

Dies bedeutet auch, daß je nach Aufgabenstellung bzw. Beurteilungsgegenstand und den konkreten Ausführungsbedingungen (z.B. langsame oder sehr schnelle Bewegungsausführung) sehr unterschiedliche Anforderungen an den Beurteiler resultieren. Auf der Basis dieser Überlegungen wird in den folgenden Abschnitten der Frage nachgegangen, welche Anforderungen bei verschiedenen Beurteilungsaufgaben im Sport vom Beurteiler grundsätzlich mehr oder weniger gut zu bewältigen sind und in welcher Weise dies Beurteilern mit unterschiedlichen Voraussetzungen (hinsichtlich der Sollwertausprägung) gelingt. Im einzelnen geht es dabei um die

- ganzheitliche vs. detaillierte Beurteilung,
- Beurteilung von Aktionen vs. Positionen,
- Beurteilung qualitativer vs. quantitativer Bewegungsmerkmale.

Neben den genannten könnten im vorliegenden Zusammenhang weitere Beurteilungsaufgaben besprochen werden:

- die Beurteilung zyklischer vs. azyklischer Bewegungen und
- die Beurteilung sukzessiver vs. simultan ablaufender Bewegungsmerkmale.

Diese Beurteilungsaufgaben werden aber wegen ihrer größeren Nähe zur Problematik des Beobachtungsumfangs und der Informationsdichte, die sich ohnehin stark mit der Fragestellung des vorliegenden Abschnitts überschneidet, erst im Kap. 5.2.4. behandelt.

5.2.3.1. Ganzheitliche vs. detaillierte Beurteilung

Wie THOMAS (1976a) nachweist, erreichen Laien mit einer sehr groben Vorstellung vom Wasserspringen bei der Bewertung von Wettkampfleistungen eine überraschend hohe Übereinstimmung mit Kampfrichtern (vgl. hierzu Kap. 5.2.2.2.). Nach eigenen Aussagen orientieren sich die Laien dabei v.a. "an der 'Harmonie der Bewegung' in der Flugphase und dem 'spritzerlosen Eintauchen' ... Detaillierte Aussagen können sie nicht machen, da sie keine Details im Bewegungsablauf erfassen, sondern die Gesamtbewegungsgestalt auf sich wirken lassen" (THOMAS 1976a, 200).

Stützt sich der Gesamteindruck von einer Bewegung auf sehr allgemeine Bewertungskriterien, wie z.B. "Eleganz", "Schönheit", "Kraftfülle", "tänzerischer Ausdruck" usw., stellt die Leistungsbewertung geringere Anforderungen an den Beurteiler, als wenn für eine Gesamtbewertung Bewegungsdetails wahrzunehmen sind (vgl. auch THOMAS 1978, 266). Letzteres verlangt vom Beurteiler eine differenzierte Bewegungsvorstellung mit der Bildung spezifischer Erwartungen im Wahrnehmungsvorgang.

Die gleiche Aussage trifft offensichtlich auch für eine globale Unterscheidung zwischen fehlerhaften und fehlerfreien Bewegungsausführungen zu, wie die diesbezüglichen eigenen Befunde erkennen lassen (vgl. Tab. 21). Zu Beginn der genannten Untersuchungen steht jeweils eine mehrfache (mindestens dreimalige) Sollwertpräsentation. Selbst weniger erfahrene bzw. schlechter qualifizierte Vpn erkennen danach mit hoher Sicherheit die korrekten Bewegungsabläufe innerhalb der Beurteilungsaufgabe wieder. In der pauschalen Abgrenzung von fehlerhaften und fehlerfreien Bewegungspräsentationen schneiden sie damit ebenso gut ab wie Vpn mit höherem Qualifikationsniveau. Vermutlich beruht diese Tatsache darauf, daß für das Wiedererkennen des korrekten Bewegungsablaufs eine ganzheitliche Repräsentation der Bewegung mit wenigen kennzeichnenden, invarianten Merkmalen als kognitives Vergleichsmaterial ausreicht (BAUMANN 1986, 52f).

Weicht das wahrgenommene Bewegungsbild in seiner phänomenologischen Gesamtgestalt oder auch nur in einem einzigen, möglicherweise nur schemenhaft erfaßten Merkmal von der gespeicherten, groben Bezugsgrundlage ab, so genügt dies für die globale Entscheidung "keine vollkommene Übereinstimmung" und folglich "fehlerhafte Bewegungsausführung". Für diesen Entscheidungsprozeß kann also auch partielles Lernen genutzt werden (vgl. Kap. 3.2.3.3.).

Welche **Einzelheiten** an der Bewegungsausführung nicht korrekt sind, können erwartungsgemäß diejenigen Vpn, die über einen differenzierten Sollwert verfügen, häufiger erkennen. So findet beispielsweise BESANCON (1987) bei der globalen Abgrenzung von fehlerhaften und fehlerfreien Basketball-Sprungwürfen zwar keinen Unterschied zwischen erfahrenen, hochqualifizierten Trainern und Nachwuchstrainern, jedoch eine deutliche Überlegenheit bei der Benennung der einzelnen Bewegungsfehler durch erstere (vgl. S. 315). Allerdings erhöht sich bei der Fehleridentifikation auch für die hochqualifizierten Trainer die Aufgabenschwierigkeit deutlich. Sie erreichen durchschnittlich nur noch 18.5 (± 2.8) von 34 möglichen Fehlernennungen (54.4%), Nachwuchstrainer 11.4 (± 2.9) Fehlernennungen, d.h. 33.5% der Maximalzahl. Das gleiche Phänomen - eine verhältnismäßig niedrige Identifikationsrate zu spezifischen Fehlern - ist durchgängig in allen eigenen Untersuchungen zur Fehleridentifikation festzustellen.

EXAMENSARBEITEN	BEURTEILUNGSGEGENSTAND: BEWEGUNGSFEHLER BEI	STICHPROBE	ERGEBNIS (RICHTIGENTSCHEIDUNGEN)
KUHN (1982)	Je 7 Flick-Flacks	Turn-Anfänger (n = 45)	In Normalgeschwindigkeit: 94.2%, in Zeitlupe: 81.6%; kein Unterschied ($p > .05$)
BUCHER & KLUTH (1983)	7 Flick-Flacks	Turn-Anfänger: Eigenrealisationsgruppe vs. Theoriegruppe (n = 18/27)	Nach Schulungsprogr.: E.gr. (93.3%), Th.gr. (96.9%): kein Unterschied ($p > .05$)
HABERLAND (1985)	8 Basketball-Sprungwürfe	Leistungsbasketballer vs. Basketball-Anfänger (n = 16/36)	L.-Ba. (89.2%), B.-Anf. (80.8%): kein Unterschied ($p > .05$)
BEIRING (1987)	7 Flick-Flacks	Turn-Anfänger vs. Fortgeschrittene (n = 30/30)	Anf. (94.6%), Fortg. (90.6%): kein Unterschied ($p > .05$)
BESANCON (1987)	12 Basketball-Sprungwürfe	Erfahrene Trainer vs. Nachwuchstrainer (n = 8/8)	E.Tr. (96.9%), N.Tr. (97.9%): kein Unterschied ($p > .05$)
GLÜHER (1987)	12 Basketball-Sprungwürfe	Leistungsbasketballer vs. Nicht-Basketballer (n = 31/32)	L.-Ba. (100%), N.-Ba. (97%): kein Unterschied ($p > .05$)

Tab. 21: Untersuchungsergebnisse zur globalen Entscheidung "Bewegung war fehlerfrei" bzw. "fehlerhaft".

Dieser Sachverhalt zeugt von generell hohen Anforderungen der Beurteilungsaufgaben an die Vpn. Die berücksichtigten Bewegungsabläufe sind sehr komplex und beinhalten eine Reihe von Bewegungsmerkmalen, die fehlerhaft sein können. In den Untersuchungen mit dem Flick-Flack und dem Basketball-Sprungwurf werden den Vpn mittels der Bewertungsraster (vgl. Abb. 65 und 66, S. 281) diese 15 bzw. 17 Merkmale ausdrücklich vorgegeben. Da die Vpn nicht wissen können, wann welches Merkmal fehlerhaft sein wird, ist für sie die Auftretenswahrscheinlichkeit für alle Bewegungsfehler gleich.

Aus wahrnehmungspsychologischen Untersuchungen ist bekannt, daß Reizveränderungen mit abnehmender Auftretenswahrscheinlichkeit leichter übersehen werden und gleichzeitig die erforderliche Zeit für ihre Identifikation zunimmt (vgl. Kap. 3.2.3.3.). Dies macht die relativ niedrigen Identifikationsleistungen verständlicher.

Voraussetzung für die zunehmende Verschlechterung der Beurteilungsleistung zu einzelnen Bewegungsfehlern mit steigender Zahl an Fehlermöglichkeiten ist aber, daß diese untereinander tatsächlich gleich wahrscheinlich sind und - physikalisch gesehen - homogene Reize darstellen. Besonders auffällige Abweichungen von der räumlichen und zeitlichen Struktur des korrekten Bewegungsablaufs sind selbstverständlich leichter zu identifizieren als "feine" Fehler.

"Neue" Fehler im Bewegungsablauf, also solche Abweichungen vom Sollwert, die der Beurteiler noch nicht kennt, werden naturgemäß besonders häufig übersehen bzw. nicht richtig benannt.

So stellt auch NIEDER (1983) - nach einer Schulung der Bewegungsvorstellung vom Slice-Aufschlag im Tennis mit verschiedenen Methoden - u.a. fest, daß Fehlerbilder, die im Schulungsprogramm nicht enthalten sind, im Vergleich zu berücksichtigten Fehlerbildern bei einer anschließenden Überprüfung der entwickelten Beurteilungsfähigkeit mittels eines Testfilms weniger häufig identifiziert werden (p < .001; n = 40).

Da zu einem unbekannten Fehlerbild kein übereinstimmendes Vergleichsmaterial gespeichert ist, kann es auch nicht **wiedererkannt**, sondern muß auf der Basis des vorhandenen Vergleichsmaterials und Wissens **konstruiert** werden. Dieser Konstruktionsprozeß stellt an den Beurteiler höhere Anforderungen bezüglich seiner Vorinformation als ein reiner Wiedererkennensprozeß (vgl. Kap. 3.2.3.3.).

Für die Schulung der Fähigkeit zur detaillierten Bewegungsbeurteilung (z.B. in der Sportlehrer- und Trainerausbildung) bedeutet dies, daß nicht nur eine detaillierte Vorstellung von der **richtigen** Bewegungsausführung geschaffen werden muß, sondern in ihr auch **Fehlerbilder** Berücksichtigung finden sollten.

5.2.3.2. Aktionen vs. Positionen

Die Detailliertheit, mit der eine Bewegungsausführung zu beurteilen ist, bezieht sich auf die zu berücksichtigenden Beobachtungseinheiten. In einer komplexen Beurteilungsaufgabe sind dies die Aktionen als zeit**raum**bezogene und die Positionen als zeit**punkt**bezogene Beobachtungseinheiten (vgl. Kap. 4.3.1.3.).

Aktionen sind mittels der Wahrnehmung qualitativer sowie quantitativer Merkmale zu beurteilen, wobei letztere sowohl kinematischer als auch dynamischer Art sein können. Positionen dagegen betreffen nur kinematische Merkmale räumlicher Art. Allerdings sind sie in den räumlich-zeitlichen Verlauf der Bewegung eingebettet und müssen zum richtigen Zeitpunkt "festgehalten" werden. Für die Wahrnehmung von Aktionen steht in der Regel mehr Zeit zur Verfügung als für das Erkennen einer Position, die häufig nur einen "flüchtigen Moment" an Umkehrpunkten von Teilbewegungen (z.B. Armhaltung am Ende der Ausholphase bei Würfen) oder starken Veränderungen im räumlich-zeitlichen Verlauf der Bewegung (z.B. die

Körperstellung vor Beginn der Ausstoßbewegung im Kugelstoßen) sichtbar sind.

Aus diesem Grund könnte man annehmen, daß in komplexen Bewegungsabläufen Aktionen besser wahrnehmbar und damit vermutlich auch leichter zu beurteilen sind als Positionen. Die vorliegenden Untersuchungsergebnisse sind jedoch widersprüchlich, so daß diese Annahme nicht generell aufrecht erhalten werden kann.

TIDOW (1983, 315) kommt aufgrund der schwachen Beurteilungsleistungen seiner Vpn zu Positionen (bei Kugelstößen) zur Empfehlung, daß bei der Auswahl von (wenigen) Beobachtungseinheiten für komplexe Beurteilungsaufgaben Zeitraumbeurteilungen gegenüber Zeitpunktbeurteilungen bevorzugt werden sollten.

Auch BALLREICH (1981) ermittelt bei der Beurteilung positionsbezogener Bewegungsmerkmale von Hochsprüngen (z.B. maximale Kniebeugung beim Absprung) sehr viel schlechtere Ergebnisse als bei der Einschätzung aktionsbezogener Bewegungsmerkmale (z.B. Absprungdauer, Absprungkrafteinsatz). Bei FROMME (1987) aber werden bei Weitsprüngen die Aktionsmerkmale verhältnismäßig ungenau eingeschätzt, dafür die Positionsmerkmale relativ gesehen besser (vgl. Tab. 22 sowie Abb. 77, S. 345).

Die Untersuchungen zur Fehleridentifikation bei Basketball-Sprungwürfen von HABERLAND (1985) und GLÜHER (1987) stützen insgesamt wieder tendenziell die o.a. Annahme einer besseren Beurteilbarkeit von Aktionen, während die Befunde aus der Beurteilung von Flick-Flacks von KUHN (1982) sowie von BUCHER und KLUTH (1983) kein eindeutiges Bild ergeben (vgl. Tab. 22).

EXAMENSARBEITEN	BEURTEILUNGSAUFGABE	BEURTEILUNGSQUALITÄT	
		AKTIONEN	POSITIONEN
KUHN (1982) BUCHER & KLUTH (1983)	Fehleridentifikation bei Flick-Flacks	Schubbewegung: o Flugphase: +	Sitzposition: − Handstand: +
HABERLAND (1985)	Fehleridentifikation bei Basketball-Sprungwürfen	Stopp: + Abwurf (Timing): −	Ellbogenhaltung: − Fußstellung: −
GLÜHER (1987)	Fehleridentifikation bei Basketball-Sprungwürfen	Stopp: +/o Abwurf (Timing): +/o Sprung −/− (Drehung/Landung) (Leistungsbasketballer / Nicht-Basketballer)	Ellbogenhaltung: o/− Fußstellung: o/−
FROMME (1987)	Beurteilung einzelner Bewegungsmerkmale beim Weitsprung	Schrittgestaltung: − Abstoß (Kraft): o Anlauf (Geschw.): o	Oberkörperhaltung: + Absprungposition: o (Abflugwinkel)

Tab. 22: Untersuchungsergebnisse zur Beurteilungsqualität von Aktionen und Positionen (+: gut, o: mittel, −: schlecht).

Bedenkt man die Vielzahl der Einflußgrößen auf die Bewegungsbeurteilung, so ist diese Widersprüchlichkeit der Ergebnisse nur scheinbar. Die visuelle Wahrnehmung einer Aktion bzw. Position, von welcher der Beurteilungsprozeß ja unmittelbar abhängt, wird nicht nur von der verfügbaren Wahrnehmungszeit beeinflußt - die ihrerseits aus der Bewegungsstruktur resultiert -, sondern bei jeder Beurteilung u.a. ebenfalls von der

- **Anzahl** der in der Beurteilungsaufgabe zu berücksichtigenden Beobachtungseinheiten,
- **zeitlichen Dichte**, in der die einzelnen Beobachtungseinheiten aufeinander folgen,
- **Reihenfolge**, d.h. Stellung der einzelnen Beobachtungseinheiten zueinander (vgl. Kap. 5.2.4.).

Außerdem ist davon auszugehen, daß bei der Fehleridentifikation und beim Vergleich mehrerer Bewegungsrealisationen untereinander das **Ausmaß der Abweichung** vom Sollwert bzw. von den zu vergleichenden Bewegungsausführungen deren Identifikation wesentlich mitbestimmt. Darüberhinaus sind die **Verflechtung** dieser Einflußgrößen miteinander sowie deren Wechselwirkung mit dem **Qualifikationsniveau** des Beurteilers als Bedingungen zu nennen, die bei der Einschätzung der Beurteilbarkeit von Aktionen und Positionen zu beachten sind. Nicht zuletzt sind die sinnesphysiologischen Bedingungen (retinale Winkelgeschwindigkeit des Sehobjekts, Beleuchtungsbedingungen usw.) auch an dieser Stelle von elementarer Bedeutung. Besonders hinzuweisen ist hierbei auf die Perspektive, aus der eine Bewegung beobachtet wird, d.h. auf den Beobachterstandort, der massiven Einfluß auf die Möglichkeit zur Beurteilung einzelner Aktionen und Positionen besitzt (TIDOW 1983; TIDOW u.a. 1984).

Aufgrund der Vielfalt und Verflochtenheit der Wirkungsfaktoren können Aussagen zur Beurteilbarkeit von Aktionen und Positionen nur unter Einbeziehung der jeweiligen konkreten Beurteilungsaufgabe und der Beobachtungsbedingungen getroffen werden.

5.2.3.3. Qualitative vs. quantitative Bewegungsmerkmale

Die Gegenüberstellung qualitativer und quantitativer Bewegungsmerkmale unter dem Gesichtspunkt der Anforderungen an den Beurteiler bereitet eine grundlegende Schwierigkeit. Quantitative (kinematische und dynamische) Bewegungsmerkmale sind auf der Basis allgemein anerkannter Übereinkünfte intersubjektiv definiert, während qualitative Bewegungsmerkmale - v.a. aufgrund ihrer relativ hohen Komplexität - inhaltlich schwer objektiv faßbar sind und daher stark subjektive Begriffsbestimmungen beinhalten, was sie einer empirisch orientierten wissenschaftlichen Bearbeitung bisher weitgehend verschließt (vgl. Kap. 4.3.1.2.).

Wie gut das Bewegungstempo, der Bewegungsfluß usw. im Vergleich zu z.B. Körpergelenkwinkel- oder Geschwindigkeitsmerkmalen beurteilbar sind, läßt sich schon aus diesem Grund nur mit Einschränkung empirisch überprüfen. Untersuchungen zu diesem Anliegen sind nicht bekannt.

Es ist aber anzunehmen, daß auch hier die in Verbindung mit der Beurteilbarkeit von Aktionen und Positionen genannten vielfältigen Einflußgrößen einen starken Einfluß auf das jeweilige Beurteilungsergebnis ausüben. Trotzdem lassen sich auf der Grundlage der Befunde von HAASE (1972; 1976) zur Bewertung von Übungen im Gerätturnen durch Kampfrichter, von THOMAS (1976a) zur Bewertung von Wettkampfleistungen im Wasserspringen durch Laien und Kampfrichter sowie von KLEIN (1983) zur Bewertung von Judowürfen durch Wettkämpfer und Kampfrichter (vgl. Kap. 5.2.2.2.) zwei generelle Annahmen formulieren.

   1. Qualitative Merkmale komplexer Bewegungsabläufe sind leichter zu beurteilen als quantitative, weil ihre Wahr-

nehmung keine besonders spezifischen und präzisen Vorstellungen vom Bewegungsablauf voraussetzt.

2. Die Bewertung qualitativer Merkmale unterliegt stärker subjektiven Vorstellungen seitens des Beurteilers als dies bei quantitativen Merkmalen der Fall ist, da bei ihnen keine allgemein anerkannte Begriffsbestimmung vorliegt. Die Folge ist eine geringere Beurteilungsobjektivität.

Nachfolgend wird näher auf die visuelle **Beurteilbarkeit quantitativer Bewegungsmerkmale** eingegangen, denn die Bewegungsbeurteilung - auch bei der Berücksichtigung qualitativer Merkmale - basiert immer auf der Wahrnehmung der räumlichen und der zeitlichen Dimension der Bewegung, die sich ihrerseits mittels der (quantitativen) kinematischen und dynamischen Bewegungsmerkmale beschreiben läßt. Letztlich sind es die kinematischen Merkmale, auf denen die Wahrnehmung aller Bewegungsmerkmale beruht (vgl. Abb. 51, S. 217).

Bezüglich der Zielstellung, mit der Bewegungsmerkmale beurteilt werden, lassen sich zwei Fälle voneinander unterscheiden.

1. Es soll die **Größe** (Quantität) eines oder mehrerer Merkmale (z.B. Körpergelenkwinkel, Entfernungen, Geschwindigkeiten, Beschleunigungen, Krafteinsätze) zu einem definierten Zeitpunkt oder in einem bestimmten Zeitraum festgestellt werden, um sie mit dem "**idealen Bewegungsablauf**" (Sollwert) vergleichen zu können. Dieses Ziel verfolgt die Leistungsbewertung im Wettkampf, aber auch die Bewegungsbeurteilung im motorischen Lernprozeß, wenn es dort um das Herausbilden der optimalen sportlichen Technik des Sportlers geht.

2. Im Mittelpunkt des Interesses steht die **Abweichung** bzw. **Übereinstimmung** von Bewegungsmerkmalen im Vergleich mehrerer Bewegungsausführungen. Im Training richtet sich die Bewegungsbeurteilung häufig "auf die Feststellung der Intensitätsänderung bzw. Konstanz eines oder mehrerer Bewe-

gungsmerkmale von Leistungsversuch zu Leistungsversuch" (BALLREICH 1981, 516). Voraussetzung für solche intraindividuellen Vergleiche ist es, daß bei jedem beobachteten Versuch die Ausprägung des jeweiligen Merkmals erkannt wird und daß diese Wahrnehmungen möglichst ohne Informationsverlust im Gedächtnis gespeichert werden können. Nur dann ist dieser Vergleich mehrerer Versuche realisierbar. Selbstverständlich kann sich ein solcher Vergleich auch auf verschiedene Sportler (interindividuell) beziehen, wenn das Interesse darin besteht, Leistungsunterschiede festzustellen.

Der Beurteiler kann sich bei intra- und interindividuellen Vergleichen von Bewegungsmerkmalen nicht ausschließlich auf die permanent gespeicherten idealen Sollwerte stützen. Da er stets mehrere Leistungsversuche neu im Gedächtnis behalten muß, sind bei dieser Zielstellung höhere Anforderungen an den Beurteiler zu erwarten als dann, wenn das Beurteilungsinteresse lediglich in der Identifikation von individuellen Abweichungen vom Bewegungsideal im Einzelversuch besteht.

Die Frage ist nun, wie gut einzelne quantitative Bewegungsmerkmale über die visuelle Wahrnehmung erfaßbar sind.

Aus der Praxis ist bekannt, daß es sehr große Unterschiede in der Fähigkeit zur detaillierten Beurteilung spezifischer Bewegungsmerkmale gibt. So erwähnt beispielsweise bereits MEINEL (1971, 126) den sowjetischen Trainer MARKOW, der wegen seiner überragenden Fähigkeit zur präzisen Erfassung von Bewegungsdetails als "Mann mit dem Kameraauge" bezeichnet wurde. BALLREICH (1981, 514) berichtet von einem Gespräch mit HOCHMUTH, demzufolge "manche Skisprungtrainer fähig sind, zeitliche Unterschiede im 0.01-Sekundenbereich in bezug auf den Absprungvorgang wahrzunehmen".

Bei der Einschätzung der Wahrnehmungsleistungen hinsichtlich der Beurteilungsgenauigkeit einzelner quantitativer Bewegungsmerkmale ist zunächst zu beachten, ob sie

- innerhalb einer **komplexen Beurteilungsaufgabe**, d.h. im Rahmen der Fehleridentifikation unter Beachtung mehrerer Beobachtungseinheiten zum gesamten Bewegungsablauf (z.B. bei der Leistungsbewertung im Wettkampf) oder
- durch **ausschließliche Konzentration** auf das betreffende Bewegungsmerkmal erzielt werden.

Die Beurteilbarkeit einzelner **räumlicher** und **zeitlicher** Bewegungsmerkmale bei **komplexen Beurteilungsaufgaben** läßt sich aus den bereits mehrfach genannten Gründen (Vielfalt und gegenseitige Verflechtung der Einflußgrößen) ebenfalls nur auf die Bedingungen der jeweiligen Beurteilungsaufgabe beziehen, aber nicht allgemeingültig einschätzen (vgl. auch TIDOW 1983, 254ff).

Auf die Darstellung von Untersuchungen, aus denen Einzelbeispiele zu dieser Fragestellung ableitbar sein könnten (z.B. BAUMANN 1986; vgl. auch die Ergebnisse in Tab. 22, S. 337), wird hier jedoch verzichtet. Es soll an dieser Stelle lediglich die generelle Vemutung geäußert werden, daß bei Beurteilungsaufgaben mit hohem Beurteilungsumfang von vornherein mit geringeren Wahrnehmungsleistungen bzw. mehr Fehlern oder Auslassungen bezüglich einzelner Bewegungsmerkmale zu rechnen ist als bei der Konzentration auf lediglich eine Beobachtungseinheit (vgl. Kap. 5.2.4.).

Allgemeingültige Aussagen zur Beurteilbarkeit von verschiedenen kinematischen und dynamischen Bewegungsmerkmalen sind mit weniger Einschränkungen möglich, wenn sich die Beurteilungsaufgabe jeweils nur auf ein **einzelnes Merkmal** bezieht.

Zu dieser Fragestellung findet sich in der Literatur nur eine Untersuchung.

BALLREICH (1981) berichtet von den Ergebnissen einer Examensarbeit von FASSMANN (1979), in der 29 Leichtathletik-Sprungtrainer folgende Bewegungsmerkmale von Flop-Hochsprüngen einzuschätzen haben:

- zwei **Zeitmerkmale** (Absprungdauer und Dauer der Absprungstreckung),
- zwei **Winkelmerkmale** (Kniegelenkwinkel des Sprungbeins bei Absprungbeginn und Kniegelenkwinkel des Schwungbeins im Abflugzeitpunkt),
- ein **Geschwindigkeitsmerkmal** (Anlaufgeschwindigkeit unmittelbar vor dem Absprung),
- ein **Kraftmerkmal** ("Absprungkrafteinsatz").

Die Aufgabe der Trainer besteht darin, die Ausprägung jedes Merkmals bei jeweils drei in der Realsituation beobachteten, aufeinanderfolgenden Sprüngen (über dieselbe Höhe) in eine Intensitäts-Rangfolge zu bringen. Zu jedem Sprung werden die biomechanischen Vergleichswerte bestimmt.

Die Untersuchungsergebnisse lassen sich in drei Aussagen zusammenfassen (BALLREICH 1981, 517):

"1. Zeit- und Geschwindigkeitsschätzung stimmen - auf dem Niveau einer Rangskala - in hohem Maße mit den biomechanischen Meßwerten überein.

2. Die Schätzung des Absprungkrafteinsatzes stimmt ... relativ gut mit den biomechanischen Meßwerten überein.

3. Die Schätzung der Körpergelenkwinkel stimmt ... nicht mit den biomechanischen Meßwerten überein."

In einer weiteren Erkundungsstudie zur Wahrnehmung quantitativer Bewegungsmerkmale untersucht FROMME (1987) im Rahmen der vorliegenden Arbeit eine etwas stärker auf die Trainingspraxis bezogene Fragestellung. Im Unterschied zu FASSMANN (1979), der eine globale Rangordnung zwischen den entsprechenden Merkmalen bei drei Leistungsversuchen herstellen läßt, müssen die Vpn bei FROMME (1987) lediglich zwei Versuche miteinander vergleichen, dabei aber auch Abstufungen zum Ausmaß festgestellter Abweichungen (auf Ordinalskalenniveau) vornehmen. Um subjektiven Vorstellungen entgegenzuwirken, was unter "etwas" bzw. "deutlich" schneller, länger, kürzer, kräftiger usw. zu verstehen ist, werden zu den Abstufungen jeweils konkrete Orientierungswerte angegeben (vgl. S. 314). Zusätzlich sind in der Untersuchung die Variablen "Beurteilungserfahrung" und "Theoretische Kenntnisse" berücksichtigt. Die Aufgabenstellung besteht in der Beobachtung von filmisch dargebotenen Weitsprüngen mit

- 2 **intraindividuellen** Einschätzungen zu den Merkmalen "Länge der letzten beiden Schritte" (Schrittlängengestaltung, $L_1 L_2$) und
"Absprunghaltung des Oberkörpers" (Oberkörpervor- bzw. -rücklage, ß)
bei jeweils 8 Weitsprüngen sowie in
- 3 **interindividuellen** Vergleichen zu den Merkmalen "Anlaufgeschwindigkeit beim Erreichen des Balkens" (v_A),
"Abstoßwinkel" (α) und
"vertikale Abstoßkraft" (F_v)
bei jeweils 4 Paarvergleichen.

(Weitere Einzelheiten sind bereits in Kap. 5.2.2.2. (S. 312ff) aufgeführt).
Die Aufgabenstellung umfaßt also insgesamt 2 Winkelmerkmale, 1 Längenmerkmal, 1 Geschwindigkeitsmerkmal und 1 Kraftmerkmal.
Bei der Auswertung können pro Vergleich 2 Punkte für eine richtige Einschätzung erreicht werden. 1 Punkt wird vergeben, wenn die abgegebene Schätzung tendenziell richtig ist, d.h., von der richtigen Lösung lediglich um eine Stufe auf der fünfstufigen Schätzskala abweicht.
Die Ergebnisse sind in Abb. 77 zusammengefaßt.

Die Beurteilungsleistungen zu den verschiedenen Bewegungsmerkmalen sind sehr unterschiedlich und mit einer Ausnahme **insgesamt** gesehen eher als mittelmäßig bis schwach einzustufen. Dies gilt übereinstimmend für die Gesamtstichprobe und alle untersuchten Gruppen. Eine relativ gute Übereinstimmung der Einschätzungen mit den biomechanischen Vergleichswerten weist lediglich das Merkmal "Oberkörperhaltung" (ß: Vor-, Rücklage) auf. Dies ist deshalb etwas erstaunlich, weil die zu erkennenden Abweichungen zur "aufrechten Position" von 90° maximal 2° betragen. Das zweite Winkelmerkmal (α: Abstoßwinkel) weist in den zu beurteilenden Sprungpaaren Differenzen bis zu 9° auf, wird aber deutlich schlechter eingeschätzt (durchschnittliche Punktzahl: 3.5 von 8 möglichen Punkten). Beide Winkelmerkmale verfügen

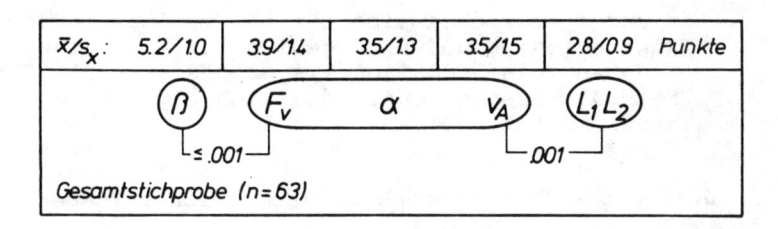

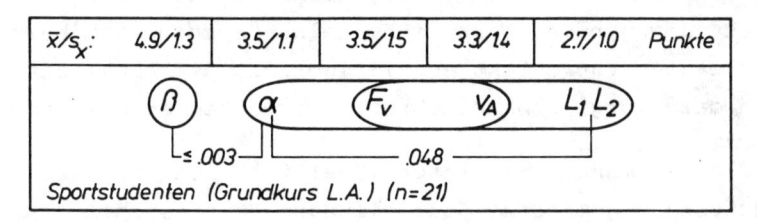

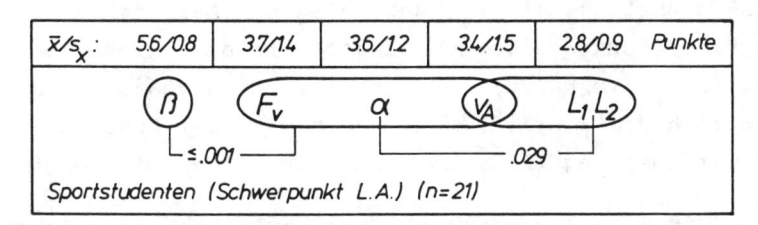

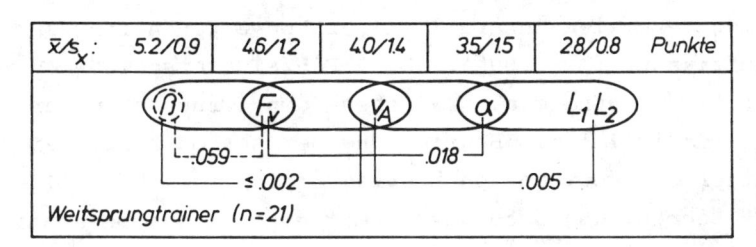

Abb. 77: Untersuchungsergebnisse zur Beurteilung quantitativer Bewegungsmerkmale bei Weitsprüngen (nach FROMME 1987).

- α : Abstoßwinkel (Winkel zwischen gestrecktem Sprungbein und der Horizontalen)
- β : Oberkörperhaltung (Winkel zwischen Oberkörper und der Horizontalen beim Verlassen des Bodens; von Vpn anzugeben: Abweichung zu 90°)
- F_v : vertikale Abstoßkraft
- v_A : Anlaufgeschwindigkeit (unmittelbar vor dem Absprung)
- L_1L_2 : Schrittgestaltung (Länge der letzten beiden Schritte im Vergleich zueinander).

$\bar{x}$ und s_x beziehen sich auf 8 maximal erreichbare Punkte (bei ß und L_1L_2 gewichtet). Die Signifikanzangaben weisen den jeweils größten p-Wert für die Merkmalsgruppen aus, die sich signifikant voneinander unterscheiden. (Weitere Erläuterungen im Text)

zwar über große Winkelschenkel, vermutlich ist aber die Lokalisation des sich um die Hüftachse relativ schnell rotatorisch bewegenden Winkelschenkels "Sprungbein" bezogen auf den letzten Fußkontakt schwieriger als die Lokalisation des sich dazu vergleichsweise ruhig verhaltenden Oberkörpers.

Gleichermaßen mittlerer Qualität ist auch die mit der Punkteskala gemessene Beurteilungsgüte hinsichtlich der vertikalen Abstoßkraft (F_v) und Anlaufgeschwindigkeit (v_A), deren biomechanische Vergleichsdaten relativ große Streuungen aufweisen. Verhältnismäßig schwer einzuschätzen sind offensichtlich die Schrittlängen und damit die Schrittgestaltung vor dem Absprung (L_1L_2: Längenunterschiede bis zu 36 cm).

Die Beurteilungsgüte variiert zwischen den einzelnen Bewegungsmerkmalen innerhalb aller Vpn-Gruppen insgesamt hochsignifikant ($p < .001$). Die Einzelunterschiede sind aus Abb. 77 zu entnehmen. Zwischen den Gruppen unterscheidet sich lediglich die Beurteilung der Abstoßkraft, bei der die Trainer den übrigen Vpn überlegen sind (s. S. 315). D.h., die Beurteilungsgüte ist - mit einer Ausnahme - unabhängig von der Beurteilungserfahrung und dem bewegungsspezifischen Kenntnisstand der Vpn, die allerdings alle keine Laien sind.

Vergleicht man die Untersuchungsergebnisse von FROMME (1987) mit denen von FASSMANN (1979), so sind folgende Übereinstimmungen und Unterschiede erkennbar (vgl. Tab. 23).

Der einzige übereinstimmende Befund betrifft die Einschätzung des **Krafteinsatzes** beim Absprung. Insbesondere Trainer können dieses dynamische, wahrnehmungsseitig nur aus der räumlichen und zeitlichen Struktur der beobachteten

Bewegung indirekt ableitbare Bewegungsmerkmal im Vergleich mehrerer Leistungsversuche (noch) relativ gut beurteilen.

Die **Anlaufgeschwindigkeit** wird in der Untersuchung von FROMME (1987) nicht so genau eingeschätzt wie bei FASSMANN (1979). Der Grund hierfür könnte in der filmischen Darbietung der Weitsprünge liegen. Durch Mitschwenken der Kamera bei den Filmaufnahmen verbleibt der Springer ständig etwa in der Bildmitte. Die Information über die Anlaufgeschwindigkeit muß von den Vpn also überwiegend aus der Relativbewegung der Anlaufbahn und des Hintergrundes zum Springer gewonnen werden. Daß dies nicht so gut gelingt wie bei der Geschwindigkeitseinschätzung in der Realsituation (bei den Hochsprüngen) ist verständlich.

Bezüglich der **Winkelmerkmale** sind die Befunde konträr. Vermutlich ist die Lokalisation der Winkelschenkel zu den

Untersuchte Merkmale	FASSMANN (1979) (Flop-Hochsprung)	FROMME (1987) (Weitsprung)
Geschwindigkeitsmerkmal: - Anlaufgeschwindigkeit (v_A)	+	o
Zeitmerkmale: - Absprungdauer - Dauer der Absprungstreckung	+	/
Winkelmerkmale: - Kniegelenk von Sprung- und Schwungbein - Abstoßwinkel (α) - Oberkörperhaltung (β)	− / /	/ o +
Längenmerkmal: - Schrittgestaltung ($L_1 L_2$)	/	−
Kraftmerkmal: - Absprung-/Abstoßkraft	o	o

Tab. 23: Untersuchungsergebnisse zur Einschätzung von quantitativen Bewegungsmerkmalen.

+, o, − : hohe bis gute, mittlere bzw. relativ gute, geringe Übereinstimmung der Schätzungen mit den biomechanischen Vergleichswerten;
/ : nicht untersucht.

von FASSMANN (1979) berücksichtigten Kniewinkeln (des Sprungbeins zu Absprungbeginn und des Schwungbeins zum Abflugzeitpunkt) infolge der hohen Bewegungsgeschwindigkeit schwieriger als das Erkennen der Position des gestreckten Sprungbeins und v.a. des Oberkörpers beim Weitsprung-Absprung. Gleichzeitig ist die Zeitdauer, in der die einzuschätzenden Kniewinkelstellungen - insbesondere zu Absprungbeginn - sichtbar sind, sehr kurz (im Bereich weniger Hundertstelsekunden).

Die geschilderten Untersuchungsergebnisse zur Einschätzung einzelner quantitativer Bewegungsmerkmale lassen keine gesicherte Aussage darüber zu, ob die Beurteilung von räumlichen gegenüber zeitlichen oder von kinematischen gegenüber dynamischen Merkmalen generell höhere Anforderungen stellt. Auch bei dieser Fragestellung sind der spezifische Beurteilungsgegenstand und die mit ihm verbundenen Wahrnehmungsbedingungen (insbesondere die Darbietungszeit, die retinale Winkelgeschwindigkeit und der Sehwinkel) wesentliche Einflußgrößen auf die Beurteilbarkeit der verschiedenen quantitativen Bewegungsmerkmale.

5.2.4. Beurteilungsumfang und Informationsdichte

Die Qualität, mit der eine Beurteilungsaufgabe gelöst werden kann, wird - gemäß der allgemeinen gedächtnispsychologischen Erkenntnisse (vgl. insbesondere Kap. 3.2.) - über die Anforderungen seitens des spezifischen Beurteilungsgegenstandes hinaus auch wesentlich von den Anforderungen an die Informationsverarbeitung und -speicherung bestimmt. Diese Anforderungen resultieren aus dem Beurteilungsumfang und der Informationsdichte.

Unter **Beurteilungsumfang** soll die Anzahl der im Beurteilungsprozeß **insgesamt** zu berücksichtigenden Beobachtungseinheiten (Aktionen, Positionen und/oder Bewegungsmerkmale) verstanden werden.

Als **Informationsdichte** wird die Anzahl der im Beurteilungsprozeß **pro Zeiteinheit** zu beachtenden Beobachtungseinheiten bezeichnet.

Die Informationsdichte ist damit von der verfügbaren Wahrnehmungszeit für den Beurteiler und dem in diesem Zeitraum zu bewältigenden Beurteilungsumfang abhängig. Zu dieser Problemstellung finden sich in der methodisch-didaktischen Literatur zwar allgemeine Hinweise, die das Vermeiden von Überforderungssituationen bei der Bewegungsbeobachtung betreffen, insbesondere in Verbindung mit der Herausbildung von Bewegungsvorstellungen im motorischen Lernprozeß. Empirische Befunde zu Auswirkungen der Informationsdichte auf die Bewegungsbeurteilung im Sport sind jedoch sehr selten.

5.2.4.1. Azyklische vs. zyklische Bewegungsabläufe

Die Anforderungen an den Beurteiler, die sich aus einer hohen Informationsdichte ergeben, reduzieren sich, wenn der Bewegungsablauf nicht nur einmal, sondern wiederholt beobachtet werden kann. Bei einmaliger Darbietung reicht die Zeit gewöhnlich nicht aus, um während des Wahrnehmungszyklus genügend viele angemessene Schemata für das Erkennen aller Details zu entwickeln, während dies bei mehrmaliger Beobachtung eher gelingt. Vorausgesetzt wird hierbei, daß die Bewegungsausführung im wesentlichen konstant bleibt. Während der ersten Beurteilung kann beispielsweise eine globale Unterscheidung zwischen einer fehlerfreien und fehlerhaften Ausführung vorgenommen werden (vgl. Kap. 5.2.3.1.), wobei möglicherweise Bewegungsfehler bereits mehr oder weniger genau identifiziert werden können. Bei den Bewegungswiederholungen kann dann mit gezielten Erwartungen beobachtet werden, was die Genauigkeit der Beurteilung erhöht.

Diese "Vorgehensweise" ist grundsätzlich bei zyklischen Bewegungsabläufen (Schwimmen, Rudern usw.) und innerhalb des motorischen Lernprozesses realisierbar. Beurteilungsaufgaben zu azyklischen Bewegungsabläufen, die für den Beurteilungsprozeß nicht wiederholbar sind (z.B. bei der Leistungsbeurteilung im Wettkampf), stellen höhere Anforderungen an den Beurteiler als solche, bei denen der Beurteilungsgegenstand wiederholt beobachtet werden kann.

Eine entscheidende Schwierigkeit bei der Beurteilung mehrerer Einzelheiten sportlicher Bewegungsabläufe besteht vermutlich im hohen Zeitverbrauch für die Wahrnehmung von komplexen Beobachtungseinheiten.

TIDOW u.a. (1984, 134) stellen bei der Beurteilung von "nur drei Beobachtungseinheiten" bei Kugelstößen immer noch eine sehr hohe Aufgabenschwierigkeit mit Auslassungen und Beurteilungsfehlern fest, die sie unter Berücksichtigung des registrierten Blickverhaltens dahingehend interpretieren,

> "daß viele Vpn offenbar für die Fixation bzw. Informationsaufnahme des zuerst beobachteten Sehinhalts relativ viel Zeit verbrauchten. Daraus folgte zwangsläufig, daß sich der verfügbare Beurteilungszeitraum für die anschließend zu fixierenden Phasenelemente erheblich verkürzte". Gleichzeitig verschlechterte sich die Beurteilungsleistung nachfolgender Sehinhalte.

WODNIOK (1983) findet bei der Beurteilung von Schwimmtechniken ebenfalls verhältnismäßig lange Verarbeitungszeiten für komplexe Beobachtungseinheiten. Im Rahmen seiner Voruntersuchungen zur Klärung, wieviele Schwimmzyklen im Hauptversuch pro Demonstration gezeigt werden sollen (vgl. S. 306ff), erhalten die Vpn (n=42) die Aufgabe, die "Armarbeit", "Beinarbeit" und "Wasserlage" zu beurteilen und nur anzugeben, was sie wirklich gesehen haben. Das Ergebnis sieht folgendermaßen aus:

- Die Darbietung von 2 Schwimmzyklen erweist sich als zu kurz, um die gestellte Aufgabe erfüllen zu können.

- Bei Darbietung von 3 Schwimmzyklen sind die Aussagen lückenhaft und lassen noch keine umfassende Aufgabenlösung zu.

- Erst die Darbietung von 4 Schwimmzyklen erbringt eine zufriedenstellende Bewältigung der Beurteilungsaufgabe.

Dies bedeutet für dieses Beispiel, daß für jede der sehr komplexen Beobachtungseinheiten im Durchschnitt mehr als 1 s Wahrnehmungszeit benötigt wird. In Bezug auf die Mindestzahl erforderlicher Bewegungszyklen bei der Beurteilung zyklischer Bewegungsabläufe die "Grundregel" ableiten zu wollen,

"Anzahl zu zeigender Bewegungszyklen $\hat{=}$
Anzahl der Beobachtungseinheiten + 1"

erscheint angesichts dieses Einzelbefundes jedoch sehr gewagt. Es ist aber durchaus denkbar, daß zunächst ein bis zwei Zyklen für die Entstehung eines Gesamteindrucks von der Bewegung mit der Lokalisation der zu berücksichtigenden Beobachtungseinheiten benötigt werden, bevor diese dann sukzessiv "abgearbeitet" und entsprechend im Gedächtnis gespeichert werden. Dabei entstehen relativ lange Verarbeitungszeiten.

Für diese Annahme spricht die vergleichsweise geringe Anzahl von Sakkaden in der Untersuchung von WODNIOK (1983) sowie deren weitere Reduzierung bei der Beobachtung fehlerhafter Demonstrationen (vgl. Tab. 24; zur Untersuchungsbeschreibung vgl. S. 306f). Letzteres trifft zwar in erster Linie auf die weniger qualifizierten Beurteiler (Sportstudenten) zu, gilt tendenziell aber ebenso für die höherqualifizierten Vpn (Schwimmtrainer).

Diese Beeinflussung des Blickverhaltens durch eine fehlerhafte Bewegungsausführung kann in den zahlreichen eigenen Untersuchungen zur Beurteilung **azyklischer** Bewegungen nicht nachgewiesen werden. Aufgrund der hohen Informationsdichte und der damit zusammenhängenden, sehr kurzen Wahrnehmungszeit pro Beobachtungseinheit wäre ein nachträgliches und/oder längeres Fixieren der Körperregion, in der ein Bewegungsfehler entdeckt wurde, auch kaum sinnvoll und häufig nicht möglich (vgl. Kap. 5.2.2.1., insbes. S. 300f). Die

		$\bar{x}$	s_x	t-Wert	p
Gesamt	SAK-K	5.20	.93	4.32	<.001
(n = 56)	SAK-F	4.75	.86		
Trainer	SAK-K	5.10	.99	1.85	.076
(n = 28)	SAK-F	4.78	.98		
Sportstud.	SAK-K	5.30	.87	5.07	<.001
(n = 28)	SAK-F	4.72	.74		

Tab. 24: Durchschnittliche Sakkadenanzahl bei der Beurteilung von Schwimmtechniken (WODNIOK 1983).
$\bar{x}$ und s_x beziehen sich auf jeweils 4 Schwimmzyklen.
SAK-K/SAK-F: Sakkadenanzahl bei korrekten/fehlerhaften Demonstrationen.

insgesamt relativ niedrigen Beurteilungsleistungen in allen eigenen Untersuchungen - selbst die von Experten - sind bereits an anderer Stelle erwähnt worden (vgl. S. 332). Ergänzend kann ein Ergebnis angeführt werden, das sich ebenfalls durchgängig in allen bislang geschilderten eigenen Untersuchungen zur Fehleridentifikation bei azyklischen Bewegungen zeigt: Im Mittel werden nur 1-2 Sakkaden, seltener 3 Sakkaden pro Sekunde ausgelöst. Es tritt dagegen häufiger der Fall auf - insbesondere bei höherqualifizierten Vpn -, daß während der Beobachtung der Bewegungsausführungen nach dem Anlauf, der Auftaktbewegung o.ä. gar keine Sakkaden vorkommen, sondern daß die Information über eine einzige Fixation während einer Augenfolgebewegung aufgenommen wird.

Die geschilderten Sachverhalte deuten ebenfalls darauf hin, daß die Fehleridentifikation bei komplexen Bewegungsabläufen verhältnismäßig lange Verarbeitungszeiten erfordert. Diese übersteigen die in gedächtnispsychologischen Un-

tersuchungen gefundenen visuellen Verarbeitungszeiten um
ein Vielfaches, was wiederum die vergleichsweise sehr hohen
Anforderungen bei der Bewegungsbeurteilung im Sport unterstreicht (vgl. hierzu auch den folgenden Abschnitt).

5.2.4.2. Simultane vs. sukzessive Beobachtungseinheiten

Bei komplexen Beurteilungsaufgaben, in denen mehrere Beobachtungseinheiten zu erfassen sind, entsteht häufig eine zusätzliche Schwierigkeit, welche die Anforderungen an den Beurteiler weiter erhöht und sehr leicht zu einer noch stärkeren Überforderung führen kann: Verschiedene Beobachtungseinheiten folgen nicht zeitlich nacheinander (sukzessiv), sondern sind gleichzeitig (simultan) zu beachten - z.B. wenn bei einem Absprung sowohl der Schwungbeineinsatz als auch der Armeinsatz beurteilt werden sollen.

In Verbindung mit der Bewegungsbeurteilung im Sport kann diese Problematik als weitgehend unerforscht gelten. Der verhältnismäßig hohe Zeitverbrauch für die Wahrnehmung eines Bewegungsmerkmals und die dadurch bedingte Verschlechterung der Beurteilungsleistungen zu den kurz darauf folgenden Merkmalen, die TIDOW u.a. (1984) aus ihren Untersuchungsergebnissen ableiten, ist bereits im vorigen Abschnitt angesprochen worden (vgl. S. 350f). Außerdem berichtet TIDOW (1983) von sehr schwachen Leistungen bei der Beurteilung von Simultanbewegungen bei Kugelstößen.

Aus den eigenen **Untersuchungen** zur Beurteilung sukzessiv aufeinanderfolgender und simultan auftretender Beobachtungseinheiten werden die Befunde zu fünf verschiedenen azyklischen Bewegungen vorgestellt.

In den Untersuchungen sind komplexe Beurteilungsaufgaben
zu erfüllen. Die Aufgabe besteht stets darin, bei in zufälliger Reihenfolge filmisch dargebotenen, fehlerfreien
und fehlerhaften Bewegungsdemonstrationen die ggfs. ge-

zeigten Bewegungsfehler zu erkennen. Die fehlerhaften Ausführungen enthalten immer mindestens zwei Fehler, wobei an dieser Stelle nicht zwischen ursächlichen bzw. Hauptfehlern und Folge- bzw. Nebenfehlern unterschieden wird.
Die nähere Beschreibung der Stichproben, Aufgabenstellungen usw. zu den einzelnen Untersuchungen ist in Verbindung mit ihrer ersten Anführung erfolgt und aus Kap. 5.2.2. bzw. - zu KUHN (1982) - aus Kap. 5.2.4.3. (S. 372f) zu entnehmen.

Die Beurteilung von Flick-Flacks durch Vpn mit einer wenig differenzierten Bewegungsvorstellung ergibt bei KUHN (1982) stark variierende relative Häufigkeiten zur Fehlererkennung in den verschiedenen Bewegungsphasen (vgl. hierzu Abb. 78). In der Sitzphase werden deutlich weniger Fehler identifiziert als in allen übrigen Bewegungsphasen. Die höchste Identifikationsrate weist die 1. Flugphase mit ihren großräumigen Fehlern auf. Für das Verständnis dieses Befundes ist die Klarstellung folgender Punkte wichtig. Die Flick-Flacks werden aus dem Araber (Radwende) geturnt. Daher läuft die Sitzphase sehr schnell ab (Dauer ca. 150 ms). Es treten in ihr meist mehrere Fehler simultan auf (vgl. hierzu Abb. 66, S. 281). Diese Fehler ziehen in der Streckphase ebenfalls mehrere Fehler nach sich, die sich z.T. noch bis in die Flug- und Handstandphase fortpflanzen.

BUCHER und KLUTH (1983, vgl. S. 290) reproduzieren in ihrer Untersuchung das Ergebnis von KUHN (1982) unabhängig von der Methode zur Schulung der Bewegungsvorstellung (Eigenrealisation vs. Theorie) sehr genau. Dies ist deshalb besonders interessant, weil in beiden Schulungsgruppen die Wichtigkeit der Sitzphase für das gute Ausführen des Flick-Flacks stark hervorgehoben wird. Möglicherweise ist es aber schwieriger, eine Vorstellung von der schwer wahrnehmbaren Sitzphase zu schaffen als von den übrigen Bewegungsphasen (insbesondere der Flugphase), wie ein Befund von REERS (1985) vermuten läßt. Auf der Basis einer ungenauen Bewegungsvorstellung ist die Sitzphase dann noch schwerer zu beurteilen, als dies aufgrund der Wahrnehmungsbedingungen

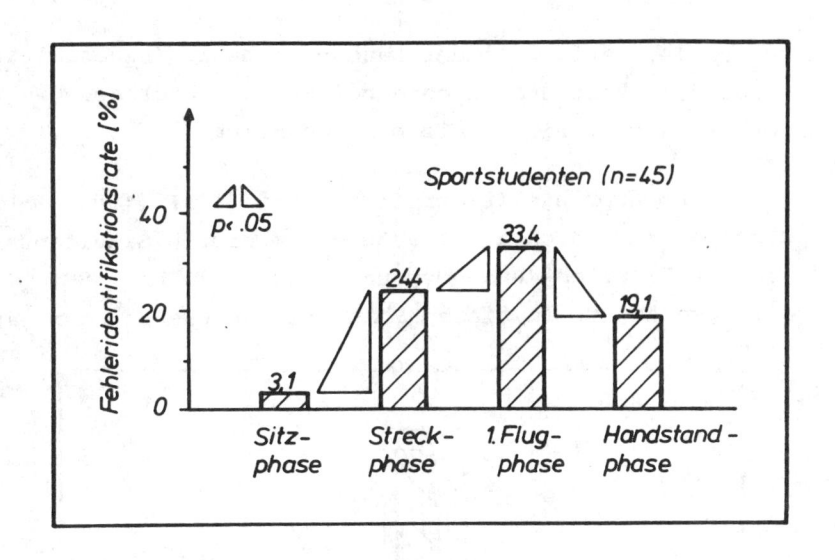

Abb. 78: Relative Häufigkeiten zur Fehleridentifikation in verschiedenen Bewegungsphasen bei der Beurteilung von Flick-Flacks (nach KUHN 1982).

ohnehin der Fall ist. Wahrscheinlich kommt es zu einer Verknüpfung mehrerer Faktoren. Da die abgeleiteten Erklärungsversuche im wesentlichen auch für die übrigen Untersuchungsergebnisse zutreffen, werden sie nach deren Darstellung synoptisch vorgenommen.

VAN BETTERAEY (1982) kommt bei der Beurteilung von Weitsprüngen zu Befunden, die auf den ersten Blick konträr zu denen von KUHN (1982) erscheinen (vgl. Abb. 79). Die höchste Fehleridentifikationsrate liegt zum schnell ablaufenden Absprung vor, die niedrigste zur Absprungvorbereitung. Vermutlich ist der Absprung eine räumlich und zeitlich gut antizipierbare Aktion im Gesamtverlauf der Bewegung, die visuell leichter erfaßbar ist als die flüchtige Sitzphase des Flick-Flacks zwischen zwei Flugphasen mit Rotationsbewegungen in Bewegungskombination mit dem Araber. Außerdem sind in den gezeigten Weitsprungdemonstrationen nur zwei fehlerhafte Absprünge enthalten (einmal ein einzelner und einmal zwei simultane Fehler). In der Flugphase treten mehrfach si-

multane Fehler auf, bei der Landung einmal. Insgesamt ist
die Fehlerhäufigkeit und -dichte bei den dargebotenen Weitsprüngen deutlich geringer als bei den Flick-Flacks.

Die Stabhochsprünge in der Studie von STORK (1983) haben
ihre höchste Fehlerdichte mit außerdem mehreren Simultanfehlern in der Einstich- und Absprungphase (vgl. Abb. 80). Die
Beurteilungsgüte ist in dieser Phase gleich wie bei den An-

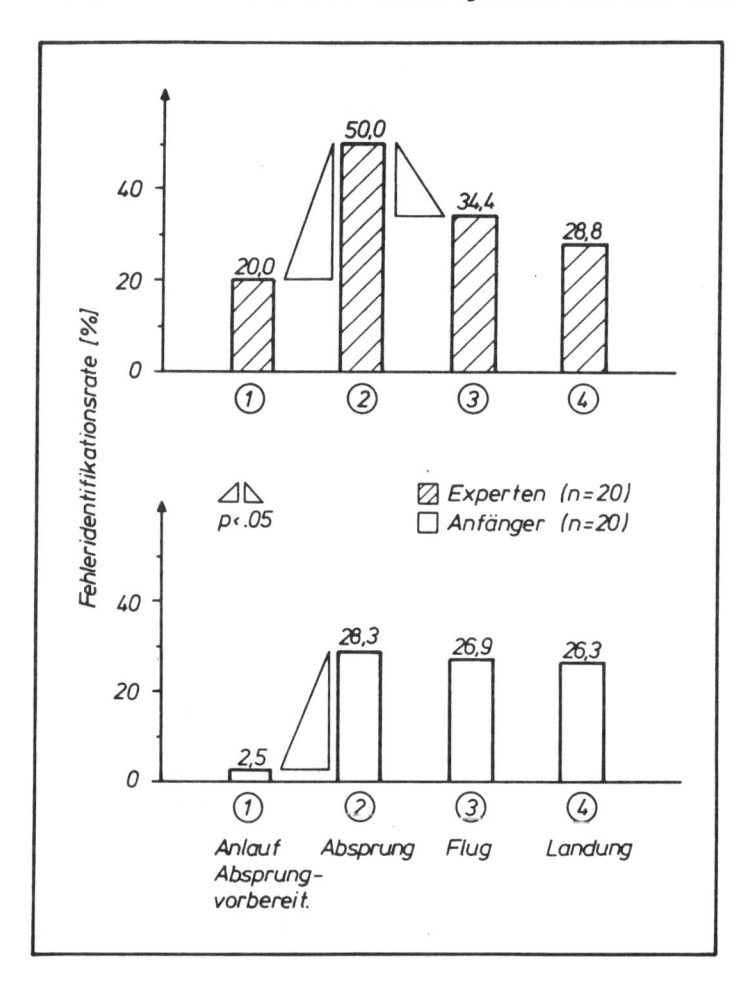

Abb. 79: Relative Häufigkeiten zur Fehleridentifikation in
verschiedenen Bewegungsphasen bei der Beurteilung
von Weitsprüngen (nach VAN BETTERAEY 1982).

läufen, die insbesondere bezüglich der Stabhaltung einzelne Fehler aufweisen. In der Phase zur Maximierung der KSP-Höhe und Lattenüberquerung werden erheblich mehr Fehler erkannt als in den davorliegenden Phasen. Auch hier sind mehrere kurz aufeinanderfolgende und simultan auftretende Fehler feststellbar.

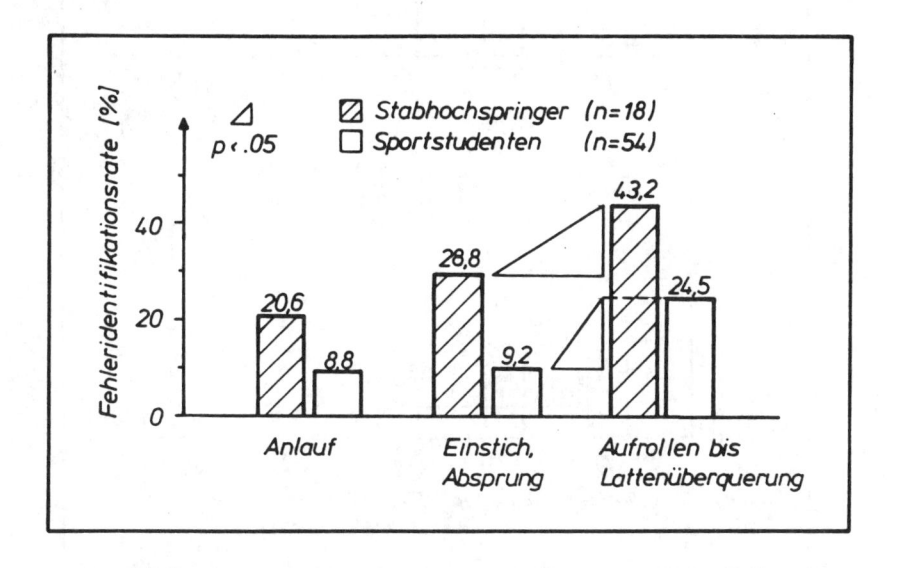

Abb. 80: Relative Häufigkeiten zur Fehleridentifikation in verschiedenen Bewegungsphasen bei der Beurteilung von Stabhochsprüngen (nach STORK 1983).

Ein anderes Bild ergibt sich in den Untersuchungen von VAN BETTERAEY (1982) zur Beurteilung von Kugelstößen und von GLÜHER (1987) zur Beurteilung von Basketball-Sprungwürfen, die von der Erscheinung her untereinander zu sehr ähnlichen Ergebnissen kommen (vgl. Abb. 81 und 82). Bei beiden Bewegungsabläufen werden sowohl in der vorbereitenden als auch in der abschließenden Bewegungsphase die meisten Fehler erkannt. In den dazwischenliegenden Phasen, die eine hohe Informationsdichte aufweisen, liegt die Identifikationsrate insgesamt signifikant niedriger.

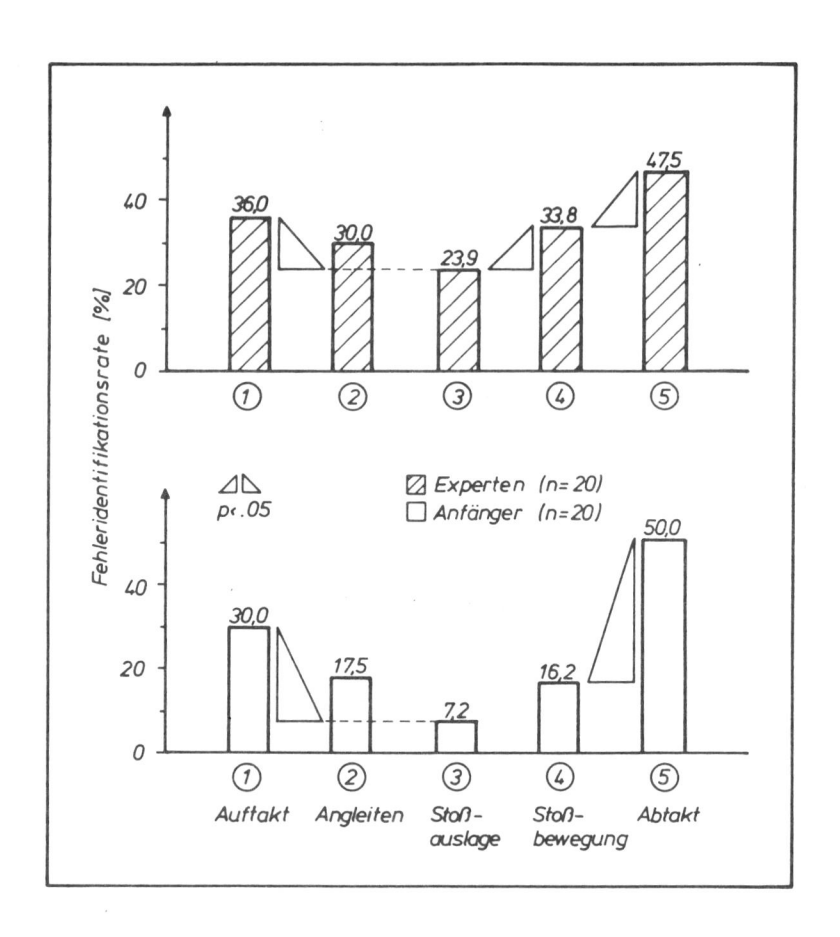

Abb. 81: Relative Häufigkeiten zur Fehleridentifikation in verschiedenen Bewegungsphasen bei der Beurteilung von Kugelstößen (nach VAN BETTERAEY 1982).

Bei den Kugelstößen beziehen sich die Fehler im Abtakt auf eine mangelnde Körperbalance, die in mehreren Fällen mit einem Verlassen des Stoßringes verbunden ist. Dieses Übertreten ist natürlich gut sichtbar und wird auch von den Vpn erkannt. Die Auftaktphase bei den Kugelstößen enthält nur wenige Fehler bei geringer Informationsdichte und guten Wahrnehmungsbedingungen (v.a. geringe retinale Winkelgeschwindigkeit der Bewegung).

Die Ergebnisse von VAN BETTERAEY (1982) befinden sich damit in guter Übereinstimmung mit denen von TIDOW (1983), der ebenfalls von relativ guten Beurteilungsleistungen zur Auftaktbewegung und schwachen zur Stoßauslage und zur Ausstoßbewegung berichtet. Die Abtaktbewegung mit ihren gut sichtbaren Fehlern hat TIDOW (1983) in seinen Analysen nicht berücksichtigt.

Beim Basketball-Sprungwurf sind die Landefehler, die sich in einem mangelnden Gleichgewicht und Zurückfallen des Werfers äußern, ähnlich leicht feststellbar wie die Fehler in der Körperbalance im Abtakt beim Kugelstoßen. Auch für den Stopp gilt im wesentlichen das gleiche wie für die Auftaktbewegung beim Kugelstoß. Eine verhältnismäßig lange Wahrnehmungszeit geht mit einer geringen Fehlerzahl einher.

Für die Interpretation der Verteilung der Fehleridentifikationsraten über die gesamte Bewegungsausführung, die hier exemplarisch etwas detaillierter vorgenommen wird, ist das Wissen um die Fehlerdichte und -gleichzeitigkeit bei den einzelnen Würfen wichtig. Fehlern im Sprung (Drehung um die Längsachse oder Sprung nach rückwärts) geht immer ein Fehler in der Stopp-Bewegung voraus. Außerdem geht der Sprung unmittelbar in die Wurfbewegung über bzw. überschneidet sich mit dieser. Möglicherweise führen anhaltende Verarbeitungsprozesse zu einem entdeckten Fehler aus der Stopp-Phase zu vermehrten Auslassungen in der Sprungphase, während der sich die Konzentration des Beobachters vermutlich ohnehin stärker auf die Wurfbewegung richtet. Die Simultanbeurteilung mehrerer Aktionen beim Wurf (z.B. Armführung, Abwurf im höchsten Punkt des Sprungs, Abklappen im Handgelenk) stellt aber eine Überforderung dar, die ebenfalls das

Übersehen von Fehlern mit sich bringt. Die zeitlich später liegende Landung mit einer vergleichsweise geringen Informationsdichte ergibt dagegen keine solchen hohen Anforderungen an die Wahrnehmungsfähigkeit der Beurteiler. Da die

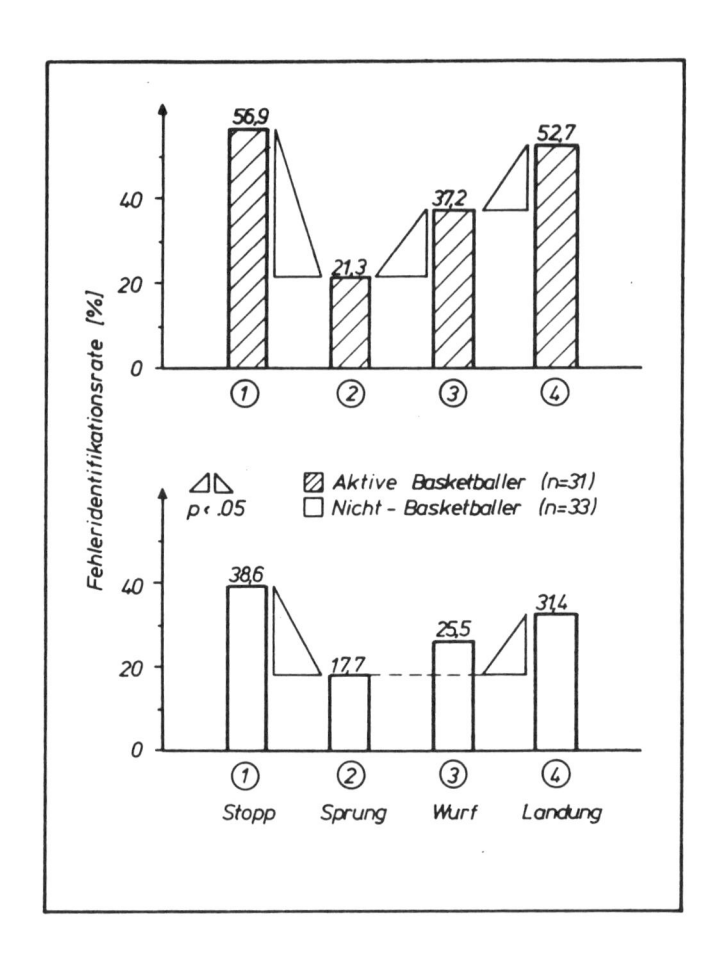

Abb. 82: Relative Häufigkeiten zur Fehleridentifikation in verschiedenen Bewegungsphasen bei der Beurteilung von Basketball-Sprungwürfen (nach GLÜHER 1987).

deutlich sichtbaren Landefehler viel Aufmerksamkeit auf sich ziehen, kommt es möglicherweise - eventuell in Verbindung mit einer sakkadischen Augenbewegung - zu einer retroaktiven Maskierung der Information aus der Wurf-Phase (vgl. Kap. 3.2.3.1.).

Eine übergreifende **Zusammenfassung** der Ergebnisse zur Identifikation von Bewegungsfehlern in komplexen Beurteilungsaufgaben, in denen mehrere Beobachtungseinheiten aufeinanderfolgen und z.T. gleichzeitig zu beachten sind, ergibt folgendes Bild:

1. Die insgesamt niedrigen Fehleridentifikationsraten verteilen sich sehr ungleich über die einzelnen Bewegungsphasen.

2. Nach überdurchschnittlich hohen Erkennensleistungen zu einer Bewegungsphase werden in der oder den folgenden Phase(n) häufig deutlich weniger Fehler identifiziert.

3. Auch vor solchen Phasen mit verhältnismäßig hohen Beurteilungsleistungen liegt die Identifikationsrate auffallend niedrig, während Gipfel in der relativen Häufigkeit zur Fehlererkennung in zeitlich dicht aufeinanderfolgenden oder gar in sich überschneidenden Bewegungsphasen nicht vorkommen.

4. In Phasen mit Simultanbeurteilungen und hoher Fehlerdichte werden meist weniger Fehler erkannt als in den übrigen Phasen.

5. In Phasen mit ungünstigen Wahrnehmungsbedingungen, d.h. mit kurzer Darbietungszeit und/oder hoher Winkelgeschwindigkeit, werden weniger Bewegungsfehler erkannt als in Phasen mit günstigeren Wahrnehmungsbedingungen.

6. Trotz einiger Unterschiede im Detail zeigt ein Vergleich der Vpn-Gruppen mit differenzierterer Bewegungsvorstellung gegenüber denen mit schlechter ausgeprägten Vorstellungen vom Bewegungsablauf - auf unterschiedlichen Niveaus - in der Tendenz eine Übereinstimmung in der Veränderung der Fehleridentifikationsraten über die verschiedenen Bewegungsphasen.

Diese Ergebnisse lassen mehrere **Schlußfolgerungen** zu.

1. Es treten sehr wahrscheinlich **Positionseffekte** auf. D.h., die Tatsache, daß weitere Beobachtungseinheiten nachfolgen bzw. andere vorausgehen, beeinflußt die Beurteilbarkeit einer Aktion bzw. Position im Bewegungsablauf. Da es sich bei den verschiedenen Beobachtungseinheiten aber weder um homogene noch um im gleichen Zeitabstand dargebotene Reize handelt, können diese Positionseffekte nicht ohne weiteres als Anfangs- bzw. Endpositionseffekte gedeutet werden

(vgl. hierzu Kap. 3.2.3.2.). Vermutlich führt der relativ hohe Zeitaufwand für die Kodierung und Speicherung entdeckter Auffälligkeiten im Bewegungsablauf zu kurzzeitigen Unterbrechungen bei der Informationsaufnahme in den Kurzzeitspeicher, um diesen vor Überlastung und Störung der andauernden Verarbeitungsprozesse zu schützen (vgl. hierzu auch Kap. 3.2.1.). Dies reduziert die Wahrscheinlichkeit der Übernahme von unmittelbar nachfolgender Information aus dem sensorischen Speicher in den Kurzzeitspeicher, weil die perzeptive Spur zwischenzeitlich schnell verblaßt.

Ein ähnlicher Effekt ist zu vermuten, wenn sich ein Beobachter bewußt auf eine Beobachtungseinheit konzentriert. Der Aufbau der erforderlichen Wahrnehmungschemata, der Zeit beansprucht, verhindert, daß für andere, zeitlich sehr nahe an der interessierenden Beobachtungseinheit liegende Reize adäquate Schemata entwickelt werden können (vgl. hierzu Kap. 3.1.). Der Beurteiler nimmt deutlicher wahr, worauf er sich konzentriert, sieht aber ansonsten zunächst nichts anderes. In diesem Fall könnte auch eine Beobachtungseinheit, die direkt vor dem Aufmerksamkeitsschwerpunkt liegt und die relativ gut visuell erfaßbar wäre, nicht beurteilt werden. Ein solcher Effekt würde beispielsweise die sehr niedrigen Beurteilungsleistungen zur Absprungvorbereitung gegenüber dem Absprung beim Weitsprung und die unerwartet geringen Identifikationsraten zu den verhältnismäßig leicht erkennbaren Fehlern in der darauffolgenden Flugphase verständlich machen.

Für das Entstehen von Positionseffekten ist jedoch nicht nur die Informations- bzw. Fehlerdichte von Bedeutung, sondern ebenfalls die Gesamtzahl der im Beurteilungsvorgang zu berücksichtigenden Beobachtungseinheiten und der tatsächlich auftretenden Fehler. Mit zunehmendem Beurteilungsumfang steigt die Gefahr, daß die Kapazität des Kurzzeitspeichers überschritten wird und es zu "echten" Anfangs- und Endpositionseffekten kommt. Einerseits werden dann die bereits besser gesicherten Gedächtnisinhalte aus dem Anfangsteil der Beobachtung erinnert und andererseits sind die zuletzt erfaßten Sehinhalte noch aus dem sensorischen Speicher verfügbar.

2. In enger Verbindung mit der Informationsdichte sind auch **Maskierungseffekte** zu sehen. Ziehen bestimmte Beobachtungseinheiten die Aufmerksamkeit auf sich, und es wird hierbei ein Fixationswechsel mit einer sakkadischen Augenbewegung vorgenommen, so kann kurz zuvor aufgenommene, noch nicht hinreichend kodierte und gespeicherte Information retroaktiv gelöscht werden (vgl. Kap. 2.3.4.1. und 3.2.3.1.). Während eines komplexen Bewegungsablaufs verändert sich das visuelle Reizmuster auf der Retina außerordentlich stark und sehr schnell. Es ist nicht auszuschließen, daß deutliche Richtungs-, Geschwindigkeits- oder Größenveränderungen im visuellen Reizmuster, die Aufmerksamkeit auf sich ziehen, auch bei einem kontinuierlichen Reizangebot zu Maskierungseffekten führen. Dies würde - abgesehen von den Wahrnehmungsbedingungen - u.a. erklären helfen, warum unmittelbar vor einem großräumigen Bewegungsfehler - beispielsweise in der Phase unmittelbar vor dem Übertreten beim Kugelstoß, vor dem Zurückfallen bei der Landung vom Basketball-Sprungwurf oder generell vor einem Sturz - eine reduzierte Fehleridentifikationsrate festzustellen ist.

3. Die Aufgabenstellung, **Simultanbeurteilungen** vornehmen zu müssen, verschlechtert die Beurteilbarkeit der einzelnen Beobachtungseinheiten. Der in dieser Beurteilungssituation beim Beobachter zwangsläufig auftretende "Selektions-Konflikt" (TIDOW 1983, 255) kann auf zweierlei Art "gelöst" werden:

a. Es kommt zu einer Aufmerksamkeitsspaltung im Sinne der **Distribution** der Aufmerksamkeit (vgl. Kap. 3.1.1.). Die aufgabenrelevante Information muß dann zum großen Teil para- bzw. extrafoveal aufgenommen werden. Eine Zentralisierung des Blickverhaltens mit einer geringen Zahl von Blickbewegungen könnte die resultierende Sehstrategie sein. Für diese Art der Lösung des 'Selektions-Konflikts' durch viele Vpn sprechen die in Kap. 5.2.2. angeführten Befunde zum Blickverhalten. Die Aufmerksamkeitsteilung verringert aber die Beurteilungsgüte der einzelnen 'beteiligten' Beobachtungseinheiten dadurch, daß keine von diesen deutlich genug wahrgenommen wird. Der Versuch, mehrere unabhängige Wahrnehmungschemata parallel zu entwickeln, benötigt mehr Zeit. Außerdem interferieren gleichzeitig existierende Schemata. Daher ist es nur schwer möglich, die hereinkommenden Informationen dem richtigen Schema zuzuordnen. Die Informationsaufnahme wird dadurch verzögert oder sogar ganz verhindert. Die Tatsache, daß höher qualifizierte Beurteiler bessere Beurteilungsleistungen zu Phasen mit Simultanbewegungen aufweisen als niedriger qualifizierte, deutet darauf hin, daß die Fähigkeit zur Entwicklung unabhängiger, simultan existierender Wahrnehmungsschemata lern- bzw. übungsabhängig sein könnte (vgl. hierzu Kap. 3.1.2.).

b. Der Beurteiler entwickelt eine Präferenz für bestimmte Fixationsorte im Sinne der **Konzentration** der Aufmerksamkeit auf eine einzige Beobachtungseinheit. In diesem Fall kann die wahrnehmungsmäßig bevorzugte Einheit zwar besser identifiziert werden, die Simultan-Einheiten werden aber mit großer Wahrscheinlichkeit übersehen, da für ihre Wahrnehmung keine adäquaten Schemata zur Informationsaufnahme entwickelt werden.

In komplexen Beurteilungsaufgaben sind also je nach der Reihenfolge und Dichte der Beobachtungseinheiten, dem Beurteilungsumfang sowie den jeweiligen Wahrnehmungsbedingungen verschiedene Aussagen zur Beurteilbarkeit einzelner Beobachtungseinheiten zu erwarten. Schon das Hinzunehmen einer weiteren oder Weglassen einer anderen Beobachtungseinheit in der Beurteilungsaufgabe kann den Wahrnehmungsprozeß entscheidend beeinflussen.

Ein wichtiger begrenzender Faktor bei der Beurteilung mehrerer sukzessiver Beobachtungseinheiten ist der **Zeitverbrauch** für deren Wahrnehmung. TIDOW (1983, 315f) gelangt auf der Basis sinnesphysiologischer und wahrnehmungspsychologischer Überlegungen zu einer erforderlichen Wahrnehmungszeit von mindestens 200 ms für jedes zu beurteilende Detail von Kugelstößen. SCHUBERT/ZEHL (1984, 246) sind der Ansicht, daß eine Wahrnehmungszeit von 250 ms überschritten werden muß, wenn Bewegungsdetails erkannt werden sollen. Ansonsten sei die Zeit für die Entstehung und Stabilisierung eines visuellen Abbildes zu kurz. Verlangt man von einem Beobachter das Identifizieren eines Bewegungsfehlers, so muß er das aufgebaute Bild eines Details zusätzlich mit dem gespeicherten Sollwert vergleichen und das Resultat im Gedächtnis speichern. Für diesen gesamten Vorgang erscheinen selbst 250 ms nicht ausreichend. Macht die Beurteilung von mehreren aufeinanderfolgenden Einzelheiten eines Bewegungsablaufs gar sakkadische Augenbewegungen notwendig, so ist ein noch wesentlich größerer Zeitabstand zwischen sukzessiv zu berücksichtigenden Beobachtungseinheiten erforderlich. Dieser kann möglicherweise mehr als 500 ms betragen.

Die Schlußfolgerung kann nur lauten, daß eine Beschränkung auf wenige Beobachtungseinheiten bei der Beurteilung von azyklischen, schnell ablaufenden Bewegungen erfolgen muß. Die Darbietungszeit vieler azyklischer Bewegungsabläufe besitzt eine Größenordnung von ca. 1 s. Dies bedeutet, daß höchstens zwei bis drei Beobachtungseinheiten sinnvoll sind, wenn das Ziel eine detaillierte Beurteilung ist. Voraussetzung dabei ist aber die weite Streuung dieser Einheiten über den gesamten Bewegungsablauf. Je nach Stellung der interessierenden Details im zeitlichen Verlauf der Bewegung kann es auch ratsam sein, den Beurteilungsumfang auf zwei Einheiten zu reduzieren oder sich gar von vornherein auf eine einzige zu beschränken. Dies sollte zugunsten der Beurteilungsgenauigkeit immer dann getan werden, wenn z.B. im Techniktraining eine Wiederholung der Bewegungsausführung zur Beurteilung weiterer Bewegungsdetails problemlos möglich ist (z.B. bei Würfen, Stößen, Schlägen). Eine präzise Rückmeldung zu einem Bewegungsmerkmal ist der unscharfen Beurteilung mehrerer Merkmale vom lerntheoretischen Standpunkt aus stets vorzuziehen.

Auf **Simultan-Beurteilungen** sollte möglichst verzichtet werden, da die entstehende Überforderungssituation grundsätzlich entweder Auslassungen oder aber unpräzise Wahrnehmungen erwarten läßt.

Während also für die Bewegungsbeurteilung im **motorischen Lernprozeß** begründete Empfehlungen zur Vermeidung von Überforderungssituationen gegeben werden können, bereitet dies für die Leistungsbeurteilung im **Wettkampf** größere Probleme.

Die einmalige Leistungsdarbietung macht es nach der gegenwärtigen Praxis erforderlich, die Qualität der Bewegungsausführung auf der Basis eines einzigen Beobachtungsvorgangs möglichst vollständig und fehlerfrei zu erfassen. Nach den obigen Ausführungen steht außer Zweifel, daß es je nach Beurteilungsgegenstand zwangsläufig zu mehr oder weniger großen Auslassungen, Ungenauigkeiten und Wahrnehmungsfehlern kommen muß. Die Praxis hat zwar eine Reihe von Vorgehensweisen entwickelt, um die Auswirkungen von individuellen Beurteilungsfehlern auf das Leistungsergebnis zu reduzieren (vgl. hierzu Kap. 4.6.). Die Überforderung der visuellen Leistungsfähigkeit von Wettkampfrichtern dokumentiert sich aber in der Praxis immer wieder.

Angesichts des fortgeschrittenen technischen Entwicklungsstandes wäre es daher sinnvoll, sich auch in Wettkämpfen der visuellen Medien als Hilfsmittel bei der Leistungsbeurteilung zu bedienen. Daß dies bislang nicht geschieht, scheint angesichts der Selbstverständlichkeit, mit der man in den cgs-Sportarten den technischen Fortschritt zur Leistungsfeststellung (z.B. optische Entfernungsmessung, Zeitmessung über Lichtschranken, Druckkontakte etc., Zuhilfenahme von Zielfotos bei der Festlegung von Plazierungen) benutzt, in vielen Sportarten eher ein prinzipielles als ein technisches Problem zu sein.

Der resultierende Zeitaufwand könnte annehmbar bleiben, wenn man die Verwendung von z.B. Videoaufzeichnungen auf Zweifelsfälle in der Leistungsbewertung (große Abweichungen zwischen den Kampfrichtern) und auf die Beurteilung von sehr schnellen, kurzzeitigen Leistungsdarbietungen (z.B. Sprünge) einschränken würde (vgl. hierzu auch Kap. 6.2.2.).

5.2.4.3. Beobachtung in der Realsituation vs. mediengestützte Beobachtung

Kann ein Bewegungsablauf wiederholt beobachtet werden, so stellt seine Beurteilung wesentlich geringere Anforderungen. Der Beurteiler kann seine Aufmerksamkeit bei den verschiedenen Demonstrationen nacheinander auf unterschiedliche Beobachtungseinheiten richten, was den Beurteilungsumfang und die Informationsdichte für den einzelnen Beurteilungsvorgang erheblich herabsetzt.

Die Benutzung eines **Aufzeichnungsmediums** (Video, Film) eröffnet zusätzlich die Möglichkeit einer **verlangsamten Darbietung** der Bewegung, evtl. auch die Betrachtung von Standbildern. Das Aufzeichnen eines Bewegungsablaufs und dessen **zweidimensionale Wiedergabe** bedeuten aber eine Veränderung der sinnesphysiologischen Bedingungen der visuellen Informationsaufnahme.

Da wegen der fehlenden Querdisparation kein **räumliches Sehen** möglich ist, können für die Entstehung eines Tiefeneindrucks lediglich monokulare Tiefenkriterien (z.B. scheinbare Gegenstandsgröße, Verdeckungen) herangezogen werden (vgl. Kap. 2.4.). Dies erschwert die Wahrnehmung der Tiefenverlagerung der zu beurteilenden Gesamtbewegung bzw. einzelner Körperteile.

Durch ein Mitschwenken der Kamera wird bei Film- oder Videoaufzeichnungen die **lokomotorische Komponente** einer Bewegung gewöhnlich reduziert bzw. (weitgehend) ausgeglichen, so daß der aufgenommene Sportler auein in geringerem Umfang gleitende Augenfolgebewegungen.

NICKEL (1979) schlägt zur Verbesserung der Beurteilbarkeit von Rotationsbewegungen um die Körperquerachse (z.B. Salti) noch weitergehend eine "Drehkamera" vor, um auch die rotatorische Bewegungskomponente auszugleichen.

Wie sich diese - meist zunächst nur unterstellten - Verbesserungen der Wahrnehmungsbedingungen bzw. der Informationsdarbietung tatsächlich auf den Wahrnehmungsprozeß auswirken, z.B. auf das Blickverhalten, ist in Verbindung mit sportbezogenen Fragestellungen bislang unerforscht.

Aus diesem Grund vergleicht LOHNHERR (1981) das von NEUMAIER (1979) bei der Beobachtung filmisch dargebotener Übungsteile aus dem Bodenturnen ermittelte Blickverhalten mit dem Blickverhalten bei der Beobachtung der gleichen Übungsteile in der Realsituation.

- Stichprobe: 19 Leistungsturner, 19 Nicht-Turner (Sportstudenten ohne Turnausbildung);

  Vergleichsstichprobe von NEUMAIER (1979): 30 Leistungsturner, 32 Nicht-Turner;

- Aufgabenstellung: Beobachtung von 3 Übungsbahnen, die je zweimal nacheinander von einem Turner vorgeführt werden (Anlauf - Handstützüberschlag - Flugrolle - Kopfüberschlag; Anlauf - Salto vw.; Anlauf - Araber - Salto rw.);

- Vorgehensweise: Sehwinkel, Übungszusammenstellung, Darbietungsfolge und -richtung usw. werden der Untersuchung von NEUMAIER (1979) angeglichen.

Im vorliegenden Zusammenhang sind folgende Ergebnisse von besonderem Interesse.

1. Die grob identifizierbaren Fixationsbereiche weisen keine Unterschiede auf.

2. Die Streuung der Fixationsorte ist in beiden Untersuchungen relativ groß und nicht verschieden.

	F	p			$\bar{x}$	s_x
			BED:	LN		
BED	47.33	<.001	Film:	NTU	30.6	8.4
				LTU	34.2	9.9
LN	3.18	.078	Realsit.:	NTU	18.0	4.6
				LTU	20.4	7.0
BED/LN	.04	.840	Gesamt:	Film	32.3	9.1
				Realsit.	19.2	6.0

Tab. 25: Sakkadenanzahl bei der Beobachtung turnerischer Übungsteile unter verschiedenen Wahrnehmungsbedingungen (nach LOHNHERR 1981).

BED: Wahrnehmungsbedingung
(filmische Darbietung vs. Realsituation);
LN : Leistungsniveau der Vpn
(NTU: Nicht-Turner, LTU: Leistungsturner).

3. In der Realsituation wechseln die Vpn allerdings ihren Fixationsort deutlich weniger oft als bei der Filmdarbietung, d.h., die Sakkadenanzahl liegt wesentlich niedriger (vgl. Tab. 25).

4. Die Anzahl antizipatorischer Sakkaden, d.h. der Bewegung vorausgehender Blicksprünge, ist bei filmischer Darbietung der Übungsteile höher (vgl. Tab. 26).

5. Die Amplitude sakkadischer Augenbewegungen ist bei der Beobachtung in der Realsituation geringer (p =.037).

Demnach beeinflußt also die Darbietungsweise einer Bewegung das Blickverhalten. Die Erhöhung der Sakkadenanzahl bei **filmischer Präsentation** von Bewegungsabläufen kann sowohl negativ als auch positiv für die visuelle Informationsaufnahme betrachtet werden. Sie wirkt sich insofern positiv aus, als daß der Blick beim Wegfallen des (translatorischen) Mitverfolgens der Lokomotion des Sportlers freier für das Erfassen von mehr Details wird. Interessant ist dabei, daß es bei der Filmbeobachtung zu mehr antizipatorischen Blickbewegungen kommt - selbst bei den Beobachtern mit weniger differenziert ausgeprägter Bewegungsvorstellung (vgl. Tab. 26). Dadurch könnte einer Gefahr entgegengewirkt werden, die bei einer Zunahme der Sakkadenanzahl besteht. Diese Gefahr liegt darin, daß trotz der Fixation von mehr Bewegungsdetails weniger wahrgenommen wird, weil durch die sakkadische Suppression, evtl. zusätzlich mit retroaktiver Maskierung, die Informationsaufnahme häufiger unterbrochen wird. Durch antizipatorische Sakkaden könnten "Totzeiten" möglicherweise auf Zeiträume verlagert werden, in denen weniger interessierende Bewegungsteile ablaufen.

		Streuung	χ^2	p
Film:	NTU	0 - 4	27.177	.001
	LTU	0 - 14		
Realsit.:	NTU	0	9.344	.047
	LTU	0 - 6		
Gesamt:	Film	0 - 14	20.274	.005
	Realsit.	0 - 6		

Tab. 26: Anzahl antizipatorischer Sakkaden bei der Beobachtung turnerischer Übungsteile unter verschiedenen Wahrnehmungsbedingungen (nach LOHNHERR 1981). (Legende s. Tab. 25)

In der **Realsituation** werden großräumige Ortsveränderungen eines Sehobjekts stets mit Hilfe von Kopfbewegungen und häufig auch unter Einsatz von Ganzkörperbewegungen kompensiert. Die erforderliche Augen-Kopf-Koordination scheint beiden Untersuchungsgruppen (Turner vs. Nicht-Turner) gleich gut zu gelingen, da kein Unterschied in der Sakkadenanzahl vorliegt (p >.05; vgl. Tab. 25). Dieser Befund steht im Gegensatz zu dem von MIWA u.a. (1972), die bei sportlichen Könnern gegenüber Anfängern eine bessere Augen-Kopf-Koordination fanden. In der Untersuchungen von LOHNHERR (1981) sind die "Nicht-Turner" allerdings keine sportlichen Anfänger, sondern Sportstudenten, die im Beobachten von Bewegungen nicht als Laien angesehen werden können.

Die nicht-sportbezogenen Befunde zur **Anzahl sakkadischer Augenbewegungen** mit und ohne **Kopfbewegungen** sind zwar widersprüchlich, es besteht aber allgemeine Übereinstimmung bezüglich der engen Verbindungen zwischen dem vestibulären System und dem visuellen System, insbesondere zur Okulomotorik (vgl. hierzu z.B. MELVILLE JONES 1964; BARTZ 1966; FLEMING u.a. 1969; MEIRY 1971; BARNES 1979; PELISSON/PRABLANC 1987). Beim Festlegen der **Amplitude** von Sakkaden spielen vestibuläre Signale beispielsweise eine übergeordnete Rolle. Eine Reizung des vestibulären Systems während eines Beobachtungsvorgangs führt zu einer Verringerung der Sakkadenamplitude (FLEMING u.a. 1969). Dies steht in Übereinstimmung mit den eigenen Untersuchungsergebnissen.

Die Notwendigkeit zu einem ständigen Ausgleichen der Lokomotion des Sportlers durch Augenfolgebewegungen und/oder kompensatorische Kopfbewegungen wirkt sich dahingehend aus, daß der Blick länger an einem einmal fixierten Körperteil haften bleibt. Der Blick wird gewissermaßen von der translatorischen Komponente der beobachteten Bewegung "gefesselt". Dies könnte bedeuten, daß im visuellen System die **Position** des sich bewegenden Sehobjekts Vorrang vor dessen **Identifikation** besitzt (BARTZ 1966), was einer Erschwerung der Detailwahrnehmung bei der Bewegungsbeobachtung in der Realsituation gegenüber Filmdarbietung gleichkäme.

Einschränkend ist zu erwähnen, daß die Befunde von NEUMAIER (1979) und LOHNHERR (1981) nicht in Verbindung mit einer Beurteilungsaufgabe, sondern im Rahmen einer freien Beobachtung der turnerischen Übungsteile gewonnen wurden. Darüber, ob sich die spezifische Aufgabenstellung "Bewegungsbeurteilung" verändernd auf die dargestellten Befunde auswirken würde, lassen sich nur Vermutungen anstellen, da entsprechende Vergleichsuntersuchungen fehlen. Es ist in Anlehnung an die vorliegenden Untersuchungsergebnisse zum Einfluß der Vorinformation denkbar, daß sich die Anzahl der Sakkaden bei höherqualifizierten Vpn bei einer Beurteilungsaufgabe in der Realsituation weiter reduziert (vgl. hierzu Kap. 5.2.2.), es aber aufgrund der bleibenden vestibulären Reizung insgesamt bei den festgestellten Phänomenen bleibt.

Im Falle der mediengestützten Beobachtung (Film, Video) interessiert weiter die Auswirkung einer **verlangsamten Bewegungsdarbietung** auf das **Blickverhalten** und die **Beurteilungsgüte**. Untersuchungen zu dieser Frage sind aus der Literatur nicht bekannt. Zum Einfluß von Zeitlupenprojektionen (12 statt 24 Bilder/s) auf die Bewegungsbeurteilung und dem dabei gezeigten Blickverhalten liegen Ergebnisse aus zwei eigenen Untersuchungen vor.

KUHN (1982) findet bei der Beurteilung von Flick-Flacks durch unerfahrene Vpn keine generelle Verbesserung in der Fehleridentifikation bei Zeitlupendarbietungen gegenüber Normalgeschwindigkeitsprojektionen ($p > .05$). Es tritt auch kein allgemeiner Reihungseffekt auf, d.h., der jeweils an zweiter Stelle gesehene Flick-Flack wird nicht grundsätzlich genauer beurteilt ($p > .05$).

- Stichprobe: 40 Sportstudentinnen, die den Flick-Flack weder turnen können noch eine ausgeprägte Bewegungsvorstellung von ihm haben;

- Aufgabenstellung: Fehleridentifikation bei 14 abwechselnd in Zeitlupe (12 Bilder/s) und Normalgeschwindigkeit (24 Bilder/s) filmisch dargebotenen Flick-Flacks

(6 fehlerfreie, 8 fehlerhafte); je 2 aufeinanderfolgende Flick-Flacks sind identisch;

- Vorgehensweise: vor der Beurteilungsaufgabe Darbietung von 6 fehlerfreien Flick-Flacks (3mal Zeitlupe, 3mal Normalgeschwindigkeit); zur Überprüfung von Reihungseffekten Bildung von 2 Untergruppen mit je 20 Vpn; in einer Untergruppe beginnt die Darbietungsfolge mit Normalgeschwindigkeits-, in der anderen mit Zeitlupenprojektion.

KUHN stößt jedoch auf eine Wechselwirkung zwischen Darbietungsgeschwindigkeit und Reihenfolge der Darbietung des jeweiligen Flick-Flacks in Normalgeschwindigkeit und Zeitlupe (vgl. Tab. 27). Die Fehleridentifikationsrate liegt bei verlangsamter Darbietung deutlich höher ($p < .001$), wenn der Flick-Flack zuvor schon einmal in Normalgeschwindigkeit gesehen wurde (UG1). Demnach kann die Zeitdehnung von den - unerfahrenen - Vpn für eine verbesserte Informationsaufnahme nur dann genutzt werden, wenn schon Vorinformation im Sinne der gezielten Vororientierung (vgl. S. 325ff) über den Beurteilungsgegenstand vorliegt.

	$\bar{x}_{NG}$	$\bar{x}_{ZL}$	p
UG 1	6.0 (±2.1)	8.6 (±2.6)	.004
UG 2	6.7 (±2.4)	6.8 (±2.3)	.863
p	.189	.015	Wechselwirkung: $p < .001$

Tab. 27: Auswirkung von Darbietungsgeschwindigkeit und Reihenfolge der Darbietung auf die mittlere Anzahl der Fehleridentifikationen bei der Beurteilung von Flick-Flacks.

NG/ZL: Normalgeschwindigkeit/Zeitlupe;
UG1: zuerst NG, dann ZL; UG2: umgekehrt; n=20/20.
Die Mittelwerte beziehen sich auf je 4 fehlerhafte Flick-Flacks.

Bezüglich der Lage der **Fixationsorte** läßt sich ein Unterschied erkennen (p < .001). In 95 von 120 ausgewerteten Einzelphasen zu den Zeitlupendarbietungen (79.2%) liegt der Schwerpunkt der von den Fixationsorten aufgespannten Polygone auf dem Körper der Turnerin, welche die Flick-Flacks demonstriert. Bei Normalgeschwindigkeit trifft dies lediglich in 67 von 120 Fällen zu (55.8%). Abb. 83 enthält ein Beispiel, bei dem sich die Fixationsschwerpunkte aus der Normalgeschwindigkeits- und Zeitlupenbetrachtung - mit Ausnahme der Landephase - durchgängig hochsignifikant voneinander unterscheiden. Bei Normalgeschwindigkeitsdarbietung scheinen die Fixationen die Turnerin - die den Flick-Flack aus dem Araber ausführt - häufiger zu "verlieren", während es den Vpn bei Zeitlupe besser gelingt, die Turnerin mit den Augen "festzuhalten".

Unterschiede in der **Streuung** der Fixationsorte sind nicht feststellbar (p > .05). Sie ist bei beiden Darbietungsgeschwindigkeiten relativ hoch (vgl. Abb. 83). D.h., die Fixationsorte werden unabhängig von der Darbietungsgeschwindigkeit stark von individuellen Präferenzen, bei diesen unerfahrenen Vpn vermutlich auch wesentlich von Zufälligkeiten bestimmt.

Die Anzahl der **Sakkaden** ist bei Betrachtung der Flick-Flacks in Zeitlupe gegenüber Normalgeschwindigkeit erhöht (p = .008). Vergleicht man die zugehörigen Mittelwerte ($\bar{x}_{NG}$ = 1.15 ± 0.37 Sak./Flick-Flack; $\bar{x}_{ZL/2}$ = 1.36 ± 0.45 Sak./Flick-Flack), so ergeben sich allerdings keine großen numerischen Unterschiede.

Aus diesem Grund sollte man hier trotz statistischer Signifikanz eher von einer leichten als von einer deutlichen Erhöhung der Sakkadenanzahl bei Zeitlupendarbietung sprechen.

Abb. 84 zeigt vier **Fallbeispiele** zum **Blickverhalten** bei der Präsentation eines Flick-Flacks, der mehrere Bewegungsfehler aufweist.

- Vp A löst bei Normalgeschwindigkeitsdarbietung des Flick-Flacks 5 (!) Sakkaden aus. Zu Bewegungsbeginn versucht sie möglicherweise, Information zur Sitz- und Streckphase zu gewinnen, wie die Fixationen im Fuß-/Beinbereich vermuten lassen. Gegen Bewegungsende (in der Handstand- und zweiten Flugphase) verfehlen die Sakkaden der Vp die Turnerin deutlich. Vp A identifiziert keinen einzigen Fehler, auch nicht die deutlich sichtbare, mangelhafte Körperstreckung in der Handstandphase. Ursache ist vermutlich in erster Linie die insgesamt lange "Totzeit" in der Informationsaufnahme aufgrund der wiederholten sakkadischen Suppression und - wahrscheinlich damit zusammenhängend - zudem die Ungenauigkeit der Fixationen im letzten Bewegungsteil.

- Vp D führt zwar ebenfalls 5 Blicksprünge aus, dies aber im doppelten Zeitraum (Zeitlupendarbietung des Flick-Flacks). Auch ihre Fixationsgenauigkeit ist im Bewegungsverlauf z.T. sehr gering. Trotzdem gelingt der Vp D die Identifikation der fehlerhaften Beinhaltung in der Handstandphase durch offensichtlich parafoveale Informationsaufnahme.

- Vp B, die den Flick-Flack ebenfalls in Zeitlupe sieht, hat ihren Blick zu Beginn des Flick-Flacks in Höhe des Rückens/Gesäßes der Turnerin fixiert. Von hier aus erfaßt sie die gesamte Bewegung ohne Sakkaden mittels einer gleitenden Augenfolgebewegung (die wegen der filmischen Darbietung des Flick-Flacks eine relativ geringe horizontale Amplitude und Geschwindigkeit aufweist). Die Vp erkennt lediglich den o.a. Haltungsfehler der Beine.

- Vp C betrachtet den Flick-Flack in Normalgeschwindigkeit. Sie springt mit ihrem Blick nach der Landung der Turnerin aus dem Araber während der Sitzphase auf den Oberkörperbereich. Den weiteren Verlauf der Bewegung verfolgt sie - wie Vp B - mit einer Augenfolgebewegung. Vp C erkennt neben der fehlerhaften Beinhaltung auch die zu kurze erste Flugphase (mit zu starker Überstreckung des Rumpfes und Hängenlassen der Beine) sowie die fehlerhafte Landung nach der zweiten Flugphase.

Die genannten Einzelfälle spiegeln die große Variabilität der Ergebnisse wider. Selbstverständlich erlauben diese Fallanalysen nicht ohne weiteres sportartübergreifende Schlußfolgerungen. Sie bestätigen jedoch die bereits mehrfach genannte negative Auswirkung einer hohen Anzahl sakkadischer Augenbewegungen auf den visuellen Wahrnehmungsprozeß (Vp A, evtl. Vp D). Außerdem kann die Feststellung getroffen werden, daß ein "optimales" Blickverhalten zwar

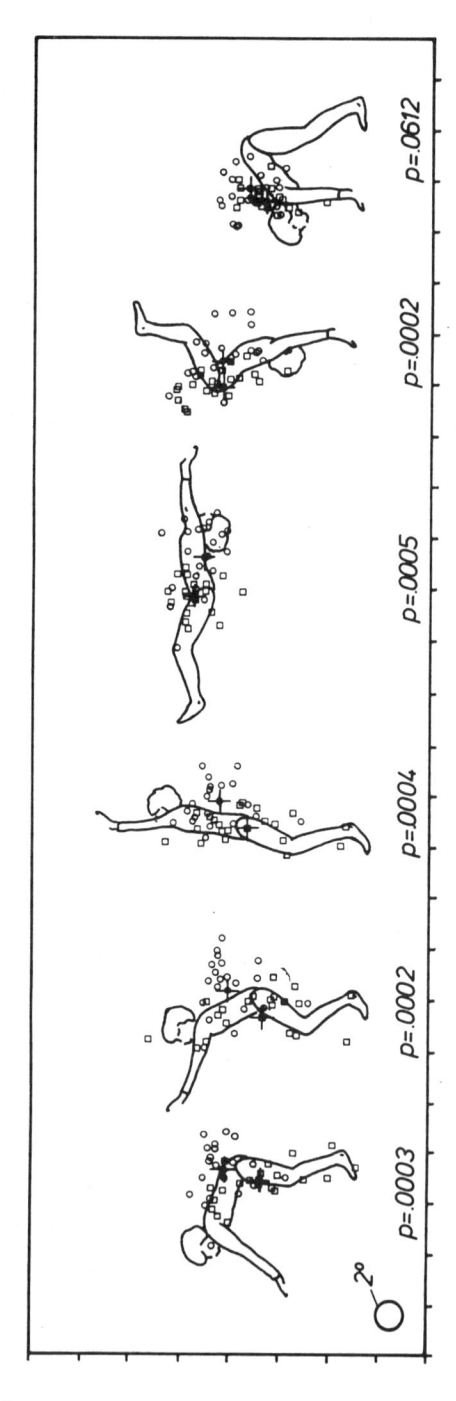

Abb. 83: Lage der Fixationsorte bei der Beurteilung eines Flick-Flacks in Abhängigkeit von der Darbietungsgeschwindigkeit (nach KUHN 1982).

O : Vpn mit Normalgeschwindigkeitsdarbietung (n=20),
□ : Vpn mit Zeitlupendarbietung (n=20);
■ / ◆ : Schwerpunkte der jeweiligen Polygone der Fixationsorte;
p-Werte aus multivariatem Mittelwertvergleich (der Abszissen- und Ordinatenwerte) mittels HOTELLING's T^2. (Weitere Erläuterungen im Text) Erste Präsentation des Flick-Flacks.

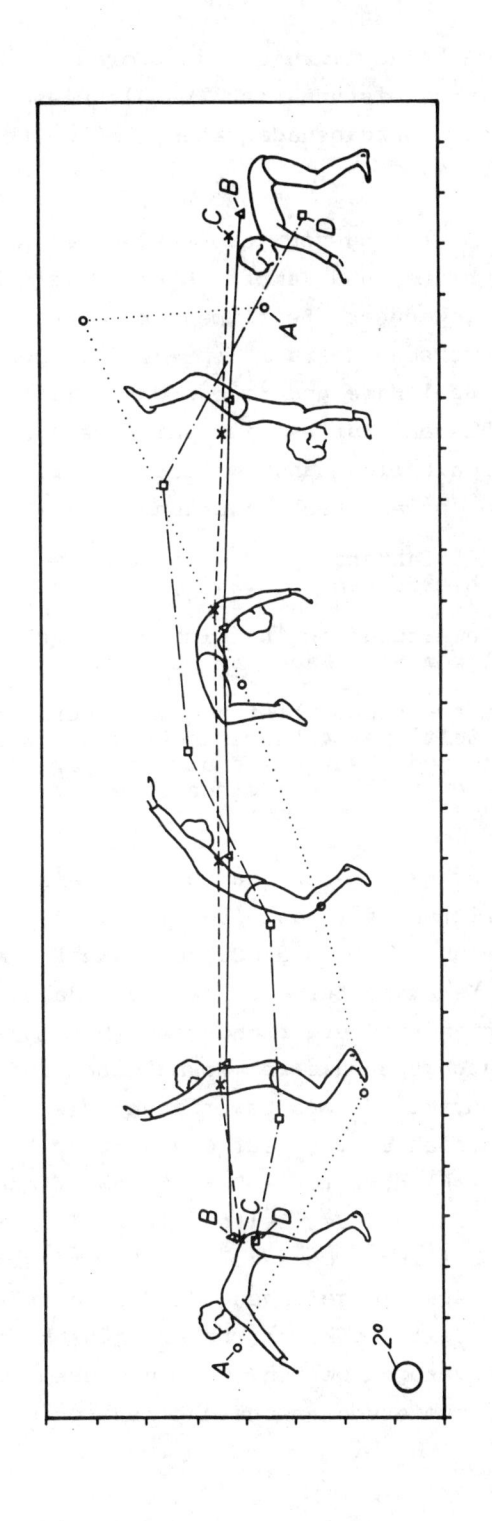

Abb. 84: Beispiele für individuelle Blickverläufe bei der Beurteilung von Flick-Flacks mit verschiedenen Darbietungsgeschwindigkeiten (nach KUHN 1982).

Vp A: Normalgeschwindigkeit, 5 Sakkaden, 0 Fehler identifiziert;
Vp B: Zeitlupe, 0 Sakkaden, 1 Fehler identifiziert;
Vp C: Normalgeschwindigkeit, 1 Sakkade, 3 Fehler identifiziert;
Vp D: Zeitlupe, 5 Sakkaden, 1 Fehler identifiziert.
Zweite Präsentation des Flick-Flacks. (Weitere Erläuterungen im Text)

eine notwendige, aber noch keine hinreichende Voraussetzung für eine gute Beurteilungsleistung ist (Vp B). Diese ist nur in Verbindung mit einer aufgabenadäquaten Sollwertbildung zu erzielen (evtl. Vp C).

Die **wettkampfmäßige Bewertung** von Judo-Würfen bei KLEIN (1983) durch erfahrene Athleten und Kampfrichter weist bei Normalgeschwindigkeits- gegenüber Zeitlupendarbietung der Würfe keine generellen Unterschiede auf ($p > .05$). Lediglich bei je einem Ippon Seoi Nage und Kouchi Gari liegt die Bewertung des vergleichbaren Wurfes in Zeitlupe höher ($p < .001$), d.h. in diesen Fällen näher an der von drei Experten vorher ermittelten "objektiven" Bewertung.

- Stichprobe: je 20 erfahrene Judo-Wettkämpfer und -Kampfrichter (vgl. hierzu Kap. 5.2.2.2., S. 310);

- Aufgabenstellung: Bewertung von 16 filmisch dargebotenen Judo-Würfen (8 Ippon Seoi Nage, 8 Kouchi Gari;

- Vorgehensweise: abwechselnde Darbietung von Normalgeschwindigkeit und Zeitlupe; 4 Paare identischer Würfe zu jeder Wurftechnik, jeder Wurf einmal in Normalgeschwindigkeit und in Zeitlupe; Reihenfolge der Würfe zufällig.

Dieses Gesamtergebnis erklärt sich zumindest teilweise aus den Wertungsvorschriften für das Judo (vgl. DAS BUDO ABC 1981, 349ff), nach denen "Kraft und Schnelligkeit" eines Wurfes wesentliche Merkmale für die Bewertung darstellen. Diese Wertungskriterien sind erwartungsgemäß bei Zeitlupe nicht besser einzuschätzen als bei Normalgeschwindigkeit. Dafür ist aber das Aufkommen des Geworfenen (Uke) auf der Matte, das entscheidenden Einfluß auf die Wertung haben soll, in Zeitlupe besser erkennbar (ob z.B. auf dem flachen Rücken, auf dem Gesäß oder auf der Seite). Abb. 85b zeigt den Kouchi Gari, der in Zeitlupe genauer beurteilt wird. Der Wurf ist nicht vollständig gelungen, da der Geworfene auf dem Gesäß und auf der Seite aufkommt. Daher müssen bei der Bewertung Punkte abgezogen werden, was in diesem Fall mit Hilfe einer Zeitlupendarbietung offensichtlich präziser gelingt. Beim zweiten genauer bewerteten Wurf handelt es sich um einen ähnlichen Sachverhalt.

Hinsichtlich der Verteilung der **Fixationsorte** auf den beiden Judoka sind keine Unterschiede zwischen Normalgeschwindigkeits- und Zeitlupendarbietung feststellbar. Gleiches gilt für die **Streuwerte** zu den Fixationsorten vergleichbarer Würfe (p > .05). Auch die Aussagen, die bereits in Kap. 5.2.2.2. (S. 302ff) gemacht wurden, gelten für beide Präsentationsformen:

- relativ große Streuung der Fixationsorte,
- nur vereinzelt bevorzugte Fixationsbereiche,
- keine Unterschiede im Blickverhalten zwischen Wettkämpfern und Kampfrichtern (vgl. hierzu die Abb. 85 und die Abb. 75, S. 313).

Aber auch in der Untersuchung von KLEIN (1983) tritt eine Zunahme der **Sakkadenanzahl** bei den Zeitlupen- gegenüber den Normalgeschwindigkeitsbeurteilungen auf (p <.001). Der Mittelwert von $\bar{x}$ = 7.4 Sakkaden/Wurf (s_x = 1.1 Sak.) in Normalgeschwindigkeit erhöht sich auf den (gewichteten) Mittelwert von $\bar{x}$ = 10.1 Sakkaden/Wurf (s_x = 2.0 Sak.) im vergleichbaren Zeitraum bei Zeitlupendarbietung (durchschnittlich 3.44 s/Wurf bezogen auf Normalgeschwindigkeit).

Der überwiegende Teil der Blickbewegungen entfällt auf die Wurfvorbereitung, die bei den Demonstrationen im Film auch den größten Zeitanteil beansprucht (die Durchführung der Würfe selbst dauert nicht länger als 1 s), während in der Wurfphase nur relativ wenige Sakkaden auftreten.

In der Untersuchung von GEHRING-HAMMELBERG (1984) zur Fehleridentifikation bei Flick-Flacks und bei Handstütz-Überschlägen am Sprungpferd (durch 39 Teilnehmer an einem Trainer-B-Lehrgang mit unterschiedlichem Erfahrungsniveau als Trainer) werden ebenfalls Zeitlupenpräsentationen be-

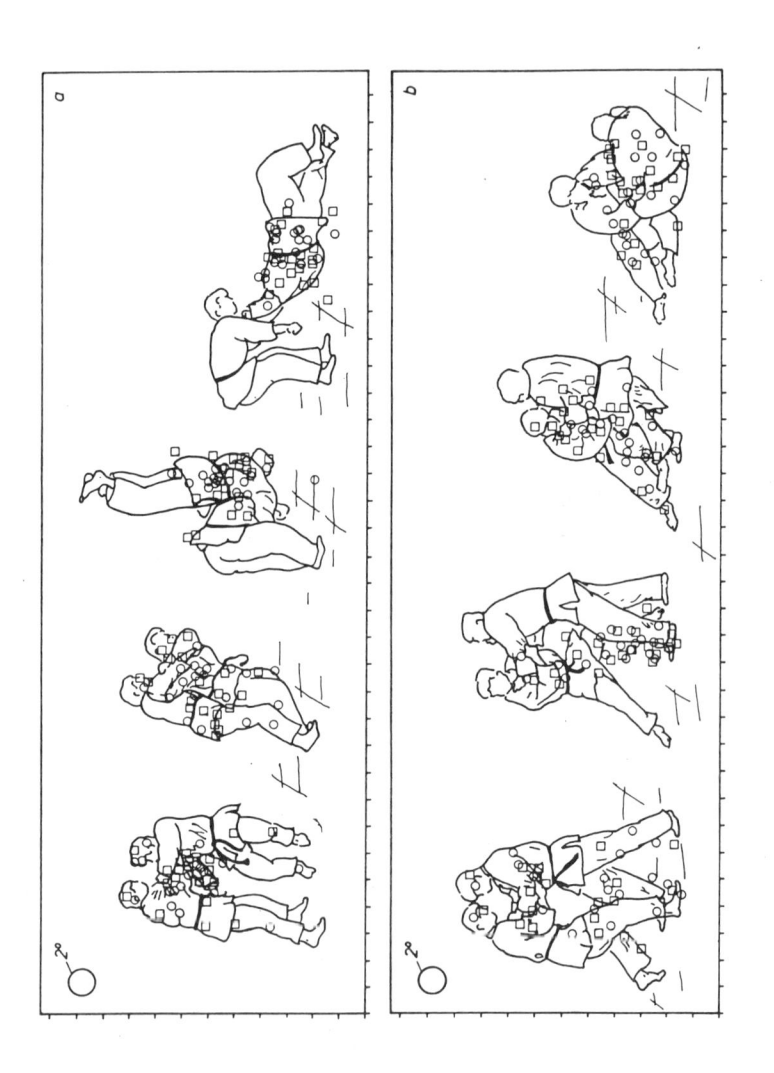

Abb. 85: Typische Verteilung der Fixationsorte bei der wettkampfmäßigen Beurteilung von Judo-Würfen bei Zeitlupendarbietung (nach KLEIN 1983).

a : Ippon Seoi Nage, b : Kouchi Gari;
o : erfahrene Athleten, □ : Kampfrichter.

rücksichtigt. Das Blickverhalten ist aber nicht Gegenstand der Untersuchung.

- Vorgehensweise: abwechselnde filmische Darbietung der Übungsteile; 20 Vpn in der Reihenfolge Normalgeschwindigkeit - Zeitlupe (24 Bilder/s vs. 12 Bilder/s), 19 Vpn umgekehrt (zur näheren Beschreibung der Untersuchung vgl. Kap. 5.2.2.2., S. 310).

Die Gesamtzahl der identifizierten Bewegungsfehler bei Normalgeschwindigkeits- und bei Zeitlupenpräsentation unterscheidet sich nicht (p = .147). Es lassen sich weder Abhängigkeiten der Beurteilungsgüte von der Darbietungsgeschwindigkeit in Verbindung mit der Reihenfolge der Bewegungspräsentationen noch mit dem Erfahrungsniveau der Trainer auffinden.

Zusammenfassend können die Ergebnisse aus den drei angeführten Untersuchungen folgendermaßen interpretiert werden:

1. Die verlangsamte Darbietung eines Bewegungsablaufs (Zeitlupe) verbessert nicht automatisch die **Beurteilungsgüte**. Die gezielte Erwartung durch spezifische Vororientierung, z.B. bei wiederholter, direkt aufeinanderfolgender Präsentation derselben Bewegung, kann die Beurteilungsgenauigkeit bei Zeitlupendarbietungen verbessern. Hiervon sind wahrscheinlich in erster Linie räumliche Abweichungen im Bewegungsverlauf betroffen. Der jeweilige Beurteilungsgegenstand (einschließlich der anzuwendenden Beurteilungsrichtlinien) bestimmt wesentlich mit, ob die Verlangsamung eines Bewegungsablaufs für die Extraktion aufgabenrelevanter Information genutzt werden kann.

2. Eine retinale Verwischung des Sehobjekts lenkt den Blick vermehrt auf Abschnitte im Gesichtsfeld, die relativ ruhig sind und die dann ohne weitere Blicksprünge für eine gewisse Zeit festzuhalten versucht werden. Für das Fixieren schnell bewegter Objekte (z.B. Körperteile) reicht die blickmotorische Leistungsfähigkeit in vielen Fällen nicht

aus (vgl. Kap. 2.3.). Möglicherweise führt die Reduktion der Bewegungsgeschwindigkeit deshalb - ähnlich wie beim Ausgleich starker translatorischer Komponenten von Bewegungen durch Filmaufnahmen - zu einer geringeren "Bindung" des Blicks an das Sehobjekt, also quasi zu einer "Entfesselung" des Blicks. Außerdem erlaubt die geringere retinale Winkelgeschwindigkeit der Bewegung ein präziseres Fixieren angesteuerter Körperteile, was u.U. die Dauer der Informationsverarbeitung verkürzt. Die verfügbare Wahrnehmungszeit könnte dadurch für ein häufigeres Wechseln des Fixationsortes pro Zeiteinheit zur Aufnahme von Detailinformation genutzt werden.

Diese Aussagen besitzen jedoch noch stark hypothetischen Charakter, da sie sich lediglich auf zwei Befunde stützen können. Außerdem ist eine Wechselwirkung zwischen der Darbietungsgeschwindigkeit und dem Ausmaß der spezifischen Vororientierung einer Person über den Beurteilungsgegenstand auf das Blickverhalten denkbar. Hinzu kommt, daß die Anzahl sakkadischer Augenbewegungen bei verschiedenen Präsentationsformen einer Bewegung vermutlich auch vom jeweiligen Kontext abhängt, in dem eine Bewegungsbeobachtung erfolgt.

Diese Annahme gründet sich auf die Befunde von FIEDLER und SCHLOTMANN (1982). Sie berichten nämlich von der gleichen Sakkadenanzahl pro Zeiteinheit (p > .05) bei der Beobachtung eines Badminton-Schlags (Clear) in Normalgeschwindigkeit und in Zeitlupe (24 vs. 12 Bilder/s). Die Darbietungen erfolgen mit dem Ziel der Bildung einer Bewegungsvorstellung, wobei die Schläge mehrfach hintereinander per Ringfilm gezeigt werden (12mal in Normalgeschwindigkeit, 6mal in Zeitlupe; n = 18 Sportstudenten). Allerdings erweist sich auch hier - wie bei den Judo-Würfen in der Untersuchung von KLEIN (1983) - die relative Sakkadenhäufigkeit in den einzelnen Bewegungsphasen als sehr unterschiedlich. In der Phase mit der höchsten Bewegungsgeschwindigkeit

Abb. 86: Fallbeispiele zum Blickverhalten bei der Beobachtung eines Badminton-Schlags bei Normalgeschwindigkeits- und Zeitlupendarbietung (nach FIEDLER und SCHLOTMANN 1982).

A : Ausgangspunkt für die Beobachtung;
● : Fixationsort, von dem eine Sakkade ausgeht,
○ : Fixationsort während einer Augenfolgebewegung.

(Schlagphase) treten nur vereinzelt Sakkaden auf, während in den Phasen mit niedrigerer Bewegungsgeschwindigkeit (Aushol-, Ausschwungphase) und insbesondere in dem Zeitraum fast ohne Bewegungsaktivität (Ausgangsstellung) die meisten Sakkaden ausgelöst werden. Abb. 86 zeigt zur Veranschaulichung je zwei typische Fallbeispiele zum Blickverhalten bei der Beobachtung der Badminton-Schläge in Normalgeschwindigkeit und Zeitlupe.

Die zwar signifikante, in ihrer Größenordnung jedoch relativ geringe Zunahme sakkadischer Augenbewegungen bei der Beurteilung von Flick-Flacks (KUHN 1982; s. S. 373) erklärt sich möglicherweise aus dem gleichen Zusammenhang. Der für das Blickverhalten ausgewertete Zeitraum (vgl. Abb. 83, S. 376) enthält in seiner gesamten Ausdehnung Bewegungen mit hoher retinaler Winkelgeschwindigkeit. Daher kommt es nicht zu einer solch deutlichen Erhöhung der absoluten Zahl von Sakkaden wie bei KLEIN (1983).

Ergänzend kann ein weiteres Ergebnis von FIEDLER und SCHLOTMANN (1982) genannt werden, das die angeführte Vermutung stützt, nach der Bewegung den Blick "bindet". Im Vergleich der "dynamischen Medien" (Normalgeschwindigkeitsbzw. Zeitlupendarbietung des Clear per Ringfilm) erhöht sich die Sakkadenanzahl bei den "statischen Medien" (Darbietung des Clear per Reihenbild bzw. in einer Folge von Dias) bei standardisierter Darbietungszeit von 40 s auf fast das Doppelte ($p < .001$). Die daraus resultierende mittlere Dauer einer Fixation beträgt bei den dynamischen Medien $\bar{x} = 0.84$ s ($s_x = 0.21$ s) und bei den statischen Medien $\bar{x} = 0.45$ s ($s_x = 0.08$ s; $n = 36/36$).

6. ZUSAMMENFASSUNG UND EMPFEHLUNGEN

Von den verschiedenen Methoden zur Beurteilung sportlicher Bewegungsabläufe wird in der vorliegenden Arbeit nur diejenige näher betrachtet, die auf Fremdbewegung gerichtet ist und dabei auf der visuellen Wahrnehmung des Beurteilers basiert. Vorrangige Ziele der Arbeit sind die Differenzierung und Strukturierung des Problemfeldes einer so verstandenen "Bewegungsbeurteilung im Sport" mit der Herausarbeitung entscheidender Einflußgrößen (vgl. Abb. 87) sowie die empirische Überprüfung ausgewählter, wesentlicher Bedingungsvariablen der visuellen Wahrnehmung im Rahmen des Beurteilungsprozesses.

6.1. EINFLUSSGRÖSSEN AUF DIE BEWEGUNGSBEURTEILUNG

Vor einer Zusammenstellung der Anforderungen, die eine Bewegungsbeurteilung mit sich bringt, ist die globale Unterscheidung von zwei **Beurteilungssituationen** sinnvoll:

- die Bewegungsbeurteilung im **Wettkampf** zum Zweck der Leistungsermittlung,

- die Bewegungsbeurteilung im **motorischen Lernprozeß** und **Techniktraining** mit dem Ziel einer Rückmeldung zur Bewegungsausführung.

Die Leistungsbeurteilung im Wettkampf zeichnet sich dadurch aus, daß das komplexe Bewegungsgeschehen nur einmal beobachtet werden kann, wobei in der Regel mehrere leistungsrelevante Merkmale bzw. Beobachtungseinheiten zu berücksichtigen sind.
In einem Techniktraining besteht demgegenüber normalerweise die Möglichkeit zu einer Reduzierung des Beurteilungsumfangs und Gelegenheit zur wiederholten Beobachtung einer Bewegungsausführung, evtl. unterstützt durch ein Aufzeichnungsmedium mit einer Zeitdehnung. Aus diesen äußeren, **auf-**

gabenbezogenen Bedingungen können sehr unterschiedliche Anforderungen an einen Beurteiler resultieren.

Eine zweite Gruppe von Bedingungsvariablen ist an das im konkreten Fall zu bewertende **Sehobjekt** und die damit verknüpften **äußeren Wahrnehmungsbedingungen** gebunden. So ist es beispielsweise von großem Einfluß auf die Anforderungen an eine Person, ob sie eine schnell oder langsam dargebotene Bewegung zu beurteilen hat und ob diese eine große oder kleine räumliche Ausdehnung aufweist.

Die **beurteilungsspezifischen Anforderungen** aus den sehobjektabhängigen und den aufgabenabhängigen Bedingungen bestimmen in Verflechtung mit den **personabhängigen Voraussetzungen** den Verlauf des Beurteilungsprozesses und damit das Beurteilungsergebnis (vgl. Abb. 87). Diese Einflußgrößen stehen in der Realität teilweise in einer Wechselbeziehung - z.B. die Vorinformation eines Trainers und die (selbstgestellte) Beurteilungsaufgabe - und gehen ineinander über. Sie bilden daher ein "Bedingungsgefüge" (TIDOW 1983, 201).

6.1.1. Sehobjektabhängige Einflußgrößen

1. Der **Sehwinkel** bzw. die **retinale Abbildungsgröße** eines Objekts ist ein entscheidender Faktor für die Möglichkeit, Details erkennen zu können, und bestimmt die Anforderungen an die statische Sehschärfe (Visus) eines Beurteilers. Der Sehwinkel ist in erster Linie abhängig von der **Beobachtungsentfernung**, jedoch auch von der **Beobachtungsperspektive**. Ein großer Sehwinkel erlaubt zwar eine bessere Detailwahrnehmung, kann aber bei Lokalisation mehrerer interessierender Details in verschiedenen Körperregionen zur vermehrten Auslösung von Blicksprüngen (Sakkaden) führen und dadurch häufiger "Totzeiten" in der visuellen Informationsaufnahme aufgrund der sakkadischen Suppression nach sich ziehen.

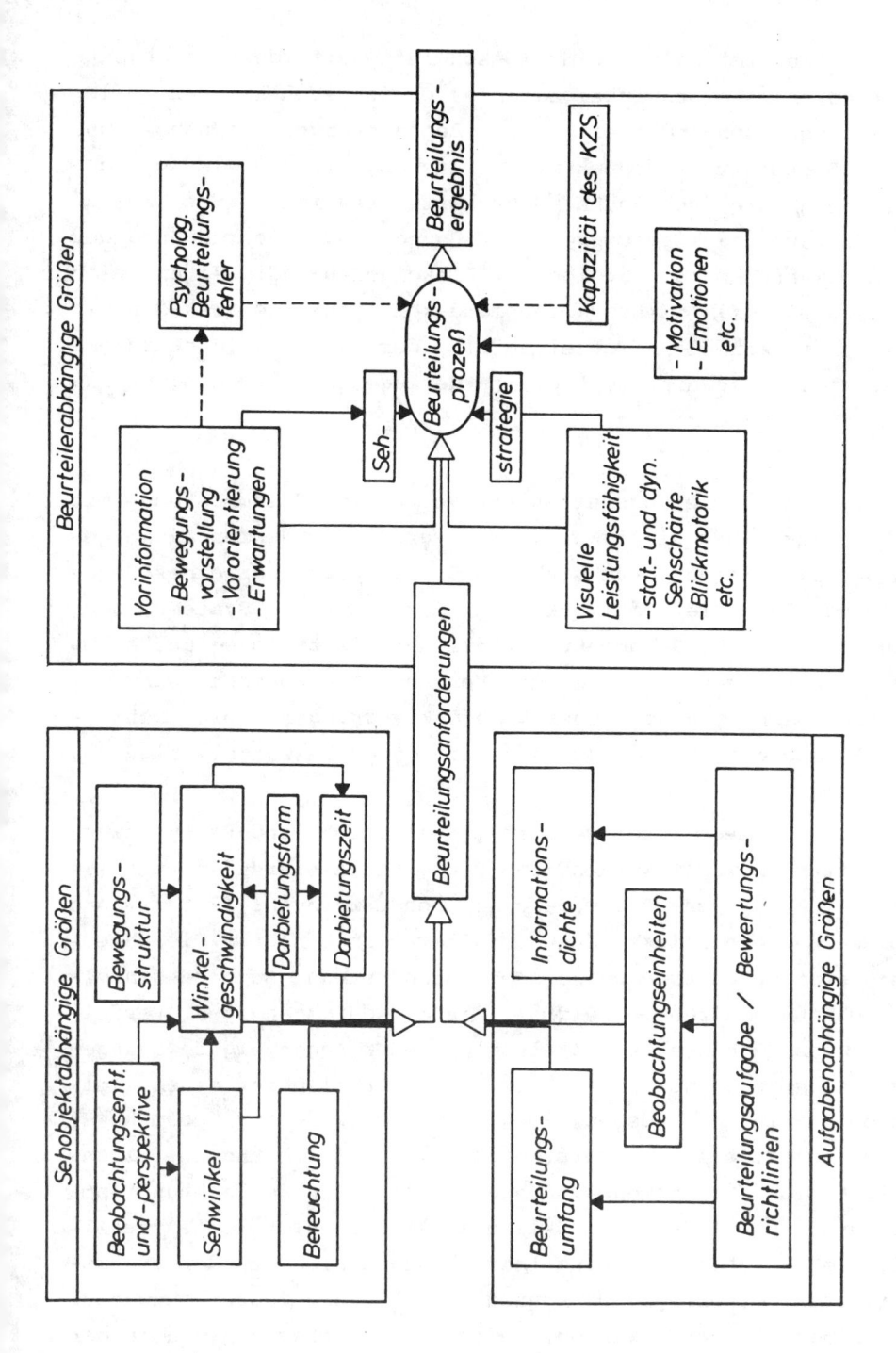

Abb. 87: Modell zu Einflußgrößen auf die Bewegungsbeurteilung.

2. Die (retinale) **Winkelgeschwindigkeit** des Sehobjekts (gemessen in Sehwinkelgraden/s) ergibt sich aus der realen Bewegungsgeschwindigkeit, der Beobachtungsentfernung und der Beobachtungsperspektive. Durch sie werden die Anforderungen an die dynamische Sehschärfe bestimmt. Sie beeinflußt auch die Genauigkeit der Bewegungswahrnehmung und der Tiefenwahrnehmung. Steigende Winkelgeschwindigkeiten (ab ca. 60-80 °/s) ziehen zunehmend korrigierende Sakkaden mit den entsprechenden "Totzeiten" in der Informationsaufnahme nach sich, soweit nicht gleitende Augenfolgebewegungen eingesetzt werden können.

3. Die **Darbietungszeit** steht in engem Zusammenhang mit der Winkelgeschwindigkeit. Mit größer werdender Winkelgeschwindigkeit verkürzt sich die Darbietungsdauer eines Bewegungsteils. Die Möglichkeiten des visuellen Systems, sich an ein bewegtes Sehobjekt mittels der Adaptations- und Akkomodationsvorgänge sowie der Vergenzen anzupassen, sind bei kurzen Darbietungszeiten sehr stark verringert. Die retinale Bildschärfe verschlechtert sich dadurch zwangsläufig.

4. Der **Beobachterstandort** (Entfernung und Perspektive) sollte so gewählt werden, daß die interessierenden Details hinreichend scharf - möglichst noch parafoveal (2-5°) - und ohne zu viele Blicksprünge erfaßt werden können. Gleichzeitig sind durch eine angemessene Standortwahl zu hohe Winkelgeschwindigkeiten vermeidbar, die ein durchgängiges Verfolgen des Sehobjekts mittels gleitender Augenfolgebewegungen verhindern. In der Praxis wird man hierbei meist einen Kompromiß eingehen müssen. Für die Beurteilung der Gesamtbewegung - z.B. bei einer ersten globalen Beobachtung zur Identifikation von Bewegungsfehlern - ist eine Beobachtungsentfernung von mindestens 10-12 m zu empfehlen. Für die detaillierte Beurteilung einzelner Bewegungsfehler oder eng umgrenzter Körperregionen können u.U. kürzere Beobachtungsentfernungen gewählt werden, jedoch nicht unter 5 m, da in der

Regel sonst die retinale Winkelgeschwindigkeit zu groß wird.

5. Die **Beleuchtungsbedingungen** bestimmen die visuelle Leistungsfähigkeit eines Beurteilers entscheidend mit. Eine Abnahme der Leuchtdichte führt zu einer Verschlechterung v.a. der

- statischen Sehschärfe,
- zeitlichen Differenzierungsfähigkeit des visuellen Systems,
- Genauigkeit von gleitenden Augenfolgebewegungen und der dynamischen Sehschärfe.

6. Die **Darbietungsform**, auf der eine Bewegungsbeurteilung basiert, besitzt einen Einfluß auf die sinnesphysiologischen Bedingungen der visuellen Informationsaufnahme. In der **Realsituation** kommt es bei der Beobachtung von Bewegungsabläufen, die mit einer Lokomotion verbunden sind, gegenüber der **mediengestützten Beobachtung**, z.B. durch Filmdarbietung, zu einer Reduzierung der Anzahl und Amplitude sakkadischer Augenbewegungen. Umgekehrt sind bei Filmbeobachtungen vermehrt antizipatorische Sakkaden festzustellen. Bei der mediengestützten Beobachtung scheint der Blick freier zu sein für die Wahrnehmung von Bewegungsdetails. Erschwert werden bei dieser Darbietungsform allerdings die Wahrnehmung der lokomotorischen Geschwindigkeit und von Tiefenverlagerungen im Bewegungsablauf.

7. Eine Reduzierung der sehobjektbezogenen Anforderungen bezüglich der Darbietungszeit und der Winkelgeschwindigkeit kann durch die **Verlangsamung des Bewegungsablaufs** mittels eines Aufzeichnungsmediums erfolgen. Dies allein führt jedoch nicht generell zu einer Verbesserung der Beurteilungsgenauigkeit. Wenig qualifizierten Beurteilern nutzt möglicherweise eine Bewegungsverlangsamung (Zeitlupendarbietung) nur dann, wenn sie über eine gezielte Vororientierung verfügen, d.h., den fraglichen Bewegungsablauf unmittelbar vor-

her schon gesehen haben. Darüber hinaus ist der Nutzen einer Zeitdehnung sehr wahrscheinlich abhängig von der jeweiligen Beurteilungsaufgabe mit den implizierten Beobachtungseinheiten (räumliche, zeitliche, dynamische Merkmale der Bewegung) sowie von der Komplexität der Beurteilungsaufgabe hinsichtlich des Beurteilungsumfangs und der Informationsdichte.

Bei komplexen Beurteilungsaufgaben - z.B. bei der Identifikation von Fehlern im Gesamtverlauf der Bewegung - ist bei Zeitlupendarbietungen eine Erhöhung der Sakkadenanzahl pro Zeiteinheit im Vergleich zu Normalgeschwindigkeitsdarbietungen nachweisbar. Außerdem ist die Sakkadenanzahl in Bewegungsphasen mit relativ hoher retinaler Winkelgeschwindigkeit des Sehobjekts niedriger als in anderen Bewegungsphasen. Dies deutet auf eine zunehmende "Bindung" des Blicks mit steigender retinaler Winkelgeschwindigkeit einer Bewegung hin. Umgekehrt spricht dies für bessere Möglichkeiten zu einem häufigeren Fixationswechsel zum Zweck einer vermehrten Detailerfassung bei einer Bewegungsverlangsamung. Allerdings erhöht sich damit die Gefahr, daß durch ein zu häufiges Auslösen von Sakkaden verstärkt "Totzeiten" in der Informationsaufnahme entstehen und eine schlechtere Beurteilungsleistung als bei Normalgeschwindigkeitsdarbietung der Bewegung die Folge ist.

Zusammenfassend ist festzustellen, daß die sehobjektbezogenen Anforderungen bei der Bewegungsbeurteilung im Sport nicht selten die Leistungsfähigkeit des visuellen Systems übersteigen. Dies trifft insbesondere dann zu, wenn hohe retinale Winkelgeschwindigkeiten mit kurzen Darbietungszeiten des Sehobjekts gekoppelt sind. Der Versuch, in solchen Fällen eine Optimierung der visuellen Informationsaufnahme durch das Auslösen möglichst vieler Sakkaden zu verschiedenen Fixationsorten zu erreichen, führt eher zu einem gegenteiligen Effekt. Diese **Sehstrategie** hat nämlich zur Folge, daß durch die sakkadische Suppression starke Lücken in der

Informationsaufnahme entstehen und im Extremfall zwar alle interessierenden Details fixiert werden, aber nichts wirklich wahrgenommen wird.

6.1.2. Aufgabenabhängige Einflußgrößen

1. Die spezifische **Beurteilungsaufgabe** leitet nicht nur den visuellen Wahrnehmungsprozeß (der Blick sucht immer nach aufgabenrelevanten Informationen), sie beeinflußt in Verbindung mit den jeweiligen sehobjektabhängigen Bedingungen auch die Anforderungen an die Wahrnehmungsfähigkeit des Beurteilers entscheidend.

Bei der Leistungsbeurteilung im Wettkampf sind durch **Bewertungsrichtlinien** die Beobachtungseinheiten mehr oder weniger direkt und detailliert vorgegeben. Sehr allgemeine Bewertungsrichtlinien reduzieren zwar die Anforderungen an einen Beurteiler, lassen aber viel Raum für subjektive Einflüsse.

Die Bewegungsbeurteilung im sportlichen Training stellt vergleichbar hohe Anforderungen wie die Leistungsbewertung im Wettkampf, wenn der gesamte Bewegungsablauf zu berücksichtigen ist. In diesem Fall entsteht auch für qualifizierte Beurteiler leicht eine Überforderungssituation, aus der geringe Beurteilungsleistungen resultieren.

2. Die jeweiligen **Beobachtungseinheiten**, die den inhaltlichen Aspekt (Gegenstand) der Beurteilungsaufgabe widerspiegeln, beeinflussen deren Schwierigkeitsgrad in folgender Art und Weise.

- Globale, ganzheitliche Beurteilungen stellen geringere Anforderungen als detaillierte.
- Die Beurteilbarkeit einzelner Aktionen und Positionen ist stark abhängig von der Winkelgeschwindigkeit des Sehobjekts sowie von der Darbietungszeit.

- Qualitative Bewegungsmerkmale sind leichter zu beurteilen als quantitative, allerdings bei geringerer Beurteilungsobjektivität.

- Wesentlichen Einfluß auf die Beurteilung quantitativer Merkmale besitzen die sehobjektbezogenen Wahrnehmungsbedingungen. Ob dynamische oder kinematische Bewegungsmerkmale, räumliche oder zeitliche Merkmale von Bewegungen besser beurteilbar sind, läßt sich angesichts dieser Verflechtung mit den äußeren Wahrnehmungsbedingungen bislang nicht sagen.

Die Anforderungen, die eine spezifische Beobachtungseinheit an den Beurteiler stellt, variieren außerdem je nach dem Umfang der Beurteilungsaufgabe. Sie sind höher, wenn bei der Beurteilung noch andere Beobachtungseinheiten zu beachten sind (z.B. bei der Leistungsbewertung im Wettkampf), als wenn sich der Beurteiler ausschließlich auf eine einzige Beobachtungseinheit konzentrieren kann (z.B. im Techniktrainig). Außerdem sind sie von der räumlichen und zeitlichen Distanz zu anderen Beobachtungseinheiten abhängig.

3. Der **Beurteilungsumfang**, d.h. die Anzahl der im Beurteilungsprozeß insgesamt zu berücksichtigenden Beobachtungseinheiten, bestimmt die Beurteilungsqualität wesentlich mit. Er wirkt sich direkt auf die **Informationsdichte** aus, die als die Anzahl der pro Zeiteinheit zu beachtenden Beobachtungseinheiten zu verstehen ist.

Die **erforderliche Wahrnehmungszeit** zu komplexen Beobachtungseinheiten (Aktionen, Positionen) beträgt wahrscheinlich mindestens 500 ms. Hierauf weisen die geringen Fehleridentifikationsraten und die niedrigen Sakkadenzahlen (durchschnittlich 1-2 Sakkaden/s) hin.

In Bewegungsphasen mit der Notwendigkeit von **Simultanbeurteilungen**, also hoher Informationsdichte, liegen die Fehleridentifikationsraten niedriger als in anderen Phasen, und die Beurteilungsgenauigkeit verschlechtert sich.

Bei **Sukzessivbeurteilungen,** also bei der Einbeziehung von mehreren aufeinanderfolgenden Beobachtungseinheiten in die Beurteilung, treten **Positionseffekte** auf. D.h., die Wahrnehmung einer spezifischen Aktion oder Position im Bewegungsablauf wirkt sich auf die Wahrnehmung vorausgehender und/oder nachfolgender Aktionen oder Positionen aus. Diese Phänomene sind sowohl mit den relativ langen Wahrnehmungszeiten als auch mit **Maskierungseffekten** erklärbar. Letztere sind beispielsweise zu vermuten, wenn ein deutlich sichtbarer Bewegungsfehler verhindert, daß ein kurz davorliegender Bewegungsfehler verarbeitet und somit identifiziert wird.

Aus den genannten Gründen sollte auf Simultanbeurteilungen generell verzichtet werden. Bei azyklischen, schnell ablaufenden Bewegungen ist eine Beschränkung auf wenige sukzessive Beobachtungseinheiten erforderlich, d.h., auf höchstens zwei bis drei, wenn das Ziel eine detaillierte Beurteilung ist. Voraussetzung ist hierfür, daß die zu beurteilenden Aktionen oder Positionen einen zeitlichen Abstand von mindestens 500 ms besitzen. Je nach Dauer des Bewegungsablaufs und der zeitlichen Stellung der interessierenden Aktionen oder Positionen im Verlauf der Bewegung kann es ratsam sein, den Beurteilungsumfang auf **eine** Beobachtungseinheit zu beschränken. Dies ist zugunsten einer besseren Beurteilungsgenauigkeit besonders dann sinnvoll, wenn die Bewegungsausführung wiederholt beobachtet werden kann.

Im motorischen Lernprozeß sind diese Empfehlungen zur Vermeidung von Überforderungssituationen relativ leicht zu befolgen, während sie im Rahmen der Leistungsermittlung im Wettkampf kaum realisierbar sind. Eine Verringerung der Beurteilungsanforderungen ist jedoch auch dort unter zwei Bedingungen möglich (vgl. auch Kap. 6.2.2.):

- Es werden Kampfrichter eingesetzt, die unterschiedliche Beurteilungsaufgaben haben, welche jeweils auf wenige, tatsächlich erfaßbare Beobachtungseinheiten eingegrenzt sind.

- Man stützt sich auf Aufzeichnungsmedien, die zumindest für die Beurteilung besonders schwer wahrnehmbarer Aktionen und Positionen sowie in Zweifelsfällen verwendet werden.

Diese Vorgehensweisen bedingen zwar einen höheren personellen und/oder materiellen sowie zeitlichen Aufwand bei der Bewegungsbeurteilung. Sie sind aber zur Steigerung der Genauigkeit der Leistungsbewertung zu empfehlen.

6.1.3. Beurteilerabhängige Einflußgrößen

1. Die **visuelle Leistungsfähigkeit**, d.h. die im wesentlichen sinnesphysiologisch bedingte Leistungsfähigkeit des Beurteilers hinsichtlich der visuellen Informationsaufnahme, stellt eine entscheidende Voraussetzung für die Bewältigung der Beurteilungsanforderungen dar.

Grundlage ist eine ausreichende **statische Sehschärfe**, ohne die weder eine zufriedenstellende Detailwahrnehmung noch Tiefenwahrnehmung möglich ist. Die statische Sehschärfe wird u.a. sehr stark von den Beleuchtungsbedingungen beeinflußt.

Da nur ein sehr kleiner Bereich des Gesichtsfeldes scharf gesehen wird (ca. 2° in der Fovea) und die Sehschärfe zur Netzhautperipherie hin sehr schnell abnimmt, kommt insbesondere bei der Beurteilung von Gesamtbewegungen der Informationsaufnahme im **peripheren Sehbereich** Bedeutung zu. Allerdings ist hiervon in der Regel weniger die extreme Netzhautperipherie als der **parafoveale** Netzhautbereich (2-5°) betroffen, der auch für die dynamische Sehschärfe wichtig ist.

Die **zeitliche Differenzierungsfähigkeit** des visuellen Systems und die verschiedenen Systeme zur **Bewegungswahrnehmung** spielen eine wichtige Rolle beim Erkennen von Bewegungszuständen bzw. deren Veränderungen, z.B. bei der Einschätzung von Geschwindigkeits- und Beschleunigungsverläufen.

Bezüglich der **Hell-Dunkel-Adaptation** sowie der **Akkommodations-** und **Vergenzvorgänge** werden bei der Bewegungsbeurteilung gegenüber der aktiven sportlichen Betätigung in vielen Disziplinen meist vergleichsweise geringe Anforderungen gestellt.

Im Gegensatz hierzu verlangt die Beurteilung vieler sportlicher Bewegungsabläufe eine hohe Leistungsfähigkeit der **Blickmotorik**. Leistungsbegrenzend sind hier in erster Linie die Fixationsgenauigkeit und der Zeitaufwand für die Auslösung der Blickversionen (Sakkaden und gleitende Augenfolgebewegungen). Ungenaue Blicksprünge, die mit einer oder mehreren Korrektursakkaden verbunden sind, ziehen eine "Totzeit" in der Informationsaufnahme von insgesamt mindestens 300 ms nach sich. Die Fixationsgenauigkeit, insbesondere die der gleitenden Augenfolgebewegungen, ist größer, wenn die Objektbewegung bekannt und damit vorhersagbar ist. Die Antizipierbarkeit eines Fixationsziels (Ort und Zeitpunkt) verringert die Latenzzeit bis zum Auslösen einer Blickbewegung. Durch antizipatorische Sakkaden, mit denen der Blick an einen Fixationsort springt, bevor das zu erkennende Detail dort sichtbar ist, können sakkadische Suppressionszeiten in weniger interessierende Bewegungsabschnitte verlagert werden. Die genannten Punkte zeugen von der Wichtigkeit einer präzisen Bewegungsvorstellung schon für die Optimierung der visuellen Informationsaufnahme auf der sinnesphysiologischen Ebene.

Je besser der **Tiefensehschärfewinkel** ist, über den ein Beurteiler verfügt, desto kleiner können Tiefenverlagerungen von Körperteilen sein, um noch wahrgenommen zu werden.

Die **dynamische Sehschärfe**, verstanden als die Fähigkeit zur Identifikation von Details bei möglichst hohen Winkelgeschwindigkeiten, ist für die Bewegungsbeurteilung von besonderer Wichtigkeit. sie ist wahrscheinlich in erster Linie Ausdruck einer visuell-koordinativen Leistungsfähigkeit in der Interaktion von sakkadischen und gleitenden Augenbewegungen beim Verfolgen eines schnell bewegten Sehobjekts. Sie ist u.a. von der Vorhersagbarkeit der Objektbewegung abhängig und wahrscheinlich trainierbar.

Es ist davon auszugehen, daß für die Beurteilung spezifischer Bewegungsabläufe jeweils **Mindestvoraussetzungen** in den genannten sinnesphysiologischen Leistungskomponenten zu erfüllen sind, um eine zufriedenstellende Beurteilungsgenauigkeit erreichen zu können. Diesbezügliche **Eignungsuntersuchungen**, die zumindest für Kampfrichter sinnvoll wären, werden jedoch in der Praxis als Voraussetzung für eine Beurteilungsaktivität - mit der seltenen Ausnahme von Visusprüfungen - nicht verlangt. Besonders große Bedeutung käme einer Diagnose der dynamischen Sehschärfe zu.

2. Die **Vorinformation** zu einem Beobachtungsgegenstand, über die ein Beurteiler verfügt, ist eine entscheidende psychologisch bedingte Einflußgröße auf den visuellen Wahrnehmungsprozeß. Es existieren zahlreiche Belege, daß das Fixieren des z.B. für eine Fehleridentifikation informationstragenden Bereichs einer Bewegung allein nicht ausreicht. Nur wenn auf der Basis der vorhandenen Vorinformation aufgabenadäquate Wahrnehmungsschemata entwickelt werden, können die relevanten Informationen aus den retinalen Reizmustern extrahiert und entsprechende Wahrnehmungen gebildet werden. Je genauer eine Person den jeweils zu beurteilenden Bewegungsablauf auch im Detail kennt, desto präziser wird auch ihre Wahrnehmung sein. Dies gilt auch für die Kenntnis der Reihenfolge der Elemente einer komplexen Übung (z.B. im Gerätturnen, Trampolinspringen oder Eiskunstlauf), also **eine spezifische Vororientierung** über den Beurteilungsgegenstand.

Eine gezielte **Vororientierung**, z.B. über Stärken und Schwächen bzw. typische Besonderheiten in der Technikausführung eines Athleten, führt über eine präzisere Erwartungsbildung zu genaueren Beurteilungen. Aus diesem Grund sind vor Wettkämpfen **Trainingsbeobachtungen** durch die Kampfrichter sinnvoll.

Es gibt unterschiedliche Vorgehensweisen, die im Langzeitgedächtnis gespeicherte Vorinformation aufzubauen. Bei allen handelt es sich jedoch um Lernprozesse, die eine Differenzierung und Präzisierung der Bewegungsvorstellung und damit der Erwartungsbildung im Wahrnehmungsprozeß zur Folge haben.

Es besteht kein Zweifel, daß Beurteiler mit einem langjährigen **praktischen Umgang** mit dem **spezifischen** Beurteilungsgegenstand als aktive Sportler, Trainer oder Kampfrichter komplexe Bewegungsabläufe detaillierter beurteilen können als unerfahrene Beurteiler.

Das **Beherrschen** eines komplexen sportlichen Bewegungsablaufs wirkt sich im allgemeinen positiv auf die Fähigkeit zu dessen Beurteilung aus. Sportler mit **hohem Eigenrealisationsniveau** beurteilen die betreffenden Bewegungsabläufe in der Regel ebenso gut wie erfahrene Kampfrichter oder Trainer.

Das Ausmaß an praktischer **Erfahrung** eines Beurteilers, gemessen als Zeit seiner aktiven Auseinandersetzung mit der Bewegung in Form der Eigenrealisation oder als Trainer bzw. Kampfrichter, läßt dagegen keine sicheren Rückschlüsse auf die Fähigkeit zur Bewegungsbeurteilung zu. D.h., mit zunehmender Erfahrung geht nicht gleichermaßen eine Verbesserung der Beurteilungsfähigkeit einher. Entscheidend ist das mit der Zeit erworbene **Qualifikationsniveau**, das sich in einer Detaillierung und Präzisierung der Bewegungsvorstellung ausdrückt. Das bedeutet, die Variable "Erfahrung" ist für differenzierte Analysen nicht brauchbar, sondern allenfalls für Extremgruppenvergleiche. Einen Erklärungswert besitzt sie nicht.

Die Beurteilungsleistung von Laien läßt sich schon durch eine relativ kurze, **theoretische Schulung** der Bewegungsvorstellung deutlich steigern. Globale Beurteilungen, wie die Feststellung, ob ein Bewegungsablauf insgesamt fehlerhaft oder fehlerfrei ist, gelingen anfängerhaften Beurteilern nach kurzer Zeit ebenso gut wie qualifizierten. Die Unterschiede in der Beurteilungsfähigkeit zeigen sich erst bei detaillierten Beurteilungen.

Bei der Frage nach dem "Beobachtungstransfer" bzw. einer **allgemeinen Beurteilungsfähigkeit** muß wahrscheinlich zwischen verschiedenen Komplexitätsgraden des Beurteilungsgegenstandes unterschieden werden. Im Bereich elementarer visueller Wahrnehmungsvorgänge, z.B. beim Einschätzen von Körpergelenkwinkeln, Kontaktzeiten oder Bewegungsgeschwindigkeiten, ist ein solcher Beobachtungstransfer aufgrund der bisherigen Befunde denkbar. Bei der Beurteilung komplexer Bewegungsmerkmale bzw. bei der Identifikation von Bewegungsfehlern dagegen weisen die Ergebnisse einheitlich in eine andere Richtung. Eine Übertragung von sportartfremden Beobachtungs- und Beurteilungserfahrungen auf eine ungewohnte, spezifische Beurteilungsaufgabe scheint hier nicht möglich zu sein. Die Qualität der Beurteilung komplexer Bewegungsmerkmale wird wesentlich von der Qualität des inneren Ist-Sollwert-Vergleichs auf der Basis einer adäquaten Bewegungsvorstellung bestimmt.

3. Die individuelle **Sehstrategie** resultiert aus der Vorinformation über den Bewegungsablauf in Verbindung mit der visuellen Leistungsfähigkeit. So beeinflußt beispielsweise das Wissen um die Bedeutung einzelner Bewegungsteile das Blickverhalten ebenso wie die Fähigkeit, über den peripheren Netzhautbereich mehr oder weniger gut Information auf-

nehmen zu können (ein schlechtes peripheres Sehen verlangt u.U. mehr Blickbewegungen).

Qualifizierte Beurteiler lösen im Mittel **weniger Sakkaden** aus als anfängerhafte, d.h., sie halten ihren Blick ruhiger und folgen der Bewegung mehr mit gleitenden Augenfolgebewegungen. Dies spricht für eine Effektivierung der visuellen Informationsaufnahme leistungsfähiger Beurteiler.

Es existieren auch Anhaltspunkte dafür, daß qualifizierte Beurteiler aufgrund ihrer detaillierten Kenntnis des Bewegungsablaufs häufiger in der Lage sind, antizipatorische Sakkaden durchzuführen.

Eine Sehstrategie, mit der versucht wird, durch möglichst viele Blickbewegungen eine Optimierung der visuellen Informationsaufnahme zu erreichen, wirkt - wie bereits erwähnt - aufgrund der vergrößerten sakkadischen Suppressionszeiten leistungsmindernd und ist daher nicht sinnvoll.

4. Die **Kapazität des Kurzzeitspeichers** dürfte bei der Beurteilung einzelner azyklischer Bewegungsabläufe keine leistungsbegrenzende Rolle spielen. Da der Zeitbedarf für die Wahrnehmung komplexer Bewegungsmerkmale relativ hoch ist und aufgrund der hohen Informationsdichte zudem Positions- und Maskierungseffekte wirken, sind innerhalb von 1-2 s wahrscheinlich ohnehin nicht mehr als maximal 3-6 Bewegungsdetails wahrnehmbar. Damit wird die Grenze der Speicherkapazität des Kurzzeitgedächtnisses (6-8 Einheiten) jedoch nicht erreicht. Diese könnte aber bei der Bewegungsbeurteilung in Disziplinen mit längerdauernden Übungen mit mehreren Elementen (z.B. Gerätturnen, Eiskunstlauf) leistungslimitierend sein, wenn die Wahrnehmungen zu den einzelnen Übungsteilen aufgrund des anhaltenden Beobachtungsvorgangs nicht aufgezeichnet oder in das Langzeitgedächtnis übertragen werden können. Die verbalen bzw. visuellen Kodierungs-

und Speicherfähigkeiten von Beurteilern sind in diesem Zusammenhang weitestgehend unerforscht.

5. Im Beurteilungsprozeß kann eine Vielzahl **psychologisch bedingter Beurteilungsfehler** auftreten, die sich negativ auf die Beurteilungsobjektivität auswirken, z.B. Hof-Effekte, Reihungseffekte, logische Fehler und/oder die Tendenz zur Homogenisierung von Einzelurteilen. Die Ursachen hierfür können in der Vorinformation des Beurteilers und entsprechenden Erwartungen gegenüber der Person des zu bewertenden Athleten bzw. zum Zusammenhang von bestimmten Bewegungsmerkmalen liegen, aber genauso in eigenen Erfahrungen im Umgang mit der betreffenden Bewegung als aktiver Sportler oder auch im sozialen Kontext der Beurteilungssituation begründet sein. Dem Auftreten von psychologisch bedingten Beurteilungsfehlern ist entgegenzuwirken, indem den Kampfrichtern die Fehlerursachen bewußt gemacht werden.

6. Die **Motivation, Emotionen,** die **Konzentrationsfähigkeit, kognitive Verarbeitungsstile** usw. sind ergänzend als weitere Einflußgrößen zu nennen, deren mögliche Auswirkungen auf die Bewegungsbeurteilung insbesondere bei schwierigen und umfangreichen Beurteilungsaufgaben sowie zeitlich ausgedehnter Beurteilungsaktivität, z.B. als Kampfrichter, nicht übersehen werden dürfen, im einzelnen jedoch kaum bekannt sind.

6.2. BEISPIELE ZUR ANALYSE SPORTARTSPEZIFISCHER BEURTEILUNGSANFORDERUNGEN

Abschließend soll an zwei sehr unterschiedlichen sportartspezifischen Beispielen verdeutlicht werden, wie eine Analyse der spezifischen Beurteilungsanforderungen bei wesentlichen Einflußgrößen in der Praxis vorgenommen werden könnte und welche Schlußfolgerungen sich hieraus ableiten lassen.

6.2.1. Detailbeurteilung einer Bewegungsposition im Techniktraining

Im ersten Beispiel besteht die Aufgabe eines Weitsprungtrainers darin, im Techniktraining die Fußhaltung des Schwungbeins eines Athleten beim Verlassen des Sprungbalkens als Merkmal einer guten "Absprungfigur" zu beurteilen (s. Abb. 88; vgl. auch Abb. 87, S. 387). Die Bewegungsnorm besagt, daß die Spitze des Schwungbeinfußes beim Abflug angehoben sein, d.h., daß zwischen Fuß und Schienbein möglichst ein Winkel von weniger als 90° bestehen soll. Zu beurteilen ist demnach eine Position im Bewegungsablauf, die über die Wahrnehmung eines einzelnen Körpergelenkwinkels erfaßbar ist.

Da sich die Aufgabenstellung auf lediglich eine Beobachtungseinheit bezieht, sind sowohl der Beurteilungsumfang als auch die Informationsdichte sehr niedrig. Die **aufgabenbezogenen** Anforderungen an den Beurteiler (Trainer) sind damit als sehr gering zu bezeichnen. Sie verlangen außer der Kenntnis der Bewegungsnorm vom Trainer keine besonderen Fähigkeiten.

Die **sehobjektbezogenen** Anforderungen ergeben sich wie folgt. Es wird angenommen, daß der Trainer eine Beobachtungsentfernung von 5 m vom Sprungbalken bei seitlicher Beobachtungsperspektive wählt. Der Athlet nimmt (bei einer Körpergröße von ca. 1.80 m) beim Absprung einen Sehwinkel von ca. 20° ein, der Schwungbeinfuß ca. 3.3°. Die Beleuchtungsverhältnisse sind aufgrund des Tageslichts im Freien sehr gut. Dies entspricht zunächst guten Bedingungen für eine Detailwahrnehmung. Da aber das zu beurteilende Detail in einem sehr schnell und dabei nicht gleichförmig bewegten Körperteil lokalisiert ist, entstehen sehr anspruchsvolle dynamische Sehbedingungen.

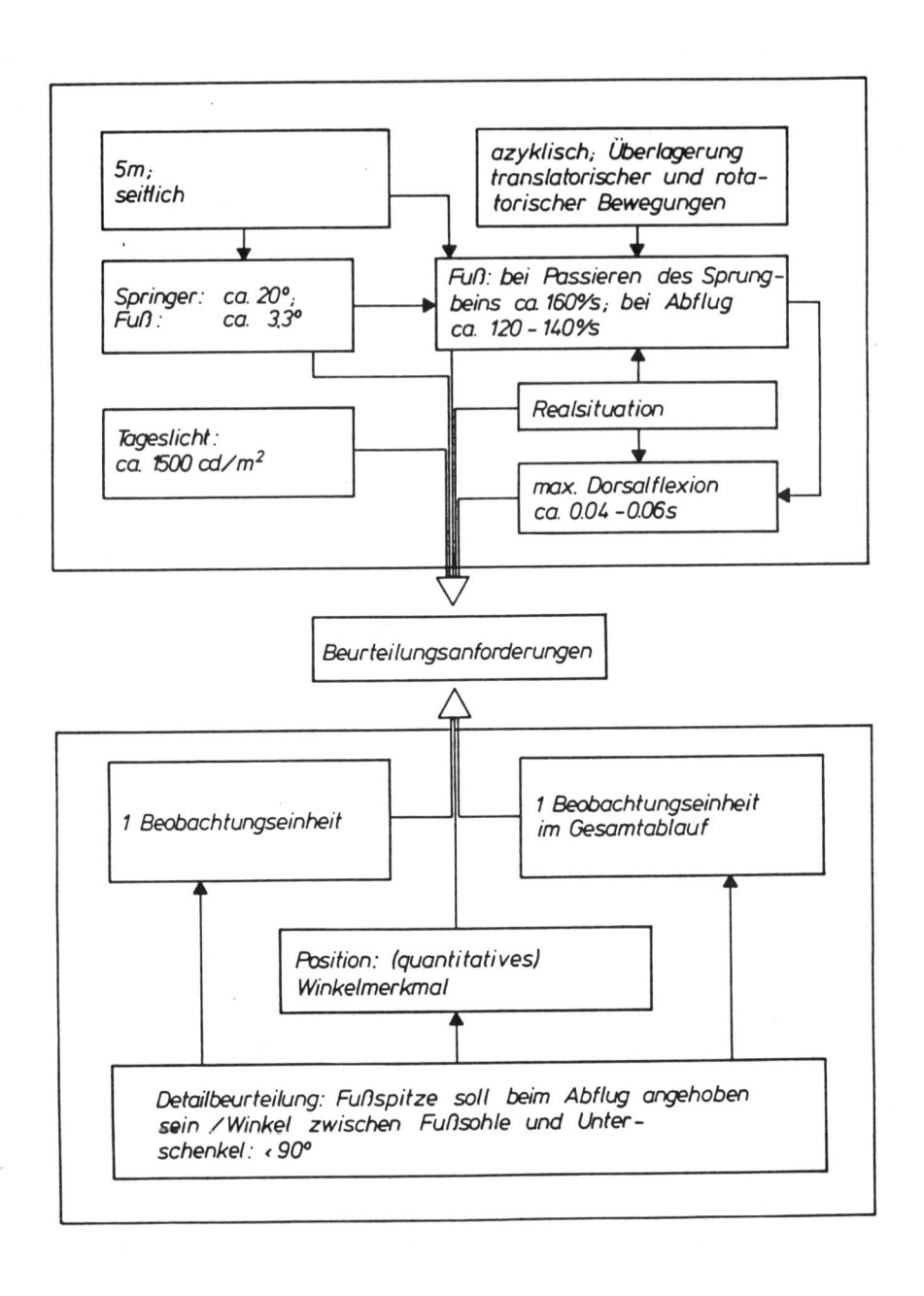

Abb. 88: Sehobjekt- und aufgabenabhängige Anforderungen bei einer Beurteilung der Haltung des Schwungbeinfußes beim Weitsprung-Absprung im Techniktraining.

Geht man davon aus, daß es sich um einen leistungsstarken Springer handelt, so ist - unter den gegebenen Sehbedingungen - zu dem Zeitpunkt, an dem der Schwungbeinfuß das Sprungbein passiert (überholt), mit einer retinalen Winkelgeschwindigkeit des Schwungbeinfußes von 160°/s oder mehr zu rechnen. Ein durchgängiges Verfolgen des Fußes während des Absprungs mit einer gleitenden Augenbewegung ist daher ausgeschlossen. Wird dies vom Trainer versucht, führt das zwangsläufig zu korrigierenden Nachstellsakkaden. Die so ausgelöste sakkadische Suppression von mindestens 150 ms verhindert, daß zum Abflugzeitpunkt Information zur maximalen Dorsalflexion des Schwungbeinfußes - mit einer Dauer von ca. 40-60 ms - aufgenommen werden kann. Beim Trainer wird der Eindruck entstehen, daß er den Fuß zwar mit dem Blick erfaßt, dabei aber nichts gesehen hat. Wiederholte Beurteilungsversuche sind in diesem Fall nutzlos.

Eine andere Blick- oder Sehstrategie könnte sein, dem Springer insgesamt mit einer gleitenden Augenbewegung bei einer Fixation der Hüfte zu folgen und auch dort während des Absprungs mit dem Blick zu verbleiben. Die Dorsalflexion des Schwungbeinfußes müßte dann mittels des peripheren Sehens beurteilt werden. Aufgrund der Sehbedingungen beträgt die retinale Exzentrizität des Fußes in diesem Fall ca. 8°. Da aber wegen der Kinetik des Sehschärfeabfalls in Richtung Netzhautperipherie im extrafovealen Bereich bei 8° nur noch ca. 25% der fovealen Sehschärfe vorliegen (vgl. Abb. 6, S. 42), ist es sehr zweifelhaft, ob das zu beurteilende Detail scharf genug abgebildet wird. Hinzu kommt die auch in dieser Bewegungsphase noch sehr hohe Winkelgeschwindigkeit des Fußes von ca. 120-140°/s, die zusätzlich zu einer starken retinalen Verwischung führt. Sehr wahrscheinlich wird die Fußstellung auch bei dieser Sehstrategie nicht mit ausreichender Genauigkeit beurteilt werden können.

Eine dritte Möglichkeit bestünde darin, mit einer antizipatorischen Sakkade so frühzeitig in den für die Detailerfassung optimalen Fixationsbereich zu springen, daß die sakkadische Suppression bis zum kritischen Zeitpunkt weitestgehend abgeklungen ist. Der Blicksprung müßte dementsprechend schon vor dem Balkenkontakt des Springers erfolgen (vgl. hierzu Abb. 89). Bei dieser Blickstrategie besteht eine wesentliche Schwierigkeit darin, den günstigsten Fixationsort im leeren Raum vor dem Springer genau zu treffen, nachdem sich der Blick vom Springer während des Anlaufs gelöst hat. Sakkaden mit größeren Amplituden (> 10°) sind relativ ungenau. Das Problem der starken Verwischung des retinalen Abbildes des Fußes besteht außerdem nach wie vor. Dieses kann auch nicht gelöst werden, wenn der Trainer den Springer mit seinem Blick von vornherein, d.h., ohne ihn während des Anlaufs zu fixieren, an der kritischen Stelle vor dem Absprungbalken erwartet.

Abb. 89: Erfassen eines Bewegungsdetails beim Weitsprung-Absprung mittels einer antizipatorischen Sakkade.
Beobachtungsentfernung: 10 m;
Sakkadenamplitude: ca. 10°.

Die entscheidenden leistungsbegrenzenden Faktoren liegen bei dem gewählten Beispiel also in den sehobjektabhängigen Bedingungen, welche die Leistungsfähigkeit des visuellen Systems überfordern. Eine Reduzierung der Sehanforderungen läßt sich hier - ohne die Benutzung eines Aufzeichnungsmediums - nur über eine Vergrößerung der Beobachtungsentfernung in Verbindung mit einer adäquaten Blickstrategie erreichen.

In Abb. 89 wird von einer Verdoppelung der Beobachtungsentfernung auf 10 m ausgegangen. Gleichzeitig besteht die Sehstrategie darin, die Hüfte des Springers zu fixieren und **vor** dem Absprung eine antizipatorische Sakkade zu einem Fixationsort auf etwa Kniehöhe und ca. eine Beinlänge vor die Absprungstelle auszuführen. Auch bei einem Verfehlen dieses nicht leicht zu treffenden Bereichs um 1° (bei einer angenommenen Sakkadenamplitude von 10°) würde damit noch eine ausreichende (statische) Sehschärfe für den zu beurteilenden Körpergelenkwinkel erreicht. Aufgrund der verdoppelten Entfernung reduziert sich die Winkelgeschwindigkeit des Schwungbeinfußes im Abflugzeitpunkt auf ca. 60-70°/s. Dies bedeutet immer noch eine verhältnismäßig starke retinale Verwischung, die das Erkennen der Dorsalflexion unsicher erscheinen läßt. Allerdings liegt die Winkelgeschwindigkeit des Schwungbeinfußes in einem Bereich, der bei guter okulomotorischer Leistungsfähigkeit eines Beobachters noch mit gleitenden Augenfolgebewegungen zu bewältigen ist. Gelingt dem Trainer nach einer präzise ausgelösten antizipatorischen Sakkade ein fließender Übergang zu zumindest einer kurzen gleitenden Augenfolgebewegung, so könnte die Dorsalflexion vermutlich hinreichend genau für eine Beurteilung erfaßt werden. Evtl. muß die Beobachtungsentfernung weiter vergrößert werden, um für einen Beurteiler gut zu bewältigende retinale Winkelgeschwindigkeiten zu erhalten. Dies reduziert allerdings die Detailgröße. In diesem Zusammenhang ist entscheidend, über welche dynamische Sehschärfe ein Trainer verfügt.

Die vorgeschlagene Blickstrategie muß in der Praxis in Verbindung mit verschiedenen Beobachtungsentfernungen erprobt werden und verlangt vom Beobachter einen Trainingsprozeß, um sie zu optimieren und zum gewünschten Erfolg zu bringen. Letzteres gilt sowohl für das zeitlich und räumlich genaue Ausführen der antizipatorischen Sakkade als auch für den Übergang zur gleitenden Augenbewegung.

Wichtig ist in diesem Zusammenhang nochmals die Hervorhebung, daß während des Absprungs keine zusätzlichen Sakkaden ausgelöst werden dürfen, da sonst die gewünschte Information in der verfügbaren Wahrnehmungszeit nicht extrahierbar ist. Dieser Sachverhalt ist in der Praxis weitestgehend unbekannt und muß Trainern bewußt gemacht werden.

6.2.2. Bewertung einer komplexen Wettkampfleistung

Als zweites Beispiel wird die wettkampfmäßige Bewertung einer Übung aus dem Bodenturnen gewählt. Eine Anforderungsanalyse erweist sich in einem solchen Fall als deutlich schwieriger als im obigen Weitsprung-Beispiel. Neben den dort genannten Problemen, die bei der detaillierten Beurteilung einzelner Übungsteile ebenso auftreten, liegt zusätzlich eine äußerst komplexe Beurteilungsaufgabe vor.

Die hier angenommenen Beurteilungsanforderungen entsprechen den üblichen Bedingungen in der Wettkampfpraxis und beziehen sich auf ein hohes Leistungsniveau (s. Abb. 90, vgl. auch Abb. 87, S. 387).

Die **sehobjektbezogenen** Anforderungen variieren aufgrund der wechselnden Entfernung des Turners vom Kampfrichter sehr stark. Die Beobachtungsentfernung kann zwischen ca. 3 m und 18 m schwanken, je nachdem, wo sich der Turner auf der 12 x 12 m großen Bodenturnfläche befindet. Die Kampfrichter sind gewöhnlich an den Ecken außerhalb einer Sicher-

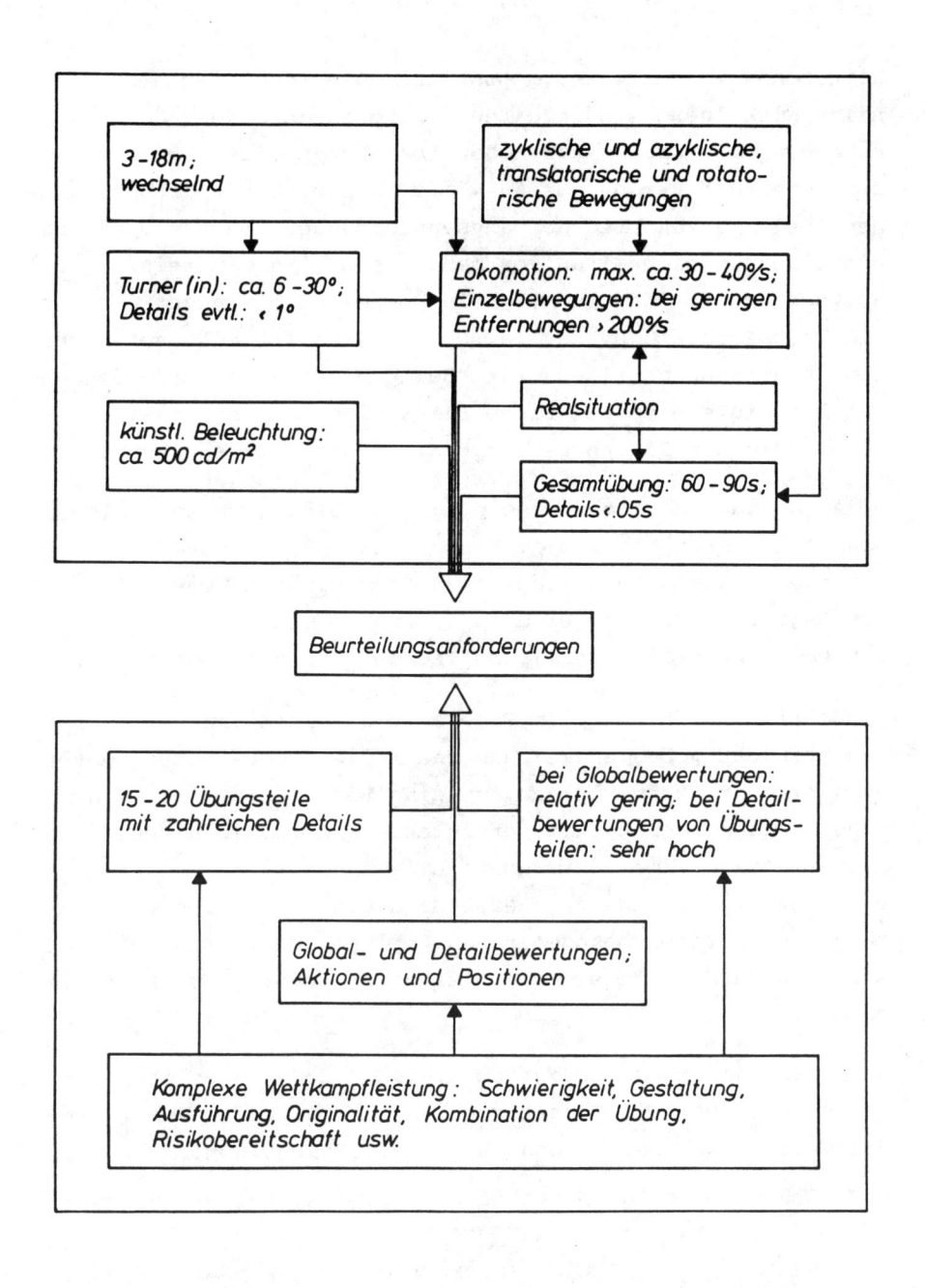

```
┌─────────────────────────────────────────────────────────────┐
│  ┌──────────────┐          ┌──────────────────────────┐    │
│  │ 3-18m;       │          │ zyklische und azyklische,│    │
│  │ wechselnd    │          │ translatorische und rota-│    │
│  └──────┬───────┘          │ torische Bewegungen      │    │
│         │                  └────────────┬─────────────┘    │
│         ▼                               ▼                  │
│  ┌──────────────────┐      ┌──────────────────────────┐    │
│  │ Turner(in): ca.  │─────▶│ Lokomotion: max. ca.     │    │
│  │ 6-30°;           │      │ 30-40°/s; Einzelbewegun- │    │
│  │ Details evtl.:‹1°│      │ gen: bei geringen        │◀──┐│
│  └──────────────────┘      │ Entfernungen ›200°/s     │   ││
│         │                  └────────────┬─────────────┘   ││
│         │                               ▲                 ││
│         ▼                  ┌────────────┴─────────────┐   ││
│  ┌──────────────────┐      │ Realsituation            │   ││
│  │ künstl. Beleuch- │─────▶└────────────┬─────────────┘   ││
│  │ tung: ca.        │                   ▼                 ││
│  │ 500 cd/m²        │      ┌──────────────────────────┐   ││
│  └──────────────────┘      │ Gesamtübung: 60-90s;     │───┘│
│                            │ Details ‹.05s            │    │
│                            └──────────────────────────┘    │
│                                   ║                        │
└───────────────────────────────────╨────────────────────────┘
                                    ▽
                   ┌────────────────────────────┐
                   │ Beurteilungsanforderungen  │
                   └────────────────────────────┘
                                    △
┌───────────────────────────────────╨────────────────────────┐
│  ┌──────────────────┐      ┌──────────────────────────┐    │
│  │ 15-20 Übungsteile│      │ bei Globalbewertungen:   │    │
│  │ mit zahlreichen  │      │ relativ gering; bei      │    │
│  │ Details          │      │ Detailbewertungen von    │    │
│  │                  │      │ Übungsteilen: sehr hoch  │    │
│  └────────▲─────────┘      └────────────▲─────────────┘    │
│           │                             │                  │
│           │   ┌────────────────────────┐│                  │
│           └───┤ Global- und Detailbe-  ├┘                  │
│               │ wertungen; Aktionen    │                   │
│               │ und Positionen         │                   │
│               └───────────▲────────────┘                   │
│                           │                                │
│  ┌────────────────────────┴─────────────────────────────┐  │
│  │ Komplexe Wettkampfleistung: Schwierigkeit, Gestal-  │  │
│  │ tung, Ausführung, Originalität, Kombination der     │  │
│  │ Übung, Risikobereitschaft usw.                      │  │
│  └─────────────────────────────────────────────────────┘  │
└─────────────────────────────────────────────────────────────┘
```

Abb. 90: Sehobjekt- und aufgabenabhängige Anforderungen bei der Beurteilung einer Bodenturnübung im Wettkampf.

heitszone von max. 2-3 m postiert. Die resultierenden retinalen Winkelgeschwindigkeiten - bezogen auf den Gesamtkörper des Turners - erreichen bei Lokomotionsbewegungen in der Regel nicht mehr als 30-40°/s. Einzelne Körperteile können bei kurzen Beobachtungsentfernungen (unter 5 m) aber Winkelgeschwindigkeiten von mehr als 200°/s aufweisen. Bei Spitzenturnern dauert z.B. ein Doppelsalto weniger als 1 s, ein Flick-Flack u.U. nur ca. 0.3 s. Dies ist mit sehr kurzen Wahrnehmungszeiten für Bewegungsdetails verbunden. So ist beispielsweise bei einem Flick-Flack die maximale Kniebeugung in der Sitzphase für weniger als 0.05 s erkennbar.

Auch bei den angenommenen, guten Beleuchtungsverhältnissen resultieren hieraus im Einzelfall äußerst hohe Sehanforderungen, die das visuelle System nicht zu bewältigen in der Lage ist. Hiervon sind in erster Linie die dynamische Sehschärfe und die dynamische Tiefensehschärfe betroffen.

Da ein Kampfrichter im Gegensatz zu einem Trainer an seinen Standort gebunden ist und daher die Beobachtungsentfernung nicht vergrößern kann, um eine Verringerung der dynamischen Sehanforderungen zu erzielen, kann er die visuelle Informationsaufnahme nur über eine angemessene Sehstrategie optimieren. Sie kann aber erst nach einer näheren Betrachtung der **aufgabenbezogenen** Beurteilungsanforderungen vorgeschlagen werden, da sie mit diesen in einer Wechselbeziehung steht.

Gemäß der Bewertungsrichtlinien (Code de Pointage) hat ein Kampfrichter im Gerätturnen u.a. folgende Punkte bei der Vergabe der Leistungsnote zu berücksichtigen:

- Schwierigkeit, Gestaltung, Originalität und Virtuosität der Übung,

- Ausführung der Übung (grobe und feine Fehler, Haltungsfehler, sicherer Vortrag etc.),

- Kombination der Übung (Tempo und Rhythmus),

- Risikobereitschaft.

Beurteilungsgegenstand sind sowohl jedes einzelne Übungsteil als auch die Verbindung verschiedener Übungsteile und der Gesamtverlauf der Übung. Die Bewertung einer Bodenturnübung verlangt daher sowohl detaillierte als auch globale Beurteilungen, in die sowohl Wahrnehmungen zu Aktionen als auch zu Positionen im Bewegungsablauf eingehen.

Der Beurteilungsumfang beträgt meist zwischen 15 und 20 Übungsteilen, deren zahlreiche Details hier nicht aufgeführt zu werden brauchen. Legt man für eine Einschätzung der Informationsdichte die Anzahl der Übungsteile zugrunde, so erscheint sie angesichts der Dauer einer Bodenturnübung von 60-90 s als relativ niedrig. Bedenkt man jedoch, daß auch eine Globalbeurteilung eines Übungsteils letztlich nur über die Wahrnehmung von kinematischen und dynamischen Bewegungsmerkmalen, also über das Erfassen von Bewegungsdetails, erfolgen kann, so muß die Informationsdichte als sehr hoch bezeichnet werden. Dies gilt insbesondere für sehr schnell ablaufende Bewegungen und bei geringen Zeitabständen zwischen einzelnen Übungsteilen.

Außerdem ist bei der Analyse der aufgabenbezogenen Beurteilungsanforderungen der Auftrag an den Kampfrichter zu beachten, neben der Bewertung der Ausführungsqualität gleichzeitig Kriterien wie die Übungszusammensetzung, den Schwierigkeitsgrad usw. zu berücksichtigen. Diese Aufgabe verlangt vom Kampfrichter, daß er ein Übungsteil möglichst vollständig, möglichst lange Zeit im Kurzzeitspeicher verfügbar behält, um diese Simultan- und Sukzessivbewertungen vornehmen zu können. Angesichts der relativ langen Wahrnehmungszeiten bei der Beurteilung komplexer Beobachtungseinheiten (mindestens 0.5 s) ist die starke Überforderung bei der detaillierten Bewertung einer Bodenturnübung offensichtlich. Da die Dauer einer Gesamtübung am Boden die Verweildauer von Information im Kurzzeitspeicher deutlich übersteigt, müssen die aufgebauten Wahrnehmungen in den Langzeitspeicher übertragen werden - falls sie nicht sofort protokolliert werden können. Die fortgeführte Beobachtungs- und Beurteilungsaktivität verhindert aber ein ausreichendes Memorieren zur Sicherung der Information, und es kommt zu Zerfallserscheinungen. Außerdem sind Interferenzwirkungen durch die neu aufgenommene Information anzunehmen.

Seit jüngerer Zeit sind die Kampfrichter verpflichtet, während des Übungsablaufs Aufzeichnungen zu folgenden Punkten vorzunehmen:

- Anzahl der A-, B-, C- und D-Teile,
- Gutpunkte für Originalität, Virtuosität und D-Elemente,
- Abzüge für nicht erfüllte Anforderungen (v.a. in der Pflicht),
- Ausführungs- und Kombinationsfehler.

Dies bedeutet eine zusätzliche Erschwerung der Wahrnehmungssituation, da immer wieder eine Aufmerksamkeitsteilung oder völlige -abziehung von der Übungsdurchführung notwendig ist. Darunter leidet die Qualität der visuellen Wahrnehmung zwangsläufig.

Insgesamt betrachtet, stellt die wettkampfgerechte Beurteilung einer Bodenturnübung mit dem Versuch, die vorliegenden Bewertungsrichtlinien **vorschriftsmäßig** zu befolgen, in Anbetracht des Beurteilungsumfangs und der Informationsdichte sowie der verlangten Mehrfachaufgaben eine völlige Überforderung eines Kampfrichters dar.

Vermutlich bilden sich Kampfrichter in der Praxis aufgrund der gezielten Vororientierung über den jeweiligen Turner (Turnerin) häufig ein Vor-Urteil, von dem sie auf der Basis einer überwiegend ganzheitlichen Übungsbeurteilung nur noch eine relativ geringfügige Präzisierung vornehmen. (Auffällige Besonderheiten - grobe Bewegungsfehler, Stürze etc., die bemerkt werden, - führen selbstverständlich zu einer entsprechenden Anpassung der Leistungsbewertung.) Außerdem erlaubt eine sehr ausgeprägte Bewegungsvorstellung, insbesondere in Verbindung mit Erfahrungen aus der Eigenrealisation, daß ein Kampfrichter Ausführungsdetails selbst dann aus Folgeerscheinungen ableiten kann, wenn er das Detail an sich nicht gesehen hat. Ein Kampfrichter wird die hoch-komplexe Beurteilungsaufgabe nur dann bewältigen können, wenn er von vornherein auf die gezielte Lenkung der Aufmerksamkeit auf Ausführungsdetails verzichtet und versucht, ganzheitliche Bewertungen qualitativer Art vorzunehmen. Hierbei wird er überwiegend auf die störungsfreie Informationsaufnahme im peripheren Sehbereich angewiesen sein. Die Tatsache, daß die Bewertungsrichtlinien relativ viele globale, qualitative Beurteilungskriterien enthalten, die sehr unscharf definiert sind, erleichtert die Aufgabe des Kampfrichters, fördert andererseits aber die Subjektivität der Beurteilung.

Unter den gegebenen Bedingungen des Beispiels und unter Annahme der Tatsache, daß ein Kampfrichter keine spezifische Vorinformation über den zu beurteilenden Athleten sowie dessen Übungsaufbau und -schwierigkeitsgrad besitzt, ist folgende **Sehstrategie** anzuraten.

1. Verzicht auf den Versuch, Bewegungsdetails über gezielte Blickfixationen zu erfassen, wenn die Bewegungsgeschwindigkeit hoch ist und damit eine kurze Darbietungszeit vorliegt.

2. Fixation eines zentralen Bewegungsbereichs, z.B. über Anblicken der Hüfte, und Festhalten dieses Bereichs möglichst mittels einer gleitenden Augenfolgebewegung.

3. Vermeiden von häufigen Fixationswechseln (Sakkaden), d.h., den Blick möglichst ruhig halten.

4. Einbeziehung antizipatorischer Sakkaden, wenn aufgrund der hohen Winkelgeschwindigkeit und/oder star-

ken und schnellen Änderungen der Bewegungsrichtung eine Augenfolgebewegung nicht mit ausreichender Genauigkeit möglich ist - z.B. während des Absprungs zu einem Salto nach oben in den Rotationsbereich (s. hierzu Abb. 91).

Auf diese Weise ist am ehesten eine leistungsgerechte, wenn auch wenig detaillierte, sondern vorwiegend ganzheitliche Bewertung der einzelnen Übungsteile als Grundlage für ein angemessenes Gesamturteil zu erwarten. Voraussetzung für das Gelingen einer solchen Sehstrategie ist zum einen eine detaillierte Bewegungsvorstellung vom Bewegungsablauf sowie eine "okulomotorische Trainingsphase", in der das Blickverhalten geübt und automatisiert wird. Das stark bewußte Verfolgen einer solchen Sehstrategie mit antizipatorischen Sakkaden würde vermutlich soviel Aufmerksamkeit in Anspruch nehmen, daß sie die Kapazität des Kurzzeitspeichers teilweise blockieren würde und somit keinen Vorteil bräch-

Abb. 91: Beispiel für eine antizipatorische Sakkade bei hoher Winkelgeschwindigkeit und schneller Richtungsänderung des Sehobjekts im Bodenturnen.
Beobachtungsentfernung: ca. 8.50 m;
Sakkadenamplitude: ca. 7°.

te. Außerdem ist auch in diesem Fall unabdingbar, dem Kampfrichter die Zusammenhänge zwischen den Blickversionen und der visuellen Informationsaufnahme einsichtig zu machen.

Eine Reduzierung der aufgabenbezogenen Anforderungen wäre Voraussetzung für eine Erhöhung der Beurteilungsqualität und ließe sich durch folgende Maßnahmen erzielen:

- Vorherige Mitteilung durch den Turner, welche Übungsteile in welcher Reihenfolge gezeigt werden;

- Aufgabenteilung durch Einsatz von Kampfrichtern, die entweder lediglich den Schwierigkeitsgrad der Übung festzustellen haben (Anzahl der A-, B-, C-, D-Teile, Kombination von Übungsteilen, Abzüge für fehlende Teile) oder ausschließlich für die Beurteilung der Ausführungsqualität zuständig sind;

- Verzicht auf das Mitschreiben der Wahrnehmungen, sondern Einsatz eines Protokollanten für jeden Kampfrichter.

Eine Konkretisierung der Bewertungsrichtlinien hinsichtlich der globalen, qualitativen Beurteilungskriterien ist nur sinnvoll, wenn die derzeit bestehende Überforderung der Kampfrichter abgebaut wird. Detailliertere Bewertungsrichtlinien könnten ohne diesen ersten Schritt ohnehin nicht befolgt werden.

Die sehobjektbezogenen Beurteilungsanforderungen sind in der Realsituation nur dadurch zu beeinflussen, daß zu geringe Beobachtungsentfernungen vermieden und gute Beleuchtungsbedingungen geschaffen werden. Das Aufzeichnen der Übungsdarbietung auf Video zur Klärung von Zweifelsfällen (z.B. Übungsteil wie verlangt gezeigt oder nicht; Überschreiten des Mattenrandes; unerlaubtes Berühren des Bodens mit den Händen; Feststellung, ob doppelte oder dreifache Drehung usw.) müßte selbstverständlich sein - zumindest auf bedeutenden Wettkämpfen.

Darüberhinaus sollten die Kampfrichter verpflichtet werden, wenigstens das Einturnen der Sportler unmittelbar vor dem Wettkampf zu beobachten, um auf diese Weise eine gezieltere Vororientierung zu erhalten.

6.3. Forschungsperspektiven

Effektive Bemühungen zur Verbesserung der Beurteilungsqualität in der Sportpraxis setzen die Analyse der spezifischen Beurteilungsanforderungen sowie die Diagnose der individuellen Leistungsfähigkeit des Beurteilers voraus.

Um diese Forderungen möglichst vollständig erfüllen zu können, sind in allen genannten Bereichen weitere, z.T. erhebliche Forschungsanstrengungen notwendig. Dabei könnten folgende Schwerpunkte gebildet werden.

Untersuchungen zur

1. **Leistungsfähigkeit** des visuellen Systems unter **sportartspezifischen dynamischen Sehanforderungen**, d.h. auch zur **Wahrnehmbarkeit** von spezifischen kinematischen und dynamischen Bewegungsmerkmalen;

2. **Trainierbarkeit** ausgewählter visueller Leistungsparameter unter sportartspezifischen Bedingungen;

3. Aufdeckung von **Wahrnehmungsstrategien** leistungsfähiger Beurteiler einschließlich des damit einhergehenden **Blickverhaltens**;

4. Umsetzung von Maßnahmen zur **Wahrnehmungslenkung** (Beobachtungsanweisungen) in **Blickverhalten** und Effektivität dieser Maßnahmen;

5. Entwicklung von **Sehstrategien** für spezifische Beurteilungsaufgaben auf der Basis der vorgenannten Punkte.

Eine Erforschung der genannten Aspekte unter praxisnahen Bedingungen erfordert in vielen Fällen jedoch noch umfangreiche methodische Entwicklungen.

LITERATURVERZEICHNIS

1) ALDERSON,G.J.K.: Variables affecting the perception of velocity in sports situations. In: H.T.A.WHITING (Ed.): Readings in Sports Psychology. London 1972, 96-115.

2) ALPERN,M.: Movements of the Eye. In: H.DAVSON (Ed.): The Eye New York 1969, 76-112.

3) ALPERN,M.: Eye movements. In: D.JAMESON/L.M.HURVICH (Eds.): Handbook of Sensory Physiology, Vol VII/4. Berlin 1972, 303-330.

4) ALTHERR,P.: Wahrnehmungsdiagnostik im Kindesalter. In: Motorik 1 (1978), 2 8.

5) ANDREJEVA,E.A./VERGILES,N.J./LOMOV,B.F.: Zur Frage des Mechanismus der Augenbewegungen. In: Zeitschrift für Psychologie 182 (1974), Heft 1, 18 40.

6) ANTES,J.R.: Eye Fixations as a Function of Informativeness. Diss. Iowa State University 1973.

7) ANTES,J.R.: The time course of picture viewing. In: Journal of Experimental Psychology 103 (1974), No.1, 62 70.

8) AREND S./HIGGINS,J.R.: A strategy for the classification, subjective analysis and observation of human movement. In: Journal of Human Movement Studies 2 (1976) 1, 36-52.

9) ARMSTRONG,C.W./HOFFMAN,S.J.: Effects of teaching experience, knowledge of performer competence, and knowledge of performance outcomes on performance error identification. In: Research Quarterly 50 (1979) 318-327.

10) ATKINSON,R.C./SHIFFRIN,R.M.: The control of short term memory. In: Scientific American 225 (1971), 82-90.

11) ATTNEAVE,F.: Informationstheorie in der Psychologie. Bern 1974^3.

12) AULHORN,E./HARMS,H.: Visual perimetry. In: D.JAMESON/L.M.HURVICH (Eds.): Handbook of Sensory Physiology Vol. VII/4. Berlin 1972, 102-145.

13) AVERBACH,E./CORIELL,A.S.: Short-term memory in vision. In: Bell System Technical Journal 40 (1961), 309-328.

14) AVERBACH,E./SPERLING,G.: Short-term storage of information in vision. In: C.CHERRY (Ed.): Information Theory: Proceedings of the Forth London Symposium. London 1961.

15) BACH-Y-RITA,P./COLLINS,C.C./HYDE,J.E. (Eds.): The Control of Eye Movements. New York/London 1971.

16) BADDELEY,A.D.: Die Psychologie des Gedächtnisses. Stuttgart 1979.

17) BADDELEY,A.D./PATTERSON,K.: The relationship between long-term and short-term memory. In British Medical Bulletin 27 (1971), 237-242.

18) BAHILL,A.T./STARK,L.: Sakkadische Augenbewegungen. In: Spektrum der Wissenschaft Heft 3/1979, 59-66.

19) BAHRICK,H.P./BOUCHER,B.: Retention of visual and verbal codes of the same stimuli. In: Journal of Experimental Psychology 78 (1968) 417-422.

20) BAILEY,C.H./GOURAS,P.: The retina and phototransduction. In: E.R.KANDEL/J.H.SCHWARTZ (Eds.): Principles of Neural Science. New York/Amsterdam / Oxford 1985, 344-355.

21) BALLREICH,R.: Analyse und Ansteuerung sportmotorischer Techniken aus trainingsmethodischer und biomechanischer Sicht. In: Leistungssport 11 (1981), 513-526.

22) BARD,CH./FLEURY,M.: Analysis of visual search activity during sport problem situations. In: Journal of Human Movement Studies 3 (1976), 214-222.

23) BARD,CH./FLEURY,M.: Manipulation de l'information visuelle et complexité de la prise de décision.
In: F.LAUNDRY/W.A.R.ORBAN (Eds.): Motor Learning. Quebec 1978, 63-68.

24) BARD,CH./FLEURY,M.: Considering eye movement as a predictor of attainment.
In: I.M.COCKERILL/W.W.MACGILLIVARY (Eds.): Vision and Sport. Cheltanham 1981, 28-41.

25) BARD,CH./FLEURY,M./CARRIERE,L.: La stratégie perceptive et la performance motrice. In: Mouvement 10 (1975), 163-183.

26) BARD,CH./FLEURY,M./CARRIERE,L./HALLE,M.: Analysis of gymnastics judges' visual search. In: Research Quarterly 51 (1980), 267-273.

27) BARLOW,H.B.: Dark and light adaptation: Psychophysics. In: D.JAMESON/L.M.HURVICH (Eds.): Handbook of Sensory Physiology, Vol.VII/4. Berlin 1972, 1-28.

28) BARLOW,H.B.: Reconstructing the visual image in space and time. In: Nature 279 (1979), 189-190.

29) BARMACK,N.H.: Dynamic visual acuity as an index of eye movement control. In: Vision Research 10 (1970), 1377-1391.

30) BARNES,G.R.: Vestibulo-ocular function during coordinated head and eye movements to acquire visual targets. In: Journal of Physiology 287 (1979), 127-147.

31) BARTLETT,F.C.: Remembering. Cambridge 1932.

32) BARTLEY,H.: Principles of Perception. New York u.a. 1969^2.

33) BARTZ,A.E.: Eye-movement latency, duration, and response time as a function of angular displacement. In: Journal of Experimental Psychology 64 (1962), 318-324.

34) BARTZ,A.E.: Eye and head movements in peripheral vision: Nature of compensatory eye movements. In: Science 152 (1966), 1644-1645.

35) BARTZ,A.E.: Fixation errors in eye movements to peripheral stimuli. In: Journal of Experimental Psychology 75 (1967), 444-446.

36) BARTZ,A.E.: Information transmission during eye movements. In: Human Factors 21 (1979), 331-336.

37) BAUMANN,H.: Methoden der Fehleranalyse durch Bewegungsbeobachtung. Bad Homburg 1986.

38) BAUMANN,H.U.: Methoden zur quantitativen Erfassung des Unterrichtsverhaltens. Bern/Stuttgart/Wien 1974.

39) BAUMGARTNER,G.: Physiologie des zentralen Sehsystems. In: O.H.GAUER/K.KRAMER/R.JUNG (Hrsg.): Physiologie des Menschen, Bd.13: Sehen. München/Wien/Baltimore 1978, 263-356.

40) BÄUMLER,G.: Das Bewegungssehen. Eine Einführung in Phänomene. In: W.ARNOLD (Hrsg.): Experimentelles Praktikum, Bd.1. Stuttgart 1972, 153-188.

41) BÄUMLER,G./SCHNEIDER,K.: Sportmechanik. München/Wien/Zürich 1981.

42) BEALS,R.P./MAYYASI,A.M./TEMPLETON,A.E./JOHNSTON,W.L.: The relationship between basketball shooting performance and certain visual attributes. In: American Journal of Optometry & Archieves of American Academy of Optometry 48 (1971), 585-590.

43) BECKER,W.: The control of eye movements in the saccadic system. In: J.DICHGANS/E.BIZZI (Eds.): Cerebral control of eye movements and motion perception. In: Bibliotheca Ophthalmologica 82 (1972), 233-243.

44) BECKER,W.: Do correction saccades depend exclusively on retinal feedback? In: Vision Research 19 (1979), 425-427.

45) BECKER,W./FUCHS,A.F.: Further properties of the human saccadic system. Eye movements and correction saccades with and without visual fixation points. In: Vision Research 9 (1969), 1247-1259.

46) BECKER,W./JÜRGENS,R.: An analysis of the saccadic system by means of double step stimuli. In: Vision Research 19 (1979), 967-983.

47) BEIRING,B.: Untersuchung zum Einfluß von Beobachtungsanweisungen auf das Blickverhalten und die Fehleridentifikation bei der Beobachtung von Flick-Flacks in Abhängigkeit von der Vorerfahrung. Diplomarbeit DSHS Köln 1987.

48) BELMONT,J.M./BUTTERFIELD,E.C.: What the development of short-term memory is. In: Human Development 14 (1971), 236-248.

49) BERNHARD,U.: Blickverhalten und Gedächtnisleistung beim visuellen Werbekontakt. Frankfurt/M. 1978.

50) BESANCON,H.J.: Bewegungsbeurteilung und visueller Informationsumsatz. Eine Untersuchung zum Blickverhalten von Basketball-Trainern bei der Beurteilung von Sprungwürfen. Diplomarbeit DSHS Köln 1987.

51) BETTERAEY,B.van: Eine Untersuchung zum Zusammenhang von Blickverhalten und Fehlererkennung beim Beobachten von leichtathletischen Bewegungsabläufen (Weitsprung/Kugelstoßen) in Abhängigkeit von der Beobachtungserfahrung. Diplomarbeit DSHS Köln 1982.

52) BISCAN,D.V./HOFFMAN,S.J.: Movement analysis as a generic ability of physical education teachers and students. In: Research Quarterly 47 (1976), 161-163.

53) BISCHOF,N.: Psychophysik der Raumwahrnehmung. In: W.METZGER/H.ERKE (Hrsg.): Wahrnehmung und Bewußtsein. Handbuch der Psychologie, Bd.1/I. Göttingen 1966, 307-408.

54) BISCHOF,N.: Aristoteles, Galilei, Kurt Lewin - und die Folgen. In: N.BISCHOF (Red.): Bericht vom Kongreß der DGfP. Göttingen 1982, 7-15.

55) BLISCHKE,K.: Zur Bedeutung bildhafter und verbaler Information für die Ausbildung einer Bewegungsvorstellung unter besonderer Berücksichtigung von Plazierungseffekt und Lernalter. Diss. FU Berlin 1986. (a)

56) BLISCHKE,K.: Effekte habituellen Blickverhaltens beim visuomotorischen Lernen. In: U.HANKE/R.PROHL (Red.): Entwicklungstendenzen der Medien im Sport. Fritzlar 1986, 46-59. (b).

57) BÖCKER,F./SCHWERDT,A.: Die Zuverlässigkeit von Messungen mit dem Blickaufzeichnungsgerät NAC Eye-Mark-Recorder 4. In: Zeitschrift für experimentelle und angewandte Psychologie 28 (1981), 353-373.

58) BORNEMANN,R./MESTER,J.: Differentielle Bewegungsanalyse der Grundschläge im Tennis. In: Kommission Tennis an Hochschulen / DTB (Hrsg.): Tennis an Schulen und Hochschulen. Hannover 1977.

59) BORNEMANN,R./MESTER,J.: Erfassung und Bewertung der Demonstrationsfähigkeit der Grundschläge im Tennis. In: Kommission Tennis an Hochschulen /DTB (Hrsg.): Tennis an Schulen und Hochschulen. IV. Göttingen 1980.

60) BORNSCHEIN,H./HANITZSCH,R.: Die Netzhaut. In: O.H.GAUER/K.KRAMER/R.JUNG (Hrsg.): Physiologie des Menschen, Bd.13: Sehen. München 1978.

61) BRANDT,TH./DICHGANS,J./KÖNIG,E.: Differential effects of central versus peripheral vision on egocentric and exocentric motion perception. In: Experimental Brain Research 16 (1973), 476-491.

62) BREDENKAMP,J./WIPPICH,W.: Lern- und Gedächtnispsychologie, Bd.II. Stuttgart/Berlin/Köln/Mainz 1977.

63) BREITMEYER,B.G./GANZ,L.: Implications of sustained and transient channels of theories of visual pattern masking, saccadic suppression and information processing. In: Psychological Review 83 (1976), No.1, 1-36.

64) BREMER,D.: Beobachtung - Beobachtungsanalyse - Fehleranalyse - Fehlerkorrektur.
In: R.BORNEMANN/B.ZEIN (Red.): Tennis-Methodik. Beiträge zur Theorie und Praxis des Tennisunterrichts und -trainings 6. Ahrensburg 1982, 110-132.

65) BREMER,D.: Fehler und Fehlerkorrektur im Hochschulsport aus handlungstheoretischer Sicht.
In: G.HAGEDORN/H.KARL/K.BÖS (Red.): Handeln im Sport. DVS: Clausthal-Zellerfeld 1985, 311-316.

66) BREMER,D./SPERLE,N. (Hrsg.): Fehler, Mängel, Abweichungen im Sport. Wuppertal 1984.

67) BROADBENT,D.E.: Perception and Communication. Oxford 1964^2.

68) BROADBENT,D.E.: Application of information theory and decision theory to human perception and reaction. In: R.N.HABER (Ed.): Contemporary Theory and Research in Visual Perception. New York 1968, 53-63.

69) BROOKS,B.A./IMPELMAN,D.M.: Suppressive effects of a peripheral grating displacement during saccadic eye movement and during fixation. In: Experimental Brain Research 42 (1981), 489-492.

70) BROOKS,B.A./YATES,J.T./COLEMAN,R.D.: Perception of images moving at saccadic velocities during saccades and during fixation. In: Experimental Brain Research 40 (1980), 71-78.

71) BROWN,J.: Some tests of the decay theory of immediate memory. In: Quarterly Journal of Experimental Psychology 10 (1958), 12-21.

72) BUCHER,S.: Untersuchung zum Zusammenhang von Blickverhalten und der Fähigkeit zur Bewegungsbeurteilung in Verbindung mit der Entwicklung einer Bewegungsvorstellung vom Flick-Flack mittels verschiedener Schulungsmethoden. Diplomarbeit DSHS Köln 1983.

73) BURG,A.: Apparatus for measurement of dynamic visual acuity. In: Perceptual and Motor Skills 20 (1965), 231-234.

74) BURG,A.: Visual acuity as measured by dynamic and static tests. In: Journal of Applied Psychology 50 (1966), 460-466.

75) BURG,A./HULBERT,S.: Dynamic visual acuity as related to age, sex and static acuity. In: Journal of Applied Psychology 45 (1961), 111-116.

76) CAMPBELL,F.W./GREGORY,A.H.: Effect of pupil size on acuity. In: Nature 187 (1960), 1121 1123.

77) CAMPBELL,F.W./WESTHEIMER,G.: Dynamics of accommodation responses of the human eye. In: Journal of Physiology 151 (1960), 285-295.

78) CARL,K./MECHLING,H.: Techniktraining. In: P.RÖTHIG (Red$_5$): Sportwissenschaftliches Lexikon. Schorndorf 1983^5, 406-408.

79) CARR,TH.H./BACHARACH,V.R.: Perceptual tuning and conscious attention: Systems of input regulation in visual information processing. In: Cognition 4 (1976), 281-302.

80) CLARK,B./WARREN,N.: Depth perception and interpupillary distance as factors in proficiency in ball games. In: American Journal of Psychology 47 (1935), 485-487.

81) COCKERILL,I.M.: Peripheral vision and hockey. In: I.M.COCKERILL/W.W.MAC'GILLIVARY (Eds.): Vision and Sport. Cheltenham 1981, 54-63. (a)

82) COCKERILL,I.M.: Distance estimation and sports performance. In: I.M.COCKERILL/W.W.MAC'GILLIVARY (Eds.): Vision and Sport. Cheltenham 1981, 116-125. (b)

83) COCKERILL,I.M./CALLINGTON,B.P.: Visual information processing in golf and association football. In: I.M.COCKERILL/W.W.MAC'GILLIVARY (Eds.): Vision and Sport. Cheltenham 1981, 126-138.

84) COHEN,A.S.: "Sehleistung" und Kausalität zwischen sukzessivem Blickverhalten des Automobilisten. In: Schweizerische Zeitschrift für Psychologie und ihre Anwendungen 36 (1977), 139-140. (a)

85) COHEN,A.S.: Is the duration of an eye fixation a sufficient criterion referring to information input. In: Perceptual and Motor Skills 45 (1977), 766. (b)

86) COHEN,A.S. Möglichkeiten und Grenzen visueller Wahrnehmung im Straßenverkehr. In: Unfall- und Sicherheitsforschung im Straßenverkehr. Heft 57 (1986).

87) CRAIK,F.I.M./LOCKHART,R.S.: Levels of processing: a framework for memory research. In: Journal of Verbal Learning and Verbal Behavior 11 (1972), 671-684.

88) CRAIK,F.I.M./TULVING,E.: Depth of processing and retention of words in episodic memory. In: Journal of Experimental Psychology 104 (1975), 268-294.

89) CRATTY,B.J.: Motorisches Lernen und Bewegungsverhalten. Frankfurt/M. 1975.

90) CROSSMAN,E.R.F.W.: Information process in human skill. In: A.SUMMERFIELD (Ed.): Experimental Psychology. Brit.Med.Bull. 20, No.1 (1964), 32-37.

91) CUTTING,J.E./PROFFITT,D.R.: Gait perception as an example of how we may perceive events. In: R.D.WALK/ H.L.PICK (Eds.): Intersensory Perception and Sensory Integration. New York/London 1981, 23-35

92) CUTTING,J.E./PROFFITT,D.R./KOZLOWSKI,L.T.: A biomechanical invariant for gait perception. In: Journal of Experimental Psychology: Human Perception and Performance 4 (1978), 357-372.

93) DAS BUDO ABC: Budo-Verlag. Sport-RHODE 1981.

94) DALE,H.: Short-term memory for visual information. In: British Journal of Psychology 64 (1973), 1-8.

95) DAUGS,R.: Programmierte Instruktion und Lerntechnologie im Sportunterricht. München 1979.

96) DAUGS,R.: Blickverhalten und sensomotorisches Lernen. In: H.RIEDER/K.BÖS/H.MECHLING/K.REISCHLE (Hrsg.): Motorik- und Bewegungsforschung. Schorndorf 1983, 273-275.

97) DAUGS,R./BLISCHKE,K.: Sensomotorisches Lernen. In: K.CARL/D.KAYSER/H.MECHLING/W.PREISING (Hrsg.): Handbuch Sport, Band 1. Düsseldorf 1984, 381-420.

98) DAUGS,R./BLISCHKE,K./MARSCHALL,F./OLIVIER,N.: Theoretische Grundlagen des visuellen Informationsumsatzes. Gesellschaft für Pädagogik und Information, Arbeitspapier No.1. Paderborn 1982. (a)

99) DAUGS,R./BLISCHKE,K./MARSCHALL,F./OLIVIER,N.: Die Blickbewegungsregistrierung als Untersuchungsmethode der Visualisation sensomotorischer Lehrmaterialien. Gesellschaft für Pädagogik und Information, Arbeitspapier No.2. Paderborn 1982. (b)

100) DAUGS,R./BLISCHKE,K./OLIVIER,N.: Zur Bedeutung der Blickbewegungsregistrierung für die Untersuchung sportmotorischer Lernprozesse. Unveröff. Forschungsbericht BISp Köln 1983. (a)

101) DAUGS,R./BLISCHKE,K./OLIVIER,N.:
Scanning habits and visuo-motor learning.
In: J.K.O'REGAN/A.LEVY-SCHOEN (Eds.):
Eye Movements: From Physiology to Cognition.
Amsterdam/New York/Oxford/Tokyo 1987, 323-332.

102) DAUGS,R./BLISCHKE,K./OLIVIER,N./BALSCHBACH,B./ FEHRERS,K.: Zum Problem der Anforderungsstruktur von Lehrbildreihen im Sport. Unveröff. Forschungsbericht BISp Köln 1983. (b)

103) DAUGS,R./BLISCHKE,K./OLIVIER,N./GRAF,M.: Zum Einfluß einer differenzierten Sollwertvorgabe auf das Blickverhalten von Trainern und Athleten bei der Fehleridentifikation. Unveröff. Forschungsbericht BISp Köln 1983. (c)

104) DESHAIES,P./PARGMAN,D.: Selected visual abilities of college football players. In: Perceptual and Motor Skills 43 (1976), 904-906.

105) DICHGANS,J./KÖRNER,F./VOIGT,K.: Vergleichende Skalierung des afferenten und efferenten Bewegungssehens beim Menschen. Lineare Funktionen mit verschiedener Anstiegssteilheit. In: Psychologische Forschung 32 (1969), 277-295.

106) DICKSON,J.: The Relationship of Depth Perception to Goal Shooting in Basketball. Master's Thesis, State University of Iowa, Iowa City 1953. (Microfiche DSHS Köln)

107) DITCHBURN,R.W.: Eye-Movements and Visual Perception. Oxford 1973.

108) DITCHBURN,R.W./FOLEY-FISHER,J.A.: Assembled data in eye movements. In: Optica Acta 14 (1967), 113-118.

109) DITCHBURN,R.W./GINSBORG,W.L.: Vision with a stabilized retinal image. In: Nature 170 (1952), 36-37.

110) DITCHBURN,R.W./GINSBORG,W.L.: Involuntary eye movements during fixation. In: Journal of Physiology, 119 (1953), 1-17.

111) DJATSCHKOW,W.M.: Die Steuerung und Optimierung des Trainingsprozesses. Berlin/München/Frankfurt 1977^2.

112) DOIL,W./BINDIG,M.: Peripheres Sehen als Voraussetzung für die Orientierung in Sportspielen. In: Medizin und Sport 26 (1986), 55-58.

113) DRISCHEL,H.: Untersuchungen zur Fixations- und Folgebewegung des menschlichen Auges. In: Zeitschrift für Psychologie 171 (1965), 92-108.

114) DUDEL,J.: Allgemeine Sinnesphysiologie, Psychophysik. In: R.F.SCHMIDT (Hrsg.): Grundriß der Sinnesphysiologie. Berlin / Heidelberg / New York / Tokio 1985^5, 1-35.

115) DUNLOP,O.B./NEILL,R.A./DUNLOP,P.: Measurement of dynamic stereoacuity and global stereopsis. In: Australian Journal of Ophtalmology 8 (1980), 35-46.

116) EBERSPÄCHER,H.: Sportpsychologie. Reinbek 1982.

117) EDWARDS,D.C./GOOLKASIAN,P.A.: Peripheral vision location and kinds of complex processing. In: Journal of Experimental Psychology 102 (1974), 244-249.

118) ERIKSEN,C.W./COLLINS,J.F.: Reinterpretation of one form of backward and forward masking in visual perception. In: Journal of Experimental Psychology 70 (1965), 343-351.

119) FABER,J.M./McCONKIE,A.B.: Optical motions as information for unsigned depth. In: Journal of Experimental Psychology: Human Perception and Performance 5 (1979), 494-500.

120) FASSMANN,R.: Über den Zusammenhang zwischen Bewegungsbeobachtung und biomechanischer Bewegungsbeschreibung. Staatsexamensarbeit Universität Frankfurt 1979.

121) FERGENSON,P.E./SUZANSKY,J.W.: An investigation of dynamic and static visual acuity. In: Perception 2 (1973), 343-356.

122) FETZ,F.: Bewegungslehre der Leibesübungen. Bad Homburg v.d.H. 1980².

123) FIEDLER,H.-H.: Untersuchung zum Blickverhalten und der Entwicklung einer Bewegungsvorstellung bei der Darbietung eines Badmintonaufschlages mittels verschiedener Medien (Film-Normalgeschwindigkeit, Film-Zeitlupe, Reihenbild, Diapositiv). Diplomarbeit DSHS Köln 1982.

124) FITTS,P.M./POSNER,M.J.: Human Performance. Belmont 1967.

125) FLEMING,D.G./VOSSIUS,G.W./BOWMANN,G./JOHNSON,E.L.: Adaptive properties of the eye-tracking system as revealed by moving-head and open-loop studies. In: Annals of New York Academy of Sciences 156 (1969), 825-850.

126) FOLEY,J.M./RICHARDS,W.A.: Binocular depth mixture with non-symetric disparities. In: Vision Research 18 (1978), 251-256.

127) FOPPA,K.: Lernen, Gedächtnis, Verhalten. Köln 1975.

128) FROMME,W.: Zur Wahrnehmung und Beurteilung ausgewählter Parameter des Weitsprungs durch erfahrene und unerfahrene Beobachter. Diplomarbeit DSHS Köln 1987.

129) FROST,N.: Encoding and retrieval in visual memory tasks. In: Journal of Experimental Psychology 96 (1972), 317-326.

130) FUCHS,A.F.: The neurophysiology of saccades. In: R.A.MONTY/I.W.SENDERS (Eds.): Eye Movements and Psychological Processes. Hillsdale, New Jersey 1976, 39-53.

131) FUHRER,U.: Mehrfachhandeln in dynamischen Umfeldern. Göttingen/Toronto/Zürich 1984.

132) GAARDER,K.R.: Eye Movements, Vision and Behaviour. Washington D.C. 1975.

133) GABLER,H.: Kognitive Aspekte sportlicher Handlungen. In: H.GABLER/J.R.NITSCH/R.SINGER: Einführung in die Sportpsychologie. Teil 1: Grundthemen. Schorndorf 1986, 34-63.

134) GALLAGHER,J.D.: A Study of Changes in Eye Movements and Visual Focus during the Learning of Juggling. Master's Thesis Pensilvania State University 1961. (Microfiche DSHS Köln)

135) GANONG,W.F.: Lehrbuch der medizinischen Physiologie. Berlin/Heidelberg/New York 1979^4.

136) GAUER,O.H./KRAMER,K./JUNG,R. (Hrsg.): Physiologie des Menschen. Band 13: Sehen. München/Wien/Baltimore 1978.

137) GEHRING-HAMMELBERG,G.: Untersuchung zur Identifikation von Bewegungsfehlern und Korrekturangaben bei der Betrachtung von ausgewählten turnerischen Übungsteilen. Diplomarbeit DSHS Köln 1984.

138) GIBSON,J.J.: Die Wahrnehung der visuellen Welt. Weinheim/Basel 1973. (a)

139) GIBSON,J.J.: Die Sinne und der Prozeß der Wahrnehmung. Bern/Stuttgart/Wien 1973. (b)

140) GIBSON,J.J.: Wahrnehmung und Umwelt. Der ökologische Ansatz in der visuellen Wahrnehmung. München/Wien/Baltimore 1982.

141) GIESSELMANN,F.: Untersuchung zur visuellen Informationsaufnahme im Zusammenhang mit dem Entscheidungsverhalten beim Beobachten von Dribblings im Basketball und Fußball. Diplomarbeit DSHS Köln 1981.

142) GIRARDIN,Y./HANSON,D.: Relationship between the ability to perform bumbling skills and the ability to diagnose performance errors. In: Research Quarterly 38 (1967), 556-561.

143) GLANZER,M./CUNITZ,A.R.: Two storage mechanisms in free recall. In: Journal of Verbal Learning and Verbal Behavior 5 (1966), 351-360.

144) GLÜHER,D.: Untersuchung zur Wahrnehmung von Bewegungsmerkmalen und Identifikation von Bewegungsfehlern bei filmisch dargebotenen Basketballsprungwürfen. Diplomarbeit DSHS Köln 1987.

145) GÖHNER,U.: Lehren nach Funktionsphasen. In: Sportunterricht 24 (1975), 4-8 u. 45-50.

146) GÖHNER,U.: Bewegungsanalyse im Sport. Schorndorf 1979.

147) GÖHNER,U.: Lehren nach Funktionsphasen.
In: ADL (Hrsg.): Schüler im Sport - Sport für Schüler. Schorndorf 1984, 96-106.

148) GORDON,M.E./OSBORNE,M.: An investigation of the accuracy of ratings of a gross motor skill. In: Research Quarterly 43 (1972), 55-61.

149) GOULD,J.D.: Looking at pictures.
In: R.A.MONTY/J.W.SENDERS (Eds.): Eye Movements and Psychological Processes. Hillsdale, New Jersey 1976, 323-346.

150) GOURAS,P.: Oculomotor system.
In: E.R.KANDEL/J.H.SCHWARTZ (Eds.): Principles of Neural Science. New York / Amsterdam / Oxford 1985, 571-583.

151) GRAF,K.-D.: Invarianz.
In: W.ARNOLD/H.J.EYSENCK/R.MEILI (Hrsg.): Lexikon der Psychologie, Band II/1. Freiburg/Basel/Wien 1977^3, 229.

152) GRAUMANN,C.F.: Grundzüge der Verhaltensbeobachtung. In: C.F.GRAUMANN/H.HECKHAUSEN (Hrsg.): Pädagogische Psychologie, Reader zum Funk-Kolleg. Frankfurt 1973, 14-41.

153) GRAYBIEL,A./JOKL,E./TRAPP,C.: Russian studies of vision in relation to physical activity and sports. In: Research Quarterly 26 (1955), 480-485.

154) GREGORY,R.L.: Auge und Gehirn. München 1966.

155) GROSSER,M./NEUMAIER,A.: Techniktraining. München 1982.

156) GRÜSSER,O.-J.: Gesichtssinn und Okulomotorik. In: R.F.SCHMIDT/G.THEWS (Hrsg.): Physiologie des Menschen. Berlin/Heidelberg/New York/Tokyo 1985, 256-299.

157) GRÜSSER,O.-J./GRÜSSER-CORNEHLS,U.: Physiologie des Sehens. In: R.F.SCHMIDT (Hrsg.): Grundriß der Sinnesphysiologie. Berlin/Heidelberg/New York/Tokyo 1985, 174-241.

158) GÜNZ,D.: Psychische Belastung und Anforderungsbewältigung. In: Medizin und Sport 27 (1987), 90-94.

159) GUTJAHR,G.: Die Methode der Blickregistrierung. Diss. Universität Göttingen 1965.

160) HAASE,H.: Die Objektivität der Bewertung komplexer sportlicher Leistungen. In: Leistungssport 2 (1972), 346-351.

161) HAASE,H.: Kognitive und psychomotorische Korrelate der Blickbewegung. Vortrag: 17.Tagung der experimentell arbeitenden Psychologen. München 1975.

162) HAASE,H.: Zur Dimensionalität des Bewertungsraumes turnerischer Leistungen. In: H.RIEDER/E.HAHN (Hrsg.): Psychomotorik und sportliche Leistung. Schorndorf 1976, 210-221.

163) HAASE,H./MAYER,H.: Optische Orientierungsstrategien von Fechtern. In: Leistungssport 8 (1978) 3, 191-200.

164) HABER,R.N. (Ed.): Contemporary Theory and Research in Visual Perception. New York 1968.

165) HABER,R.N.: How we remember what we see. In: Psychology in Progress. San Francisco 1975, 145-162.

166) HABER,R.N./HERSHENSON,M.: The Psychology of Visual Perception. New York u.a.m. 1973.

167) HABERLAND,V.: Untersuchung zum Einfluß von Beobachtungsanweisungen auf das Blickverhalten und die Bewegungsbeurteilung beim Betrachten von Basketballsprungwürfen. Diplomarbeit DSHS Köln 1985.

168) HÄCKER,H.: Aufmerksamkeit und Leistung.
In: J.P.JANSSEN/E.HAHN (Hrsg.): Aktivierung, Motivation, Handlung und Coaching im Sport. Schorndorf 1983, 37-58.

169) HACKFORT,D.: Theorie und Diagnostik sportbezogener Ängstlichkeit - Ein situationsanalytischer Ansatz. Diss. DSHS Köln 1983.

170) HAJOS,A.: Einführung in die Wahrnehmungspsychologie. Darmstadt 1980.

171) HAMPDEN-TURNER,CH.: Modelle des Menschen. Weinheim/Basel 1982.

172) HEEMSOTH,C./MÖCKEL,W.: Zum Einfluß von Aufgabenstellung und Kenntnis auf das Blickverhalten beim Betrachten eines Bewegungsablaufs. In: Sportwissenschaft 16 (1986), 316-325.

173) HEIMERER,E.M.: A Study of the Relationship between Visual Depth Perception and General Tennis Ability. Master's Thesis, University of North Carolina, Greenboro 1968. (Microfiche DSHS Köln)

174) HELD,R./DICHGANS,J./BAUER,J.: Characteristics of moving visual scenes influencing spatial orientation. In: Vision Research 15 (1975), 357-365.

175) HELLER,K./ROSEMANN,B.: Planung und Auswertung empirischer Untersuchungen. Stuttgart 1974.

176) HELLWING,W.R.: Zum Problem der visuellen Informationsvermittlung im Sportunterricht. Diss. PH Ruhr/Dortmund 1977.

177) HELMHOLTZ,H.v.: Handbuch der physiologischen Optik. Leipzig 1911 (1864).

178) HERRMANN,TH./HOFSTÄTTER,P.R./HUBER,H.P./WEINERT,F.E. (Hrsg.): Handbuch psychologischer Grundbegriffe. München 1977.

179) HEYDT,R.von der/ADROJANI,C./HAENNY,P./BAUMGARTNER,G.: Disparity sensivity and receptive field incongruity of units in the cat striate cortex. In: Experimental Brain Research 31 (1978), 523-545.

180) HEYWOOD,S./CHURCHER,J.: Structure of the visual array and saccadic latency. In: Quarterly Journal of Experimental Psychology 32 (1980), 335-341.

181) HOCHMUTH,G.: Biomechanik sportlicher Bewegungen. Berlin (DDR) 1981^4.

182) HOFFMAN,S.J./ARMSTRONG,C.W.: Effect of pretraining on performance identification. In: CH.BARD/M.FLEURY/ J.SALMELA (Eds.): Movement. Vol.7. 1975, 209-214.

183) HOFFMAN,S.J./SEMBIANTE,J.L.: Experience and imagery in movement analysis. In: British Proceedings of Sports Psychology (1975), 288-295.

184) HOFSTÄTTER,P.R.: Gruppendynamik. Kritik der Massenpsychologie. Reinbek 1971².

185) HOLDING,D.H.: Sensory storage reconsidered. In: Memory and Cognition 3 (1975), 31-41.

186) HOLST,E.v./MITTELSTAEDT,H.: Das Reafferenzprinzip. In: Die Naturwissenschaften 37 (1950) 20, 464-476.

187) HUBEL,D.H./WIESEL,T.N.: Receptive fields, binocular interaction and functional architecture in the cat's visual cortex. In: Journal of Physiology 160 (1962), 106.

188) HUBEL,D.H./WIESEL,T.N.: Cells sensitive to binocular depth in area 18 of the macaque monkey cortex. In: Nature 225 (1970), 41-42.

189) HUSSY,W./SCHELLER,R.: Informationsverarbeitung und individuelle Differenzen. In: Zeitschrift für experimentelle und angewandte Psychologie 23 (1976), 605-622.

190) HUZINKER,H.W.: Visuelle Informationsaufnahme und Intelligenz: Eine Untersuchung über die Augenfixationen beim Problemlösen. Schweizerische Zeitschrift für Psychologie 29 (1970), 165-171.

191) IMWOLD,C.H./HOFFMAN,S.J.: Visual recognition of a gymnastic's skill by experienced and inexperienced instructors. In: Research Quarterly 54 (1983), 149-155.

192) INGLE,D.: Two visual mechanisms underlying the behavior of fish. In: Psychologische Forschung 31 (1967/68), 44-57.

193) JANSSEN,J.P.: Gedächtnispsychologische Aspekte der Ansteuerung sportmotorischer Techniken. In: Leistungssport 13 (1983) 5, 13-19.

194) JENSEN,A.R./FIGUEROA,R.A.: A forward and backward digit span interaction with race and IQ: Predictions from Jensen's Theory. In: Journal of Educational Psychology 67 (1975), 882-893.

195) JENSEN,B.J.: A Comparison of Simple Reaction Time to a Moving Visual Stimulus in Central and Peripheral Vision between Athletic and Non-Athletic College Women. Master's Thesis, University of Oregon, Eugene 1977. (Microfiche DSHS Köln)

196) JOHANNSSON,G.: Visual perception of biological motion and a model for its analysis. In: Perception and Psychophysics 14 (1973), 201-211.

197) JOHANNSSON,G.: Spatio-temporal differentiation and integration in a visual motion perception. In: Psychological Research 38 (1975/76), 379-393.

198) JOHANNSSON,G.: Visual motion perception. In: Recent Progress in Perception. San Francisco 1976, 67-75.

199) JOHANNSSON,G.: About the geometry underlying spontaneous visual decoding of the optical message. In: E.J.L.LEEUWENBERG/H.BUFFART (Eds.): Formal Theories of Visual Perception. New York 1978, 201-218.

200) JOHANNSSON,G.: About visual event perception. In: Uppsala Psychological Reports Nr. 306 (1981).

201) JOHNSON,L.E.: Dynamic Analysis of Visual Target Tracking Systems. Research Center, Case Inst. of Technology. Cleveland 1963.

202) JUNG,R.: Einführung in die Sehphysiologie.
In: O.H.GAUER/K.KRAMER/R.JUNG (Hrsg.): Physiologie des Menschen. Band 13: Sehen.
München/Wien/Baltimore 1978, 1-140.

203) JUST,M.A./CARPENTER,P.A.: Eye fixations and cognitive processes. In: Cognitive Psychology 8 (1976), 441-480.

204) KAMINSKI,G.: Bewegungshandlungen als Bewältigung von Mehrfachaufgaben. In: Sportwissenschaft 3 (1973), 233-250.

205) KAMINSKI,G.: Einige Probleme der Beobachtung sportmotorischen Verhaltens.
In: H.RIEDER/H.EBERSPÄCHER/K.FEIGE/E.HAHN (Red.): Empirische Methoden in der Sportpsychologie.
Schorndorf 1975, 43-65.

206) KAMINSKI,G.: Die Bedeutung von Handlungskonzepten für die Interpretation sportpädagogischer Prozesse.
In: Sportwissenschaft 9 (1979), 9-28.

207) KAMINSKI,G.: Methodologische Probleme und Konsequenzen der Anwendung handlungstheoretischer Konzepte. In: J.P.JANSSEN/E.HAHN (Hrsg.): Aktivierung, Motivation, Handlung und Coaching im Sport. Schorndorf 1983, 206-220.

208) KANDEL,E.R.: Processing of form and movement in the visual system. In: E.R.KANDEL/J.H.SCHWARTZ (Eds.): Principles of Neural Science. New York/Amsterdam/Oxford 1985, 366-383. (a)

209) KANDEL,E.R.: Cellular mechanisms of learning and the biological basis of individuality. In: E.R.KANDEL/J.H.SCHWARTZ (Eds.): Principles of Neural Science. New York/Amsterdam/Oxford 1985, 816-833. (b)

210) KAUFMAN,L./RICHARDS,W.: Spontaneous fixation tendencies for visual forms. In: Perception and Psychophysics (1969) 5, 85-88.

211) KAUFMANN,F./KAUFMANN,R.: Der Erkenntniswert der Blickregistrierung. In: Schweizerische Zeitschrift für Psychologie und ihre Anwendungen 36 (1977), 134-151.

212) KEELE,S.W.: Attention and Human Performance. Pacific Palisades, Calif. 1973.

213) KEIDEL,W.D.: Sinnesphysiologie. Teil I: Visuelles System. Berlin/Heidelberg/New York 1971.

214) KELLER,E.L.: Control of saccadic eye movements by midline brain stem neurons. In: R.BAKER/A.BERTHOZ (Eds.): Control of Gaze by Brain Stem Inter-neurons. New York 1977.

215) KERR,R.: Psychomotor Learning. Englewood Cliffs, N.J. 1982.

216) KLEBER,E.W.: Tendenzen, die das Urteil des Lehrers beeinflussen.
In: E.W.KLEBER/H.MEISTER/CH.SCHWARZER/R.SCHWARZER: Beurteilung und Beurteilungsprobleme.
Weinheim/Basel 1976, 39-61.

217) KLEIN,F.: Untersuchung zum Blick- und Entscheidungsverhalten beim Bewerten ausgewählter Judotechniken durch Kampfrichter und Aktive. Diplomarbeit DSHS Köln 1983.

218) KLIMESCH,W.: Vergessen, Interferenz oder Zerfall? Über neuere Entwicklungen der Gedächtnispsychologie. In: Psychologische Rundschau 30 (1979) 2, 110-131.

219) KLIMESCH,W.: Die Bedeutung der Verbalisierung für die Merkleistung komplexer Bilder. In: Zeitschrift für experimentelle und angewandte Psychologie 27 (1980) 2, 245-256.

220) KLIMESCH,W.: Die semantische Encodierung von Bildern. In: Zeitschrift für experimentelle und angewandte Psychologie 29 (1982) 3, 472-504.

221) KLIX,F.: Information und Verhalten. Berlin (DDR) 1971.

222) KLIX,F.: Die allgemeine Psychologie und die Erforschung kognitiver Prozesse. In: Zeitschrift für Psychologie 188 (1980), 117-139.

223) KLIX,F./METZLER,P.: Über die Zusammenhänge zwischen Bildkodierung und Begriffspräsentation im menschlichen Gedächtnis. In: Zeitschrift für Psychologie 189 (1981), 135-165.

224) KLUTH,M.: Untersuchung zum Zusammenhang von Blickverhalten und der Fähigkeit zur Bewegungsbeurteilung in Verbindung mit der Entwicklung einer Bewegungsvorstellung vom Flick-Flack mittels verschiedener Schulungsmethoden. Diplomarbeit DSHS 1983.

225) KNECHTGES,H.: Visuelle Wahrnehmung und Bewegungsantizipation im Sportspiel, dargestellt am oberen Zuspiel im Volleyball. Schriftliche Hausarbeit im Rahmen der Ersten Staatsprüfung für das Lehramt für die Sekundarstufe II. DSHS Köln 1982.

226) KOHL,K.: Zum Problem der Sensumotorik. Frankfurt 1956.

227) KOHL,K.: Blickfeld, Blickrichtung und Blickbewegung beim Verhalten in verschiedenen Sportdisziplinen - Beobachtungen und Probleme.
In: H.RIEDER/H.EBERSPÄCHER/K.FEIGE/E.HAHN (Red.): Empirische Methoden in der Sportpsychologie. Schorndorf 1975, 66-70.

228) KOLERS,P.A.: Intensity and contour effects in visual masking. In: Vision Research 2 (1962), 277-294.

229) KOLERS,P.A.: Aspects of Motion Perception. Oxford/New York/Toronto 1972.

230) KONZAG,G.: Aufmerksamkeit und Sport. In: Theorie und Praxis der Körperkultur 21 (1972), 997-1005.

231) KONZAG,G.: Aufmerksamkeit und Sport. In: Theorie und Praxis der Körperkultur 24 (1975), 1103-1112.

232) KONZAG,G.: Zur Bedeutung und Diagnostik der Distribution und Konzentration der Aufmerksamkeit von Sportspielern. In: H.SCHELLENBERGER (AUTORENKOLLEKTIV): Psychologie im Sportspiel. Berlin (DDR) 1981, 36-59.

233) KORENBERG,W.B.: Grundlagen einer qualitativen biomechanischen Analyse. In: Beiheft zu Leistungssport Nr. 20 (1980), 18-55.

234) KORNHUBER,H.H.: Blickmotorik. In: O.H.GAUER/K.KRAMER/ R.JUNG (Hrsg.): Physiologie des Menschen. Band 13: Sehen. München/Wien/Baltimore 1978, 357-426.

235) KOSEL,H.: Zum Aufmerksamkeitsproblem und seiner Bedeutung im Sport - Vergleichende Untersuchung an Mannschafts- und Individualsportlern. Diss. DSHS Köln 1975.

236) KOZLOWSKI,L.T./CUTTING,J.E.: Recognizing the sex of a walker from dynamic point-light display. In: Perception and Psychophysics 21 (1977), 575-580.

237) KRAUSE,W.: Internal representation and eye fixation. In: Zeitschrift für Psychologie 189 (1981), 1-13.

238) KRESTOWNIKOW,A.N.: Physiologie der Körperübungen. Berlin (DDR) 1953.

239) KRIEGER,D.: Überlegungen zum Einsatz von Analysebögen im Techniktraining und in der Übungsleiterausbildung. In: Lehre der Leichtathletik 31 (1980), 1147-1150.

240) KRUSE,P./STADLER,M./VOGT,ST./WEHNER,TH.: Raum-zeitliche Integration wahrgenommener Bewegung durch Frequenzanalyse. In: Gestalt-Theorie 5 (1980) 2, 83-113.

241) KUHN,H.: Untersuchung zum Blickverhalten und Fehlererkennen beim Beobachten sportlicher Bewegungen in Abhängigkeit von der Darbietungsgeschwindigkeit am Beispiel Flick-Flack. Diplomarbeit DSHS Köln 1982.

242) KUHN,W.: Motorisches Gedächtnis. Schorndorf 1984.

243) KUPFERMANN,I.: Hypothalamus and Limbic system II: Motivation. In: E.R.KANDEL/J.H.SCHWARTZ (Eds.): Principles of Neural Science. New York/Amsterdam/Oxford 1985, 626-635.

244) LANDERS,D.M.: Überblick über Untersuchungen zur Bewertung turnerischer Leistungen. In: Leibeserziehung 21 (1972), 428-432.

245) LATOUR,P.L.: Visual threshold during eye movements. In: Vision Research 2 (1962), 261-262.

246) LAUDIEN,H.: Physiologie des Gedächtnisses. Heidelberg 1977.

247) LEE,D.N.: Visuo-motor coordination in space-time. In: G.E.STELMACH/J.RENQUIN: Tutorials in Motor Behavior. Amsterdam/New York/Oxford 1980, 281-295.

248) LEGEWIE,H./EHLERS,W.: Knaurs Moderne Psychologie. München/Zürich 1972.

249) LEHRL,S.: Zur Gedächtnisabhängigkeit von Intelligenzleistungen. In: Grundlagenstudien aus Kybernetik und Geisteswissenschaft 20 (1979) 1, 10-13.

250) LEIST,K.-H.: Motorisches Lernen im Sport. In: A.THOMAS (Hrsg.): Sportpsychologie. München/Wien/Baltimore 1982, 71-90.

251) LEIST,K.-H.: Vernachlässigte Bezugsgrundlagen für die Konstruktion von Lehr-Lernmodellen. In: Sonderheft zu Sportpädagogik (1983) 1, 23-34. (a)

252) LEIST,K.-H.: Das offene Wahrnehmungsproblem in der Diskussion um Lehr-Lernmodelle.
In: H.RIEDER/K.BÖS/H.MECHLING/K.REISCHLE (Hrsg.): Motorik- und Bewegungsforschung. Schorndorf 1983, 269-271. (b)

253) LEIST,K.-H.: Wahrnehmung als integraler Bestandteil einer Bewegungstätigkeit im Tennis. In: R.KÄHLER (Red.): Bewegungswahrnehmung und Bewegungsvermittlung im Tennis. Clausthal-Zellerfeld: DVS 1984, 8-31.

254) LEIST,K.-H.: Zur Funktionsanalyse motorischen Handelns: Eine Standortskizze. In: G.HAGEDORN/H.KARL/K.BÖS (Red.): Handeln im Sport. Clausthal-Zellerfeld: DVS 1985, 205-210.

255) LEIST,K.-H./LOIBL,J.: Praxisrelevante Grundlagenaspekte der Bewegungswahrnehmung aus der Sicht der sportwissenschaftlichen Bewegungslehre.
In: H.RIEDER/K.BÖS/H.MECHLING/K.REISCHLE (Hrsg.): Motorik- und Bewegungsforschung. Schorndorf 1983, 260-264.

256) LEIST,K.-H./LOIBL,J.: Aufbau und Bedeutung kognitiver Repräsentationen für das motorische Lernen im Sportunterricht. In: D.HACKFORT (Hrsg.): Handeln im Sportunterricht. Köln: bps 1984, 268-300.

257) LEUSCHINA,L.I.: Über die Beziehung zwischen visuellem und augenmotorischem System bei der räumlichen Wahrnehmung. In: W.F.LOMOW/N.J.VIRGILES (Hrsg.): Motorische Komponenten des Sehens. Darmstadt 1980, 135-154.

258) LEVEN,W.: Blickregistrierung in der Werbeforschung. In: L.J.ISSING/H.D.MIKASCH/J.HAAK (Hrsg.): Blickbewegung und Bildverarbeitung. Frankfurt(M.)/Bern/New York 1986, 147-172.

259) LIENERT,G.A.: Testaufbau und Testanalyse. Weinheim/Berlin/Basel 1969^3.

260) LINDSAY,P.H./NORMAN,D.A.: Human Information Processing. New York/San Francisco/London 1977^2.

261) LOCKHART,R.S./CRAIK,F.I.M./JACOBY,L.L.: Depth of processing in recognition and recall. Some aspects of general memory system. In: H.BROWN (Ed.): Recognition and Recall. London 1975, 75-102.

262) LÖFFLER,H.: Die visuelle Maskierung. In: Psychologische Rundschau 33 (1982), 37-50.

263) LOFTUS,G.R.: Eye fixation and recognition memory for pictures. In: Cognitive Psychology 4 (1972), 525-551.

264) LOFTUS,G.R./LOFTUS,E.F.: Human Memory - The Processing of Information. Hillsdale, New Jersey 1976.

265) LOHNHERR,H.-G.: Vergleichende Untersuchung zum Blickverhalten beim Beobachten turnerischer Bewegungsabläufe in der Realsituation und bei filmischer Darbietung. Diplomarbeit DSHS Köln 1981.

266) LOIBL,J.: Untersuchungen zur Wahrnehmung von Fremdbewegungen. In: H.RIEDER/K.BÖS/H.MECHLING/K.REISCHLE (Hrsg.): Motorik- und Bewegungsforschung. Schorndorf 1983, 266-269.

267) LOIBL,J.: Aspekte der visuellen Bewegungswahrnehmung und Bewegungsvermittlung im Tennis. Clausthal-Zellerfeld: DVS 1984, 94-115. (a)

268) LOIBL,J.: Aspekte der visuellen Bewegungswahrnehmung im Sport. In: ADL (Hrsg.): Schüler im Sport - Sport für Schüler. Schorndorf 1984, 425-428. (b)

269) LOMOV,B.F.: Das Erkennen von Signalen. In: TH.KUSSMANN (Hrsg.): Bewußtsein und Handlung. Probleme und Ergebnisse der sowjetischen Psychologie. Bern/Stuttgart/Wien 1971, 173-179.

270) LORD,M.P./WRIGHT,W.D.: The investigation of eye movements. In: Reports and Progress in Physics 13 (1950), 1-23.

271) LUDVIGH,E.J./MILLER,J.W.: A Study of Dynamic Visual Acuity. Joint Project NM 001.075.01.01, Kresge Eye Institute and United States School of Aviation Medicine, Pensacola 1953.

272) LUDVIGH,E.J./MILLER,J.W.: Some Affects of Training on Dynamic Visual Acuity. Kresge Eye Institute and United States School of Aviation Medicine, Project NM 001.075.01.06, Pensacola 1954.

273) LUDVIGH,E.J./MILLER,J.W.: Study of visual acuity during ocular pursuit of a moving test object. In: Journal of the Optical Society of America 48 (1958), 799-802.

274) MAAS,S.: Untersuchung zur Wirkung ausgewählter Einflußgrößen auf die Herausbildung einer Bewegungsvorstellung vom Basketball-Sprungwurf. Diplomarbeit DSHS Köln 1987.

275) MAC'GILLIVARY, B.: The relationship of certain psychological factors to ice hockey performance.
In: F.LAUNDRY/W.A.R.ORBAN (Eds.): International Congress of Physical Activity Sciences. Band 10. Miami, Florida 1978, 65-73.

276) MACKWORTH,J.F.: The duration of the visual image. In: Canadian Journal of Psychology 17 (1963), 62-81.

277) MACKWORTH,J.F./BRUNER,J.S.: How adults and children search and recognize pictures. In: Human Development 13 (1970), 149-177.

278) MACKWORTH,J.F./MORANDI,A.J.: The gaze selects informative details within pictures. In: Perception and Psychophysics 2 (1967), 547-551.

279) MAIL,P.D.: The Influence of Binocular Depth Perception in the Learning of a Motor Skill. Master's Thesis, Smith College, Northampton, Mass. 1965.
(Microfiche DSHS Köln)

280) MARTENIUK,R.G.: Information processing, channal capacity, leaving stages and the acquisition of motor skills. In: H.T.A.WHITING (Ed.): Readings in Human Performance. London 1975, 5-33. (a)

281) MARTENIUK,R.G.: Information processing in motor short-term memory and the execution of movement. In: H.T.A.WHITING (Ed.): Readings in Human Performance. London 1975, 89-102. (b)

282) MARTENIUK,R.G.: Information Processing in Motor Skills. New York u.a. 1976.

283) MASLAND,R.H.: Die funktionelle Architektur der Netzhaut. In: Spektrum der Wissenschaft, Heft 2 / 1987, 66-75.

284) MEINEL,K.: Bewegungslehre. Berlin (DDR) 1971 (1960).

285) MEINEL,K./SCHNABEL,G. (AUTORENKOLLEKTIV): Bewegungslehre. Berlin (DDR) 1977^2.

286) MEIRY,J.L.: Vestibular and proprioceptive stabilization of eye movements.
In: P.BACH-Y-RITA/C.C.COLLINS/J.E.HYDE (Eds.): The Control of Eye Movements.
New York/London 1971, 483-496.

287) MELLVILLE JONES,G.: Predominance of anti-compensatory oculomotor response during rapid head rotation. In: Aerospace Medicine 35 (1964), 965-968.

288) MESTER,J.: Zum Problem der Informationsverarbeitung im kognitiv-motorischen Lernprozeß. Diss.Päd.Hochschule Ruhr, Dortmund 1978.

289) MESTER,J.: Zur sportartspezifischen Diagnostik im Bereich der Sinnesorgane. Habilitationsschrift Ruhruniversität Bochum 1985.

290) MESTER,J./DE MAREES,H.: Zum Fixationsverhalten in Technik- und Taktiksituationen bei den Grundschlägen mittels Blickbewegungsregistrierung.
In: R.BORNEMANN/B.ZEIN (Red.): Tennis-Training. Ahrensburg 1983, 107-126.

291) MESTER,J./DE MAREES,H.: Sinnesphysiologische Aspekte der visuellen Bewegungswahrnehmung im Tennis. In: R.KÄHLER (Red.): Bewegungswahrnehmung und Bewegungsvermittlung im Tennis. Clausthal-Zellerfeld: DVS 1984, 116-136.

292) MESTER,J./FRANKE,D./DE MAREES,H.: Leistungslimitierende Faktoren im Bereich der Ballberechnung im Tennis. In: G.HECKER/W.BAUMANN/M.GROSSER/W.HOLLMANN/ E.MEINBERG (Hrsg.): Schulsport - Leistungssport - Breitensport. St. Augustin 1983, 132-139.

293) MESTER,P.: Untersuchung zum Blick- und Entscheidungsverhalten beim Beobachten von filmisch dargebotenen Tennisaufschlägen. Diplomarbeit DSHS Köln 1982.

294) MEYER,W.: Untersuchung zum Blick- und Entscheidungsverhalten bei der Antizipation von Badmintonschlägen. Diplomarbeit DSHS Köln 1984.

295) MILLER,G.A.: The magical number seven, plus or minus two: Some limits on our capacity for processing information. In: Psychological Review 63 (1956), 81-97.

296) MILLER,J.W./LUDVIGH,E.J.: The effect of relative motion on visual acuity. In: Survey of Ophtalmology 7 (1962), 83-116.

297) MINAS,S.: Memory coding of movement. In: Perceptual and Motor Skills 45 (1977), 787-790.

298) MITCHELL,D.E.: Retinal disparity and diplopia. In: Vision Research 6 (1966), 441-451.

299) MIWA,T./TERADA,K./MORITA,S./YAMADA,T./SUZUMURA,A.: Human perception-response to a moving object in terms of pursuit movement of the eye. In: Annual Report of the Research Insitute of Environmental Medicine, Nagoya University 19 (1972), 35-40.

300) MÖCKEL,W.: Subjektive Zeitwahrnehmung und Blickbewegung beim Betrachten ästhetischer Strukturen mit unterschiedlichem Informationsgehalt. Hamburg 1976.

301) MÖCKEL,W./HEEMSOTH,C.: Maximizing information as a strategy in visual search: the role of knowledge about the stimulus structure. In: A.G.GALE/F.JOHNSON (Eds.): Theoretical and Applied Aspects of Eye Movement Research. Amsterdam 1984.

302) MÖCKEL,W./HEEMSOTH,C./HOTZ,A.: Zur Wahrnehmung von Körperbewegungen im Sport: Blickverhalten in Abhängigkeit vom Wissen über den Bewegungsablauf. In: Sportwissenschaft 14 (1984), 283-292.

303) MOFFITT,K.: Evaluation of the fixation duration in visual search. In: Perception and Psychophysics 27 (1980), 370-372.

304) MONTY,R.A./SENDERS,J.W. (Eds.): Eye Movements and Psychological Processes. Hillsdale, New Jersey 1976.

305) MORELAND,J.D.: Peripheral colour vision.
In: D.JAMESON/L.M.HURVICH (Eds.): Handbook of Sensory Physiology, Vol.VII/4. Berlin 1972, 517-536.

306) MORRIS,D.G.S./KREIGHBAUM,E.: Dynamic visual acuity of varsity women volleyball and basketball players.
In: Research Quarterly 48 (1977), 480-483.

307) MORTON,J.: A functional Model for memory.
In: D.A.NORMAN (Ed.): Models of Human Memory. New York 1970.

308) MOSES,R.A.: Adler's Physioloy of the Eye.
Saint Louis 1970^5.

309) MOTT,J.A.: Eye Movements During Initial Learning of Motor Skills through Visual Demonstration. Diss. University of Southern California, Los Angeles 1954. (Microfiche DSHS Köln)

310) MÜLLER,S.: Motorische Tests als psychodiagnostische Mittel im Sport.
In: K.FEIGE/E.HAHN/H.RIEDER/G.STABENOW (Red.): III. Europäischer Kongreß für Sportpsychologie. Schorndorf 1973, 110-112.

311) MURCH,G.M./WOODWORTH,G.L.: Wahrnehmungspsychologie. Stuttgart 1978.

312) MURPHY,B.J.: Pattern thresholds for moving and stationary gratings during smooth eye movement.
In: Vision Research 18 (1978), 521-530.

313) NEISSER,U.: Kognitive Psychologie. Stuttgart 1974.

314) NEISSER,U.: Kognition und Wirklichkeit. Stuttgart 1979.

315) NEUMAIER,A.: Visuelle Informationsaufnahme sportlicher Bewegungsabläufe. Eine Untersuchung zum Blickverhalten beim Betrachten von filmisch dargebotenen Übungsteilen aus dem Bodenturnen. Diss. DSHS Köln 1979.

316) NEUMAIER,A.: Untersuchung zur Funktion des Blickverhaltens bei visuellen Wahrnehmungsprozessen im Sport.
In: Sportwissenschaft 12 (1982), 78-91.

317) NEUMAIER,A.: Untersuchungen zur visuellen Informationsaufnahme bei der Darbietung sportlicher Bewegungsabläufe. In: H.RIEDER/K.BÖS/H.MECHLING/K.REISCHLE (Hrsg.): Motorik- und Bewegungsforschung: Ein Beitrag zum Lernen im Sport. Schorndorf 1983, 275-277. (a)

318) NEUMAIER,A.: Beobachtungsstrategien und Antizipation bei der Abwehr von Volleyballangriffen. In: Leistungssport 13 (1983) 4, 5-10. (b)

319) NEUMAIER,A.: Zu den Chancen des Returnspielers beim Tennisaufschlag. In: Leistungssport 15 (1985) 6, 5-8.

320) NEUMAIER,A./RITZDORF,W.: Zum Problem der individuellen sportlichen Technik. In: Leistungssport 13 (1983) 5, 27-32.

321) NEUMAIER,A./TE POEL,H.-D./STANDTKE,V.: Zur Antizipation des Elfmetertorschusses aus der Sicht des Torwarts. In: Leistungssport 17 (1987) 5.

322) NICKEL,P./RUOFF,B.A./SCHLOTTKE,P.F.: Technisch-theoretische Funktionsanalyse eines Gerätes zur Registrierung von Blickbewegungen (NAC III). In: Medizinal-Markt / Acta medicotechnica 23 (1975) 12, 431-436.

323) NICKEL,U.: Optimierung der Bewegungsbeobachtung durch technische Hilfen. In: Leistungssport 9 (1979), 182-183.

324) NICKEL,U.: Bewegungsbewußtsein. Grundlagen und Perspektiven bewußten Bewegens im Sport. Bad Homburg 1984.

325) NIDEFFER,R.M.: The role of attention in optimal athletic performance. In: P.KLAVORA/J.V.DANIELS (Eds.): Coach, Athlete, and the Sport Psychologist. Toronto 1979, 99-112.

326) NIEDER,P.: Bewegungsvorstellung und Bewegungsbeurteilung. Untersuchung zum Einfluß verschiedener Schulungsprogramme zur Entwicklung einer Bewegungsvorstellung auf das Blickverhalten und die Fähigkeit zur Fehlererkennung beim Beobachten von Slice-Aufschlägen im Tennis. Diplomarbeit DSHS Köln 1983.

327) NITSCH,J.R.: Sportliches Handeln als Handlungsmodell. In: Sportwissenschaft 5 (1975), 39-55.

328) NITSCH,J.R.: Handlungspsychologische Ansätze im Sport. In: A.THOMAS (Hrsg.): Sportpsychologie. Ein Handbuch in Schlüsselbegriffen. München/Wien/Baltimore 1982, 26-41.

329) NITSCH,J.R.: Handlungstheoretische Grundannahmen. Eine Zwischenbilanz.
In: G.HAGEDORN/H.KARL/K.BÖS (Red.): Handeln im Sport. DVS: Clausthal-Zellerfeld 1985, 26-41.

330) NITSCH,J.R.: Zur handlungstheoretischen Grundlegung der Sportpsychologie. In: H.GABLER / J.R.NITSCH / R.SINGER: Einführung in die Sportpsychologie. Teil 1: Grundthemen. Schorndorf 1986, 188-270.

331) NORMAN,D.A.: Aufmerksamkeit und Gedächtnis. Weinheim/Basel 1973.

332) NORMAN,D.A./RUMELHART,D.E. (Eds.): Explorations in Cognition. San Francisco 1975.

333) OBERSTE,W.: Sensomotorische Leistungen beim Tiefstart und im Staffellauf. Diss. Universität Heidelberg 1978.

334) OJA,S.M.: Psychologische Fragen des Vorstartzustandes. In: Psychologie im Sport. Berlin (DDR) 1975, 201-214.

335) OLIVIER,N./FEHRES,K.: Zum Einfluß filmischer Präsentationswiederholungen (Prinzip Ringfilm) auf das visuomotorische Lernen. In: H.LETZELTER/W.STEINMANN/ W.FREITAG (Red.): Angewandte Sportwissenschaft. DVS: Clausthal-Zellerfeld 1986, 357-361.

336) O'REGAN,J.K./LEVY-SCHOEN,A. (Eds.): Eye Movements: From Physiology to Cognition. Amsterdam/New York/Oxford/Tokyo 1987.

337) OWENS,D.A./LIEBOWITZ,H.W.: Accommodation, convergence, and disparity perception in low illumination. In: American Journal of Optometry and Physiological Optics 57 (1980), 540-550.

338) OXENDINE,J.B.: Psychology of Motor Learning. New York 1968.

339) PAILLARD,J./RIPOLL,H.: Modalités de traîtment des informations visuelles dans le contrôle directionnel de mouvements de lancer de precision. Application á la pedagogie du tir en basket-ball. Compte rendu de fin d'etude. Action Concertée Sports. Marseille/Paris 1981.

340) PAIVIO,A.: Imagery and Verbal Processes. New York 1971.

341) PAIVIO,A.: Imagery in recall and recognition. In: J.BROWN (Ed.): Recall and Recognition. London/New York/Sidney/Toronto 1976.

342) PALMER,D.A.: Measurement of horizontal extent of Panum's area by a method of constant stimuli. In: Optica Acta 8 (1961), 151-159.

343) PAUWELS,J.M.: Observation - An important part of didactic proficiency. In: H.HAAG u.a. (Red.): Sporterziehung und Evaluation. Schorndorf 1981, 208-217.

344) PELISSON,D./PRABLANC,C.: Gaze control in man: evidence for vestibular occular reflex inhibition during goal directed saccadic eye movements. In: J.K.O'REGAN/A.LEVY-SCHOEN (Eds.): Eye Movements - From Physiology to Cognition. Amsterdam/New York/Oxford/Tokyo 1987, 237-246.

345) PETERSON,L.R./PETERSON,M.J.: Short-term retention of individual verbal items. In: Journal of Experimental Psychology 58 (1959), 193-198.

346) PFEIFER,M./FLEISCHER,F.: Die Beurteilung der Sportfähigkeit bei Visus-Herabsetzung. In: Medizin und Sport 19 (1979), 334-337.

347) PHILLIPS,W.A.: On distinction between sensory storage and short-term visual memory. In: Perception and Psychophysics 16 (1974), 283-290.

348) PHILLIPS,W.A./BADDELEY,A.D.: Reaction time and short-term visual memory. In: Psychonomic Science 22 (1971), 73-74.

349) PIERSON,W.R.: Comparison of fencers and nonfencers by psychomotor, space perception and anthropometric measures. In: Research Quarterly 27 (1956), 90-96.

350) PIJNING,H.F.: Effective learning strategies in the acquisition of psychomotor skills. In: Sportwissenschaft 12 (1982), 56-64.

351) TE POEL,H.-D.: Visuelle Wahrnehmung und Antizipation. Empirische Untersuchung zum Blick- und Entscheidungsverhalten beim Beobachten von Elfmetertorschüssen. Diplomarbeit DSHS 1984.

352) POGGIO,T./KOCH,CH.: Wie Synapsen Bewegung verrechnen. In: Spektrum der Wissenschaft Heft 7/1987, 78-84.

353) PÖHLMANN,R.: Motorisches Lernen. Berlin (DDR) 1986.

354) POSNER,M.I./KEELE,S.W.: Decay of visual information from a single letter. In: Science 158 (1967), 137-139.

355) POSTMAN,L./PHILLIPS,L.W.: Short-term temporal changes in free recall. In: Quarterly Journal of Experimental Psychology 17 (1965), 132-138.

356) PRABLANC,C./MASSE,D./ECHALLIER,J.F.: Error-correcting mechanisms in large saccades. In: Vision Research 18 (1978), 557-560.

357) PRINZ,W.: Wahrnehmung und Tätigkeitssteuerung. Berlin/Heidelberg/New York 1983.

358) PRINZ,W.: Ideomotorik und Isomorphie. In: O.NEUMANN (Hrsg.): Perspektiven der Kognitionspsychologie. Berlin/Heidelberg/New York 1984.

359) PRINZ,W./RÜBENSTRUNK,G.: Suchen als Thema der Experimentalpsychologie: Zur Steuerung visueller Suchprozesse. In: Psychologische Rundschau 30 (1979) 3, 198-218.

360) PUNI,A.Z.: Abriß der Sportpsychologie. Berlin (DDR) 1961.

361) PURVIS,G.J.: The Effect of Three Levels of Duration and Intensity of Exercise upon the Peripheral Vision and Depth Perception of Women. Diss. Louisiana State University 1973. (Microfiche DSHS Köln)

362) PUTZ,V.R./ROTHE,R.: Peripheral signal detection and concurrent compensatory tracking. In: Journal of Motor Behavior 6 (1974) 3, 155-163.

363) RAPP,G.: Aufmerksamkeit und Konzentration. Bad Heilbrunn 1982.

364) RASHBASS,C.: The relationship between saccadic and smooth tracking eye movements. In: Journal of Psychology 159 (1961), 326-338.

365) RASHBASS,C./WESTHEIMER,G.: Disjunctive eye movements. In: Journal of Physiology 159 (1961), 339-360.

366) READING,V.M.: Visual resolution as measured by dynamic and static tests. In: Pflüger's Archiev 333 (1972), 17-26.

367) REERS,M.: Untersuchung zur Wahrnehmung von Bewegungsmerkmalen eines filmisch dargebotenen Bewegungsablaufs (Flick-Flack) in zwei unterschiedlichen Altersgruppen. Diplomarbeit DSHS Köln 1985.

368) REGAN,D./BEVERLY,K./CYNADER,M.: Die Wahrnehmung von Bewegungen im Raum. In: Spektrum der Wissenschaft Heft 9/1979, 66-77.

369) REINHOLD,D.: Einsatzmöglichkeiten der Flimmerverschmelzungsfrequenz und der Tachistoskopie zur Objektivierung von Belastungswirkungen. In: Medizin und Sport 24 (1984), 113-116.

370) REMINGTON,R.W.: Attention and saccadic eye movements. In: Journal of Experimental Psychology: Human Perception and Performance 6 (1980), 726-744.

371) RENTSCHLER,I./SCHOBER,H.: Die Entstehung des Netzhautbildes. In: O.H.GAUER/K.KRAMER/R.JUNG (Hrsg.): Physiologie des Menschen. Band 13: Sehen. München/Wien/Baltimore 1978, 141-203.

372) REUSCHLING,P.: Probleme bei der Anwendung einer Blickbewegungskamera (NAC Eye-Mark-Recorder) bei Untersuchungen zur visuellen Wahrnehmung im Sport. Diplomarbeit DSHS Köln 1982.

373) REYNOLDS,H.L.: The effects of augmented levels of stress on reaction time in the peripheral visual field. In: Research Quarterly 47 (1976), 768-775.

374) RIGGS,L.A.: Saccadic suppression of phosphenes: Evidence of a neural basis of saccadic suppression. In: R.A.MONTY/J.W.SENDERS (Eds.): Eye Movements and Psychological Processes. Hillsdale, New Jersey 1976, 85-100.

375) RIGGS,L.A./RATLIFF,F./CORNSWEET,J.C./CORNSWEET,T.N.: The disappearance of steadily fixated test objects. In: Journal of the Optical Society of America 43 (1953), 495-501.

376) RIGGS,L.A./ARMINGTON,J.C./RATLIFF,F.: Motions of the retinal image during fixation. In: Journal of the Optical Society of America 44 (1954), 315-321.

377) RIPOLL,H./BARD,C./PAILLARD,J.: Oculo-cephalic stabilization on target as a factor of success of throw on basketball shooting. In: Research Quarterly 54 (1983). (a)

378) RIPOLL,H./PAIN,J.-P./SIMONET,P.:
Approche de la fonction visuelle en sport.
In: Le Travail Humain 46 (1983) 2, 163-173. (b)

379) RITTER,M.: Bewegungswahrnehmung: Neuere Untersuchungsaspekte. In: Psychologische Rundschau 29 (1978), 123-139.

380) RITTER,M.: Perception of depth: Processing of simple positional disparity as a function of viewing distance. In: Perception & Psychophysics 25 (1979), 209-214.

381) RITTER,M.: Untersuchungen der Bewegungswahrnehmung. In: H.RIEDER/K.BÖS/H.MECHLING/K.REISCHLE (Hrsg.): Motorik- und Bewegungsforschung: Ein Beitrag zum Lernen im Sport. Schorndorf 1983, 264-266.

382) RITZDORF,W.: Visuelle Wahrnehmung und Antizipation. Schorndorf 1982.

383) ROBINSON,D.A.: The mechanics of human smooth pursuit eye movement. In: Journal of Physiology 180 (1965), 569-591.

384) ROBINSON,D.A.: The physiology of pursuit eye movements. In: R.A.MONTY/J.W.SENDERS (Eds.): Eye Movements and Psychological Processes. Hillsdale, New Jersey 1976, 19-31.

385) ROGGE,K.-H.: Physiologische Psychologie. München/Wien/Baltimore 1981.

386) RÖMHILD,H.: Beurteilung der Sportfähigkeit und körperlichen Belastbarkeit bei Störungen des beidäugigen Sehens. In: Medizin und Sport 18 (1978), 136.

387) RUNESON,S./FRYKHOLM,G.: Visual perception of lifted weight. In: Journal of Experimental Psychology: Human Perception and Performance 4 (1978), 357-360.

388) RUNESON,S./FRYKHOLM,G.: Kinematic specification of dynamics as an informational basis for person and action perception: Expectation gender recognition and deceptive intention. In: Uppsala Psycological Reports Nr. 324 (1982).

389) RUTSTEIN,R.P.: Fixation disparity and stereopsis. In: American Journal of Optometry & Physiological Optics 54 (1977), 550-555.

390) SANDERSON,F.H.: Visual acuity and sporting performance. In: H.T.A.WHITING (Ed.): Readings in Sports Psychology. London 1972, 156-182.

391) SANDERSON,F.H.: Visual acuity and sports performance. In: I.M.COCKERILL/W.W.MAC'GILLIVARY (Eds.): Vision and Sport. Cheltenham 1981, 64-79.

392) SANDERSON,F.H./WHITING,H.T.A.: Dynamic visual acuity and performance in a catching task. In: Journal of Motor Behaviour 6 (1974), 87-94.

393) SANDERSON,F.H./WHITING,H.T.A.: Dynamic visual acuity: A possible factor in catching performance. In: Journal of Motor Behaviour 10 (1978), 7-14.

394) SCHADE,F.: Empirische Untersuchung zum Blick- und Entscheidungsverhalten beim Beobachten von Volleyballangriffsaktionen unter Verwendung von Beobachtungsanweisungen. Schriftliche Hausarbeit (Lehramt Sek. II) DSHS Köln 1983.

395) SCHÄFER,W.D. u.a.: Der Einfluß von Alter und Geschlecht auf das Erkennen bewegter Objekte. In A.V.GRAEFEs Archiv für Ophtalmologie 188 (1973), 253-263.

396) SCHELLENBERGER,B.: Die Bedeutung der kognitiven und sensomotorischen Ebene in der psychischen Regulation sportlicher Handlungen. In: Wiss. Zeitschrift der DHFK Leipzig 21 (1980) 1, 43-52.

397) SCHILL,W./PERIZONIUS,E./VEY,A.: Lokale Ortsfrequenz-Kanäle im visuellen System des Menschen. Vortrag zur 85. Tagung der Deutschen Gesellschaft für angewandte Optik. Isny 1984.

398) SCHILLERWEIN,H.: Eine Untersuchung zur Bewegungswahrnehmung im peripheren Sehbereich bei Individualsportlern. Diplomarbeit DSHS Köln 1983.

399) SCHINTZEL,A.: Untersuchungen über die Beziehung zwischen Bewegungswissen und motorischem Vollzug am Beispiel des Sprungwurfs im Basketball. Diplomarbeit DSHS Köln 1982.

400) SCHLOTMANN,L.: Untersuchung zum Blickverhalten und der Entwicklung einer Bewegungsvorstellung bei der Darbietung eines Badmintonschlages mittels verschiedener Medien (Film-Normalgeschwindigkeit, Film-Zeitlupe, Reihenbild, Diapositiv). Diplomarbeit DSHS Köln 1982.

401) SCHMIDT,G.J.: Experimentelle Untersuchung zur Wahrnehmungs- und Reaktionsleistung bei bewegten optischen Reizen. Diss. DSHS Köln 1985.

402) SCHMIDT,R.A.: Motor Control and Learning. Champaign, Ill. 1982.

403) SCHMIDT,R.F.: Integrative Funktionen des Zentralnervensystems. In: R.F.SCHMIDT/G.THEWS (Hrsg.): Physiologie des Menschen. Berlin/Heidelberg/New York 1985, 158-190.

404) SCHMITZ,J.: Untersuchungen zum Blickverhalten beim Beobachten von Trampolinsprüngen durch Leistungsspringer und Anfänger. Diplomarbeit DSHS Köln 1982.

405) SCHNAPF,J.L./BAYLOR,D.A.: Die Reaktion von Photorezeptoren auf Licht. In: Spektrum der Wissenschaft, Heft 6/1987, 116-123.

406) SCHNEIDER,G.E.: Contrasting visuomotor functions of tectum and cortex in the Golden Hamster. In: Psychologische Forschung 31 (1967/68), 52-62.

407) SCHNEITER,P.: Blickbewegungsmessungen mit der NAC-Methode. Institut für Arbeitsphysiologie. Zürich 1976. (Hektographie)

408) SCHNEITER,P.: Analysen von Augen- und Handbewegungen beim Lernen von sensumotorischen Fertigkeiten. Diss. ETH Zürich 1978.

409) SCHNELL,D.: Die Bedeutung des Sehens bei sportlicher Betätigung in verschiedenen Lebensaltern. In: Deutsche Zeitschrift für Sportmedizin 33 (1982), 77-87 und 118-127.

410) SCHNELL,D.: Die Sehanforderungen an Hochleistungssportler der Olympia-Kader. In: Deutsche Zeitschrift für Sportmedizin 35 (1984), 249-256.

411) SCHOBER,F./BEYER,L.: Die objektive Bestimmung der Flimmerverschmelzungsfrequenz zur Charakterisierung des aktuellen Aktivitätszustandes des ZNS. In: Medizin und Sport 24 (1984), 245-252.

412) SCHROIFF,H.-W.: Zum Stellenwert von Blickbewegungsdaten bei der Mikroanalyse kognitiver Prozesse. In: L.J.ISSING/H.D.MICKASCH/J.HAACK (Hrsg.): Blickbewegung und Bildverarbeitung. Frankfurt(M.)/Bern/New York 1986, 57-82.

413) SCHUBERT,F.: Psychologische Untersuchungsmethoden im Rahmen einer handlungstheoretischen Grundkonzeption. In: Theorie und Praxis der Körperkultur 26 (1977), 749-756.

414) SCHUBERT,F.: Zur Verbesserung der technisch-taktischen Ausbildung durch die Nutzung psychologischer Erkenntnisse. In: Theorie und Praxis der Körperkultur 28 (1979), 913-922.

415) SCHUBERT,F.: Psychologie zwischen Start und Ziel. Berlin (DDR) 1981.

416) SCHUBERT,F./ZEHL,U.-C.: Möglichkeiten der Blickbewegungsregistrierung im Sport. In: Medizin und Sport 24 (1984), 240-245.

417) SHARP,R.H.: Visual information-processing in ballgames: Some input considerations.
In: F.LAUNDRY/W.A.R.ORBAN (Eds.): Motor Learning, Sport, Psychology, Pedagogy and Didactics of Physical Activity. Quebec 1978, 3-12.

418) SHARP;R.H./WHITING,H.T.A.: Information-processing and eye movement behaviour in a ball catching skill. In: Journal of Human Movement Studies 1 (1975), 124-131.

419) SHERMAN,A.: Overview of research information regarding vision and sports. In: Journal of American Optic Association 51 (1981), 661-666.

420) SHICK,J.: Relationship between depth perception and hand-eye dominance and free-throw shooting in college women. In: Perceptual and Motor Skills 33 (1971), 539-542.

421) SHICKMAN,G.M.: Time-dependant functions in vision. In: R.A.MOSES (Ed.): Adler's Physiology of the Eye. Saint Louis 1970, 584-625.

422) SINGER,R./UNGERER-RÖHRICH,U.: Beobachtung.
In: P.RÖTHIG (Red.): Sportwissenschaftliches Lexikon. Schorndorf 1983^5, 54-55.

423) SINGER,R.N.: Motorisches Lernen und menschliche Leistung. Bad Homburg 1985.

424) SINZ,R.: Neurobiologie und Gedächtnis.
Stuttgart/New York 1979.

425) SOKOLOV,E.N.: Perception and the Conditioned Reflex. New York 1963.

426) SONNENSCHEIN,I.: Wahrnehmung und taktisches Handeln im Sport - Entwicklung von Konzepten zur Verbesserung der Wahrnehmungsfähigkeit. Habilitationsschrift DSHS Köln 1986.

427) SPERLING,G.: The information available in brief visual presentations. In: Psychological Monographs 74 (1960) No.498, 1-29.

428) SPERLING,G.: A model for visual memory tasks.
In: Human Factors 5 (1963), 19-31.

429) SPOONER,J.W. u.a.: Effect of aging on eye tracking. In: Archieve of Neurology 37 (1980), 575-576.

430) STADLER,M./SEEGER,F./RAEITHEL,A.: Psychologie der Wahrnehmung. München 1977^2.

431) STANDKE,V.: Eine empirische Untersuchung zum Blick- und Entscheidungsverhalten von Torleuten unterschiedlichen Leistungsniveaus bei filmisch dargebotenen Elfmetertorschüssen. Diplomarbeit DSHS Köln (1987; in Vorb.).

432) STARK,L./KENYON,R.V./KRISHNAN,V.V./CIUFFREDA,K.J.: Disparity vergence: A proposed name for a dominant component of binocular vergence eye movements. In: American Journal of Optometry & Physiological Optics 57 (1980), 606-609.

433) ST.CYR,G./FENDER,D.H.: The interplay of drifts and flicks in binocular vision. In: Vision Research 9 (1969), 245-265.

434) STEPHENSON,D./JACKSON,A.: The effect of training and position on judge ratings of a gymnastic event. In: Research Quarterly 48 (1977), 177-180.

435) STEVENSON,CH.L.: The Meaning of Movement. Quest/Amherst 1975.

436) STIEBER,H.-B./TANGE,H.-P.: Untersuchungen über die Anwendbarkeit und Vergleichbarkeit der üblichen Methoden zur Prüfung des räumlichen Sehens. Diss. Universität Gießen 1971.

437) STORK,L.: Untersuchung zum Einfluß verschiedener Darbietungsformen auf die Entwicklung einer Bewegungsvorstellung vom Stabhochsprung (Vergleich von Konturogramm mit und ohne Bewegungsrichtungspfeile). Diplomarbeit DSHS Köln 1983.

438) STROUP,F.: Relationship between measurement of the field of motion perception and basketball ability in college men. In: Research Quarterly 28 (1957), 72-76.

439) SÜLLWOLD,F.: Das unmittelbare Behalten und seine denkpsychologische Bedeutung. Göttingen 1964.

440) SÜNDERHAUF,A.: Untersuchungen über die Regelung der Augenbewegungen. In: Klinische Monatsblätter für Augenheilkunde und augenärztliche Fortbildung 136 (1960), 837-852.

441) SYKA,J.: Neurophysiologische Grundlagen des Bewegungssehens. In: K.VELHAGEN/H.DRISCHEL/W.KIRMSE (Hrsg.): Das okulomotorische System - physiologische und klinische Aspekte. Leipzig 1979, 13-20.

442) TATEM,J.A.: Personality and Physical Variables between and among Tennis Players and Other Athletes and Non-Athletes. Diss. Springfield College, Mass., USA 1973. (Microfiche DSHS Köln)

443) TESTA,B.J.: The Effects on Reaction-time in the Peripheral Visual Field of an Increasing Workload on a Bicycle Ergometer. Master's Thesis, Pennsylvania State University 1972. (Microfiche DSHS Köln)

444) THIEME,S.: Untersuchung zu verschiedenen Einflußgrößen auf die Bildung einer Bewegungsvorstellung vom Flick-Flack unter besonderer Berücksichtigung einer selbstgewählten Betrachtungsstrategie. Diplomarbeit DSHS Köln 1986.

445) THIESS,G./SCHNABEL,G./BAUMANN,S. (Red.): Training von A bis Z. Berlin (DDR) 1980.

446) THIESS,G./SCHNABEL,G. (Autorenkollektiv): Grundbegriffe des Trainings. Berlin (DDR) 1986.

447) THOLEY,P.: Erkenntnistheoretische und systemtheoretische Grundlagen der Sensumotorik aus gestalttheoretischer Sicht. In: Sportwissenschaft 10 (1980), 7-35.

448) THOLEY,P.: Die Bedeutung der Wahrnehmung für das Bewegungslernen.
In: H.RIEDER/K.BÖS/H.MECHLING/K.REISCHLE (Hrsg.): Motorik- und Bewegungsforschung: Ein Beitrag zum Lernen im Sport. Schorndorf 1983, 272-273.

449) THOLEY,P.: Sensumotorisches Lernen als Organisation des Gesamtfeldes. In: E.HAHN/H.RIEDER (Hrsg.): Sensumotorisches Lernen und Sportspielforschung. Köln 1984, 11-26.

450) THOMAS,A.: Psychologische Probleme der Beurteilung sportlicher Leistungen beim Wasserspringen. In: H.RIEDER/E.HAHN (Hrsg.): Psychomotorik und sportliche Leistung. Schorndorf 1976, 191-209. (a)

451) THOMAS,A. (Hrsg.): Psychologie der Handlung und Bewegung. Meisenheim 1976. (b)

452) THOMAS,A.: Einführung in die Sportpsychologie. Göttingen/Toronto/Zürich 1978.

453) THOMAS,E.L.: Movements of the eye. In: Scientific American. New York, August 1968, 88-95.

454) THORNDIKE,E.L.: A constant error in psychological ratings. In: Journal of Applied Psychology 4 (1920), 25-29.

455) TIDOW,G.: Zum Analysebogen Kugelstoß. In: Lehre der Leichtathletik 31 (1980), 39.

456) TIDOW,G.: Modell zur Technikschulung und Bewegungsbeurteilung in der Leichtathletik. In: Leistungssport 11 (1981) 4, 264-277.

457) TIDOW,G.: Beobachtung und Beurteilung azyklischer Bewegungsabläufe. Ahrensburg 1983.

458) TIDOW,G.: Bewegungssehen im Sport. Unveröff. Forschungsbericht BISp Köln 1985.

459) TIDOW,G./BRÜCKNER,P./DE MAREES,H.: Zur Bedeutung der dynamischen Sehschärfe in den Rückschlagspielen. In: H.RIECKERT (Hrsg.): Sportmedizin - Kursbestimmung. Berlin/Heidelberg 1987, 590-593.

460) TIDOW,G./KOCH,E./DE MAREES,H.: Visuelle Probleme bei der Beurteilung azyklischer Bewegungsabläufe (Kugelstoßen). In: D.JESCHKE (Hrsg.): Stellenwert der Sportmedizin in Medizin und Sportwissenschaft. Berlin 1984, 128-136.

461) TIDOW,G./WÜHST,K.D./DE MAREES,H.: Zur dynamischen Sehschärfe als leistungsbestimmende Größe im Sport. In: I.W.FRANZ/H.MELLEROWICZ/W.NOACK (Hrsg.): Training und Sport zur Prävention und Rehabilitation in der technisierten Umwelt. Berlin/Heidelberg 1985, 353-358.

462) TIEDTKE,R.: Die Funktion der visuellen Informationsaufnahme für das Image von Wohngebieten. Diss. Universität Erlangen-Nürnberg 1977.

463) TRADT,A.: Psychologische Probleme bei der Beurteilung sportlicher Leistungen untersucht an zwei Beispielen des Eistanzes. Diplomarbeit Universität Bonn 1973.

464) TRAVERS,R.M.W.: Grundlagen des Lernens. München 1975.

465) TREISMAN,A.: Merkmale und Gegenstände der visuellen Verarbeitung. In: Spektrum der Wissenschaft, Heft 1/1987, 72-82.

466) TREVARTHEN,C.G.: Two mechanisms of vision in primates. In: Psychologische Forschung 31 (1967/68), 299-337.

467) TRINCKER,D.: Zentralnervensystem II und Sinnesorgane. Taschenbuch der Physiologie. Stuttgart 1977.

468) TULVING,E./THOMPSON,D.M.: Encoding specifity and retrieval processes in episodic memory. In: Psychological Review 80 (1973), 352-373.

469) TURVEY,M.T.: On peripheral and central processes in vision: Interferences from an information-processing analysis of masking with patterned stimuli. In: Psychological Review 80 (1973), 1-52.

470) TURVEY,M.T./KRAVETZ,S.: Retrieval from iconic memory with shape as the selection criterion. In: Perception and Psychophysics 8 (1970), 171-172.

471) TVERSKY,B.: Eye fixations in prediction of recognition and recall. In: Memory & Cognition 2 (1974), 275-278.

472) TYLDESLEY,D.A./BOOTSMA,R.A./BOMHOFF,G.F.: Skill level and eye-movement patterns in an sport-oriented reaction time task.
In: H.RIEDER/K.BÖS/H.MECHLING/K.REISCHLE (Hrsg.): Motorik- und Bewegungsforschung: Ein Beitrag zum Lernen im Sport. Schorndorf 1983, 290-296.

473) ULRICH,B.G.: A module of instruction for golf swing error detection and correction. In: R.E.STADULIS (Ed.): Research and Practice in Physical Education. Champaign (Illinois) 1977, 19-27.

474) VERNON,M.D.: Wahrnehmung und Erfahrung. München 1977.

475) VIVIANI,P./BERTHOZ,A.: Voluntary deceleration and perceptual activity during oblique saccades.
In: R.BAKER/A.BERTHOZ (Eds.): Control of Gaze by Brain Stem Interneurons. New York 1977.

476) VIVIANI,P./SWENSSON,R.G.: Saccadic eye movements to periphally discriminated visual targets. In: Journal of Experimental Psychology: Human Perception and Performance 8 (1982), 113-126.

477) VLAHOV,E.: Effect of the Harward Step Test on visual acuity. In: Perceptual and Motor Skills 45 (1977), 369-370.

478) VOLKMANN,F.-C.: Saccadic suppression. A brief review. In: R.A.MONTY/J.W.SENDERS (Eds.): Eye Movements and Psychological Processes. Hillsdale, New Jersey 1976, 73-83.

479) VOLKMANN,F.C./RIGGS,L.A./WHITE,K.D./MOORE,R.K.: Contrast sensivity during saccadic eye movements. In: Vision Research 18 (1978), 1193-1199.

480) VOLKMANN,F.C./RIGGS,L.A./MOORE,R.K.: Eyeblinks and visual suppression. In: Science 207 (1980), 900-902.

481) VOLKMANN,F.C./SCHICK,A.M.L./RIGGS,L.A.: Time course of visual inhibition during voluntary saccades. In: Journal of the Optical Society of America 58 (1968), 562-569.

482) VOLPERT,W.: Sensumotorisches Lernen. Frankfurt/M. 1973².

483) VOLPERT,W.: Handlungsstrukturanalyse als Beitrag zur Qualifikationsforschung. Köln 1983².

484) VOSSIUS,G.: Das System der Augenbewegung. In: Zeitschrift für Biologie 112 (1960), 27-57.

485) WAGENKNECHT,H.: Invariantenproblem. In: W.ARNOLD/ H.J.EYSENCK/R.MEILI (Hrsg.): Lexikon der Psychologie, Bd. II/1. Freiburg/Basel/Wien 1977³, 229.

486) WASSMUND,B.: Der Einfluß der visuellen Regulation von Handlungen auf die raum-zeitliche Struktur der Handlungsbewegungsbahn. In: Probleme und Ergebnisse der Psychologie 24 (1968), 17-32.

487) WELFORD,A.T.: Perceptual selection and integration. In: A.T.WELFORD/T.HOUSSAIDAS (Eds.): Contemporary Problems in Perception. London 1970, 5-23.

488) WEISSMAN,S./FREEBURNE,C.M.: Relationship between static and dynamic visual acuity. In: Journal of Experimental Psychology 70 (1964), 141-146.

489) WEISSTEIN,N./HABER,R.N.: A U-shaped backward masking function in vision. In: Psychonomic Science 2 (1965), 75-76.

490) WESTHEIMER,G.: Eye movement responses to a horizontally moving visual stimulus. In: Arch. Ophtal. 52 (1954), 932-943.

491) WESTHEIMER,G./McKEE,S.P.: Stereoscopic acuity for moving retinal images. In: Journal of the Optical Society of America 68 (1978), 450-455.

492) WHITE,V.W.: Visual acuity versus visual skill in athletic performance. In: California Optometrist 3 (1977), 22-23.

493) WHITING,H.T.A./CORMACK,W./HIRST,F.: The Effect of Warm-up on the Visual Acuity of Squash Players. Unpublished Paper, Physical Education Department, University of Leeds 1968.

494) WHITING,H.T.A./SANDERSON,F.H.: The effect of exercise on the visual and auditory acuity of table-tennis players. In: Journal of Motor Behaviour 4 (1972), 163-169.

495) WHITING,H.T.A./SHARP,R.H.: Visual occlusion factors in a discrete ball-catching task. In: Journal of Motor Behaviour 6 (1974), 11-16.

496) WILLIAMS,H.G./HELFRICH,J.: Saccadic movement speed and motor response execution. In: Research Quarterly 48 (1977), 598-605.

497) WILLIAMS,J.M./THIRER,J.: Vertical and horizontal peripheral vision in male and female athletes and non-athletes. In: Research Quarterly 46 (1975), 200-205.

498) WILLIMCZIK,K.: Die sportmotorische Zieltechnik - Möglichkeiten und Grenzen der Erstellung. In: H.RIEDER (Hrsg.): Bewegungslehre des Sports II. Schorndorf 1977, 103-115.

499) WILSON,V.E.: Objectivity, validity, and reliability of gymnastic judging. In: Research Quarterly 47 (1976) 169-173.

500) WIMMER,H./PERNER,J.: Kognitionspsychologie. Stuttgart u.a. 1979.

501) WIPPICH,W.: Untersuchungen zur Wirksamkeit einer konstanten Darbietungsfolge bei verbaler und imaginaler Codierung. In: Zeitschrift für Experimentelle und Angewandte Psychologie 25 (1978) 3, 512-525.

502) WITTIG,CH.: Untersuchung zum Blick- und Entscheidungsverhalten beim Beobachten von Volleyballangriffsaktionen. Diplomarbeit DSHS Köln 1982.

503) WITTLING,W.: Einführung in die Psychologie der Werbung. Hamburg 1976.

504) WODNIOK,J.: Untersuchung zur Beurteilung von Schwimmtechniken durch Anfänger und Experten unter Berücksichtigung des Blickverhaltens (BV). Diplomarbeit DSHS Köln 1983.

505) WOO,G.C.S./READING,R.W.: Panum's Area explained in terms of known acuity mechanism. In: British Journal of Physiological Optics 32 (1978), 30-37.

506) WRIGHT,J.H.: Effects of formal inter-item similarity and length of retention interval on proactive inhibition of short-term memory. In: Journal of Experimental Psychology 75 (1967), 386-395.

507) WÜRTEMBERGER,G./GEBERT,G.: Sind schnelle Augeneinstellbewegungen (Sakkaden) als Maß der zentralen Ermüdung des Sportlers zu verwerten? In: Deutsche Zeitschrift für Sportmedizin 31 (1980), 52-56.

508) WURTZ,R.H.: Visual receptive fields of striate cortex neurons in the awake monkey. In: Journal of Neurophysiology 32 (1969), 727-742.

509) WURTZ,R.H./GOLDBERG,M.E./ROBINSON,D.L.: Optischer Reiz und Aufmerksamkeit. In: Spektrum der Wissenschaft, Heft 8/1982, 92-101.

510) WYMAN,D./STEINMAN,R.M.: Small step tracking: Implications of the oculomotor "dead zone".
In: Vision Research 13 (1973), 2165-2172.

511) YARBUS,A.L.: Eye Movements and Vision. New York 1967.

512) YOUNG,L.R./SHEENA,D.: Methods & designs - Survey of eye movement recording methods. In: Behavior Research Methods & Instrumentation 1975, Vol. 7 (5), 397-429. (a)

513) YOUNG,L.R./SHEENA,D.:
Eye-movement measurement techniques.
In: American Psychologist (1975) 30, 315-330. (b)

514) ZIMBARDO,P.G.: Psychologie.
Berlin/Heidelberg/New York 1983^4.

515) ZIMMER,A.: Schemageleitete Kontrolle motorischer Handlungen.
In: H.RIEDER/K.BÖS/H.MECHLING/K.REISCHLE (Hrsg.): Motorik- und Bewegungsforschung: Ein Beitrag zum Lernen im Sport. Schorndorf 1983, 168-170.

Brennpunkte der Sportwissenschaft

Die Schriftenreihe, die – mit neuem Konzept als Nachfolgerin der „Kölner Beiträge zur Sportwissenschaft/Jahrbücher der Deutschen Sporthochschule Köln" –, seit 1987 mit jährlich 2 Heften erscheint, ist mit dem Anspruch konzipiert worden, einen Beitrag zur Integration der vielfältigen sportwissenschaftlichen Forschungsbemühungen an der Deutschen Sporthochschule Köln zu leisten. Zu diesem Zweck werden disziplinübergreifend *Themenschwerpunkte* formuliert, mit denen die verschiedenen sportwissenschaftlichen Perspektiven der Einzeldisziplinen bezogen auf einen Problembereich des Sports gebündelt werden sollen. Darüber hinaus präsentiert die Schriftenreihe *grundlagen- und anwendungsorientierte Beiträge*, die – thematisch ungebunden – die Vielfältigkeit sportwissenschaftlicher Aktivitäten an der Hochschule, den Forschungsstand und die Forschungsentwicklung sportwissenschaftlicher Disziplinen in ihrer gesamten Breite dokumentierern sollen.
Dem Leser soll durch eine themenzentrierte Bündelung eine ganzheitliche Problemsicht vermittelt und interdisziplinäres Denken nahegelegt werden.
Die Zeitschrift ist konzipiert für Sportwissenschaftler, Sportpraktiker und Sportstudenten.

Jährlich 2 Hefte à 112 Seiten kosten einzeln je DM 22,50, im Jahresabonnement DM 39,50 zuzügl. Versandkosten. – Studentenabonnement, gegen Nachweis, für 31,50 DM.

Aus den bisher erschienenen Heften:

1987/Heft 1: THEMA: Gesundheitserziehung – Wege und Irrwege
von *Henning Allmer/Norbert Schulz*
U.a.: *Edgar Beckers:* Gesundheit und Lebenssinn. – *Richard Rost:* Gesundheit und Gesundheitserziehung – Gedanken aus ärztlicher Sicht. – *Gerhard Hecker:* Sport und Gesundheit – Reflexionen zu gesundem Sporttreiben. – *Jörg Knobloch:* Aggressivität im Sport: Welchen Anteil hat die geschlechtspezifische Sozialisation? – *Karl Weber:* Training im Tennissport – Befunde und praktische Empfehlungen zur Gesunderhaltung aus internistisch-sportmedizinischer Sicht.

1987/Heft 2: Trainingsoptimierung – Zielsetzungen und Maßnahmen
von *Hans-Joachim Appell und Joachim Mester*
U.a.: *Wildor Hollmann:* Von der klinischen Funktionsdiagnostik über die sportmedizinische Leistungsdiagnose zur Trainingssteuerung. – *Inge Sonnenschein:* Psychologische Trainingssteuerung. – *Peter Brüggemann:* Technische Hilfen bei der Steuerung der sportlichen Leistung. – Vergleichende Untersuchung über die Belastungsintensität von ausgewählten breitensportlichen Schwimmprogrammen. – *Karl Weber u.a.:* Trainings- und Wettkampfoptimierung im Tennis durch systematische Spielerbeobachtung von Boris Becker.

1988/Heft 1: Sport in der Rehabilitation – Ansätze und Anwendungsfelder
von *Hans Joachim Appell* und *Karl-Heinz Mauritz*
U.a.: *Kurt Alphons Jochheim:* Bewegungstherapie und Behindertensport als bedeutsame Elemente in Prävention und Rehabilitation. – *Klaus Schüle:* Die Stellung der Sporttherapie und des Sporttherapeuten in der Rehabilitationskette. – *Hubertus Deimel:* Sporttherapeutische Gesichtspunkte in der Behandlung von Alkoholabhängigen. – *Jörg Knobloch/Annemarie Fritz:* Erklärungsansätze für psychische Effekte von Bewegungsprogrammen. – *Dieter Lagerström:* Die Effekte einer ambulanten Sporttherapie bei Herzpatienten – Eine Fragebogenerhebung.

Das nächste Schwerpunktthema:

H. Allmer/ N. Schulz, Sport und Ethik – Grundpositionen

Alle Bände der „Kölner Beiträge zur Sportwissenschaft" (1972–1986), mit vielen interessanten, zeitlosen Beiträgen, sind noch lieferbar. Bitte fordern Sie den ausführlichen Prospekt an.

Academia Verlag Richarz · Postf. 1165 · 5205 St. Augustin 1
Tel. 02241/333349 · FS 889494 hrsp · Fax 02241/332038